JN074654

RULE BOOK
陸上競技ルールブック

2024

JAAF Japan Association of Athletics Federations

陸上競技ルールブック2024年度版の表紙の色は、
第78回 国民スポーツ大会開催県である佐賀県のチームカラーです。

目　次

ワールドアスレティックス規則及び国内適用

日本陸上競技連盟競技規則

競技会における広告および展示物に関する規程

競技場に関する規程、細則

競技場一覧

ワールドアスレティックス規則及び国内適用

ワールドアスレティックス規則
及び国内適用

欄外に‖を付したのは修改正された事項である。

解釈の規則

これら解釈の規則は、当該規則や規程にて別途定めのない限り全ての規則および規程（これら解釈の規則の適用開始前後を問わず）における解釈の原則、その他の一般な規定や定義とする。

1. 解釈の総則

1.1 憲章とその他のいかなる規則あるいは規程で不整合がある場合は憲章が優先される。

1.2 憲章、規則、規程は英語、フランス語および WA CEO が決めたその他言語で発行するものとする。英語版と他言語版とで不整合がある場合は英語版が優先される。

1.3 規則および規程は、それぞれの目的を保護や促進するために解釈し、適用するものとする。規則または規程で未想定の事案が発生した際も同様とする。

1.4 規定されていないもの、意味または正しい解釈あるいは規則または規程の適用にかかる疑義が生じた場合、カウンシルはこれを、該当する規則または規程の目的を参照して決定することができる。

1.5 別途定めのない限り、全ての規則および規程において：

1.5.1 特定の性別にかかる単語は他の性別も含むものとする。

1.5.2 単数形の単語は複数形も含み、複数形の単語は単数形も含むものとする。

1.5.3 条項、項目、付則、附属書についての記述がある場合は、別途定めのない限り当該規則あるいは規程の条項、項目、付則、附属書とする。

1.5.4 規則または規程の規定の記述がある場合は、随時発生しうる、改正後のものあるいは後継の規定も含むものとする。

1.5.5 旧称国際陸上競技連盟（あるいは国際陸連、IAAF）について記述がある場合は、ワールドアスレティックスと同義とする。

1.5.6 制度について記述がある場合は、随時発効または制度により策定される、改正また再導入される旧制度から差し変わった新しい制度、いかなる規制、執行院勅令、あるいはその他条文も含むものとする。

1.5.7 合意について記述がある場合は、随時、改正、補足、更新、差し替えされた合意内容も含むものとする。

1.5.8 「書面」あるいは「文書」について記述がある場合はFAXおよびEmailも含むものとする。

1.5.9 「できる（may）」の記述がある場合は、「当該者独自の裁量にもとづき」できることを意味する。

1.5.10 別途定めのない限り、当事者（人、者）の記述がある場合は、人間、法人、団体（法人格の有無を問わず）を含むものとし、また、当該当事者の法的代理人、継承人、許可された受託人を含むものとする。

1.5.11 「日」について記述がある場合は、週のいかなる日であり、就業日に限られない。

1.5.12 時間にかかる表現がある場合は、中央欧州標準時間とする。

1.5.13 標題、目次はあくまでも参考としてのみ扱われ、当該規則あるいは規程の正しい解釈および適用に対して影響しないものとする。

1.5.14 規則あるいは規程に付している付則、附属書はその規則/規程の重要な一部であるが、規則あるいは規程本体の規定と付則、附属書との内容に不整合がある場合は、規則あるいは規程本体の規定を優先させる。

1.5.15 注釈がある場合、これは注釈の対象としている規定の正しい解釈への一助として使用するものとする。

1.5.16 「含む」、「特に」、「（次）のような」、「例えば」、あるいはその他類似する表現がある場合、その表現にかかる単語は、あくまでも実例としてのみ解釈され、単語、説明、定義、表現、用語の字義を制限されないものとする。

2. 総則

2.1 規則および規程は全世界で適用され、可能な限り、解釈や適用は、特定の国や地方の法令ではなく、全てもしくは大多数の法制度で、法令の一般的な原則に基づくものとする。規則及び規程は、モナコ公国法に準拠し、それに基づき統治され、解釈ならびに適用するものとする（ただし、法令に抵触するものは除く）。

2.2 いかなる規則あるいは規程の、いかなる規定もしくは規定の一部が無効、違法、あるいは執行不能となった場合、それは削除されたものとして扱われるが、規則あるいは規程の他の箇所の有効性、合法性、執行可否は影響しないものとする。

2.3 規則あるいは規程が、ワールドアスレティックスの決定についての記述があり、決定機関が特定されていない場合、当該の決定はカウンシルあるいはそれに任命された者によるものとする。

2.4 規則あるいは規程が、役職者に権限あるいは義務を科す場合、その権限の行使あるいは義務の遂行は、役職を有する期間内において、役職者が委任する権限により、他の者に委任されていない限り、その役職者が実施するものとする。

2.5 ワールドアスレティックス役職者あるいはその他代表者による、いかなる規則、または規程からのいかなる逸脱、および／または同役職者、その他代表者による、いかなる手続き上の不規則、不作為、あるいはその他瑕疵により、いかなる指摘、手続あるいは決定は無効にはならないものとする。ただしその指摘、手続、決定が信憑性に欠くと裁定された場合は除く。

2.6 通知

2.6.1 別に明確な定めがある場合を除き、ワールドアスレティックスに対する、規則あるいは規程に基づいた、特定の機関や担当者の指定がない通知は、書面により、かつ英語またはフランス語で電子メールにて notices@worldathletics.org宛てに送信することで正式に送付されたものとして扱われる。明確にするために記すと、この規則は、いかなる送達あるいは、仲裁または調停その他外部のいかなる種類の紛争解決手続きには適用されないものとする。

2.6.2 個人（「通知者」）による、規則あるいは規程に基づくいかなる通知は、通知を受ける者（「受信者」）に正式に送付されたものとして扱われるには、書面で作成され、かつ、署名または通知者の有権限者が承認したものが次の手段で受信者に届けられたこととする。

2.6.2.1 郵送により、一般的に知られている受信者の最新の住所に届けられた場合。

2.6.2.2 公開されている受信者の住所に宅配便を含む個人により配達されたことによる。

2.6.2.3 公開されている受信者のEmailアドレス宛てにEmailによる。

2.6.2.4 受信者の公開FAX番号宛てにFAXによる。

2.7 締切および期限

2.7.1 規則あるいは規程で規定されているいかなる締切や期限とは、通知が届けられた日より発動するものとする。規則あるいは規程で、他の行事あるいは物事や行動の実施から発動すると規定されている締切や期限は、その当該行事あるいは物事や行動の実施したその日から発動するものとする。

2.7.2 祝日および休業日は締切や期限の計算に含まれるが、それらの日が締切または期限の最終日にあたる場合は、締切または期限の最終日は、次の祝日あるいは休業日ではない日を締切または期限とする。

2.7.3 中央欧州標準時間の締切日または期限日の24:00前に、通知が届けられた、またはその他の物事や行動が実施された場合は、締切や期限は遵守されたものとして扱うものとする。

2.8 移行に関する規定

2.8.1 規則および規程は、別途定めのない限り、カウンシルが指定した日より施行される。

2.8.2 カウンシルは、規則あるいは規程を随時、必要に応じて改正、補足、撤回することができる。そのような改正および／または補足およびまたは差し替え規定はカウンシルが指定した日より施行される。

2.8.3 別途、明確に定めがない限り、規則および規程（それらの改正および補足または差し替え規定を含む）は、手続き上のものであれば、遡及的に適用されるが、本質的なものであれば、遡及的には適用されず、施行後に発生した事象に対して適用する。それとは別に、規則あるいは規程が施行される日においても、未定の事案がある場合、そしてその施行日後にいかなる事象が発生するが、係る事実が施行日の前に起きたものであれば、規則および規程の本質的な規定は当該施行日前に有効であるものが適用されるが、寛大な法（lexmitior）の原則が適用される場合はその限りではない。

3. 一般的に適用される定義

3.1 反する意図が示されない限り、これら解釈の規則および／またはその他いかなる規則および規程で使用される、定義された単語および定義された用語は、（原文は）頭文字は大文字で綴り始まるものとし、一般的に適用される定義あるいは憲章で付与された意味をもつものとする。

注意：競技規則を含む競技規則に限らないワールドアスレティックスのいかなる規則および規程の和訳において、原文との解釈に相違がある場合は原文を優先する。

一般的に適用される定義
（Generally Applicable Definitions）

これら「一般的に適用される定義」は一般的に使用されている単語に対する定義で、憲章およびすべての規則ならびに規程（解釈の規則が有効となる前、後に発行されたかを問わず）に適用される。ただし、憲章または特定の規則や規程で別途規定されている場合はその限りではない。

アンチ・ドーピング規則

随時カウンシルが承認し発行したアンチ・ドーピング規則をいう。

エリア陸連

憲章や規則において、当該エリアの加盟陸連やその他会員で構成され、活動する連盟。

競技者

別途定めのない限り、ワールドアスレティックス、加盟陸連、またはエリア陸連の陸上競技の大会や競技会に、合意、会員登録、所属、認可、資格付与、エントリー申込あるいは出場意思にもとづき、エントリーあるいは参加しているいかなる個人、人物。

競技者サポートスタッフ

別途定めのない限り、コーチ、トレーナー、監督、競技者代理人、エージェント、チームスタッフ、役員、医療従事者、親、その他の個人で、陸上競技の大会あるいは競技会に参加する競技者に協力、治療、援助するいかなる人物。

陸上競技

規則および規程で定義されている陸上競技というスポーツの一種でトラックおよびフィールド種目、道路競走、競歩、クロスカントリー競走、マウンテンランニングおよびトレイルランニングを含む。

アスレティックス・インテグリティ・ユニット（AIU）

憲章第10章で規定されている組織で、「インテグリティ・ユニット」と同義とする。

CAS

スイス・ローザンヌに在る独立仲裁機関であるスポーツ仲裁裁判所をいう。

憲章

ワールドアスレティックスの憲章をいう。随時改正されたものも含める。

国

世界で自ら統治している地理的地域を保有し、それが国際法および国際的統治団体に独立した国家として承認されているものをいう。

インテグリティ行動規範

憲章第75条にて規定されている行動規範をいい、随時改訂される。

インテグリティ・ユニット

憲章第10章にて規定される組織で「アスレティックス・インテグリティ・ユニット」と同義とする。

国際競技会

「ワールドランキングコンペティション」と同義とする。

国際レベル競技者

別途定めのない限り、国際競技会にエントリーされているあるいは出場する者をいう。

IOC

国際オリンピック委員会であり、オリンピック憲章のもとオリンピック競技大会を含むオリンピックムーブメントの責を有する国際非政府、非営利組織。

加盟者

憲章第6条に規定されている、ワールドアスレティックスに加盟する組織。加盟陸連とも称され、その一覧が憲章の附属書に記載され、随時更新される。加盟とはワールドアスレティックスに加盟していることをいう。

大規模大会組織

大陸、地区あるいはその他の国際競技会の管轄団体としての役目を果たすいかなる国際総合スポーツ組織（例 IOC）。

個人、者（Person）

いかなる自然人（いかなる競技者あるいは競技者サポートスタッフを含む）あるいは組織またはその他団体をいう。

規程

カウンシルがその権限や責の範囲内で、憲章および規則に準じて、随時承認されるいかなる規程をいう。憲章と規程は矛盾してはならないものとする。

裁定／決定（Rule）

カウンシルがその権限や責の範囲内で、憲章および規則に準じて、随時承認されるいかなる、原則、指導、指示、基準あるいは手続き。原文にて特定の規則（Rule 単数形）を指す場合は、当該規則を意味する。

規則（Rules, 複数形）

カウンシルがその権限や責、インテグリティ行動規範の範囲内で、憲章および規則に準じて、随時承認される、いかなる規則をいう。

領土

地理的な地域または地方であり、国家ではないが、自己統治を確実に行い、少なくともスポーツの統轄を自主的に行っており、それがWAに承認されているものをいう。

WADA

世界アンチドーピング機構で、IOCにより、1999年11月10日に署名された財団設立文書にもとづき財団としてローザンヌに設立され、Agence Mondiale Antidopage, World Anti-Doping Agencyと称される組織。

ワールドアスレティックスグローバルカレンダー

ワールドアスレティックスのウェブサイトに随時公表される競技会日程

ワールドアスレティックスシリーズ

4年を単位とするWAの公式競技会プログラムにおける、国際競技会をいう。これには、世界陸上競技選手権大会、世界室内陸上競技選手権大会、U20世界陸上競技選手権大会、世界リレー、世界ロードランニング選手権大会、世界競歩チーム選手権大会、世界クロスカントリー選手権大会が含まれる。ワールドアスレティックスシリーズ大会、WAS大会はこれらのいかなる競技会をいう。

ワールドランキングコンペティション

後掲のワールドランキングコンペティション定義参照。

ワールドアスレティックス規則

◆ C2.1B　機械的補助用具規程
◆ C3.3　参加資格規則
◆ C5.1　競技者代理人規則
◆ D3.1　アンチドーピング規則
◆ D5.2　紛争および懲罰に関する手続きの規則

上記の規則については、日本陸連ホームページに掲載いたします。
https://www.jaaf.or.jp/about/rule/

日本陸上競技連盟競技規則

（2024年4月1日修改正）

日本陸上競技連盟競技規則

1．World Athletics（以下、WA）の各加盟団体は、その国内における競技会の実施にあたり、WA規則を採用することを推奨する。よって本連盟競技規則は、特別のものを除きWA規則に準拠した。

2．各部の終わりの欠番号は、将来補充されるべき規則のために残したものである。

3．本規則の修改正については、特別の指示のない限り当該年の4月1日より適用する。

4．本規則中の表記について、

〔国内〕　本連盟独自に追加したもので、国内競技にのみ適用する。

〔注意〕　WA規則の注意であり、国内競技でも適用する。

〔参照〕　本項との関連条項を明示する。

〔注釈〕　本連盟が補足として追記したもの。

以下、国内非適用部分は＿＿＿＿で表示する。

〔国際〕　WA規則に記載されているが、国内競技には適用しない。

〔国際－注意〕　WA規則の注意であるが、国内競技には適用しない。

本文中の緑字で記された部分は規則ではなく、WAによる規則の解釈である。

国内競技会への適用については審判ハンドブックの記載が優先する。

欄外に||を付したのは修改正された事項である。

条文番号　目次

【Competition Rules：競技会規則】

条文番号	条文名
Rule 1 of the Competition Rules or CR1	Authorisation to Stage Competitions 競技会の開催認可
Rule 2 of the Competition Rules or CR2	Regulations Governing the Conduct of International Competitions 国際競技会を実施するための統括規則
Rule 3 of the Competition Rules or CR3	International Officials 国際競技会役員
Rule 4 of the Competition Rules or CR4	Organisational Delegates 組織代表
Rule 5 of the Competition Rules or CR5	Technical Delegates 技術代表
Rule 6 of the Competition Rules or CR6	Medical Delegates 医事代表
Rule 7 of the Competition Rules or CR7	Anti-Doping Delegates アンチ・ドーピング代表
Rule 8 of the Competition Rules or CR8	World Athletics Referees WA レフェリーと JTO（日本陸連技術委員）
Rule 9 of the Competition Rules or CR9	World Athletics Race Walking Judges WA レフェリーと JRWJ（日本陸連競歩審判員）
Rule 10 of the Competition Rules or CR10	International Road Course Measurers 国際道路コース計測員
Rule 11 of the Competition Rules or CR11	World Athletics Starters and Photo Finish Judges WA スターターと WA 写真審判員
Rule 12 of the Competition Rules or CR12	Jury of Appeal ジュリー
Rule 13 of the Competition Rules or CR13	Officials of the Competition 競技会役員
Rule 14 of the Competition Rules or CR14	Competition Director 競技会ディレクター
Rule 15 of the Competition Rules or CR15	Meeting Manager 総務
Rule 16 of the Competition Rules or CR16	Technical Manager 技術総務

Rule 17 of the Competition Rules or CR17	Event Presentation Manager イベント・プレゼンテーション・マネージャー
Rule 18 of the Competition Rules or CR18	Referees 審判長
Rule 19 of the Competition Rules or CR19	Judges 審判員
Rule 20 of the Competition Rules or CR20	Umpires (Running and Race Walking Events) 監察員（競走、競歩種目）
Rule 21 of the Competition Rules or CR21	Timekeepers, Photo Finish Judges and Transponder Timing Judges 計時員、写真判定員とトランスポンダー係
Rule 22 of the Competition Rules or CR22	Start Coordinator, Starter, Recallers スタートコーディネーターとスターターおよびリコーラー
Rule 23 of the Competition Rules or CR23	Starter's Assistants 出発係
Rule 24 of the Competition Rules or CR24	Lap Scorers 周回記録員
Rule 25 of the Competition Rules or CR25	Competition Secretary, Technical Information Centre (TIC) 記録・情報処理員、テクニカル・インフォメーション・センター（TIC）
Rule 26 of the Competition Rules or CR26	Marshal マーシャル
Rule 27 of the Competition Rules or CR27	Wind Gauge Operator 風力計測員
Rule 28 of the Competition Rules or CR28	Measurement Judge (Scientific) 科学計測員
Rule 29 of the Competition Rules or CR29	Call Room Judges 競技者係
Rule 30 of the Competition Rules or CR30	Advertising Commissioner 広告コミッショナー
Rule31 of the Competition Rules or CR31	World Records 世界記録
Rule 32 of the Competition Rules or CR32	Events for which World Records and World U20 Records are Recognised 世界記録とU20世界記録として公認される種目
Rule 33 of the Competition Rules or CR33	Other Records その他の記録

〔国内〕 Rule 34 of the Competition Rules or CR34	日本記録と公認記録
〔国内〕 Rule 35 of the Competition Rules or CR35	アナウンサー
〔国内〕 Rule 36 of the Competition Rules or CR36	公式計測員

【Technical Rules：競技規則】

条文番号	条文名
Rule 1 of the Technical Rules or TR1	General 総則
Rule 2 of the Technical Rules or TR2	The Athletics Facility 陸上競技場
Rule 3 of the Technical Rules or TR3	Age and Sex Categories 年齢と性別
Rule 4 of the Technical Rules or TR4	Entries 申し込み
Rule 5 of the Technical Rules or TR5	Clothing, Shoes, and Athlete Bibs 服装、競技用靴、アスリートビブス
Rule 6 of the Technical Rules or TR6	Assistance to Athletes 競技者に対する助力
Rule 7 of the Technical Rules or TR7	Warnings and Disqualification 警告および失格
Rule 8 of the Technical Rules or TR8	Protests and Appeals 抗議と上訴
Rule 9 of the Technical Rules or TR9	Mixed Competition 男女混合の競技
Rule 10 of the Technical Rules or TR10	Surveying and Measurements 測量と計測
Rule 11 of the Technical Rules or TR11	Validity of Performance 記録の有効性
Rule 12 of the Technical Rules or TR12	Video Recording ビデオ記録
Rule 13 of the Technical Rules or TR13	Scoring 得点
Rule 14 of the Technical Rules or TR14	Track Measurements トラックの計測

Rule 15 of the Technical Rules or TR15	Starting Blocks スターティング・ブロック
Rule 16 of the Technical Rules or TR16	The Start スタート
Rule 17 of the Technical Rules or TR17	The Race レース
Rule 18 of the Technical Rules or TR18	The Finish フィニッシュ
Rule 19 of the Technical Rules or TR19	Timing and Photo Finish 計時と写真判定
Rule 20 of the Technical Rules or TR20	Seedings, Draws and Qualifications in Track Events トラック競技におけるラウンドの通過
Rule 21 of the Technical Rules or TR21	Ties 同成績
Rule 22 of the Technical Rules or TR22	Hurdle Races ハードル競走
Rule 23 of the Technical Rules or TR23	Steeplechase Races 障害物競走
Rule 24 of the Technical Rules or TR24	Relay Races リレー競走
Rule 25 of the Technical Rules or TR25	General Conditions – Field Events 総則ーフィールド競技
Rule 26 of the Technical Rules or TR26	General Conditions –Vertical Jumps 総則ー垂直跳躍
Rule 27 of the Technical Rules or TR27	High Jump 走高跳
Rule 28 of the Technical Rules or TR28	Pole Vault 棒高跳
Rule 29 of the Technical Rules or TR29	General Conditions –Horizontal Jumps 総則ー水平跳躍
Rule 30 of the Technical Rules or TR30	Long Jump 走幅跳
Rule 31 of the Technical Rules or TR31	Triple Jump 三段跳
Rule 32 of the Technical Rules or TR32	General Conditions –Throwing Events 総則ー投てき種目
Rule 33 of the Technical Rules or TR33	Shot Put 砲丸投

Rule 34 of the Technical Rules or TR34	Discus Throw 円盤投
Rule 35 of the Technical Rules or TR35	Discus Cage 円盤投用囲い
Rule 36 of the Technical Rules or TR36	Hammer Throw ハンマー投
Rule 37 of the Technical Rules or TR37	Hammer Cage ハンマー投用囲い
Rule 38 of the Technical Rules or TR38	Javelin Throw やり投
Rule 39 of the Technical Rules or TR39	Combined Events Competitions 混成競技
Rule 40 of the Technical Rules or TR40	Applicability of 400m Standard Oval Track Stadium Rules to Short Track Competitions 400mトラック競技規則のショート・トラック競技への適用
Rule 41 of the Technical Rules or TR41	The Short Track Stadium ショート・トラック競技場
Rule 42 of the Technical Rules or TR42	The Straight Track 直走路（ショート・トラック）
Rule 43 of the Technical Rules or TR43	The Oval Track and Lanes 周回トラックおよびレーン（ショート・トラック）
Rule 44 of the Technical Rules or TR44	Start and Finish on the Oval Track 周回トラックのスタートおよびフィニッシュ（ショート・トラック）
Rule 45 of the Technical Rules or TR45	Seedings, Draw for Lanes in Track Events トラック競技におけるレーンの抽選（ショート・トラック）
Rule 46 of the Technical Rules or TR46	Intentionally Left Blank 欠番
Rule 47 of the Technical Rules or TR47	Hurdle Races ハードル競走（ショート・トラック）
Rule 48 of the Technical Rules or TR48	Relay Races リレー競走（ショート・トラック）
Rule 49 of the Technical Rules or TR49	High Jump 走高跳（ショート・トラック）
Rule 50 of the Technical Rules or TR50	Pole Vault 棒高跳（ショート・トラック）
Rule 51 of the Technical Rules or TR51	Horizontal Jumps 長さの跳躍（ショート・トラック）

Rule 52 of the Technical Rules or TR52	Shot Put 砲丸投（ショート・トラック）
Rule 53 of the Technical Rules or TR53	Combined Events Competitions 混成競技（ショート・トラック）
Rule 54 of the Technical Rules or TR54	Race Walking 競歩競技
Rule 55 of the Technical Rules or TR55	Road Races 道路競技
Rule 56 of the Technical Rules or TR56	Cross Country Races クロスカントリー競技
Rule 57 of the Technical Rules or TR57	Mountain and Trail Races マウンテンレースとトレイルレース

C2.1A	Athletic Shoe Regulations 競技用靴に関する規程

ワールドランキングコンペティション定義
（WA: the World Ranking Competitions）

「ワールドランキングコンペティション」とは、以下の競技会をいう。

1. WAが開催または認可する競技会：
   (a) ワールド・アスレティックス・シリーズ（WAS）
   (b) オリンピック競技大会
   (c) 複数エリアからの参加者による総合競技大会の陸上競技プログラム、およびその他の陸上競技大会の陸上競技プログラム（競技会規則（CR）および競技規則（TR）の適用と遵守を条件とする）
   (d) 招待競技会、サーキットとラベルロードレース
   (e) 複数エリアからの参加者による国際対抗競技会

2. エリア陸連が開催または認可する競技会
   (a) エリア選手権（すべての種別や種目）
   (b) エリア内選手権
   (c) 参加者が単一のエリアに限定された総合競技大会の陸上競技プログラム、およびその他の陸上競技大会の陸上競技プログラム
   (d) 一日開催の大会、サーキットとラベルロードレース
   (e) 国際対抗競技会（単一エリアからの参加者に限る）

3. 加盟団体（各国陸連）によって開催または認可する競技会：
   (a) 各加盟団体選手権大会（世界陸上競技選手権大会よび世界室内陸上競技選手権大会に含まれる種目）
   (b) WAの競技会規則（CR）および競技規則（TR）に従って開催され、WAによって定められた条件に従い、承認の期限内に申請書が提出された、加盟連盟が特定するその他の国内大会

競技会規則
（Competition Rules：CR）

競技会規則・第1部　総則

CR 1.　競技会の開催認可

1.1　WAは、エリア陸連および加盟団体と協力して、ワールドランキングコンペティションで構成される全ての世界的な競技システムを指導・管理する責任を有する。WAはWAの競技カレンダーと、エリア陸連の競技カレンダーおよび加盟団体の一部の競技カレンダーが重複しないように、あるいはその重複が最小になるように調整する。全てのワールドランキングコンペティションは、CR1に従ってWAまたは一つのエリア陸連もしくは加盟団体による認可が必要である。招待競技会を統括してシリーズ／ツアーまたはリーグ戦を行う場合は、かかる活動に必要な規程または契約条件も含め、WAまたは当該エリア陸連から許可を受けなければならない。運営は第三者に委託することができる。当該エリア陸連がこれらの規則を適用してワールドランキングコンペティションを適切に運営・管理できない場合、WAは必要に応じて介入し、必要な対策を講じることができる。

1.2　WAが唯一オリンピック大会で陸上競技大会、およびワールド・アスレティック・シリーズに含まれる競技会を組織する権利を有する。

1.3　欠番

1.4　エリア陸連はエリアの選手権大会を主催する権利を有し、適当と見なせば、そうしたエリア内の競技会を組織できる。

1.5　WAの認可を要する競技会

1.5.1　ワールドランキングコンペティション定義1.(c)、(d)、(e)に該当する全ての競技会は、WAの認可が必要である。

1.5.2　ワールドランキングコンペティションが開催される国ま

たはテリトリー（領土）の加盟団体は、該当する場合、その競技会の関連組織団体とともに、確立された手続きにより可能な限り速やかにWAに開催申請をしなければならない。

1.5.3 WAは当該申請を承認し、ワールドランキングコンペティションのリストへの登録とWAのグローバルカレンダーへの掲載を行い、競技会開催を認可する。

1.6 エリア陸連の認可を要する競技会

1.6.1 ワールドランキングコンペティション定義2. (b)、(c)、(d)、(e) に該当する全ての競技会は、エリア陸連の認可が必要である。

1.6.2 ワールドランキングコンペティションが開催される国またはテリトリー（領土）の加盟団体は、該当する場合、その競技会の関連組織団体とともに、確立された手続きにより可能な限り速やかにエリア陸連に開催申請をしなければならない。

1.6.3 エリア陸連は当該申請を承認し、競技会開催を認可し、その後、ワールドランキングコンペティションのリストへの登録とWAのグローバルカレンダーへの掲載を行うよう、WAに通知する。

1.7 加盟団体の認可を要する競技会

1.7.1 ワールドランキングコンペティション定義3. (b) に該当する全ての競技会は、加盟団体の認可が必要である。

1.7.2 外国人競技者は、参加資格規則（the Eligibility Rules）第5条（国際競技会の出場要件：Requirements to Compete in International Competitions）に従って、当該競技会に参加することができる。WAの、開催地の加盟団体の、または所属加盟団体の規則に基づく陸上競技会への参加資格がない場合、当該競技者は一切、当該競技会に参加することはできない。

1.7.3 ワールドランキングコンペティションが開催される国またはテリトリーの加盟団体は、競技会開催日の60日前までに、WAに対してグローバルカレンダープラットフォームを通じて申請書を提出し、通知しなければならない。

1.7.4 WAは当該申請を承認し、ワールドランキングコンペティションのリストへの登録と、WAのグローバルカレンダーへの掲載を行う。

CR 2. 国際競技会を実施するための統括規則

2.1 カウンシルは規則に基づいて開催されるワールドランキングコンペティションの運営規程や、競技者、競技者代理人、競技会主催者および加盟団体の関係を律する規程を定めることができる。カウンシルは必要に応じて、これらの規程を変更または修正することができる。

2.2 WAおよびエリア陸連は、適用される規則や規程が遵守されていることを確認するために、WAまたはエリア陸連の認可を必要とするワールドランキングコンペティションに出席する1名以上の代表者を指名することができる。WAまたはエリア陸連の要請により、指名された代表者は当該ワールドランキングコンペティション終了後30日以内に、「遵守状況に関する報告書(compliance report)」を提出する。

競技会規則・第2部　役員

CR 3.　国際競技会役員

3.1　ワールドランキングコンペティション定義1. (a)、(b)、(c)、(d) と2. (a)、(b)、(c)、(d) に該当する競技会では以下の国際競技会役員をおく。

3.1.1　組織代表

3.1.2　技術代表

3.1.3　医事代表

3.1.4　アンチ・ドーピング代表

3.1.5　ワールドアスレティックス・レフェリー（WAレフェリー）

3.1.6　ワールドアスレティックス競歩審判員（WA競歩審判員）

3.1.7　国際道路コース計測員

3.1.8　ワールドアスレティックス・スターター（WAスターター）

3.1.9　ワールドアスレティックス写真判定員（WA写真判定員）

3.1.10　ジュリー

それぞれの部門の役員数および、いつ、どのように、そして誰によって任命されるかは、WA（あるいはエリア陸連）競技規則に示されている。

ワールドランキングコンペティション定義1. (a)、(d)、(e) に該当する競技会では、カウンシルは広告コミッショナーを指名することができる。

ワールドランキングコンペティション定義2. (a)、(c)、(d)、(e) に該当する競技会では、役員の指名は当該エリア陸連によってなされる。ワールドランキングコンペティション定義1. (c) に該当する競技会は主催者によって、ワールドランキングコンペティション定義3. に該当する競技会では当該加盟団体によってなされる。

〔注意〕

i　国際競技会役員は、明確に区別できる服装または腕章を着用する。

ii CR3.1.5から3.1.9に定義される国際競技会役員は、適用されるWA方針により、分類される場合がある。 ‖

本条やCR2.2によりWAまたはエリア陸連から任命された各役員の旅費と宿泊費は、関連する規程に従って、各役員に支払われる。

〔国内〕

CR4からCR12までは、必要に応じて国内競技会においても準用する。

CR 4. 組織代表

組織代表は常にその大会の主催者と緊密な連携を維持し、カウンシル（またはエリア陸連、または競技会統括団体）に定期的に報告しなければならない。必要に応じて、加盟団体や主催者の義務および財政面の責任に関する案件を処理しなくてはならい。組織代表は技術代表と協力して任務にあたる。

CR 5. 技術代表

5.1 技術代表は主催者と連絡をとりつつ、必要とされるあらゆる支援を行うことが任務であり、競技運営に関する全てについて、WA競技規則とWA陸上競技施設マニュアルに完全に合致して行われるようにする責任がある。

招待競技会を除き、指名された技術代表は以下のことを行わなければならない ‖

5.1.1 主催者に対し競技日程と参加標準記録の提案書を確実に提出する。

5.1.2 使用できる投てき用具（投てき物）の一覧表および競技者個人所有の投てき用具（投てき物）や供給業者提供の投てき用具（投てき物）の使用可否の承認を行う。

5.1.3 参加加盟団体に対し、競技実施まで充分な余裕の期間をおいて、適用する競技注意事項等を確実に提示する。

5.1.4 競技を実施するにあたって必要となる全ての競技運営準備全般に責任を持つ。

5.1.5 参加申込みを統括し、競技規則上の理由またはTR8.1

に従って参加を拒否する権限を持つ（競技規則以外の理由での拒否については、WAか特定のエリア陸連または競技会統括団体が決定する）。

5.1.6 フィールド競技の予選通過標準記録とトラック競技における予選ラウンド設定の基準を決定する。

5.1.7 競技規則や適用する競技注意事項等に従い、全ての種目でシード分けおよび抽選を行い、スタートリストを承認する。

5.1.8 競技前に発生した問題や、競技規則や競技注意事項等であらかじめ取決めがなされていなかったあらゆる問題に対して、主催者と共に決定する。

5.1.9 関係する審判長や競技会ディレクターとの協議も含め、競技規則や競技注意事項等であらかじめ取決めがなされていなかった問題に対して、あるいは競技中に発生したあらゆる問題に対して、あらゆる事項に関する決定を行う。また、競技会全体あるいは一部を継続するために、参加している競技者の公平性を確保するために、競技規則や競技注意事項等に規定されていない運営が必要な場合の決定を行う。

5.1.10 要請があった場合は監督会議の議長を務め、審判長に必要な指示を与えなければならない。 ‖

5.1.11 競技会前には競技会準備状況報告書を、競技会後には今後への提言を含む競技会実施報告書を、書面で提出する。

招待競技会に指名された技術代表は、必要な支援やアドバイスを主催者に行ない、競技会実施報告書を書面で提出する。 ‖

技術代表に関する情報はWAのウェブサイトから入手可能なThe Technical Delegates Guidelinesにより提供される。

CR5（およびCR6も同様に）は、それぞれの代表（技術代表や医事代表など）および国際技術役員の役割と義務に関する現行の慣行を、よりよく理解されるよう設けられている。これらは、特に予期せぬ出来事に関して、そしておそらく最も重要なこととして、競技者への医事対応が特に競技場外の競技（道路競技等）で発生した時に、技術代表および医事代表（または彼らによって委任された者）が競技の実施に関して持っている権限を明確にすることを目的としている。但し、審判長の責任と権限の範囲内にある競技規則に基づく全ての事項はそのままである。競技規則に対する技術代表や医事代表の権限強化は、この状況（審判長の権限）の変更と見なすべきではなく、規則に明記されていない状況を解決するためと理解すべきである。

CR 6. 医事代表

6.1 医事代表は以下のことを行う。

6.1.1 全ての医事関連事項について、最終判断の権限を持つ。

6.1.2 競技実施場所、練習場、ウォーミングアップエリアにおける医事関係の検査、治療、救急処置についての十分な設備の設置、また競技者が滞在している場所でのTR6.1の要件を満たし遵守した医療関係サービスを確実に提供する。

6.1.3 TR4.4に従い、診療を行い、診断書を発行する。

6.1.4 競技者に対し、競技開始前に出場を止めさせ、競技中でも競技を中止させる権限を持つ。

〔注意〕

i CR6.1.3及び6.1.4の権限は、医事代表（任命されていない場合や不在の場合も含む）から主催者によって任命された1名ないし複数の医師に委譲することができる。そうした医師は腕章やベスト、周囲と区別できる服装を着用する。医事代表か任命された医師が直ちに競技者の診療ができない場合には、審判員や大会関係者に対して、自分に代わって行動するように指示を与えることができる。

ii CR6.1.4によって出場を止めさせられたり、競技を中止させられたりした競走競技出場者または競歩競技出場者の結果は、DNSかDNFとして記録される。この指示に従わない競技者は失格となる。 ‖

iii CR6.1.4によって出場を止めさせられたり、競技を中止させられたりしたフィールド競技出場者が試技をしていなかった場合の結果は、DNSとして記録される。但し、試技を行っ ‖

た場合にはその試技の結果は有効であり、競技者はその結果に従って扱われる。この指示に従わない競技者は失格となり、その種目においてそれ以後、競技する権利を失う。

iv　CR6.1.4によって出場を止めさせられたり、競技を中止させられたりした混成競技の競技者の結果は、もし最初の種目に出場していなければDNSと記録される。但し、最初の種目にスタートしていればTR39.10が適用される。この指示に従わない競技者は失格となり、その種目においてそれ以後、競技する権利を失う。

〔国内〕

1. 主催者によって任命された医師は、競技者の生命・身体保護の観点から、競技中止を命じることができる。医師から中止を命じられた競技者は、直ちに競技を中止しなければならない。
2. 医務員は、競技者の生命・身体保護の観点から、競技者が競技を行うことに問題があると認めた場合、直ちに審判長に報告しなければならない。

競技会に参加する全ての参加者の安全衛生は、WA、各加盟団体、競技会主催者にとって最優先事項である。これらの重要な任務を果たすためには、医事代表の役割において、尊敬され、資格のある人物の専門知識を利用することが不可欠であり、特に、医事代表（あるいは医事代表または主催者によって承認された者）が他の任務の中で医学的理由から必要と考える場合、競技者を競技会から除外させる責任を負う。医事代表（または医事代表の要求に応じて行動する医師）の権限は、全ての競技に適用されることに注意することが重要である。
特にCR6.1.3および6.1.4に基づく職務に関して、医事代表（およびその代わりに行動する権限を与えられた者）、技術代表、および競技会ディレクターとの間に確かな通信システムと手順があることが不可欠である。これらの連携は、スタートリスト、競技結果そして競技運営に直接影響するからである。

CR 7. アンチ・ドーピング代表

アンチ・ドーピング代表は主催者と連絡を取り、ドーピングテストを行う適切な施設を整えなければならない。同代表は、ドーピングコントロールに関する事項について責任を負う。

CR 8. WAレフェリーと JTO（日本陸連技術委員）

8.1 技術代表はWAレフェリーが任命されている競技会で、事前に主催団体によって主任が任命されていなければ、WAレフェリーの中から主任を任命しなければならない。主任は技術代表と協力して可能な限り実施される各種目にそれぞれ1人のWAレフェリーを任命しなければならない。WAレフェリーは担当する各種目の審判長を務める。

8.2 クロスカントリー競走・道路競走・マウンテンレース・トレイルランニングにおいてWAレフェリーが指名されたら、WAレフェリーは主催者に必要な支援を行う。WAレフェリーは自身に割り当てられた競技種目が行われている間は、常に競技場所にいなくてはならない。WAレフェリーは競技が競技規則と競技注意事項等ならびに技術代表の最終的決定に従って行われていることを確認する。WAレフェリーは割り当てられた各種目の審判長となる。

WAレフェリーに関する情報はWAのウェブサイトから入手可能な the World Athletics Referee Guidelinesにより提供される。

〔国内〕

1. 本連盟が主催する競技会には原則としてJTO（Japan Technical Official）をおく。JTOは総務の直下に位置づけられて、WAのWAレフェリーに準じた任務を行う。
2. JTOは、本連盟が承認した基準により選考試験を行い、理事会が認定する。
3. JTOはその種目の審判長に必要な支援を行わなければならない。JTOは、自身に割り当てられた競技種目が行われている間は、常に競技場所にいなくてはならない。JTOは競技が競技規則や競技注意事項等ならびに総務の最終的決定に従って行われていることを確認しなければならない。

4. 問題が起こった時や意見を述べる必要があると感じた場合、JTOは最初の行動として審判長に注意を促し、必要に応じて何をすべきかの助言をする。
5. もし助言が受け入れられず、このことが競技規則や競技注意事項等あるいは総務の決定に明らかに違反している時は、JTOが決定を下すことができる。それでも問題が解決しない場合は総務に付託する。
6. JTOは関係書類に署名しなければならない。

〔注意〕

JTOは審判長が不在の時は、当該審判員主任とやり取りを行う。

CR 9. WA競歩審判員とJRWJ（日本陸連競歩審判員）

ワールドランキングコンペティション定義1. (a)、(b) に該当する競技会に任命される競歩審判員は、WAゴールドレベルの競歩審判員でなければならない。

ワールドランキングコンペティション定義1. (c)、(d) と 2. (a)、(b)、(c)、(d) に該当する競技会における競歩審判員は、WAゴールド、シルバー、ブロンズレベルの競歩審判員が務める。

〔国内〕

1. 本連盟が主催、共催、後援する競技会では、競歩審判員はJRWJ（Japan Race Walking Judge）もしくは本連盟が任命した競歩審判員でなければならない。
2. JRWJは、本連盟が承認した基準により選考試験を行い、理事会が認定する。
3. CR34.4.6およびTR54.4.1〔国内〕ⅰ、ⅱ等JRWJを配置する必要がある時は、本連盟に事前に申告しなければならない。

CR 10. 国際道路コース計測員

全てのワールドランキングコンペティションでは、全部あるいは部分的に競技場外で実施する道路競技種目のコースがワールドランキングコンペティションの要件に従って計測が行われ認証されていることを保証するために、1人の国際道路コース計測員を任命しなければならない。
任命される計測員はWA／AIMS国際道路コース計測員（AまたはB級）でなければならない。
コースは競技会が行われる前の然るべき時間に計測されなければならない。
計測員は、そのコースが道路競走に関する競技規則（TR55.2、55.3及び54.1とその〔注意〕）に合致しているか確認し証明する。
世界記録が出た場合には、CR31.20及び31.21に合致していることを確認しなければならない。
また、計測員はコース設定に当たって主催者に協力するとともに、競技者が競技したコースが事前の計測によって承認したコースと同一であることを確認するために、競技に立ち会わなければならない。
加えて、計測員は技術代表に適切な証明書を提供する。

CR 11. WAスターターとWA写真判定員

ワールドランキングコンペティション定義1. (a)、(b)、(c) と2. (a)、(b) に該当し、競技場内で行われる競技会では、カウンシル、エリア陸連または競技会統括団体がWAスターターとWA写真判定員を任命する。
国際スターターは技術代表によって割り当てられたレースをスタートさせるとともに、スタート・インフォメーション・システムの操作やチェックを行うことを監督する。WA写真判定員は写真判定員主任となり写真判定業務を監督する。
国際スターターと国際写真審判員に関する情報はWAのウェブサイトから入手可能なThe Starting Guidelines and Photo Finish Guidelinesにより提供される。

WA写真判定員は、WAレフェリーが任命され審判長を務める競技会において写真判定員主任を務める一方で、WAスターターと他のスタートチームメンバーとの間の責任は明確に区分されていることに留意しなくてはならない。WAスターターは、自身が割り当てられたレースをスタートさせる時にはスターターとしての全ての権限と義務を負うが、スターターとしての任にある時だけでなく、それ以外の場面でも、スタート審判長の任を務めたり、その決定を覆したりする権限は持っていない。

CR 12.　ジュリー

ワールドランキングコンペティション定義1. (a)、(b)、(c) と2. (a)、(b) に該当する競技会では、通常3人か5人、または7人からなるジュリーを任命する。このうち1人を主任とし、もう1人を秘書とする。必要であれば秘書はジュリーとは別の人物でもよい。

TR54の規定により上訴があった場合、ジュリーのうち少なくとも1人はWAゴールド、シルバー、ブロンズのいずれかの国際競歩審判員でなければならない。

ジュリーのメンバーは直接的・間接的にも自身が所属する加盟団体の競技者の上訴については、審議に加わってはならない。ジュリー主任は本条に関連するメンバーに退席するよう要請しなければならない。競技会に責任があるカウンシルあるいは競技会統括団体は、審議に参加できないジュリーに欠員が生じた時のために、1人もしくは2人の交代要員を指名しなくてはならない。

上記競技会以外でも主催者がその競技会の遂行上好ましいと考える場合は、同様にジュリーを任命する。

ジュリーの基本的任務はTR8に規定された上訴について裁定し、また競技会の進行中に生じた問題のうち、その決定を付託された事項について裁定することである。

〔国内〕

1. 全国的な競技会および国内の大規模な競技会では、通常3人または5人からなるジュリー（主任1人を含む）を任命する。
2. 国内競技会ではジュリーの秘書は任命しない。

CR 13.　競技会役員

〔国際〕

競技会の主催者および競技会統括団体は、競技会が開催される加盟団体の規則に従い、全ての競技役員を任命する。ワールドランキングコンペティション定義1. (a)、(b)、(c) と2. (a)、(b) に該当する競技会では、WAが定める規則および競技会が開催される加盟団体が定める規則および手順に従い、全ての役員を任命する。

WA規則に記載している競技役員リストは、競技会を適切に実施するのに重要と考えられる役員構成である。但し、競技会統括団体は地域の状況に応じて、構成を変更してもよい。

〔国内〕

主催者は必要な役員を任命する。

次の役員とその数は原則的なものであり、主催者は状況によってこれを変更することができる。

1. ◇印の競技会役員は、本連盟が指定した競技会に任命する。
2. 各役員に主任をおくことができる。
3. 審判長、各主任、マーシャルおよび医師は、明確な方法で区別する。
4. 公式計測員を任命しない場合は、技術総務が兼任する。

〔国内競技会〕

運営役員

◇競技会ディレクター	（CR14）	1人
総　務	（CR15）	1人
総務員（総務補佐）		適切な人数
技術総務	（CR16）	1人
◇イベント・プレゼンテーション・マネージャー	（CR17）	1人
ジュリー	（CR12）	3人または5人

競技役員

トラック競技審判長（競走・競歩）		1人以上
フィールド競技審判長		1人以上
スタート審判長		1人以上
混成競技審判長		1人以上
◇ビデオ監察審判長		1人以上
◇ビデオ監察審判長		1人以上
招集所審判長		1人以上
決勝審判員主任	（CR19）	1人
決勝審判員		適切な人数

フィールド競技審判員主任	(CR19)	1人以上
フィールド競技審判員		適切な人数
トラック競歩競技審判員主任	(TR54)	1人
トラック競歩競技審判員主任補佐		適切な人数
トラック競歩競技審判員		5人
道路競歩競技審判員主任	(TR54)	1人
道路競歩競技審判員主任補佐		適切な人数
道路競歩競技審判員		8人
競歩記録員、警告掲示板係他競歩競技に必要な役員		適切な人数
監察員主任	(CR20)	1人
監察員		適切な人数
計時員主任	(CR21)	1人
計時員		適切な人数
写真判定員主任	(CR21、TR19)	1人
写真判定員		適切な人数
トランスポンダー主任	(CR21、TR19)	1人
トランスポンダー主任補佐		適切な人数
トランスポンダー係		適切な人数
◇スタートコーディネーター	(CR22)	1人
◇ＪＴＯ		適切な人数
◇ＪＲＷＪ		適切な人数
スターター		1人以上
リコーラー		適切な人数
出発係	(CR23)	1人以上
周回記録員	(CR24)	適切な人数
記録・情報処理員	(CR25)	1人以上
◇テクニカルインフォメーションセンター(TIC)マネージャー	(CR25.5)	1人以上
◇TICマネージャー補佐		適切な人数
マーシャル	(CR26)	1人以上
風力計測員	(CR27)	1人以上
科学計測員　主任	(CR28)	1人
科学計測員　補佐		適切な人数

競技者係主任 （CR29） 1人
競技者係 1人以上
アナウンサー （CR35） 1人以上
◇公式計測員 （CR36） 1人
◇広告コミッショナー （CR30） 1人
医師（医務員） 1人以上
用器具係、役員係、報道係、庶務係、会場管理係他競技会に必要な役員

必要に応じて補助競技役員を任命してもよい。
できる限り、役目のない役員やその他の者が競技区域内に立ち入らないように注意する。

競技会に委嘱される競技役員の数は、競技が1日または数日間連続して長時間にわたって行われる場合、競技会が正確かつ効率的に実行されることを確実にするために十分なものでなければならない。しかし、競技実施場所が不必要な人員によって混みあったり、妨げられたりすることがないよう、あまりにも多くの競技役員を委嘱しすぎないように注意しなければならない。競技会によっては、現場の競技役員による任務の一部は、技術力によって代行可能であるので、バックアップ要員が必要であるという相応の理由がない限りは、競技役員委嘱にあたって委嘱数を減らす根拠として考慮されなくてはならない。
＜安全に関する注意＞
陸上競技会の競技役員には多くの重要な役割があるが、全ての関係者の安全確保が何より重要な任務である。陸上競技の実施場所は危険な場所になりうる。重くて鋭い器具が投げられることで、通りがかりの者に危険をもたらす。トラックや助走路を速いスピードで走っている競技者は、自分自身だけでなく衝突した相手を傷つけてしまう可能性がある。跳躍競技を行っている競技者は、しばしば予期しないまたは意図しないかたちで着地することがある。天気やその他の条件によって、一時的に、または長時間、陸上競技会が危険にさらされることもある。
競技実施場所やトレーニングエリアやその近くで、事故により競技者、競技役員、カメラマン、その他の関係者が怪我をするという（時には命にか

かわるほどの）事故が発生しているが、これらの怪我の多くは防ぐことができたと思われる。

競技役員はスポーツに内在する危険性に常に注意する必要がある。競技役員は常に注意を払い、気を散らしてはならない。競技役員としての立場にかかわらず、全員が陸上競技場をより安全な場所にするためにできることを行う責任がある。全ての競技役員は、競技実施場所にいる間はいつでもどこでも安全を考えるべきであり、何らかの事態が発生する可能性がある状況を目にしたなら、事故を防止するために必要に応じて介入すべきである。競技規則を厳格に遵守するよりも安全性を確保することがより重要である。規則の遵守と安全確保において相反する状況が発生した場合、安全が優先されなければならない。

CR 14. 競技会ディレクター

競技会ディレクターは、技術代表およびその他の関係する代表とともに、以下の業務を行わなければならない。

14.1 イベントプレゼンテーションと表彰式も含めた、競技会の技術的な運営を計画する。

14.2 立案した計画が競技前および競技中に確実に実行されるようにする。

14.3 技術的な問題が解決されるか、代替する解決策が取り入れることを確認する。

14.4 競技会参加者の相互の影響状況を監督し、各種指示を行う。

14.5 情報伝達システムを通して、競技会映像の配信や放送に関係する全ての主要関係者およびその他の関係者と連絡を取り合う。

14.6 CR17を確実に順守するために、イベントプレゼントマネージャーと十分な連携を図る。

14.7 CR29.1.1.に従い、招集所のスケジュールを正確に作成し、公開する。

14.8 CR22.1.3の効率的な運用を確保するために、スタートコーディネーターと連絡を取る。

14.9 競技会に適用される規則と、導入される技術およびITシステムの機能を十分に理解する。

14.10 TR7.5に関して生じるあらゆる問題を管轄する。

競技会中、効率的な運営を確保するために、競技会ディレクターはイベントプレゼンテーション・マネージャーの近くで、技術的なサポートが受けられ、モニター画面が十分かつ信頼して見ることができる状態で、競技会全体を視覚的に把握できる場所に位置する。

CR 15. 総　務

総務は競技会を順調に進行させる責任を負う。また役員の任務遂行の状況を把握し、必要がある時にはその代わりの者を任命する。また競技規則に精通していない役員の任を解く権限を有する。マーシャルと協同して、許可された者以外は競技区域内に入れないようにする。

〔注意〕

4時間を超える、あるいは2日以上の競技会では、総務は総務員を任命することが望ましい。

〔国内〕

本連盟が主催、共催する競技会ではその規模に応じて総務員をおき、総務の任務の一部を代行させることができる（例：競技会進行担当総務員、管理事務担当総務員など）。

総務は競技会ディレクターの権限の下で、また技術代表の指導および決定に従って、競技実施場所で起こっている全てのことについて責任を負う必要がある。競技場で、総務は起こっていること全てを見ることができ、必要な命令を出すことができるような場所に位置していなければならない。総務は任命された全ての競技役員全員の名簿を所持し、他のマネージャー、審判長、及び審判員主任と効率的にコミュニケーションできる必要がある。

複数日に渡って開催される競技会では、審判員の一部は、競技会全体を通して任にあたることができない可能性がある。総務は必要に応じて交代要員を補充できるよう、予備の競技役員名簿を所持しておくべきである。

競技に十分な数の競技役員がいても、総務は競技役員が任務を正しく遂行しているかどうか確認し、もし不適当であるなら、その競技役員を交代させる準備をしなくてはならない。

総務は審判員（およびその補助員）が担当する競技が終了し、片付けがなされたなら速やかに競技実施場所から離れるよう徹底する。

CR 16. 技術総務

16.1 技術総務は以下の点を確認する責任を負う。

16.1.1 トラック、助走路、サークル、円弧、角度、フィールド競技の着地場所および用器具が競技規則に合致していること。

16.1.2 技術代表によって承認された競技会の技術的・組織的計画に従って用器具を設置することと撤収すること。

16.1.3 競技場所の設備や用器具等が前述の計画に従っていること。

16.1.4 TR32.2に従って、競技会に許可された個人の投てき用具（投てき物）を検査し、マークを付けること。

16.1.5 TR10.1に従って、競技会前に公式計測員（〔国際〕有資格計測員）から必要な証明書を受け取ること。

〔国内〕

1. 本連盟では施設用器具委員会が「公認陸上競技場および長距離競走路ならびに競歩路規程」等に基づき検定を実施し、公認競技会を開催し得る十分な精度のある適切な施設であると認定しているため、その確認の報告を受ける。
2. 投てき用器具の確認は、公式計測員が代わって行い、報告を受ける。
3. 技術総務のもとに用器具係をおく。用器具係は各競技に必要な用器具を整備し、その競技開始前にこれを配置し、競技終了後にこれを撤収する。
4. 道路競技においては、コースの整備状況や設備、用器具の配置等が競技規則や競技会の技術的・組織的計画に従っていることを確認する。

技術総務は競技会ディレクターまたは総務の権限の下で行動するが、経験豊富な技術総務は監督、指示がなくとも自らの役割の多くを遂行する。

技術総務はいつでもコンタクト可能でなければならない。審判長またはフィールド審判員主任が種目を実施している（または実施することになる）場所を変更または改善する必要があることに気付いた場合は、総務に連絡し、技術総務に必要な対応を依頼する。審判長が競技実施場所の移動（TR25.20）が必要であると感じた際にも同様の手順となり、総務から技術総務に対し審判長の希望を実行するよう要請する。但し、風の強さや風向きの変化は競技実施場所を移動するのに十分な条件ではないことを覚えておく必要がある。

競技会ディレクターまたは技術代表が、競技中に使用する投てき物を承認したなら、技術総務はさまざまな物品を準備し、注文し、受け取らなくてはならない。その後、技術総務またはそのチームは、これら公式投てき物の重量と寸法、および使用が認められ提出された個人持ち込み投てき物が規則に合致するかを慎重にチェックしなければならない。また、記録が誕生した場合、CR31.17.4が正確かつ効率的に実施されることを保証しなければならない。 ‖

投てき物に関連して、主催者に供給される投てき物の重さの範囲に関する製造会社情報は2017年の規則から削除され、WA認証システムに関する文書に移された。但し、技術総務は製造会社から新しい投てき物を受け入れる際にこのガイドラインを適用すべきであるが、この重さの範囲にないことを理由に競技会に提出され使用される器具を拒否してはならない。この点で重要なのは最小重量である。

CR 17. イベント・プレゼンテーション・マネージャー

イベント・プレゼンテーション・マネージャーは競技会ディレクターと共に競技会の各種目やその他の演出準備を組織代表および技術代表と協力して計画する。また、その計画が達成されるよう、競技会ディレクターおよび関係する代表と協力して関連する諸問題を解決する。イベント・プレゼンテーション・チーム内の連携についても、情報伝達システムを利用して監督する。

各競技のスタートリストや途中経過、結果等の情報をアナウンスまたは他の方法で確実に提供させる。各種目の結果（順位、時間、高さ、距離、得点）は情報を受け取ったならば、できるだけ早く発表させる。ワールドランキングコンペティション定義1. (a)、(b) に該当する競 ‖

技会では英語、フランス語のアナウンサーがカウンシルによって任命される。

イベントプレゼンテーションマネージャー（EPM）は、インフィールドで行われる全ての活動のプレゼンテーションについての企画、指導、調整を行うだけでなく、ショーに組み込んで会場内の観客に提示する責任も持っている。EPM業務の最終的な目的は、観客に提供されるショーの有益で活気に満ちた、魅力的な演出を行うことである。この成功のためには、作業を実行するためのEPチームと必要な機器を用意することが重要である。EPMはアナウンサー、スコアボード及びビデオボードオペレーター、オーディオ及びビデオ技術者、表彰式スタッフ、それ以外にも関連する現地内外で任務にあたるイベントプレゼンテーションスタッフの活動を調整する責任者である。
ほとんどの競技会においてアナウンサーは不可欠である。アナウンサーはできるだけ競技会ディレクターの近くで、競技会ディレクター及び任命されていればイベントプレゼンテーションマネージャーの近くで、速やかにコミュニケーションが取れるようにして、適切に競技会を進行できるような場所に配置する。

CR 18.　審判長

18.1　招集所、トラック競技、フィールド競技、混成競技、競歩競技およびビデオ監察には必要に応じて1人以上の審判長を任命する。スタートを監督するために任命された審判長をスタート審判長と呼ぶ。
ビデオ監察審判長は、他の審判長と連絡をとりながら、ビデオ管理室で判定を行わなければならない。

レースのために複数の審判長が任命されるような、十分な競技役員がいる大会では、その1人がスタート審判長として任命されることが強く推奨される。明確な理解のために補足すると、このような状況ではスタート審判長はスタートに関する審判長としての全ての権限を行使し、その際には、他のトラック競技審判長に報告したり、了解を得て行動したりする必要はない。

しかしながら特定の競技のレースを監督するために審判長が1人だけしか任命されていない場合は、審判長の権限を考慮すると、スタート時には（少なくともクラウチング・スタートを行う種目では）現場で発生する可能性があるあらゆる問題を間近で見て、それを解決するために必要な決定を下す目的で、スタート地点にいることが強く推奨される。これはWAが承認したスタートインフォメーションシステム（SIS）が使用されていれば、より容易に解決される。

SISを使用していない場合、さらには審判長がスタート手続き（100m、100/110mハードル、200m）の後にフィニッシュを見る場所に移動する時間がなく、審判長が順位を決定しなくてはならない可能性がある場合、最良の解決策はスタート審判長としての任も兼ねるようスタートコーディネーター（スターターとして豊富な経験を持つ者であるべき）を任命することである。

18.2　審判長は、競技規則と競技注意事項が遵守されているかどうかを監督する責任を負う。審判長は競技運営に関するいかなる抗議や不服申し立てを裁定しなければならず、ウォーミングアップ場・招集所から競技後の表彰式に至るまでを含めて、競技中に起こった技術的問題ならびに競技規則や競技注意事項等に明確に規定されていない事項についても（〔国際〕技術代表と共に）必要かつ適切な決定を行う。

審判長は審判員または監察員としての行動をしてはならないが、自己の観察に基づいて競技規則に従った処理を行い、審判員や監察員の決定・報告を覆すこともできる。

〔参照　CR19、20〕

〔国際〕

審判長は競技運営に関するいかなる抗議や不服申し立てを裁定しなければならず、ウォーミングアップ場・招集所から競技後の表彰式に至るまでを含めて、競技中に起こった技術的問題ならびに競技規則や競技注意事項等に明確に規定されていない事項についても、技術代表と共に必要かつ適切な決定を行う。

〔注意〕

本条や広告規程を含む他の諸規程は、表彰式に関連する全ての活動（写真撮影、ビクトリーラン、観客との対応を含む）が終わるまで適用する。

審判長は失格を決定するにあたり、審判員または監察員からの報告を必ず受け取らなくてはならないということではない点に注意する必要がある。審判長は、いつでも、自身による直接の監察によって行動してよい。上記の〔注意〕は、表彰式に付随するまたは関連する全ての事項を含むと解釈されるべきであり、その種目の審判長はそれらの責任も負うものとする。表彰式が別の場所や別のセッションで実施される場合は常識の範囲内で対応することとし、元々担当していた審判長が状況を管理することが現実的でない場合は、必要に応じて別の審判長を代用する必要がある。CR5のWA解釈も参照のこと。

18.3 トラック競技審判長、競歩競技審判長は、レースの順位について、審判員が順位に疑義があり順位を決定できない場合に限り、順位を決定する権限がある。但し、競歩競技の競歩審判員主任が責任を持つ任務の範囲には権限を持たない。
スタート審判長（スタート審判長が任命されていなければトラック競技審判長または競歩競技審判長）は、もしスタートチームのスタート関連の判定に同意できなければ、当該スタートに関するどんな事実についても決定する権限を持つ。但し、審判長がスタート・インフォメーション・システム（SIS）による情報が明らかに不正確であると判断する場合を除き、スタート・インフォメーション・システムによって示された明らかな不正スタートの場合には、その権限は及ばない。TR8.4.1も参照のこと。 ‖
混成競技審判長は、スタート審判長が任命されている場合はその所管する事項を除き、混成競技および混成競技における各競技の運営を管轄する。

18.4 当該審判長は全ての最終結果を照合し、問題点を処理しなければならない。科学計測員主任が任命されていれば、共同して記録計測を監督しなければならない。各種目の予選・決勝 ‖

等の各ラウンドが終了したら、記録用紙に当該審判長または写真判定員主任による署名または承認を行った後、記録・情報処理員に引き継ぎ、成績表として直ちに完成させなければならない。

18.5 審判長はTR7.1に基づき、競技者やリレー・チームに対して警告を与えたり、当該競技会から除外したりする権限を持つ。

18.6 もし、審判長が新たな裁定を行うことができる状況にあるなら、入手可能な証拠に基づいて、先に出された裁定（最初になされたものでも、抗議を検討してなされたものでも）を再考することができる。通常そのような再考は、当該種目の表彰式が実施される前、あるいはジュリーの裁定が下される前までに行われる。

この規則はジュリー（TR8.9参照）と同様に、審判長は決定を再考することができ、最初の自らによる決定であろうと、審判長に対しなされた抗議の検討による決定であろうと、どちらのケースでも同様に再考してよいと解釈される。このオプションは新たな証拠となる情報が迅速に提出された時に、特に考慮することができる。ジュリーにとってはより複雑で難しい上訴となる必要性を避けることができるからである。しかし、そのような再考をするにあたっては現実的な時間の制約に注意すべきである。

18.7 審判長はある種目の全部または一部の競技をやり直すことが公正と思われる事態が生じたと判断した場合、当該種目の全部または一部の競技の結果が無効であることを宣言し、競技のやり直しを命じる権限を有する。再競技は審判長の決定に従い、同日または別の日に行う。〔参照　TR8.4、17.1〕

〔国内〕

審判長は競技者の生命・身体保護の観点から、競技の中止を命じることができる。審判長から中止を命じられた競技者は、直ちに競技を中止しなければならない。

非常に特殊な状況を除き、審判長とジュリーはレースを完了しなかった競技者を以降のラウンドに進出させたり、再レースに含めたりするべきではないこと注意する必要がある。

18.8 〔国際〕 WA競技規則が適用される競技会に、身体障がいを持つ競技者が競技する場合、当該競技会の審判長は、その競技者の参加が可能となるよう本規則の規定（TR6.3を除く）を柔軟に解釈したり、調整を認めたりすることができる。但し、その変更によって当該競技者が同じ種目で競技する他の競技者に比べて有利になることがあってはならない。何らかの疑義がある場合や、審判長の決定に対して異議が唱えられた場合は、ジュリーに付託する。

〔国際ー注意〕

特定の競技会の規程で認められる場合を除き、本条は視覚障がいのある競技者の伴走者の参加を認めることを意図するものではない。

この規則は健常な競技者を対象とする競技会に、障がいのある立位競技者が出場することを容易にする。例えば、腕切断者はクラウチング・スタートの際、両手を地面に接しなくてはならないとするTR16.3を厳密に遵守することができない。この規則により、スタート審判長は規則を次のように解釈することを可能する。競技者がスタートライン手前の地面に持参のパッドを置くことや、木製ブロックや類似の物を置くことを認めたり、上腕切断者の場合、地面との接触なしに開始位置をとることを認めたりすることができる。

但し、この規則は特定の競技会の規則で特に許可されている場合を除き、健常者の競技会でガイドランナーの使用を許可するものではないし、また審判長がTR6に定められている事項に反した解釈をすることを認めているわけでもない（特に、義足およびその他の補助器具の使用についても想定しているTR6.3.3、6.3.4参照）。

障がいのある競技者が健常な競技者と一緒に競技する際、規則で特に規定されていない場合や、審判長がCR18.8をもってしても柔軟な解釈ができないことから規則に準拠していない状況にある場合、障がいがある競技者と健常な競技者の競技結果を別にして発表する。それが無理な場合は競技結果に一緒に競技した事実を明確に記載する（CR25.3参照）。いずれにせよ、出場しているパラ競技者のIPCクラス分けによる競技クラスをエントリーリスト、スタートリスト及びリザルトに示すことは、たいへん有益である。

CR19. 審判員

総　則

19.1　審判員主任はそれぞれの種目の審判の任務を調整する。各審判員の任務が事前に割り当てられていなければ、審判員主任は各審判員に任務を割り当てなければならない。

19.2　審判員は一度下した判定に間違いがある場合には、再考して新たな判定を下すことができる。その後、審判員の判定に対して抗議や上訴により審判長やジュリーが判断を下す場合には、審判員は全ての情報を提供しなければならない。

競走競技と競歩競技

19.3　審判員はトラックまたは道路コースの同一サイドから競技者のフィニッシュでの着順を判定する。その判定について審判員で決められない時には、これを審判長の決定に委ねる。

〔注意〕

審判員はフィニッシュラインの延長線においてフィニッシュラインから少なくとも5m離して、階段式スタンドに位置する。

フィールド競技

19.4　審判員は全てのフィールド競技において競技者の試技を判定し記録するとともに、その試技が有効であれば計測して記録する。走高跳と棒高跳ではバーの高さを上げる時、特に新記録に挑戦する時、確実に計測を行う。少なくとも2人の審判員が試技の記録を管理し、各ラウンドの終了ごとにその記録を点検しなければならない。

当該審判員は、通常、有効試技は白旗、無効試技は赤旗を挙げて示す。旗以外の視覚的な表示物を使用することも認められる。

審判員は規則違反が発生したと確信しない限り、通常、いかなる疑念にも競技者にとって有利になるように解釈し、試技が有効であると判断して白旗を挙げる。しかし、ビデオ審判長が任命されフィールド種目の映像にアクセスできる場合、フィールド審判員が着地場所の特定に疑念がある際には、現場担当のフィールド審判長と協力して、ビデオ審判長からの助言を待つ間は、(白でも赤でも) 旗上げを遅らせるという選択肢がある。その際には落下域の痕跡を保存するか、有効であった時に備えて計測しておくかのいずれかを徹底する必要がある。別の方法として、審判員が本当に疑わしい場合には赤旗を上げた上で痕跡を保存するか、試技を計測したことを確認したうえでビデオ審判長に助言を求めることもできる。
試技の有効性に疑念を抱かせ混乱させてしまう可能性を減らすために、フィールド種目毎に白と赤の旗は1セットだけ使用することを推奨する。跳躍種目で複数の旗のセットを使用する必要はないと考えられる。長さの跳躍で風速を示す仕様のボードが用意できない時、2mを超えたという事実を知らせるには赤旗以外の何らかの方法を用いるべきである。
投てき種目の場合、

a. サークル担当の審判員による旗上げ担当審判員への無効試技の合図。旗による合図に代えて、審判員の手に持った小さな赤カードによる表示の使用が推奨される。
b. 角度線の上または外への投てき物の着地。旗による指示に代えて、審判員が地面に平行に腕を伸ばすような表示の使用が推奨される。
c. メタルヘッドより先に他の部分が地面に着地した際のやり投の判定。旗による合図に代えて、審判員が手で地面を押すような動作が推奨される。

CR 20. 監察員 (競走、競歩種目)

20.1 監察員は審判長の補佐で、最終の判定をする権限を持たない。

20.2 監察員の任務は審判長が指示した地点に位置して競技を厳正に監察し、競技者あるいは他の者によってTR54.2以外の競技規則の不履行や違反が起こった時には、直ちに審判長にその出来事を書面で報告しなければならない。

20.3 いかなる規則違反も黄旗を挙げて、あるいは主催者が許可した信頼性のある方法で、当該種目の審判長に伝達する。

20.4 リレー競走においては受け渡し区域を監察するために十分な人数の監察員を任命する。

〔注意〕

i 監察員は競技者が自分のレーン以外のところを走ったり、リレー競走でテイク・オーバー・ゾーン外でのバトンの受け渡しを監察したりした時は、直ちにその違反が行われた場所に適当なものでマークし、書面または電子媒体で同様の記録をする。

ii 監察員はたとえ競技者(あるいはリレーにおけるチーム)がそのレースでフィニッシュしなかった場合でも、いかなる規則違反も審判長に報告しなければならない。

監察員主任(CR13参照)はトラック競技審判長の補佐役であり、各監察員の配置を指示し、各監察員の任務と報告の調整を行う。WAのウェブサイトからダウンロード可能な配置図では、様々なトラック種目のために監察員(常に委嘱されている監察員の人数に従う)が立つべき位置を推奨している。この配置図はあくまでも一例あり、(他の選択肢もあることを)理解する必要がある。何名の監察員を選抜するかは競技会のレベル、エントリー数、委嘱可能な競技役員の数に応じて、トラック競技審判長と協議のうえ総務が決定する。

<違反の表示>

競技が全天候舗装のトラックで実施されている時、違反行為が発生したトラックにマークを付けることができるように、監察員に粘着テープを提供することが実践されている。但し、規則(上記の〔注意〕i参照)は、この対応は他の方法でも行うことができ、しばしば行われている。

違反を特定の方法で(または全く)報告できなかったとしても、失格を有効とすることを妨げるものではないことに注意が必要である。

競技者またはチームがレースを途中棄権したとしても、規則違反があったと監察員が信じるなら、あらゆる全ての事案を報告することが重要である。TR8.4.4(途中棄権でも違反行為があった場合の報告義務)が追加となったのは、世界各地での対応に明確な違いがあるため、監察員が取るべき行動を標準化し、CR20〔注意〕iiを補完することを目的としている。 ‖

全体に共通する標準的対応では、競技者またはリレー・チームが途中棄権した場合や、ハードル競走で規則に違反して明らかにレースを中止しな ‖

がらも、結局はフィニッシュラインに到達した場合を含め、通常はDQ（失格）ではなくDNF（途中棄権）と表示される。TR8.4.4は、このような際に競技者やチームが抗議を行う可能性に対応するために設けられている。

CR 21.　計時員、写真判定員とトランスポンダー係

21.1　手動計時の場合、参加人数に十分な計時員を任命し、その中の1人を計時員主任に任命する。主任は各計時員の担当任務を決める。

写真判定システムあるいはトランスポンダー計時システムを使用する時、計時員は予備計時員として行動しなければならない。

21.2　計時員、写真判定員およびトランスポンダー主任はTR19によって行動しなければならない。

21.3　写真判定システムを使用する場合は、写真判定員主任と適切な人数の写真判定員が任命されなければならない。

21.4　トランスポンダー計時システムを使用する場合は、トランスポンダー係が任命され、その中からトランスポンダー主任と適切な人数のトランスポンダー主任補佐が任命されなければならない。

手動計時ガイドライン（The Guidelines for Manual Timekeeping）は、WAのウェブサイトからダウンロード可能である。

CR 22.　スタートコーディネーターとスターターおよびリコーラー

22.1　〔国際〕スタートコーディネーターは次の任務を担当する。

22.1.1　スタートチームのメンバーにそれぞれの任務を割り当てる。但し、ワールドランキングコンペティション定義1.(a)、(b)、(c) と2. (a)、(b)、(c) に該当する競技会では、どの種目をWAスターターが撃つかの割り当てを技術代表が決める。

22.1.2　スタートチームのメンバーが割り当てられた任務を実行しているかどうかを監督する。

22.1.3　総務もしくは進行担当総務員からの関連指示を受けた

後、スタートの手続きを始めるために全ての準備（計時員、決勝審判員、写真判定員主任、風力計測員、トランスポンダー主任）が整っていることをスターターに連絡する。

22.1.4 審判員と計時装置技術スタッフとの間の仲立ちをする。

22.1.5 スタート手順の中で作成した全ての書類、もし存在するのなら、反応時間と不正スタートの波形図の両方またはいずれかを含む全ての書類を保存する。

22.1.6 TR16.8、39.8.3の違反後はTR16.9の手順が確実に履行されるようにする。

スタートチームの全てのメンバーは、競技規則及びその解釈について十分に理解している必要がある。チームは競技が遅滞なく継続できるよう、規則を適用する際、どのような手順に従うか明確にしておく必要がある。チームのメンバーは各々の、特にスターターとスタート審判長の任務と役割を十分に理解していなければならない。

22.2 スターターは全ての競技者に対して公平で公正なスタートを保証することに責任を持ち、スタート地点における競技者を完全に統括する。クラウチング・スタートで行われる種目の判定を補助するためにスタート・インフォメーション・システムが使用される場合には、TR16.6が適用される。

〔国内〕

スターターはレース前に計時員、決勝審判員、写真判定員主任および風力計測員が準備完了したことを確認する。

22.3 スターターはスタート動作の間、全走者を視野に収められるような位置に立たなければならない。階段式スタートの場合、特に各レーンにスピーカーを置き競技者にスターターの指示、スタート信号およびリコール信号が同時に伝えられるようにすることが望ましい。〔参照　TR16〕

〔注意〕

スターターは全走者を狭い視野に収められるような位置に立たなければならない。クラウチング・スタートを用いるレースでは、全走者が信号器を作動させる前の「Set（用意）」の状態で静止しているのが確認できるところに立つことが必要である。階段式スタートを用いるレースでスピーカーが使用できない場合、スターターは、スターターと各競技者の距離がほぼ同じになる位置に立たなければならない。しかし、スターターがそのような位置に立てない場合は電気で作動する補助スタート信号器を置く。 ‖

スターターの合図は全ての競技者に明瞭に聞き取れる必要があるが、競技者から遠く離れ、スピーカーシステムがない状況を除けば、スタート合図を叫んで行うことは避けるべきである。

22.4 スタートにおいて、スターターを支援するために1人あるいは2人以上のリコーラーを配置する。

〔注意〕

200m、400m、400mハードル、4×100mリレー、4×200mリレー、メドレーリレー、4×400mリレーでは少なくとも2人のリコーラーをおくことが望ましい。

22.5 リコーラーは自分が受け持つ全競技者を平等に見ることができるように位置しなければならない。

22.6 スターターまたはリコーラーはどのような不正でも確認したならば、信号器を発射して競技者を戻し、レースをやり直さなくてはならない。リコーラーは競技者を戻した後、どの競技者に警告もしくは失格を与えるべきかの情報をスターターに伝えなければならない。スターターはどの競技者に警告を与えるか、または失格とすべきか判断する。

〔参照　TR16.7、16.10〕

22.7 TR16.8、39.8.3に規定されている警告や失格の決定についてはスターターのみが行うことができる。 ‖

〔参照　CR18.3〕

この規則とTR16の両方を解釈するには、CR18.3を考慮する必要がある。これは、スタートが公平であるかどうかの判断は、事実上、スターターとスタート審判長の両方が責任を負っているからである。一方、リコーラーにはそのような権限はなく、リコーラーは競技者を呼び戻すことはできても、その後は権限を持って行動することはできず、自身の監察内容をスターターに報告することだけが求められる。

スタートガイドライン（The Starting Guidelines）は、WAウェブサイトからダウンロード可能である。

CR 23. 出発係

23.1 出発係は競技者が所定の組で競走（競歩を含む）に出場しているか、自分のアスリートビブス（ビブス）を正しく着けているかを点検する。

23.2 出発係は各競技者をスタートラインの後方約3mのところ（階段的にスタートする競走では各スタートラインの後方）に集めて、競技者を正しいレーンまたは定められた位置に並べなければならない。この位置につけ終わった時にスターターに対して準備が完了したことを合図する。スタートのやり直しが命じられたら、出発係は再び競技者をスタートラインの後方約3mのところに集める。

〔国内〕

800mを超えるレースではスタートラインの後方約1mのところに並べる。

23.3 出発係はリレーの第1走者に対してバトンを用意する責任がある。

23.4 スターターが競技者にスタートの位置に着くよう命じた時には、出発係はTR16.3と16.4が守られていることを確認しなければならない。

23.5 不正スタート時において、出発係はTR16.9に定められた手続きを行う。

CR 24. 周回記録員

24.1 1,500mを超える競走で、複数の周回記録員は各競技者の走り終わった回数を記録しなくてはならない。特に5,000m以上の競走および競歩競技では、審判長の指示のもと複数の周回記録員が任命され、割り当てられた競技者の各周回の時間を記録する（時間は計時員が周回記録員に知らせる）。この方法をとる場合、1人の周回記録員は4人を超える競技者の時間を記録することはできない（競歩の場合には6人）。人による記録に代わって、競技者が装着したトランスポンダーを含むコンピューター化されたシステムを使用してもよい。

〔国内〕

出場者が多い場合には、先頭のみを記録することでもよい。

24.2　周回記録員の一人はフィニッシュライン付近の内側で、各競技者に残っている周回の数を知らせる。周回の表示は先頭の競技者がフィニッシュラインのある直走路に入った時に変える。さらに（周回遅れが）生じた時には、周回遅れになったか、なりそうな競技者に対してマニュアル表示（手持ちカード）で残りの回数を知らせる。

通常、最終周回は鐘を鳴らして各競技者に合図する。

〔国内〕

慣習として800m競走でも最終周回に鐘を鳴らす。

周回記録ガイドライン（Guidelines for Lap Scoring）は、WAのウェブサイトからダウンロード可能である。

CR 25.　記録・情報処理員、テクニカル・インフォメーション・センター（TIC）

25.1　記録・情報処理員は、各審判長、計時員主任、写真判定員主任またはトランスポンダー主任および風力計測員から提供される各種目の詳細な結果を集めなければならない。これらの結果を記録し、詳細を直ちにアナウンサーに伝え、成績表を総務に渡す。

コンピューターによる競技会運営システムを採用する場合、各フィールド種目担当の記録・情報処理員は、競技場所で各種目の結果をコンピューターシステムに確実に入力しなければならない。トラック競技の結果は写真判定員主任の指示のもとで入力しなければならない。アナウンサーと総務はこれ

らの結果を見るためにコンピューターにアクセスできなくてはならない。〔参照　CR27、〔国内〕CR35〕 ‖

25.2 投てき物の重さやハードルの高さなど異なる仕様で行う競技については、競技結果にその仕様を明示するか、カテゴリー別に明示する。

25.3 ワールドランキングコンペティション定義1. (a)、(b) を除く ‖
競技会で、以下の競技者に同時参加を認めた場合、その結果は別に取扱い、障がいクラス分けも明示されなければならない。

25.3.1 他の競技者の助力（例えば、ガイドランナー）を受けて競技する競技者

25.3.2 TR6.3.4で認められていない機械的補助器具を使用する競技者

25.4 スタートリストおよび結果には以下の略号を用いる。
競技者が規則違反で警告を受けたり、失格となったりした場合には、どの規則に違反したかを公式記録に明記する。
競技者が競技者にあるまじき行為や不適切な行為で失格になった場合には、失格の理由について公式記録に明記する。

欠場	DNS
途中棄権（トラック競技、競歩競技、混成競技）	DNF ‖
記録なし	NM
失格（理由として競技規則条文番号も記載）	DQ
成功・有効試技（走高跳・棒高跳）	○
失敗・無効試技	×
パス	−
試技放棄・離脱（フィールド競技、混成競技）	r
トラック種目における順位による通過者または フィールド種目における標準記録突破による通過者	Q
トラック種目における記録による通過者または フィールド種目における記録による通過者	q
救済および審判長等の決定による通過者	qR
ジュリーの決定による通過者	qJ
抽選による次ラウンドへの進出	qD ‖
ベント・ニー（競歩）	>
ロス・オブ・コンタクト（競歩）	〜

警告（理由として競技規則条文番号も記載）	YC
２回目の警告による失格（退場） （理由として競技規則条文番号も記載）	YRC
レッドカードによる失格（退場） （理由として競技規則条文番号も記載）	RC
レーン侵害（TR17.3.3、17.3.4）	L
抗議中の競技	P

〔国内〕

記録用紙は本連盟指定の項目が網羅されたものを使用する。本連盟ウェブサイトから入手が可能である。

2015年からCR25.2～25.4は、手続きとスタートリストとリザルトの共通の状況での用語の使用を標準化するように設計されている。CR25.2と25.3は、異なる年齢の競技者やパラ競技者が同じ競技で競合している最上位レベル（さらにはいくつかの高レベル）の競技で、珍しくない状況を反映したものである。この規則はCR31.1に定められている最小の競争相手数の要件を満たす手段として、および結果の提示方法も含め、これらが容認されることを確認している。

競技規則違反の理由と懲戒的理由の両方で失格が生じる可能性があることを考えると、失格の理由が常に結果に示されていることが非常に重要となる。これは、DQの略称の隣にどの規則により競技者が警告を受けたのか、あるいは失格となったのかを常に明記することによって達成される。

'r' は競技者が怪我によって競技継続ができない場合、あるいは競技者がそれ以上競技を行わないと決めた場合に使用することを想定している。競技者がそれ以上競技を行う必要がないというケースは、走高跳や棒高跳でよくあるが、他の競技者による競技が続いている際にはTR25.17に規定されている試技時間に影響があることに留意する必要がある。試技放棄（離脱）する者が出ることにより、競技を続行している競技者の人数が3人、2人または1人と減り、適用する試技時間が変化する可能性があるためである。

試技放棄（離脱）は混成競技にも関連しており、その後に行なわれるトラック競技の組数にも影響を与える可能性がある。

他のフィールド競技では、代替方法として残り全ての試技の機会を「パス扱い（－）」とすることもできるが、競技者は後から気が変わることもあるので、'r' を記載することにより当該競技者がその後の試技を行わないという意思表示をしたことを明確にするものである。

CR6のWA解釈も参照のこと。

以下の行為を行った競技者は、DNSとする。

a. 当該競技者の名前がスタートリストに記載されているにもかかわらず、当該競技に関してコール・ルーム（招集所）に何の連絡もない。

b. コール・ルーム（招集所）でチェックを受けていながら、フィールド競技では一回も試技をしない、競走競技や競歩競技でスタートの位置につかない。

c. 混成競技でTR39.10の適用。

25.5 〔国際〕 ワールドランキングコンペティション定義1. (a)、(b)、(c) と2. (a)、(b) 、(c) に該当する競技会では、テクニカルインフォメーションセンター（TIC）を設置する。またそれ以外の競技会でも開催期間が1日を超える場合はＴＩＣを設置することを推奨する。TICはバーチャルに運営するか（Web方式）、実際に設置して運営するか、その両方を組合せて運営することができる。TICは各チーム代表、主催者、技術代表および競技会運営機関の間で、競技会の技術面等に関する事項について円滑なコミュニケーションを図ることを主要業務とする。

〔国内〕

主催者が設備や関係者間の連絡体制を整えられるのであれば、Web方式のTICを設置してもよい。

効果的に管理されたテクニカル・インフォメーション・センター（TIC）は、質の高い競技会組織の提供に大きく貢献する。TICマネージャーは、競技規則だけでなく特定の競技会のために用意された特別な規定についても同じように十分な知識を有するべきである。

TICの開設時間は競技会の時間と、様々な関係者、特にチーム選手団と主催者との間のやり取りが必要となる競技会前後の時間帯を含んでいなくてはならない。大規模な競技会では必須ではないが、主要な選手宿泊施設にTICの出張所（時にはスポーツインフォメーションデスクSIDと呼ばれる）を持つことが一般的である。このような場合にはSIDとTICとの間の十分なコミュニケーションが必要となる。
TICおよびSIDの開設時間は長くなる可能性があるため、TICマネージャーには複数の補佐役が必要であり、シフト制で任務につく必要がある。バーチャルTICを完全または部分的に運営させる場合、より簡単に稼働時間の延長はできるが、バーチャルTICの運営状況を監視する時間を明確にすることが重要である。
TICのいくつかの任務は競技規則（例えばCR25やTR8.3、8.7参照）に記載されているほか、競技会規程やチームハンドブックなどの競技会関係書類にも網羅される。

CR 26.　マーシャル

マーシャルは場内の完全な統制権を持つ。競技を運営する役員とその競技に出場する競技者、あるいは入場が正式に許可されている者以外は、誰であっても競技区域に出入りすることを許可してはならない。

マーシャルの任務は競技開始直前の事前準備中、および競技開催中に、競技実施場所（FOP）への人の立ち入りを規制することである。マーシャルは概して競技会ディレクターが定める計画に従って任務につくが、より差し迫った問題に関しては総務から直接指示を受ける。
従ってマーシャルは：

a.　競技者、競技役員、競技担当ボランティア（補助員）、（計測機器会社などの）技術スタッフ、認可された取材カメラマン、テレビクルーの競技場内への入場コントロールを管理する。各競技会ではそうしたフィールド内で撮影のための人員の認可数は事前に合意されており、対象者は全員、特別なビブスを着用しなければならない。

b.　競技を終了した時に、競技者が競技場内から離れる地点（通常は大規模な競技会では、ミックスゾーン及びポスト・イベント・コントロール・エリア）でのコントロールを管理する。

c.　テレビ中継のためと同様に、観客の利益のために、可能な限り常に競技実施場所をクリア（余計な人物が立ち入らないよう）にする。

マーシャルは総務に直接状況報告を行う。そのために総務は必要に応じていつでもマーシャルと連絡を取ることができなければならない。
マーシャルの任務遂行の助けとするために、競技者以外に競技場内に入ることを許可された者は、通常、特別なビブスやADカード、独特のユニフォームによって明確に区別される。

CR 27. 風力計測員

風力計測員は担当する種目において、走る方向に対する風速を測定し、記録する。その結果に署名したのち記録・情報処理員に報告する。
〔国内〕
風力計測員は競技会進行中の気象状況についても計測する。

実際には風力計測員、技術総務、または写真判定員が風向風速計を正しい場所に置くことになるが、これが正しく行われ規則（TR17.10、29.11を参照）に合致していることを最終的に確認するのは審判長の責任である。
特にトラック種目の場合、風向風速計は遠隔操作が可能であることに留意する。そのような場合、写真判定システムやリザルトシステムに直結しているのが通例であり、従って風速計測員は必要なく、その任務は例えば写真判定チームによって代行される。

CR 28. 科学計測員

光波（電気）距離計測装置もしくはビデオ距離計測装置を使用する場合は、科学計測員主任1人および1人以上の科学計測員を任命しなければならない。
科学計測員は競技会開始前に関係技術者と打ち合わせ、その装置について熟知していなければならない。
科学計測員は各種目の競技開始に先立ち、製造会社および計測器精度検査機関から提示された技術的要件を考慮して、計測器の位置決めを監視する。
科学計測員は計測装置が正しく作動することを確認するために、その競技種目の開始前に、審判長の監督の下で複数の審判員による検査済の鋼鉄製巻尺の測定結果と一致するか、一連の計測を管理する。
確認作業に関わった全員の署名を付した適合確認書を作成し、成績表に添付する。
競技中は操作の総括責任を負い、終了後は、装置が正確に作動したことを確認し、審判長に報告する。
〔注意〕
計測機器の一連のチェックは当該種目の競技終了後にも、あるいは競技中に正常に作動しないといった正当な理由がある場合にもチェックを行うが、その際には、通常は検査済鋼鉄製巻尺を使用せずに行う。
〔注釈〕
距離を測るチェックポイントにゴルフのティー等でマークしておき、速やかにチェックできるようにしておく。競技中や競技終了後のチェックでは検査済鋼鉄製巻尺は使用せず、マークしたティー等の距離が競技開始前に計測した値と同じであるかを確認する。
〔国内〕
1. 計測装置の動作確認には、JIS規格1級認証品の鋼鉄製巻尺を使用する。
2. 競技中に計測機器が正常に作動しているかを確認する必要が出てくる場合に備え、競技場所には検査済鋼鉄製巻尺を用意しておく。
3. 技術スタッフがいない場合は、科学計測員が機器の設置を行い、審判長が正しい位置に設置され、正しく作動することを確認する。

光波またはビデオ距離計測装置を使用する場合は、写真判定員やトランスポンダー主任の場合と同様に、責任者である競技役員として主任が任命される。科学計測員主任は競技実施場所に設置する光波距離計測の場合よりも、ビデオ距離計測の場合の方が競技中により積極的かつ実践的な役割を果たすことが期待される。
特に、競技場所にいる審判員とビデオ画像読み取りを担当する審判員との間に適切な通信システムが用意され、各計測が正しく行われていることを確認し、長さの跳躍の場合には画像が確認されるまで痕跡を消さないように注意することが必要である。
ビデオ画像の読み取りを確実に行う責任がある主任であろうと他の審判

員であろうと、計測された痕跡がそれ以前の試技のものではなく、間違いなく現在の試技のものであることを特に注意して確認する必要がある。

CR 29. 競技者係

29.1 競技者係主任は以下のことを行う。

29.1.1 〔国際〕競技会ディレクターと協力して招集所のスケジュールを準備し、公表する。その内容には少なくとも、各種目の招集場所、第一招集・最終招集完了時刻、(最終)招集場所から競技場所へ移動を開始する時刻について記載する。

29.1.2 招集所においてチェックを済ませた競技者が、出場種目の予定されたスタート時刻に確実に競技場所にいて競技開始できるように、ウォームアップ場と競技場内への移動を監督する。

競技者係はアスリートビブス(ビブス)がスタートリストと合っているか、また正しくつけているかを確認する。またシューズ、スパイクの寸法と数、衣類やバッグの広告が競技会における広告および展示物に関する規程ならびに競技注意事項等に適合しているか、承認されていないものを競技区域内に持ち込もうとしていないかどうかを確認しなければならない。

競技者係は未解決の問題がある場合や問題が発生したら、その判断を招集所審判長に求める。

〔国際〕

国際競技会の場合、競技者の国の統括団体が公式に承認したユニフォームを着用していることも確認する。

〔参照 TR5、競技会における広告および展示物に関する規程〕

うまく計画され効率的に管理された招集所は、競技会成功の基本である。招集所が最大限の能力を発揮できるように十分なスペースを確保するための計画、招集場所(ブース)として必要とされる数(およびブースを作るのに必要な仕切りの数)、他の競技役員とのやり取り、および競技者がウォームアップエリアで招集を受ける際の告知のための信頼性の高い通信システムの確保は常に重要である。この他の考慮事項は競技会の種類、および招集所で実施されるチェック内容の数によって異なる。たとえば、ほとんどの学校競技会ではユニフォームの広告をチェックする必要性は考えにくいが、トラック表面を保護するためにスパイクの長さをチェックすることは必要であろう。計画の過程でどのチェックが行われるかが決められ、競技直前の競技者の緊張や混乱を避けるために、チェック項目は事前に競技者やチームに伝えられることが好ましい。競技者係は競技者が正しい組、レース、またはグループにいるか、また招集スケジュールに従って時間通りに競技エリアに向かっているかを確実にしなければならない。可能であれば、招集スケジュールは競技の各日の開始前に競技者とチームが確認できるようにする。

CR 30. 広告コミッショナー

任命された広告コミッショナーは「競技会における広告および展示物に関する規程（Marketing & Advertising Rules and Regulations）」が適用され、遵守されていることを管理すると共に、招集所における未解決の問題または発生している問題を招集所審判長と協力して解決する。

〔国内〕CR35. アナウンサー

アナウンサーは観衆に対して各種目の出場者の氏名、（必要に応じて）ナンバー、組、抽選で決まったレーン順あるいは試技順および競技の途中経過などの情報を知らせる。各種目の結果（順位、時間、高さ、距離、得点）は、情報を受け取ったならば、できるだけ早く発表する。

〔参照　CR25〕

〔国内〕CR36. 公式計測員

36.1　公式計測員は競技会が行われる前にマーキングと設備の正確性を確認し、その旨を技術総務に証明する。これを確認するために競技場の設計図、図面および最新の計測報告書を見ることが全面的に保証されていなければならない。

〔参照　TR10、26、29、32〕

36.2　本連盟では「公認陸上競技場および長距離競走路ならびに競

歩路規程」等に基づき検定を実施し，公認競技会を開催し得る十分な精度のある適切な施設であると認定している。公式計測員は、その確認を技術総務に報告するとともに検定報告書を閲覧できるようにする 。

36.3 使用する投てき用器具（投てき物）の確認報告を技術総務に行う。 ‖
〔参照　CR16〕

競技会規則・第3部 世界記録と日本記録

CR 31. 世界記録

申請と承認

31.1 世界記録は、競技会が行われた国または地域を統括する加盟団体によって事前に正しく定められ公表され、承認された正式な競技会で樹立されたもので、かつWA競技規則に従って実施されたものでなければならない。個人種目では3人以上、リレー種目では2チーム以上が、その種目に誠意をもって参加した者でなければならない。TR9の条件下で行われたフィールド種目とTR54、55に従って競技場の外で行われた種目を除き、競技者の記録は男女混合の競技で樹立されたものは承認されない。

〔注意〕

女子単独で実施されるレースの記録はCR32に合致していること。

31.2 WAが承認する世界記録の種類は以下のとおりである。

31.2.1 世界記録

31.2.2 U20世界記録

〔注意〕

i 本規則において「世界記録」という場合、別途記載がない限り、本条に規定する全種類の記録を指す。

ii CR31.2.1、31.2.2の世界記録は、CR31.12、31.13に規定する条件を満たす競技場で達成され、承認された最も優れた記録とする。

31.3 世界記録を樹立した競技者（リレー種目の場合はチームのメンバー）は以下の条件を満たさなければならない。

31.3.1 本規則上、競技する資格を有していること。

31.3.2 WAの加盟団体の管轄下の居住者であること。

31.3.3 CR31.2.2を対象として提出される記録の場合は、該当する競技者の生年月日が事前にWA事務総長によって確認されている場合を除き、パスポート、出生証明書、または類似の書類によって生年月日が確認され、その写しが申請書に添付できない場合は、競技者の加盟団体より遅滞なくWA事務総長に提出されなければならない。

31.3.4 リレー種目の場合は、チームのメンバー全員がEligibility to Represent a Member Rulesに基づき単一の加盟団体を代表する資格を有していること。

31.3.5 競技者が世界新記録または世界タイ記録を樹立したら、競技終了後直ちにドーピング検査を受けなければならない。Anti-Doping Regulations（ドーピング防止規則・Appendix5－5.4.4a）で認められている事由以外での遅延は認められない。世界記録の承認のためのドーピング検査は、アンチドーピング規則に従って厳密に実施され、検体は収集後速やかにWADA認定分析機関に送られ、分析されなければならない。400m以上種目では、世界記録を承認するために収集された検体は、赤血球生成刺激剤（ESA）について分析されなければならない。ドーピング検査に関連する文書（ドーピング管理フォームおよび対応する検査結果）は、入手次第、直ちにWAに送付するものとし、理想とすれば、記録申請の際に記載しなければならない世界記録申請書類一式と共に、競技開催日を含め30日以内にWA事務局に発送されなければならない（CR31.6参照）。ドーピング検査に関する書類はAthletics Integrity Unitおいて審査され、以下の場合には記録は公認しない。

a. ドーピング検査が実施されていない場合

b. ドーピング検査が競技規則またはアンチドーピング規則に従って実施されていない場合

c. ドーピング検査の検体が分析に適していない場合、または400m以上の競走競技でESAの分析がされていない場合

d. ドーピング検査によりアンチドーピング規則に違反していることが判明した場合

〔注意〕

ⅰ　リレーの世界記録の場合は、チームのメンバー全員が検査を受けなければならない。

ⅱ　世界記録を達成する前にその時点で禁止されていた物質、もしくは技術を利用したことを競技者が認めた場合、Athletics Integrity Unitの勧告に従い、その記録は以降、WAによって世界記録とは見なされなくなる。

31.4　既存の世界記録と等しい、もしくはそれを上回る記録がつくられた場合、その競技が行われた国の加盟団体は、遅滞することなく記録公認のためにWAが義務付ける全ての資料を揃えなければならない。WAによって公認されない限り、いかなる記録も世界記録とはみなされない。当該加盟団体はWAに対して、その記録申請を行う意向を直ちに通知する必要がある。

〔国内〕

国内で世界記録がつくられた時には、当該加盟団体は本連盟に成績を速やかに連絡し、記録を確認するために必要な資料を揃え、本連盟に送付する。本連盟はWA競技規則に基づき処理する。

31.5　記録がWAにより受理されるには、その種目の既存の世界記録よりもよいか、等しくなければならない。もし記録が等しいならば、その記録は従前の記録と同じ位置づけで扱われる。

31.6　WAへの公式申請書は30日以内に記入し、WA事務局に送付されなければならない。外国人競技者または外国チームに関する申請書であれば、当該申請書のコピーが当該外国人競技者または外国チームの所属する加盟団体に対して、同じ期限内に送付されなければならない。

〔注意〕

申請用紙はWA事務局で請求次第入手できる。また、WAのウェブサイトからダウンロードすることもできる。

31.7　世界記録が樹立された国の加盟団体は公式申請書に以下のものを添付しなければならない。

31.7.1　競技会のプログラム（もしくは電子データ）

31.7.2 当該競技に関する全ての結果（本条の規定に基づいて提出が必要な情報も含む）

31.7.3 写真判定システムが使われたトラック種目の世界記録の場合は、フィニッシュの判定写真とゼロ・コントロールテストの写真

31.7.4 本条の規定に基づいて提出が求められるその他の情報（かかる情報を加盟団体が持っている場合、または持っているべきである場合）

31.8 予選または準決勝の結果、走高跳・棒高跳における同成績を解決するための追加試技の結果、CR18.7またはTR8.4.2、17.1、25.20により無効とされた競技の後に行われた競技の結果、もしくはその一部の競技の結果、TR54.7.3が適用された競歩競技の結果、または競技者が最後まで全試技を行ったかどうかにかかわらず、混成競技の個々の種目で作られた競技の結果でも、記録を申請することができる。

31.9 WA会長と事務総長の両者の承認により、世界記録として有効になる。もし両者が記録の承認にあたり何らかの疑義を抱いた場合は、WAのガバナンス規程（Governance Rules）に基づきカウンシルに決定を付託する。

31.10 世界記録が公認されたら、WA事務総長は

31.10.1 当該競技者の加盟団体、世界記録の申請を行った加盟団体、当該地域陸連に通知する。

31.10.2 WAは世界記録保持者に対して公式世界記録盾を授与する。

31.10.3 新たな世界記録が承認されるたびに世界記録認定リストを更新する。このリストに記載された記録は、リスト公表日以降、WAによってCR32に記載された各承認種目で競技者またはチームが達成し、承認された最も優れた記録とみなされる。

31.11 もし記録が承認されない場合、WAはその理由を明らかにする。

細　則

31.12 400mトラックでの世界記録

31.12.1 記録はWAに承認された競技施設またはTR2、もしくは該当する場合はTR11.2または11.3に適合する競技場所で達成されたものでなければならない。

31.12.2 200m以上（200mを含む）のレースの記録は、1周が402.3m（440ヤード）を超えないトラックで作られ、またその競走が曲走路のいずれかの部分からスタートした場合のみ公認される。この1周の長さに関する制限は、普通400mトラックの外側に水濠がおかれる障害物レースには適用されない。

31.12.3 トラックで行われた種目の記録は、レーンの距離計測部分の半径が50mを超えないトラックで達成されたものでなければならない。但し、曲走路が二つの異なる半径である場合、円弧のうちの大きい方が180度の回転のうち60度を超えていないこと。

31.12.4 400mトラックで行われる種目は、TR14に適合するトラックで行われた場合のみが認められる。

31.13 200mトラック（ショート・トラック）での世界記録

31.13.1 記録はTR41～43に適合したWA認可の競技施設あるいは競技場所で達成されたものでなければならない。

31.13.2 200m以上のレースでは、トラックの走路は1周201.2m（220ヤード）を超えてはならない。

31.13.3 長距離走では距離が規程の誤差以内であれば、1周200m以内の通常距離のトラックでの記録として認められる。

31.13.4 トラックで行われる競技は、傾斜のある曲走路の半径は27mを超えず、周回を重ねて行う種目では二つの直線はそれぞれ少なくとも30mの長さの走路で達成されたものでなければならない。

31.14 競走競技と競歩競技の世界記録

31.14.1 記録は計時員によって計時されるか、WA競技規則に適合した写真判定システム（TR19.19に従ってゼロ・コントロールテストを行ったもの）、またはトランスポンダーシステムによって計時されたものでなければならない

（TR19.24参照）。

31.14.2 800m（4×200mリレーおよび4×400mリレーを含む）までの種目の世界記録は、WA競技規則に適合した写真判定システムによって記録された時間のみが承認される。

31.14.3 屋外で達成された200m以下の記録はTR17.8～17.13に示される方法で測定された風速の報告が必要である。ただしショート・トラックにおける200mの記録（200m sh）は除く。平均秒速2mを超える風が走る方向へ吹いていたと測定された場合、記録は公認されない。

31.14.4 以下の場合を除き、TR17.3に違反したらその記録は認められない。

(a) TR17.3.1と17.3.2に該当する場合。

(b) TR17.3.3と17.3.4が適用される場合で、当該種目での1回目の違反の場合。

あるいは、混成競技の個々の種目についてTR39.8.3で認められている不正スタート（1回目の不正スタートの後の2回目以降のスタート）の場合。

31.14.5 CR32の対象となる400m（4×200mリレーおよび4×400mリレーを含む）までの全てのレースの世界記録の公認は、TR15.3に準拠したWA承認のスタート・インフォメーション・システムに連結したスターティングブロックを使用し、かつ、そのスターティングブロックが適切に機能して反応時間が計測され、競技結果に表示されたものでなければならない。

〔注意〕

当該規則はU20世界記録には適用しない。

TR17.3の改正は、競技者またはリレー・チームが記録を達成した際、そのレースで競技者（またはリレーの各走者）がTR17.3.3と17.3.4に定められている規則に1回だけ違反した場合、あるいは当該種目の複数行われるラウンドの中で最初の違反であった場合には、その記録を認めるというものである。競技者またはリレー・チームが記録を達成したとしても、違反が同一ラウンドで複数回あった場合や、同じ種目の前のラウンドで規則違反があり再び違反した場合には失格となり、記録は認められない。

31.15 同一レースにおいて複数の距離で樹立された世界記録

31.15.1 レースはある定められた距離のもとで行われなければならない。

31.15.2 ある定められた時間内に達した距離を競うレースは、ある一定距離のレースと併存してもよい。(例:1時間走と10,000 m　参照:TR18.3)

31.15.3 同じ競技者が同一のレースで別々の記録を申請することはさしつかえない。

31.15.4 異なる競技者が同一のレースで複数の記録申請を行うことはさしつかえない。

31.15.5 その競技者が定められた距離のレースを完走(歩)しなかった場合、途中までの短い距離で達成した記録は認められない。

31.16 リレー競走の世界記録

リレー競走で第1走者が達成した記録は世界記録として申請することができない。

31.17 フィールド競技の世界記録

31.17.1 記録は3名のフィールド競技審判員が検査済の鋼鉄製巻尺または高度計を使って、またはその他の科学的計測器を使って計測されたものでなければならない。使用する計測器はTR10の規定に基づき、正確性が確認されたものでなければならない。

〔国内〕

鋼鉄製巻尺として、JIS規格1級認証品を使用する。

31.17.2 屋外で実施された走幅跳および三段跳の記録は、TR29.10〜29.12に示される方法で測定された風速の報告が必要である。平均秒速2 mを超える風が跳躍方向へ吹いていたと測定された場合、記録は公認されない。

31.17.3 世界記録は、もし樹立された記録がその時点でそれまでの記録と等しいか上回る場合、1競技会で複数の記録が認められる。

31.17.4 投てき種目においては、使用された投てき用具（投てき物）はCR16の規定に基づき事前に検査されたものでなければならない。競技中に世界記録と同等かそれを上回る記録が達成された場合、審判長は直ちに使用された投てき用具（投てき物）に印をつけ、その投てき用具（投てき物）が本規則の規定に合致しているか、あるいは特性面で何らかの変更がなされていないか確認すべく、検査しなければならない。通常、当該競技終了後に、その投てき物についてCR16に基づく再検査を実施しなければならない。

31.18 混成競技の世界記録

個々の種目の記録はTR39.8で定められた条件の下で達成されたものでなければならない。それに加え、風力計測が求められる種目では平均秒速（個々の種目で計測された風速を合計し、これを種目数で割ったもの）は＋2mを超えてはならない。

31.19 競歩競技の世界記録

少なくとも3人のWAゴールド、シルバー、ブロンズレベルの競歩審判員が審判を務め、世界記録認定申請書に署名しなければならない。

31.20 競歩競技（競技場外）の世界記録

31.20.1 コースはWA／AIMS認定のA級もしくはB級の計測員によって計測されたものでなければならない。かかる計測員はWAの要請に応じて、計測報告書および本条に定めるその他の必要な情報を確実に提供できるようにしなければならない。

31.20.2 周回コースはできるだけスタートとフィニッシュを競技場内とし、1周は1km以上で2km以下とする。

31.20.3 当初のコース計測を行った計測員、またはその計測員に指名され、正式に計測されたコースの詳細を記載した書類の写しを持つ、しかるべき資格を有すると主催者と協議して決めた役員は、競技者が完歩したコースが正式に計測され、記録されたとおりのコースであることを確認しなければならない。

31.20.4 コースはレース当日のできる限り直前か、あるいはレース後、直ちに、できるだけ最初の計測を行った計測員とは異なるA級のWA／AIMS自転車計測員が再確認（再計測）しなければならない。

〔注意〕

当初の計測が少なくとも2人のA級計測員、またはA級計測員1人とB級計測員1人によって行われた場合、CR31.20.4の確認（再計測）は必要ない。

31.20.5 場外競歩競技においてコースの途中距離で達成された世界記録は、CR31に規定する条件に合致していなければならない。途中距離はコース計測時に測られ、マークされていたものでなければならず、CR31.20.4による確認がなされなければならない。

31.21 道路競走における世界記録

31.21.1 コースはWA／AIMS認定のA級もしくはB級の計測員によって計測されたものでなければならない。かかる計測員は、WAの要請に応じて、計測報告書および本条に定めるその他の必要な情報を確実に提供できるようにしなければならない。

31.21.2 スタートとフィニッシュの2点間の理論上の直線距離は、そのレースの全距離の50％以下とする。

31.21.3 スタート地点とフィニッシュ地点間全体の標高の減少は1,000分の1（0.1%）、即ち1㎞あたり1ｍを超えてはならない。

31.21.4 当初のコース計測を行った計測員、またはその計測員に指名され、正式に計測されたコースの詳細を記載した書類の写しを持つ、しかるべき資格を有すると主催者と協議して決めた役員は、競技に先立ち、正式に計測され記録されたとおりのコースであることを確認しなければならない。競技中は先導車に乗り込み、競技者が同じコースを走っていることを確認しなければならない。

31.21.5 コースはレース当日のできる限り直前か、あるいはレース後、直ちに、できるだけ最初の計測を行った計測員とは異なるA級のWA／AIMS自転車計測員が再確認（再計測）しなければならない。

〔注意〕

当初の計測が少なくとも2人のA級計測員、またはA級計測員1人とB級計測員1人によって行われた場合、CR31.21.5の確認（再計測）は必要ない。

31.21.6 レース中の途中距離で達成された道路競走の世界記録は、CR31の条件に合致していなくてはならない。その途中距離はコース計測実施の際に測られ、マークされていたものでなければならず、CR31.21.5に則った確認がなされなければならない。

31.21.7 ロードリレーは各区間を5㎞、10㎞、5㎞、10㎞、5㎞、7.195㎞とする。各区間の距離は各区間とも誤差±1%以内とし、コース計測実施の際に計られ、マークされていなければならず、CR31.21.5に則った確認がなされなければならない。

〔注意〕

各国の競技会統括団体およびエリア陸連が国内またはエリア新記録を公認する際には、上記で示されたものと同様な規則によることを推奨する。

CR 32. 世界記録とU20世界記録として公認される種目

sh：ショート・トラック（200mトラック）

〔注釈〕

ショート・トラック（200mトラック）とは、1周200mまでのトラックを示す。

写：全自動写真判定（F.A.T.）

手：手同計時（H.T.）

ト：トランスポンダー計時（T.T.）

種目		男子	女子	U20 男子	U20 女子	計時方法
競走競技	50 m	○	○	—	—	写
	60m	○	○	○	○	写
	100m	○	○	○	○	写
	200m	○	○	○	○	写
	200m sh	○	○	○	○	写
	400m	○	○	○	○	写
	400m sh	○	○	○	○	写
	800m	○	○	○	○	写
	800m sh	○	○	○	○	写
	1,000m	○	○	○	○	写・手
	1,000m sh	○	○	○	○	写・手
	1,500m	○	○	○	○	写・手
	1,500m sh	○	○	○	○	写・手
	1マイル	○	○	○	○	写・手
	1マイル sh	○	○	○	○	写・手
	2,000m	○	○	—	—	写・手
	3,000m	○	○	○	○	写・手
	3,000m sh	○	○	○	○	写・手
	5,000m	○	○	○	○	写・手
	5,000m sh	○	○	○	○	写・手
	10,000m	○	○	○	○	写・手
	1時間	○	○	—	—	写・手
	3000m障害	○	○	○	○	写・手
ハードル競走	50 mハードル	○	○	—	—	写
	60 mハードル	○	○	○	○	写
	100 mハードル	—	○	—	○	写
	110 mハードル	○	—	○	—	写
	400 mハードル	○	○	○	○	写
フィールド競技	走高跳	○	○	○	○	—
	棒高跳	○	○	○	○	—
	走幅跳	○	○	○	○	—
	三段跳	○	○	○	○	—
	砲丸投	○	○	○	○	—
	円盤投	○	○	○	○	—
	ハンマー投	○	○	○	○	—
	やり投	○	○	○	○	—

種目		男子	女子	U20 男子	U20 女子	計時方法
混成競技	五種競技 sh	—	○	—	○	写
	七種競技	—	○	—	○	写
	七種競技 sh	○	—	○	—	写
	十種競技	○	○	○	○	写
競歩競技	3,000m sh	—	○	—	—	写・手
	5,000m sh	○	—	—	—	写・手
	10,000m	—	○	○	○	写・手
	10km	—	—	○	○	写・手・ト
	20,000m	○	○	—	—	写・手
	20km	○	○	—	—	写・手・ト
	30,000m	○	—	—	—	写・手
	35,000m	○	○	—	—	写・手
	35km	○	○	—	—	写・手・ト
	50,000m	○	○	—	—	写・手
	50km	○	○	—	—	写・手・ト
道路競技	道路競走1マイル	○	○	—	—	写・手・ト
	5km	○	○	—	—	写・手・ト
	10km	○	○	—	—	写・手・ト
	ハーフマラソン	○	○	—	—	写・手・ト
	マラソン	○	○	—	—	写・手・ト
	50km	○	○	—	—	写・手・ト
	100km	○	○	—	—	写・手・ト
	ロードリレー 42.195km	○	○	—	—	写・手・ト
リレー競走	4×100m	○	○	○	○	写
	4×200m	○	○	—	—	写
	4×200m sh	○	○	—	—	写
	4×400m	○	○	○	○	写
	4×400m sh	○	○	—	—	写
	4×400m男女混合*	○	○	—	—	写
	4×800m	○	○	—	—	写・手
	4×800m sh	○	○	—	—	写・手
	4×1,500m	○	○	—	—	写・手
	ディスタンスメドレー	○	○	—	—	写・手

＊男女混合種目（ユニバーサル種目）

〔注意〕

i　競歩競技と道路競技の1マイル（1マイル（R））を除く女子の道路競走

については、WAは男女混合レース（男女混合）で達成された世界記録と女子レース（女子単独）で達成された世界記録の二つの世界記録を公認する。

女子の競歩競技については、男女混合レース（男女混合）または女子レース（女子単）のどちらかで達成された一つの世界記録を公認する。

道路競走の1マイルについては、単一の性別者のみが出場したレースの記録を世界記録として公認する。

ii　女子単独の道路競走は、男女異なるスタート時間を設けることで実施できる。その際、特にコースが同じ箇所を複数回通過するように設定されている場合は、助力、ペース調整、妨害の可能性を防ぐべく適切な時間差が設定されるべきである。

iii　道路競走の1マイルについては、写真判定装置による0.01秒単位の記録、または手動計時かトランスポンダーシステムシステムによる0.1秒単位の記録が認められる。

・U20女子十種競技：　7300点を超える場合のみ公認
・35,000m競歩　：　記録の初回認定は2023年1月1日とし、
　男子は2時間22分00秒以内、女子は2時間38分00秒以内の記録を対象とする。
　男子の30,000 m競歩の記録は、35,000m競歩の初回認定記録が掲載された段階で削除する。
・35㎞競歩　：　記録の初回認定は2023年1月1日とし、
　男子は2時間22分00秒以内の記録を対象とする。
・50,000m 競歩：　記録の初回認定は2019年1月1日以降とし、
　4時間20分00秒以内の記録を対象とする。

CR 33.　その他の記録

33.1　大規模競技会、選手権大会、一般競技会等、競技会毎の大会記録は、その大会の主催者や大会組織委員会により定められる。

33.2　当該競技会で風の条件を考慮しないとの規定がある場合を除き、本競技規則を適用して行われたそれまでの大会の最高記録が大会記録として認められるべきである。

〔国内〕CR 34. 日本記録と公認記録

日本記録

34.1 日本記録がつくられた時には、競技会を統括する加盟団体は本連盟に成績を速やかに連絡し、記録を確認するために必要な資料を揃え送付しなければならない。

日本記録は、

(a)日本記録
(b) U20日本記録
(c) U18日本記録
(d)日本記録（sh）
(e) U20日本記録（sh）
(f) U18日本記録（sh）

とする。

このうち、(a)日本記録 (b) U20日本記録 (c) U18日本記録は、本条の日本記録の公認要件を満たしていなければならない。また、(d)日本記録（sh）、(e) U20日本記録（sh）、(f) U18日本記録（sh）は、CR31.13ショート・トラック世界記録の公認条件に準じる。〔参照　CR32〕

34.2 前項の確認とともに加盟団体は、本連盟所定の新記録申請書に次項の必要事項を記載し、できるだけ速やかに本連盟に送付する（競技会終了後、一週間をめどとする）。

34.3 競技会の開催を統括する加盟団体が新記録申請書を作成する時には、その競技会の審判長、関係審判員および記録・情報処理員が確認した、次の事項を記載する。

＜記載事項＞

(1) 当該種目
(2) 達成記録
(3) 風力（追風が問題となる各試技の実施時）
(4) 競技者名と所属名
(5) 競技会の行われた日時
(6) 競技会の開かれた場所
(7) 競技会名
(8) 本連盟の規則が正確に適用されたことの確認（総務と

当該審判長の署名）

<添付書類>

⑴ 印刷した大会プログラム

⑵ 当該種目の全記録

⑶トラック競技で写真判定が行われた場合は、その記録の判定写真およびゼロ・コントロールテストの写真

⑷ フィールド競技では全記録用紙

申請に用いる成績表は、コンピューターで記録処理を行った競技会にあっては、コンピューターシステムに直結した印刷装置で出力した記録表もしくは、その記録表をもとにして製版印刷された記録表を使用することができる。

また、電子データによる申請も、所定の用件を満たす場合は使用することができる。

34.4　日本記録公認の要件は、次の通りとする。

34.4.1　記録は公認競技場、公認長距離競走路・競歩路でつくられたものでなければならない。また表面が木製であってはならない。

公認競技場については、「公認陸上競技場および長距離競走路ならびに競歩路規程」を参照のこと。

34.4.2　記録は競技会が行われた地域を統括する本連盟加盟団体によって事前に正しく定められ、公表され、承認された正式な競技会で樹立されたものでなければならない。

競技会のプログラムの中には、その競技種目に参加する競技者の氏名が印刷されていなければならない。

34.4.3　記録はその種目における公認された日本記録よりもよいか、あるいはそれと等しいものでなければならない。

34.4.4　記録は予選または準決勝、同着あるいは同記録を解決するための再レースあるいは追加試技、または混成競技でつくられたものでもさしつかえない。

34.4.5　日本記録（オリンピック種目のみとし、U20、U18、ショート・トラックは含まない）を樹立した競技者は、ドーピング検査を受けなければならない。海外の競技会におい

て日本記録を樹立し、競技後にドーピング検査が実施されなかった場合には、日本に帰国後速やかにドーピング検査を受けなければならない。その検査結果がドーピング防止規程違反ならば、あるいはその検査が実施されていない場合は、本連盟は日本記録として公認しない。

34.4.6 競歩競技の日本記録については、少なくとも一人のJRWJ（日本陸連競歩審判員）以上の資格を持った競歩審判員が競技中歩型の判定を行い、日本記録申請書に署名しなければならない。

34.4.7 外国における競技会で日本記録がつくられた時は、新記録申請書とそれを確認できる記録証明書及び必要資料を、できるだけ速やかに提出する（競技会終了後、一週間をめどとする）。

34.5 記録公認の競技場および競技会の条件は、CR31世界記録の31.12.2、31.14.1～31.14.4、31.15、31.16、31.17、31.18、31.21.2～3、31.21.6～7を適用する。

34.6 本連盟は、日本記録を公認する。申請した記録を認めない時は、理由を付して、その加盟団体に文書をもって通知する。これらの公式記録の表は毎年12月末日に改訂して公表し、その写しは各加盟団体に送付する。本連盟は、日本記録の表を毎年1月末日までにWA事務局に送付する。

新しい種目が加わった時、および記録の扱い方が変更になった場合には、その年に出されたもっともよい記録を日本記録として扱う。

34.7 日本記録の表およびWAに提出した世界記録承認願の写しは、本連盟事務局で保管する。各加盟団体はその都道府県の最高公認記録の表を保管しなければならない。その表の写しは、毎年11月末日までに本連盟事務局に送付しなければならない。

日本記録として公認される種目は、CR34.10に定める。

記録公認については、各加盟団体は本連盟規則を採用する。

公認記録

34.8 加盟団体は主催、共催あるいは所管した競技会の成績表（トラック種目とリレー種目の予選・準決勝・決勝記録表、各フィールド種目の記録表、混成競技記録表等）各1部を、できるだけ速やかに本連盟に送付しなければならない（競技会終了後、一週間をめどとする）。

成績表に報告された以外の記録は、いかなる場合も公認記録の対象とはならない。

報告は次のようになされる。

34.8.1 追風が記録の公認に影響する種目については、決勝記録表、予選記録表の左の欄に、風向あるいは追風の区別および風速を必ず記入する。

34.8.2 プログラム1部を添える。特に競技者氏名あるいは所属の訂正のある場合は注意する。

「登録会員規程」によって登録されていない競技者の記録、または本連盟が定める用件を満たさない競技会の記録は、いかなる場合も公認記録の対象とはならない。

申請に用いる記録表は、コンピューターで記録処理を行った競技会にあっては、コンピューターに直結した印刷装置で出力された記録表をもって代えることができる。

データによる申請については、申請に用いる成績表の要件を満たしていればシステムを用いて行うことができる。

主催者は公式の成績とその資料を少なくともその年度内保管しなければならない。

34.9 外国における競技会でつくられた記録は、それを確認できる記録証明書等添付して記録公認申請する。

34.10 日本記録と公認記録として認められる種目

sh：ショート・トラック（200mトラック）
写：全自動写真判定（F.A.T.）
手：手同計時（H.T）.
ト：トランスポンダー計時（T.T.）

種目		男子	女子	U20男子	U20女子	U18男子	U18女子	日本記録計時方法	公認男子	公認女子	公認記録計時方法
競走競技	50m	○	○	—	—	—	—	写	○	○	写・手
	55m	—	—	—	—	—	—	—	○	○	写・手
	60m	○	○	○	○	○	○	写	○	○	写・手
	100m	○	○	○	○	○	○	写	○	○	写・手
	150m	—	—	—	—	—	—	—	○	○	写・手
	200m	○	○	○	○	○	○	写	○	○	写・手
	200m sh	○	○	○	○	○	○	写	○	○	写・手
	300m	○	○	—	—	—	—	—	○	○	写・手
	300m sh	—	—	—	—	—	—	—	○	○	写・手
	400m	○	○	○	○	○	○	写	○	○	写・手
	400m sh	○	○	○	○	○	○	写	○	○	写・手
	500m	—	—	—	—	—	—	—	○	○	写・手
	500m sh	—	—	—	—	—	—	—	○	○	写・手
	600m	—	—	—	—	—	—	—	○	○	写・手
	600m sh	—	—	—	—	—	—	—	○	○	写・手
	800m	○	○	○	○	○	○	写	○	○	写・手
	800m sh	○	○	○	○	○	○	写	○	○	写・手
	1,000m	○	○	○	○	○	○	写・手	○	○	写・手
	1,000m sh	○	○	○	○	○	○	写・手	○	○	写・手
	1,500m	○	○	○	○	○	○	写・手	○	○	写・手
	1,500m sh	○	○	○	○	○	○	写・手	○	○	写・手
	1マイル（T）	○	○	○	○	○	○	写・手	○	○	写・手
	1マイル（T）sh	○	○	○	○	○	○	写・手	○	○	写・手
	2,000m	○	○	—	—	—	—	写・手	○	○	写・手
	2,000m sh	—	—	—	—	—	—	—	○	○	写・手
	3,000m	○	○	○	○	○	○	写・手	○	○	写・手
	3,000m sh	○	○	○	○	○	○	写・手	○	○	写・手
	2マイル	—	—	—	—	—	—	—	○	○	写・手
	2マイル sh	—	—	—	—	—	—	—	○	○	写・手
	5,000m	○	○	○	○	○	○	写・手	○	○	写・手
	5,000m sh	○	○	○	○	○	○	写・手	○	○	写・手
	10,000m	○	○	○	○	○	○	写・手	○	○	写・手
	15,000m	○	—	—	—	—	—	写・手	○	○	写・手
	1時間	○	○	—	—	—	—	写・手	○	○	写・手
	2000m障害	—	—	○	○	○	○	写・手	○	○	写・手
	3000m障害	○	○	○	○	○	○	写・手	○	○	写・手
ハードル競走	50mハードル	○	○	—	—	—	—	写	○	○	写・手
	55mハードル	—	—	—	—	—	—	—	○	○	写・手
	60mハードル	○	○	○	○	○	○	写	○	○	写・手
	100mハードル	—	○	—	○	—	○	写	○	○	写・手
	110mハードル	○	—	○	—	○	—	写	○	○	写・手
	300mハードル	—	—	○	○	○	○	写	○	○	写・手
	400mハードル	○	○	○	○	○	○	写	○	○	写・手

種目		男子	女子	U20 男子	U20 女子	U18 男子	U18 女子	日本記録 計時方法	公認 男子	公認 女子	公認記録 計時方法
フィールド競技	走高跳	○	○	○	○	○	○	－	○	○	－
	棒高跳	○	○	○	○	○	○	－	○	○	－
	走幅跳	○	○	○	○	○	○	－	○	○	－
	三段跳	○	○	○	○	○	○	－	○	○	－
	砲丸投	○	○	○	○	○	○	－	○	○	－
	円盤投	○	○	○	○	○	○	－	○	○	－
	ハンマー投	○	○	○	○	○	○	－	○	○	－
	やり投	○	○	○	○	○	○	－	○	○	－
混成競技	五種競技 sh	－	○	－	○	－	○	写	○	○	写・手
	七種競技	－	○	－	○	－	○	写	○	○	写・手
	七種競技 sh	○	－	○	－	○	－	写	○	○	写・手
	八種競技	－	－	－	－	○	－	写	○	○	写・手
	十種競技	○	○	○	○	－	－	写	○	○	写・手
競歩競技	3,000m	－	－	－	－	－	－	－	○	○	写・手
	3,000m sh	－	○	－	－	－	－	写・手	○	○	写・手
	5,000m	○	○	－	○	－	○	写・手	○	○	写・手
	5,000m sh	○	－	－	－	－	－	写・手	○	○	写・手
	5km	－	○	－	－	－	－	写・手・ト	○	○	写・手・ト
	10,000m	○	○	○	○	○	－	写・手	○	○	写・手
	10km	○	○	○	○	－	－	写・手・ト	○	○	写・手・ト
	15,000m	－	－	－	－	－	－	－	○	○	写・手
	15km	○	○	－	－	－	－	写・手・ト	○	○	写・手・ト
	20,000m	○	○	－	－	－	－	写・手	○	○	写・手
	20km	○	○	－	－	－	－	写・手・ト	○	○	写・手・ト
	30,000m	○	－	－	－	－	－	写・手	○	○	写・手
	30km	○	－	－	－	－	－	写・手・ト	○	○	写・手・ト
	35,000m	○	○	－	－	－	－	写・手	○	○	写・手
	35km	○	○	－	－	－	－	写・手・ト	○	○	写・手・ト
	男女混合 競歩リレー**	－	－	－	－	－	－	－	○	○	写・手・ト
	50,000m	○	－	－	－	－	－	写・手	○	○	写・手
	50km	○	○	－	－	－	－	写・手・ト	○	○	写・手・ト
道路競技	1マイル（R）	○	○	－	－	－	－	写・手・ト	○	○	写・手・ト
	5km	○	○	－	－	－	－	写・手・ト	○	○	写・手・ト
	10km	○	○	－	－	－	－	写・手・ト	○	○	写・手・ト
	15km	○	○	－	－	－	－	写・手・ト	○	○	写・手・ト
	10マイル	○	－	－	－	－	－	写・手・ト	○	○	写・手・ト
	20km	○	○	－	－	－	－	写・手・ト	○	○	写・手・ト
	ハーフマラソン	○	○	－	－	－	－	写・手・ト	○	○	写・手・ト
	25km	○	○	－	－	－	－	写・手・ト	○	○	写・手・ト
	30km	○	○	－	－	－	－	写・手・ト	○	○	写・手・ト
	マラソン	○	○	－	－	－	－	写・手・ト	○	○	写・手・ト
	50km	○	○	－	－	－	－	写・手・ト	○	○	写・手・ト
	100km	○	○	－	－	－	－	写・手・ト	○	○	写・手・ト
	ロードリレー※	○	○	－	－	－	－	写・手・ト	○	○	写・手・ト

	種目	男子	女子	U20 男子	U20 女子	U18 男子	U18 女子	日本記録 計時方法	公認 男子	公認 女子	公認記録 計時方法
リレー競走	4×100 m	○	○	○	○	○	○	写	○	○	写・手
	4×200 m	○	○	—	—	—	—	写	○	○	写・手
	4×200 m sh	○	○	—	—	—	—	写	○	○	写・手
	100+200+300 +400 m	—	—	—	—	—	—	—	○	○	写・手
	4×400 m	○	○	○	○	—	—	写	○	○	写・手
	4×400 m sh	○	○	—	—	—	—	写	○	○	写・手
	4×400 m男女 混合＊	○	○	—	—	—	—	写	○	○	写・手
	4×800 m	○	○	—	—	—	—	写・手	○	○	写・手
	4×800 m sh	○	○	—	—	—	—	写・手	○	○	写・手
	4×1,500 m	○	○	—	—	—	—	写・手	○	○	写・手
	ディスタンス メドレー	—	—	—	—	—	—	—	○	○	写・手

＊男女混合種目（ユニバーサル種目）　※42.195㎞

〔注意〕

i　1マイル＝1,609.344m

ii　道路競技の1マイル（1マイル（R））：初回認定は2023年12月31日とする。

写真判定装置による0.01秒単位の記録、または手動計時およびトランスポンダーシステムによる0.1秒単位の記録が認められる。

iii　競歩競技と道路競技の1マイルを除く女子道路競走について、男女混合レースで樹立された日本記録と女子単独レース（男女別時間差スタートを含む）で樹立された日本記録に分けて二つの日本記録を公認する。

iv　女子の競歩競技については、男女混合レース（男女混合）または女子レース（女子単独）のどちらかで達成された一つの日本記録を公認する。

v　道路競走の1マイルについては、単一の性別者のみが出場したレースの記録を日本記録として公認する。

競技規則
(Technical Rules：TR)

競技規則・第1部　総 則

TR 1.　総　則

国内で開催される全ての公認競技会は、日本陸上競技連盟（以下本連盟という）の競技規則に基づいて行われなければならない。このことは大会要項やプログラム等に明記しなければならない。

〔国際〕

ワールドランキングコンペティションは、WA競技会規則（CR）、競技規則（TR）およびWAの定める諸規則に従って行われなければならず、WAグローバルカレンダーに記載されるものとする。

いかなる競技会も、WAが定めるWA競技会規則（CR）、競技規則（TR）を適用せずに競技を実施することができる。但し、競技者にWA競技規則によるよりも多くの権利を与えるような規則は適用できない。これら競技会の方式は当該競技会統括団体が決定または承認する。

競技場外で行われる大規模競技会で、エリートや年齢などその区分ごとに順位や表彰が行われる競技に参加する競技者には、本規則が全面的に適用される。主催者は、特に安全に関する規則など、参加に際して適用されるその他の規則等の概要を示さなければならない。

〔注意〕

ワールドランキングコンペティションに該当しない競技会であっても、加盟団体はWA競技会規則（CR)、競技規則（TR）およびWAの定める諸規則を適用して実施するべきである。

これらの規則は既に厳密な適用からいくつかのバリエーションを検討しているが、競技会主催者は競技会で、さらに異なるフォーマットを使用してもよいことが強調されている。但し唯一の制限は、競技者がそのような状況においてより多くの「権利」を受け取ることがあってはならないということである。例えば、フィールド種目で、試技回数を減らしたり、残り時間を減らしたりは許されるが、それぞれ増やすことは認められない。
大衆参加ランニング及びウォーキングイベントに関しては、これらの規則が完全に適用されるのは、イベントに参加するエリートカテゴリーの競技者または、主催者が何らかの理由によって指定したカテゴリーの競技者(例えば、賞金の対象となるなど)のみと規定される。
しかし、競技会主催者は特に安全性の考慮事項に関して、特に交通が完全には遮断さていないレースの場合、様々なカテゴリーに適用される規則と手順を全ての参加者に提供する情報のなかで強調することが推奨される。これは例えば、TR6.3が適用されるエリートランナーやその他のカテゴリーで出場する競技者が完全閉鎖されたコースで走っている時にはヘッドまたはイヤホンを使用することを許可するにしても、交通規制が解除された後は、走るスピードが遅いランナーに対しては使用を禁止する(少なくとも推奨しない)。

TR 2. 陸上競技場

陸上競技場のトラックや助走路の表面は、ランニングシューズのスパイクを受け止められるように堅固で均一とする。
WA陸上競技施設マニュアルの基準を満たす堅固で均一な舗装材は、陸上競技において使用することができる。
〔国内〕
本連盟が主催、共催する競技会は、本連盟の公認に関する諸規程に合致した競技場で行う。
〔国際〕
ワールドランキングコンペティション定義1. (a)、(b)に該当する400mトラックで行う競技会は、WAクラス1の認証を受けている施設のみで行なうことができる。また、ワールドランキングコンペティション定義1.(c)、(d) 、(e)と2. に該当するいかなる屋外競技会も、こうした施設で行うことが望ましい。
いずれの場合もワールドランキングコンペティション定義1. (c) と2. (a)、(b)、(c) に該当する400mトラックで行う競技会の競技施設は、WAクラス2の認証が必要である。

ワールドランキングコンペティション定義1. (d)、(e) と2. (d)、(e) および3. に該当する全ての競技会も、認証施設や、少なくとも随時修正される規程と規則に必ず合致した施設で開催することを推奨する。適用される規則またはワールドランキングコンペティションのカテゴリーで必要とされる場合、施設は認証を受けなければならない。

〔国際ー注意〕

i　WA陸上競技施設マニュアル（The World Athletics Track and Field Facilities Manual）には、トラックの計測やマーキングに関する詳細な図を含め、トラックとフィールド施設の規格と建造に関する詳細かつ明確な仕様があり、WAのウェブサイトから入手できる。

ii　認証システムの手続きと同様に、使用に際して認可申請および検査報告が求められる現行の標準書式は、WA事務局から、あるいはWAのウェブサイトから入手できる。

〔注意〕

iii　道路競歩、道路競技、クロスカントリー、マウンテン、トレイルコースについてはTR54.11, 55.2, 55.3, 56.1～56.5, 57.1を参照すること。

iv　200 mトラック（ショート・トラック）競技施設についてはTR41を参照すること。

TR 3.　年齢と性別

年齢区分

3.1　この規則の下で行われる競技会は以下に示す年齢区分に分けるか、競技会規程に追加で定めたり、競技会統括団体が定めた区分によって分けたりすることができる。

・アンダー18 (U18) 男子・女子：
　競技会が行われる年の12月31日現在で
　16歳あるいは17歳の競技者

・アンダー20 (U20) 男子・女子：
　競技会が行われる年の12月31日現在で
　18歳あるいは19歳の競技者

・マスター男子・女子　：

35歳以上の男子・女子

〔注意〕

i　マスターズ競技会に関する事項は、WAおよびWMAのカウンシルが承認したWA／WMAハンドブックを準用する。

ii　最低年齢を含む競技会への参加資格は、各競技会規程に従わなければならない。

〔国内〕

国内のU18、U20競技会では年齢区分の下限は設けない。

3.2　競技者が当該年齢区分に分類されるのであれば、本規則により当該年齢区分対象の競技会に出場する資格を持つ。競技者は有効なパスポートやその他競技会の規則によって認められた証拠書式を提示することで年齢の証明をしなければならない。そのような証拠を提出できなかったり、拒否したりした競技者は競技に参加することは許されない。

〔注意〕

TR3の規定に違反した場合の制裁措置については、資格に関する規程（Eligibility Rules）を参照すること。

TR3.1は、特定の方法で年齢グループを定義しているが、どの年齢グループが適用されるのか、〔注意〕iiによって想定される出場できる競技者の年齢の下限を定めるのかは、各競技会の規程である。

性別

3.3　この競技規則によって行われる競技会は、男子・女子・ユニバーサル（男女混合）に分類される。男女混合競技が競技場外で行われた場合、あるいはTR9に定めるものを例外として競技場内で行われた場合、競技結果を発表またはその他の方法で男女別に示す必要がある。ユニバーサル種目や競技会の結果は、一つの種目の分類として取り扱う。

3.4　出生後から生涯を通じて常に男性として認められているか、TR3.6.1に該当しWA規則及び諸規程の資格を有している者は、男性（またはユニバーサル）の競技に出場する資格がある。

3.5　出生後から生涯を通じて常に女性として認められているか、TR3.6.2に該当しWA規則及び諸規程の資格を有している者は、女性（またはユニバーサル）の競技に出場する資格がある。

3.6　以下の資格を定める諸規程はカウンシルが承認する。

3.6.1　女性から男性に転換を行ったトランスジェンダーの男子競技への参加資格

3.6.2　男性から女性に転換を行ったトランスジェンダーの女子競技への参加資格

3.6.3　性分化疾患を持つ女性の女子競技への参加資格

諸規程に合致しない、あるいは拒否した競技者は、競技に参加する資格を有しない。

〔注意〕

TR3.6の規定に違反した場合の制裁措置については、必要に応じてトランスジェンダー・アスリートの資格に関する規定または女性の分類に関する資格規定（Regulations for Transgender Athletes or Eligibility Regulations for the Female Classification）を参照すること。

ユニバーサル競技会とは、男性と女性が同じチームに含まれているリレーやチームの競技だけでなく、リザルトを男女別に分けることなしに男女が一緒に参加する競技も含まれる。

TR 4.　申し込み

4.1　本連盟の規則によって行われる競技会では、参加申し込みは有資格競技者に限られる。

4.2　外国人が自国外の競技会に出場する資格は、参加資格規則（Eligibility Rules）第5条「国際競技会で競技するための要件（Requirements to Compete in International Competitions Rules）」に記載されている通りである。こうした資格は、総務（〔国際〕技術代表）に対し反対の申し出がない限りは、当該資格は受け入れられる（TR8.1参照）。

〔国内〕

外国人が日本の競技会に出場する場合は、競技者の自国・地域の加盟団体の参加資格を持ち、同加盟団体の参加承認がなければ出場することは認められない。

同時申し込み

4.3 競技者が同時に、トラック競技とフィールド競技あるいは2種目以上のフィールド競技に出場している場合には、審判長はフィールド競技の各試技の1ラウンドに一度、走高跳および棒高跳では各試技に一度、競技会に先立って決められたスタートリスト記載の順序によらないで、あるいはTR25.6.1に従って決定された順序によらないで、試技を行うことを認めることができる。もし、その後の試技を行うべき順序の際に競技者が不在の場合は、その試技時間が過ぎればパス扱いとする。このことは審判長が認めた特定のラウンドや試技のみでありうるが、競技者がその後のラウンドや試技を行わなければ、競技順序は再びスタートリスト記載の、あるいはTR25.6.1に従って決定される順序によって行われ、試技を行うべき順序の際に競技者が不在の場合は、その試技時間が過ぎれば無効試技とする。

〔国内〕

走高跳および棒高跳においては、事前に申告すれば無効試技扱いとすることができる。

但し、ワールドランキングコンペティションでは、パス扱いとしなければならない。

〔注意〕

審判長はフィールド競技の最終ラウンドで異なる順序で試技を行うことを認めてはならないが、それ以前のラウンドでは認めることができる。混成競技ではどのラウンドでも異なる順序で試技を行うことを認めることができる。

〔注意〕は別の種目との重複出場のために、試技の最終ラウンド（試技のラウンド回数に関係なく）で競技者が違う順序で試行することを許可してはならないと解釈される。競技者が最終ラウンドの場におらず、それ以前にパスすることを表明していない場合、その競技者の試技に許される制限時間がカウントダウンされ、時間が経過する前に戻らなければ無効試技として記録される（TR25.18参照。どのラウンドであっても、代替試技が与えられた場合には、通常では試技順の変更は行われない）。

TR4.3と26.2において、高さを競う跳躍ではある高さを1回目または2回目の試技でクリアした場合には、同じ高さの2回目または3回目を跳躍することはできないとしているが、子供や学校の大会のように競技者のレベルが高くない場合には、同じ高さの2回目または3回目の試技を選択できるように規則を変更してもよい。

参加の拒否

4.4　〔国際〕 ワールドランキングコンペティション定義1. (a)、(b)、(c) と 2. (a)、(b) に該当する全ての競技会においては、次の競技者はリレーも含む当該競技会で実施される全種目（当該競技者が同時にエントリーし参加している他の種目も含む）に以後、参加することは認められない。

〔国内〕

主催者は当該規則を適用することができる。

4.4.1　その種目に出場するという最終確認がなされていたにもかかわらず、出場しなかった競技者。

〔国際－注意〕

出場者の最終確認時間は、あらかじめ発表されなければならない。

4.4.2　その種目における以後の出場者を決める予選や準決勝等において資格を得たにもかかわらず、その後の競技をしなかった競技者。

〔国際－注意〕

適用する規則により敗者復活戦が行われる場合、当該競技者がその敗者復活戦に出場できなかったとしても、この規則の違反にはならない。

4.4.3　誠実に全力を尽くして競技しなかった競技者。その判断は審判長が行い、公式記録で本件の記載がなされなければならない。

〔国際－注意〕

TR4.4.3で想定される状況は、混成競技の個々の種目には適用されない。

CR6に基づいて任命された医事代表によって、あるいは医事代表が任命されていない場合は主催者により任命された医師によって診察され、診断書が提示された場合、その診断書は、出場の最終確認後または予選ラウンドで競技した後に競技できなくなった競技者が翌日以降行われる種目（混成競技の各種目は除く）で競技できると認める十分な理由として受け入れられる場合がある。

最終確認後、他の正当な理由（例えば競技者自身の行動と無関係の諸条件、具体的には公的交通手段のトラブルなど）も、技術代表によって同様に認められることがある。

関連する審判長がそのような状況に気づき、レースを放棄した競技者が誠意を尽くして競技していないと確信を持った場合には、この競技者について該当するリザルト上に“DNF TR4.4.3”とする必要がある。技術代表がそのような決定を下す過程、またはそれに起因する上訴を考慮したジュリーの検討の過程において、競技者や競技者に代わってチームから示された棄権や出場しなかった理由が考慮され得る。この規則は医学的理由の場合には、従わなければならないことを明確に規定している。

招集所での参加の除外

4.5　TR4.4による追加的な処分を受ける際や、招集所に示された指定時間（CR29参照）に招集所にいない競技者は、以下の場合を除き、当該種目への参加から除外され、DNSとして記録される。

当該審判長は、抗議に対してすぐに判断できず「抗議中」として競技を行っている競技者も含め、競技への参加除外について判断し、除外した場合は根拠となる競技規則を正式記録に明記しなければならない。

正当と認められる事由（例：競技者の責によらない公共交通機関のトラブルや招集所に掲載された時間の誤り）があり、それを審判長が認めた場合には、招集完了時刻の後でも競技者の競技への参加が認められることがある。

TR 5. 服装、競技用靴、アスリートビブス

服　装

5.1　競技者は清潔で、不快に思われないようにデザインされ仕立てられた服装を着用しなければならない。その布地は濡れても透き通らないものでなければならない。また、審判員の判定を妨げるような服装を着用してはならない。

〔国内〕

全国的な競技会でのリレー競走においては、チームの出場者は同一のユニフォームを着用する。

〔国際〕

ワールドランキングコンペティション定義1. (a)、(b)、(c) と 2. (a)、(b)、(c) に該当する競技会、およびワールドランキングコンペティション定義1. (e) と2. (e) に該当する競技会で加盟団体を代表する場合は、競技者はその加盟団体によって定められたユニフォームを着て参加しなければならない。
この規定は、表彰式および競技場内ビクトリーランの際にも適用する。

〔注意〕

本条は独特のヘアースタイルで参加している競技者を含め、「審判員の視界を妨げる懸念がある」との観点から広く解釈されるべきである。

競技用靴

5.2　競技者が競技する時は、裸足でも競技用靴を履いてもよい。競技者はカウンシルによって承認された競技用靴に関する全ての規則を遵守しなければならない。

競技用靴に関する規程（the Athletic Shoe Regulations）も参照のこと。

〔競技用靴に関する規程　主要項目抜粋〕

- 靴底（踵の下の靴底を含む）は、11本以内のスパイクを取り付けられる構造とする。

- 11個までの任意の数のスパイクを使用することができるが、スパイク取付け位置は11か所を超えてはならない。
- スパイクの長さは、9㎜（屋内は6㎜）を超えてはならない。また走高跳およびやり投の場合は、12㎜を超えてはならない。スパイクは先端近くで、少なくとも長さの半分は4㎜四方の定規に適合するように作られていなければならない。トラック製造業者もしくは競技場管理者がより小さい寸法の上限を設けている場合や、特定の形状のスパイクの使用を認めていない場合は、これを適用する。
- 医療および安全上の理由から、競技用靴（市販されているものに限る）へのインナーソールの追加、その他の物の挿入および追加は以下の条件でのみ認められる。
  a. 中敷（インナーソール）の追加または挿入物は、取り外し可能な装具であること（靴の内側に恒久的に固定することはできない）。
  b. 追加物は、ヒールレイズまたはヒールキャップ（例：跳躍競技用靴）、ブレースまたはストラップ（例：投てき競技用靴）とする。
- 靴底の最大の厚さ（購入時から装着されているオリジナルのインナーソールを含む）は、2024年10月31日までは以下の通りとする。

種目	靴底の最大の厚さ	要件・備考
フィールド種目(除：三段跳)	20㎜	全投てき種目と高さを競う跳躍種目および三段跳を除く、長さを競う跳躍種目に適用。 全フィールド種目で、靴の前の部分の中心点の靴底の厚さは、踵の中心点の靴底の厚さを超えてはならない。
三段跳	25㎜	靴の前の部分の中心点の靴底の厚さは、踵の中心点の靴底の厚さを超えてはならない。
トラック種目(800ｍ未満の種目、ハードル種目を含む)	20㎜	リレーにおいては、各走者が走る距離に応じて適用する。
トラック種目(800m以上の種目、障害物競走を含む)	25㎜	リレーにおいては、各走者が走る距離に応じて適用する。 競技場内で行う競歩競技の靴底の最大の厚さは、道路競技と同じとする。

クロスカントリー	25㎜スパイクシューズまたは40㎜ノン・スパイクシューズ	競技者はスパイクシューズまたはノン・スパイクシューズ（ロードシューズなど）を履くことができる。スパイクシューズを履く場合、靴底の最大の厚さは25mmを超えてはならない。ノン・スパイクシューズを履く場合、靴底の最大の厚さは40mmを超えてはならない。
道路競技（競走、競歩）	40㎜	
マウンテンレースとトレイルレース	制限なし	

・靴底の最大の厚さ（購入時から装着されているオリジナルのインナーソールを含む）は、2024年11月1日からは以下の通りとする。

種目	靴底の最大の厚さ	要件・備考
トラック種目 ハードル種目 障害物競走	20㎜スパイクシューズまたはノン・スパイクシューズ	リレーにおいては、各走者が走る距離に応じて適用する。競技場内で行う競歩競技の靴底の厚さは、道路競技と同じとする。
フィールド種目	20㎜スパイクシューズまたはノン・スパイクシューズ	全跳躍種目で、本規程10.3および10.4に記載のとおり、靴の前の部分の中心点の靴底の厚さは、踵の中心点の靴底の厚さを超えてはならない（前足の中心は、靴の内部の長さの75％にある靴の中心点。踵の中心は、靴の内部の長さの12％にある靴の中心点）。
道路競技（競走・競歩）	40㎜	リレーにおいては、各走者が走る距離に応じて適用する。
クロスカントリー	20㎜スパイクシューズまたは40㎜ノン・スパイクシューズ	競技者はスパイクシューズまたはノン・スパイクシューズ（ロードシューズなど）を履くことができる。スパイクシューズを履く場合、靴底の最大の厚さは20㎜を超えてはならない。ノン・スパイクシューズを履く場合、靴底の最大の厚さは40㎜を超えてはならない。
マウンテンレースとトレイルレース	制限なし	

重要告知：本規程5.3に従い、2024年11月1日以降、靴底厚が上記の表に記載されている最大の厚さを超える既存靴は承認されなくなり、対象競技会では着用できなくなる。

5.3　欠番

5.4　欠番

5.5　欠番

5.6　欠番

アスリートビブス（ビブス）

5.7　競技者は競技中、胸と背にはっきり見えるように２枚のアスリートビブス（ビブス）をつけなければならない。跳躍競技の競技者は、胸または背にのみにつけるだけでもよい。アスリートビブス（ビブス）は、通常はプログラムに記載のものと同じ番号でなければならない。競技の際にトレーニングシャツを着る時は、同じ方法でその上につけなければならない。

アスリートビブス（ビブス）の一部または全部に、数字の代わりに競技者の名前またはその他の適切な識別記号を記載することが認められる。番号を記載する場合は、スタートリストもしくはプログラム上で各競技者に割り振られた番号を記載する。

5.8　いかなる競技会であろうと、競技者が自分のアスリートビブス（ビブス）やその他の標識を着用せずに参加することは一切認められない。

5.9　アスリートビブス（ビブス）は配布された形で着用しなければならず、切ったり折り畳んだり、あるいはいかなる方法でも見えなくしてはならない。10,000 m以上の競走・競歩競技においては、風通しをよくするためにアスリートビブス（ビブス）に穴をあけてもよいが、文字や数字の部分に穴があってはならない。

5.10　写真判定装置を使用する競技会においては、主催者は競技者のショーツまたは下半身の横に粘着性の腰ナンバー標識をつけさせることができる。

〔国内〕

i　アスリートビブス（ビブス）は、各人に4枚を交付することが望ましい。

ii　アスリートビブス（ビブス）の大きさは、横24㎝以内×縦16㎝以内とする。個人を識別する文字や数字等の大きさは、

「競技会における広告および展示物に関する規程」参照。腰ナンバー標識は12cm × 18cmを標準とする。

5.11 競技者が本条の各規定に従わず、

5.11.1 審判長が従うよう命じてもその命令を拒否した場合または

5.11.2 そのまま競技に参加した場合

当該競技者は失格とする。

TR5.11はTR5の条項いずれかに従わない場合の制裁を規定している。しかし可能であれば、競技者がこれら規則に従わない場合は関連する競技役員は規則を遵守するよう注意するとともに、従わない場合、どのような結果を招くかを競技者に助言すべきである。競技者が競技会中に規則の条項いずれかに従わず、競技役員が競技者に規則遵守を要求することが現実的でないのなら、失格とせざるを得ない。

出発係と（トラック種目と場外競技担当の）監察員及び（フィールド種目担当の）審判員はこうした問題を警戒し、明らかな違反があった場合には審判長に報告する責任がある。

TR 6. 競技者に対する助力

診察および助力

6.1 診察、治療、理学治療は、主催者によって任命され、腕章、ベスト、その他の識別可能な服装を着用した公式の医療スタッフが競技区域内で、または、この目的のために医事代表もしくは技術代表の承認を得たチーム付き医療スタッフが競技区域外の所定の治療エリアで行うことができる。いずれの場合においても、競技の進行や競技者の試技の順序は遅らせないものとする。上記以外の他者によるこのような介助や手助けは、競技者がひとたび招集所を出た後は、競技開始前であろうと競技中であろうと、助力である。

〔国内〕

i 転倒や意識混濁、疾病等により明らかに通常歩行や競技続行が困難となり、立ち止まりや横臥等の行動を行う競技者に対して、審判員や公式の医療スタッフが声掛けを行うことは、助力とは見なさない。声掛けを行った審判員や公式の医療スタッフは直ちに審判長または医師に状況を報告し、本人がなお競技続行の意思を持っていても、競技者の生命・身体保護の観点から審判長もしくは医師の判断で競技を中止させることができる。

ii 当該競技者が所属するチームスタッフから競技を中止させたいとの申し出があった場合、当該申し出を受けた審判員は直ちに審判長に報告し、競技者の生命・身体保護の観点から、本人がなお競技続行の意思を持っていても、審判長の判断で競技を中止させることができる。

iii 転倒や意識混濁、疾病等により明らかに通常歩行や競技続行が困難となり、立ち止まりや横臥等の行動を行う競技者に対して、審判員や公式の医療スタッフが一時的に介護するために競技者の身体の一部に触れることは、助力とは見なさない。

〔注意〕

競技区域は、通常、柵などで物理的に仕切られているが、本条の解釈上、競技が行われ、競技者と関連規則・諸規程で認められた者のみが立ち入ることのできる区域と定義される。

6.2 競技中、競技区域内で、助力を与えたり受けたりしている競技者は（TR17.14、17.15.4、54.10.8、55.8.8の場合を含む）、審判長によって警告され、さらに助力を繰り返すとその競技者は失格となる。

〔注意〕

TR6.3.1または6.3.6に該当する場合は、警告なしで失格とすることができる。

許可されない助力

6.3 この規則の目的から下記のような場合は、助力とみなし、許可しない。

6.3.1 同一レースに参加していない者によってペースを得ること、周回遅れか、周回遅れになりそうな競技者がペースメーカーとして競技すること、あるいは（TR6.4.4で許されたものを除いて）あらゆる種類の技術的な装置によってペースを得ること。

6.3.2　ビデオ装置、レコーダー、ラジオ、ＣＤプレーヤー、トランシーバーや携帯電話もしくはそれらに類似した機器を競技区域内で所持または使用すること。

6.3.3　TR5に準拠する靴を除き、本規則で指定された、あるいは認められた機器を使用して得ることができると考えられる効果以上の利益を、使用者に提供する技術や装置を使用すること。

6.3.4　何らかの機械的補助を利用すること。但し、機械的補助用具規程（the Mechanical Aids Regulations）に従って許可（承認）された、あるいは認められた、障がいのある競技者が使用することを除く。

機械的補助用具規程（the Mechanical Aid Regulations）も参照のこと。 ‖

6.3.5　当該競技に関係するしないにかかわらず、競技役員が助言またはその他の支援を提供すること（競技指導を行う、長さの跳躍種目で失敗を示す場合を除き踏切地点を示す、レースで時間や距離差を教えるなど）。

6.3.6　転倒後、他の競技者から立ち上がることを手助けしてもらう以外に、前に進むための身体的な手助けを得ること。

許可される助力

6.4　この規則の目的から下記の場合は、助力とはみなさず、許可する。

6.4.1　競技区域外での競技者とコーチとのコミュニケーション。コミュニケーションを容易にするとともに、競技の進行の邪魔にならないよう、フィールド競技では競技場所に近接した観客席の一角にコーチ席を設けることが望ましい。

〔注意〕

TR54.10と55.8に関係しないコーチや他の関係者は、この場所から競技者とコミュニケーションを取ることができる。

6.4.2　競技者が競技を行うため、または、すでに競技区域にい ‖

る競技者が競技を継続するために必要なTR6.1に定める診察、治療、理学治療。

6.4.3 身体保護及び医療目的のあらゆる身体保護具（例えば：包帯・絆創膏・ベルト・支持具、冷却機能付きリストバンド、携帯用酸素ボンベ等の呼吸補助具）。審判長は医事代表と協力して、それらが競技者に望ましい物であるかどうか、それぞれ確認をする権限を有する。〔TR32.4、32.5参照〕

6.4.4 競技者本人が携帯もしくは着用して使用する心拍計、速度・距離計、ストライドセンサー、その他の類似の機器。但し、他者との通信が使用不可能なものに限る。

6.4.5 フィールド種目に出場している競技者が、当該競技者に代わり競技区域（TR6.1〔注意〕参照）の外にいる者によって録画されたそれ以前の試技の映像を見ること。その録画再生機器や録画映像は、録画映像を提供する者のすぐ近くの位置であれば競技区域内に持ち込むことが認められる。画像をより詳しく見るために、競技者は画像を撮影した人とコミュニケーションを取りながら録画再生機器を手にしても良い。

6.4.6 指定された場所で、あるいは審判長が認めた場合に渡す帽子、手袋、靴や衣類。

6.4.7 競技役員や主催者によって任命された者による、立ち上がったり医療支援を受けたりするための身体的な手助け。

6.4.8 電子ライトや類似の器具による、レースの進行時間や関連する記録の提示。

〔国内〕

1. 視覚障がい者がトラック競技および道路競技に参加する場合のガイドランナーは助力とはみなさない。視覚障がい競技者とガイドランナーについては国際パラ陸上競技連盟（WPA）競技規則に準ずる。
2. 聴覚障がい者のスタートを補助するライトは、他の競技者よりも有利になる器械とはみなさず、使用を認める。

TR6は、近年、頻繁に変更がなされる項目である。なぜなら陸上競技の実施方法の変化を反映するためであったり、コーチの役割を尊重するためであったり、技術革新や新たに開発された製品などに対応するためであったりといった理由からである。WAは、イベントや競技会で新製品や新たな動きが共通の地位を得たなら、速やかにそれらに対応し続ける。

これらの規則の変更は、競技者の競技への参加を可能な限り容易にし、競技者 / コーチと競技役員との間の不必要なもめ事を減らすよう考慮されている。本規則の各条項は、競技会が誰にでも公平に行われることを常に保証しているという観点から解釈されるべきである。

しかし、TR6.3.5は競技役員が自らの任務として決められている範囲を超えて競技者を援助すべきではないことを明確にしている。例として長さの跳躍で競技役員が無効試技だった時の痕跡位置を伝える目的以外に、踏切位置の詳細を競技者に教えるべきではないと具体的に記している。

TR 7. 警告および失格

誠実に力を尽くしての参加、反スポーツマンシップ行為および不適切な行為

7.1 競技者およびリレー・チームは、誠実に力を尽くして陸上競技会に参加しなければならず、反スポーツマンシップ行為や不適切な行為を行ってはならない。当該規則に従わない競技者およびリレー・チームは、警告を受けるか失格となる場合がある。

審判長は、当該規則またはCR6.1〔注意〕ii、iii、iv、TR6、16.5、17.14、17.15.4、25.5、25.19、54.7.6、54.10.8、55.8.8に違反があった競技者やリレー・チームに警告を与えたり、当該競技会から除外したりする権限を持つ。警告はイエローカード、除外はレッドカードを示すことによって競技者に知らせる。警告や除外の事実は記録用紙に記入する。審判長が警告および除外処分を行った場合は、そのことを記録・情報処理員および他の審判長に知らせなくてはならない。

招集所審判長はウォーミングアップ場から競技場所に至るまで、競技規則を適用する権限を有する。その他の場合も含め、審判長は競技中だけでなく、競技を終えた後にも担当した種目について権限を持つ。

当該審判長は競技場所やウォーミングアップエリア、招集所、コーチ席も含めた競技に関連する場所で、競技者以外の者がふさわしくない行為や不適切な行為をしたり、競技者に競技規則に違反した助力を行ったりした場合、（競技会ディレクターがいる場合は相談の上）警告を与え、除外することができる。

〔注意〕

i 審判長は十分な根拠のある状況では、警告なしで競技者やリレー・チームを除外する事ができる。〔参照 TR6.2〔注意〕〕

ii 競技場外で行われる競走競技と競歩競技の審判長は、（例えば、TR6、54.10、55.8に係る）違反があった場合には、失格を告げる前に警告を与えなければならない。異議を申し立てられた場合はTR8を適用する。

iii 本条に基づき当該競技者やリレー・チームを当該競技から除外する場合には、すでにイエローカードで警告が与えられている競技者に対しては、審判長は二枚目のイエローカードを示した後、直ちにレッドカードを提示する。

iv 一度目の警告に気付かないでイエローカードによる警告を提示した場合、その後、二度目の警告である事実が判明した時点で、レッドカードを提示したのと同じ結果となる。審判長は直ちに当該競技者やリレー・チーム、もしくは所属チームに対して除外通知を行なわなければならない。

カードが示され記録される方法に関連して、以下の通りガイドラインを示し、明確化する。

a. イエローカードとレッドカードは、懲戒処分（主に当該規則を参照）だけでなく、懲戒的と考えられる性質を持つ特定の規則違反のいずれかで与えられることができる。

b. レッドカードの前に、イエローカードが出されているのが一般的であり通常想定されることであるが、特に悪質な反スポーツ的または不適切な行為、または誠実な態度で競技に参加しなかった場合には、即時に(イエローなしで)レッドカードを出すことができる。この場合、競技者あるいはリレー・チームは、かかる決定をジュリーに上訴する機会が与えられていることを忘れてはならない。

c. イエローカードを出すことが現実的でなく、さらに論理的でない場合もある。例えば、TR6.2の注意は、レース中のペーシングがあったなど TR6.3.1に該当することが明確に証明されれば、即、レッドカードを出すことが特に認められる。

d. 審判長がイエローカードを出した際に、競技者あるいはリレー・チームが不適切な態度で応答したことで、即時にレッドカードを出すことが正当である場合、前項と同様に、即、レッドカードという状況になることもある。短時間の中で不適切な振る舞いが続いた際に、それぞれに異なる事由をつける必要はない。

e. 〔注意〕ⅲにより、競技者あるいはリレー・チームがその競技会中に既にイエローカードを出されており、次に出されるカードがレッドカードとなることを審判長が認識している場合には、審判長は最初に2枚目のイエローカード、その後、レッドカードを提示する。しかし、審判長が2枚目のイエローカードを表示しない場合であっても、レッドカードの提示は無効とはならない。

f. 審判長がすでに出されたイエローカードを認識しておらず、イエローカードのみを表示した場合は、この事実が判明した時点で、できるだけ早くその競技者を失格させるための適切な措置を講じる。通常、これは審判長が直接競技者本人に、またはチームを通して競技者に通告することによって行われる。

g. リレー競技では当該競技会のどのラウンドであっても、一人または複数のチームメンバーが受けたカードは、チームに対して示されたものとしてカウントする。このため、もし、リレーに出場している一人の競技者がリレー競技の予選、決勝等のラウンドで2枚目のイエローカードを示されたのなら、当該リレー・チームはレッドカードを示されたことになり、失格となる。

競技規則違反による失格の取扱い（TR7.1の非適用時）

7.2 競技者が競技規則（TR7.1の適用を除き）に違反をして失格させられれば、その種目の同じラウンドで達成した記録は無効とする。

しかし、その前のラウンドで達成された記録や混成競技でその種目の前までに達成された個々の種目の記録は有効とする。

競技規則違反による失格の取扱い（TR7.1適用時）

7.3 競技者がTR7.1により競技会から除外となった場合は、その種目で失格となる。2度目の警告が違う種目で行われた場合は2度目の種目で失格となる。その種目の同じラウンドで達成した記録は無効とする。しかし、その前のラウンドまでの記録、またはそれまでに出場した他の種目や混成競技における当該種目の前までの記録は有効とする。

この失格により、その競技会における以後の全ての種目やラウンド（混成競技の個々の種目や、同時に参加している他の種目やリレーも含まれる）から除外される。

7.4 リレー・チームがTR7.1により競技から除外処分を受けた場合、そのチームはそのリレー種目では失格としなければならない。除外処分を受ける前のラウンドまでの記録は有効とする。リレー・チームの失格がTR7.1による競技者個人の行為の結果である場合、TR7.3が当該競技者に適用される。それ以外の場合、かかる失格は、競技者やリレー・チームがその競技会の他の種目へ出場することを妨げるものではない。

但し、個々の競技者の一つまたは複数の行動が極めて悪質だと見なされる場合は、当該競技者にTR7.1を適用し、警告を与えたり競技会から除外したりすることができる。

7.5 違反が重大であるとみなされた場合は、総務は不適格行為として本連盟に報告しなければならない。

TR7.3はリレー競技中に2回目の警告を受けた競技者、または、リレー競技で当該チームの失格につながる除外を直接受けた競技者にも適用される。

〔注釈〕

TR7ならびにTR8でいうラウンドとは予選や決勝などのこ

とであり、走高跳、棒高跳でのある高さ、他のフィールド競技における試技回数とは異なる。

TR 8. 抗議と上訴

8.1 競技会に参加する競技者の資格に関する抗議は、競技会の開始前に総務になされなければならない。総務の決定に対し、ジュリーに上訴できる。競技会が始まるまでに解決しない場合は、その競技者は「抗議中」の状態で競技に参加することが許される。その抗議は、本連盟（〔国際〕競技会統括団体）に付託しなければならない。

8.2 競技の結果または競技実施に関する抗議は、その種目の結果の正式発表後30分以内に行わなければならない。主催者は記録発表を行った時刻を記録しておかなければならない。

〔国内〕

同一日に次のラウンドが行われる競技では、その結果が正式に発表されてから15分以内に申し出なければ、なんら問題はなかったものとみなされる。

8.3 競技の結果または行為に関するいかなる抗議も、競技者自身または代理人あるいはチームを公式に代表する者から審判長に対して口頭でなされなくてはならない。抗議に関連する種目の同じラウンドで競技している（〔国際〕または、チーム得点対抗の競技会で競技している）チームに限り抗議（あるいは上訴）することができる。公正な判定を下すために、審判長は自身が必要と考える利用可能な証拠（公式ビデオで撮影された映像や写真、またその他のあらゆる入手可能なビデオ映像証拠を含む）を考慮する。審判長はその抗議に結論を下すことも、ジュリーに付託することもできる。もし審判長が結論を下したとしても、抗議を行った者はジュリーに上訴することができる。

〔国際〕

審判長がその場にいない、あるいは対応できない場合の抗議は、テクニカルインフォメーションセンター（TIC）を通して行う必要がある。

〔国際－注意〕

WA写真判定員が任命されている場合、競技者の順位に関する抗議に関しては、トラック審判長と競歩競技審判長に代わって対応する必要がある

8.4 トラック種目で、

8.4.1 〔国際〕不正スタートを告げられたことに対して直ちに現場で抗議（競技中の抗議）をした場合、スタート審判長（スタート審判長が任命されていなければトラック競技審判長と競歩競技審判長）は、不正スタートであったと少しでも確信が持てない時、その権利を留保するために自分の裁量で、抗議中として競技者が競技することを許可できる。WAが承認したスタート・インフォメーション・システムにより不正スタートの判定が下された場合、当該競技者は競技を継続することはできない。但し、スタート・インフォメーション・システムが明らかに不正確であると審判長が判断した場合はこの限りでない。「抗議中」として競技することを認めた場合、競技者に対して赤白（斜め半分形）カードを示す。

〔国内〕

スタート・インフォメーション・システム（SIS）使用時のみ、主催者は当該規則を適用することができる。

8.4.2 スタートに関するレース後の抗議は、スターターが不正スタートであったにもかかわらずリコール（呼び戻し）できなかった場合、またはTR16.5の行為があったにもかかわらずスタートの中止ができなかったことを理由に行われる。その抗議は、通常、誠実に力を尽くしてそのレースを走り終えた競技者本人、またはその競技者の代理人からのみ行うことができる。抗議が認められると、当該不正スタートまたは本来スタート中止を招くはずだった行為を行い、TR16.5、16.8、39.8.3の警告または失格の対象となった競技者は、レース後であっても警告または失格処分を受ける。警告または失格処分の可能性のあるなしにかかわらず、審判長は当該種目の全部ま

たは一部の競技を無効とする権限を有する。審判長が全部または一部の競技をやり直すことが公正であると判断した場合は、再レースを行う。

〔注意〕

TR8.4.2における抗議および上訴の権利は、スタート・インフォメーション・システムが使われている、いないに拘わらず適用される。

8.4.3 不正スタートとして誤って競技から除外された競技者による抗議や上訴がレースの後に認められた場合、記録を残すために走る機会が与えられる。その結果によっては、次のラウンドに進むことができる。

審判長かジュリーの何らかの決定か、特別な状況（例：次ラウンドまでの時間が短すぎたり、レースの間隔が短すぎるような場合）でない限り、いかなる競技者もそれまでに行われる全ラウンドで競技をしないで次のラウンドに進むことはできない。

〔注意〕

この規則は審判長やジュリーが適用するのがふさわしいと考えた時に、適用することができる。〔参照　TR17.1〕

8.4.4 レースを終了しなかった競技者またはチームによって、あるいはそれらに代わって関係者から抗議がなされた場合、審判長は最初に、当該競技者またはチームがそのレースで当該抗議以外の他の事由によって失格となっていないかを確認しなければならない。失格となっている場合は、その抗議は却下されなければならない。

スタート審判長が不正スタートを課せられた競技者による現地での抗議（競技中の抗議）を裁定する時は、利用可能な全てのデータを考慮しなければならず、競技者の抗議が妥当である可能性がある場合に限り、競技者は抗議中（Under Protest）の立場で競技することが許される。そのレース後、審判長により最終決定がなされなくてはならないが、その決定に対し競技者がジュリーに上訴することが可能である。しかし、誤解のないように補足すれば、不正スタートが正常に動作しているSISによって感知された場合、及びその競技者に不正スタートの責任があることが視覚的に明らかで抗議を認める理由がない場合には、審判長は通常、抗議中の立場で競技することを認めてはならない。但し、反応時間が許容限界に近づくと、動きがほとんど見えなくなる可能性があることが認識されている。このような場合、スタート審判長が技術的証拠のさらなる分析を必要とすると判断したら、関係者全員の権利を守るために、スタート審判長は抗議中の立場で競技者が競技することを許可することができる。

これらの規則はスターターが不正スタートを呼び戻せず走らせてしまった場合だけでなく、スターターが（不適切行為等があったにもかかわらず）適切にスタートを中止できず走らせてしまった場合にも適用される。どちらの場合も審判長はそれぞれの事案に関わる全ての要素を考慮し、レース（全員またはその一部人数で）を再度実施する必要があるかどうかを判断する必要がある。

極端な状況の二つの例を挙げると、フィニッシュした競技者が不正スタートしたにもかかわらずリコール（呼び戻し）がなかったとしても、マラソンでは再レースは論理的ではないし、不要である。しかし、短距離種目で不正スタートしたにもかかわらずリコール（呼び戻し）がなかったことで他の競技者のスタートやレースに影響を与えた場合は、再レースが不要とは言えない。

一方、予選において、あるいは混成競技のレースにおいて、スターターが不正スタートを呼び戻せず走らせてしまったか、スターターが（不適切行為等があったにもかかわらず）適切にスタートを中止できず走らせてしまったことで、1人もしくはそれ以上の競技者が不利益を被ったことが明らかな場合、審判長は被害を被った競技者だけに再レースの機会を与えるという決定をすることができる。その場合、進出条件も決定できる。

TR8.4.3は競技者が間違って不正スタートと判定され、レースから除外されてしまった状況を想定している。

8.5　〔国際〕フィールド種目で、もし競技者が無効試技と判定されたことに対し、直ちに現場で抗議（競技中の抗議）を行った場合、審判長は疑義があると考えたら、該当する事項を保全するためにその試技を計測、記録させることができる。

〔国内〕

主催者は当該規則を適用することができる。

8.5.1　距離を競う競技種目において、もし抗議に該当する試技が、8人を超える競技者が競技する前半の3ラウンドで発生した場合で、抗議あるいはそれに続く上訴が支持された場合に限り、その競技者はそれ以降の試技のラウンドへ進むことができる。

8.5.2　高さを競う競技においては、その抗議あるいはそれに続く上訴が支持された場合に限り、次の高さに進むことができる。

審判長は無効試技の判定に少しでも確信が持てない時は、関連する全ての権利を保全するため、抗議中として競技者に競技継続を認めることができる。

審判長が自身の肉眼による監察、またはビデオ審判長から受け取った助言により、審判員の判定が正しいと確信している場合、競技者が抗議中として競技を継続することは許されない。

しかし、現場での抗議（競技中の抗議）の対象である試技の計測（距離の保全）を命じるかどうかを検討するにあたり、

a. 審判長はルールの明確な違反があった場合、例えば、走幅跳で問題の競技者が粘土板に明瞭な痕跡を残していたり、投てき種目で投てき物が角度線の明らかに外側に落下した場合には、記録の保全をすべきではない。

b. 審判長は多少でも判定に疑念がある場合には、常に（競技会の進行を遅らせることなく直ちに）記録の保全をおこなうべきである。

ピンまたはプリズムを持った落下域担当の審判員が、（投てき種目で投てき物が完全に角度線外に落下した場合を除き）旗を持った審判員が赤旗を上げるのを見たとしても、着地地点の痕跡をどんな時でも（記録の保全に備えて）常にマークしている時、この規則が十分に理解されているといえる。競技者による現場での抗議（競技中の抗議）だけでなく、旗を持った審判員が誤って、または偶発的に間違えた色の旗を上げてしまう可能性もある。

8.6　抗議対象となった競技の成績や当該競技者が抗議中として競

技した結果得られた成績は、審判長がこれを有効と認める判断を下すか、上訴が行われジュリーがその主張を認めた場合に限り、有効となる。

〔国際〕

フィールド競技において現場で抗議（競技中の抗議）が行われ、抗議中として競技を行なう競技者がいる場合、その抗議が認められれば競技を続けることができないはずの別の競技者も競技を続けることが認められた場合、抗議の扱いがどうなったかにに関わらず、競技継続が認められた競技者の記録や最終成績は有効となる。

TR8.6はフィールド種目だけでなく、全ての種目に適用される。

8.7　ジュリーに上訴する場合は、次のいずれかの時点から30分以内とする。

8.7.1　審判長の裁定により当該種目の結果が変更された場合は、その結果が公式に発表された時。

8.7.2　結果が変更されなかった場合は、抗議者に対してその旨の通知が行われた時。

上訴は競技者、競技者の代理人、またはチームの代表者によって署名された文書により、預託金10,000円（国際競技会では100米ドルまたは相当額）を添えて行われなければならない。この預託金は上訴が受け入れられなかった場合は没収される。上訴に関連する種目の同じラウンドで競技している競技者またはチームに限り、上訴することができる。

〔国内〕

同一日に次のラウンドが行われる競技では、ジュリーへの上訴は審判長の裁定から15分以内とする。

〔国際－注意〕

当該審判長は抗議に対する裁定を下した後、直ちにTICに対して裁定の時刻を通知しなければならない。審判長が当該チーム・競技者に対して口頭で裁定を知らせることができなかった場合は、TICで訂正された結果もしくは裁定結果を掲示した時刻をもって、公式発表が行われた時刻とする。

8.8 ジュリーは審判長の決定をジュリーが十分に支持している場合を除き、当該審判長や全ての関係者から聞き取りをしなくてはならない。もしジュリーが納得できない場合は、他の証拠についても考慮することができる。入手可能なあらゆるビデオ記録を含む証拠でも結論が出ない場合は、審判長あるいは競歩審判員主任の裁定が支持される。

8.9 ジュリーは新たに決定的な証拠が提示された場合、新たな決定に変更可能な状況であれば決定を再考しても良い。決定の再考は通常その種目の表彰の前までに行われるものとする。但し、競技会統括団体がその後であっても状況が許されると判断する場合は、その限りではない。

ある特定の状況において、審判員（CR19.2)、審判長（CR18.6）およびジュリー（TR8.9）は、そうすることが可能で現実的であるなら、それぞれが下した決定を再考できる。

8.10 〔国際〕 競技規則でカバーできない点に関する決定は、ジュリーの議長からWA事務総長へ報告しなければならない。

8.11 ジュリーの決定（ジュリーをおかない競技会や、上訴がジュリーにまで上がらなかった場合においては、審判長の決定）が最終のものであり、スポーツ仲裁裁判所に対するものを含めて、更なる上訴の権利はない。

〔国内〕

1. 上訴の文書は本連盟指定の形式に準ずる（本連盟ウェブサイトから入手可能。記入例は陸上競技審判ハンドブック参照)。
2. ジュリーをおく競技会における上訴の文書は、総務または抗議の手続きについての任務を有する総務員に提出し、審判長を経てジュリーに回付する。

TR 9. 男女混合の競技

9.1 加盟団体の規則が適用されていれば、男女が一緒に競うリレーや男女混合チームで行う競技、男女が一つのカテゴリーで行う種目などの男女混合競技を行うことができる。

9.2 TR9.1以外のその他の競技会で競技場内のみで行う競技では、男女混合の種目は通常では認めない。

但し、ワールドランキングコンペティション定義1. (a)、(b)、(c) と2. (a)、(b) 以外の競技会においては、以下の混合競技を認めることがある。ワールドランキングコンペティション定義1. (e)、(d) と2. (c)、(d)、(e) に該当する競技会においては、フィールド競技と以下TR9.2.1に述べる状況であれば、所管するエリア陸連の特別な許可により、常に男女混合競技が認められる。

9.2.1 競技場内で行う5000 m以上の競技で、男女のいずれかまたは男女ともに男女別に競技を実施するのに十分な人数がそろわず、男女別々での実施が非効率的である場合。競技結果には男女の別を表示しなければならない。こうした競技では、いかなる場合でも、他の性別の競技者がペースメイクをしたり、助力をしたりするような行為は許されない。

〔国内〕

男女のいずれかが8名以内で男女の合計が30名以内の場合に限り、男女混合で実施することを認める。

9.2.2 フィールド競技では、男女が同時に同じ場所で同じ種目を行うことができる。その際には、記録用紙は男女別々に作成しなければならない。男女混合で同一種目を行う場合、各ラウンドは一つの性別の競技者全員を先に行ない、その後に別の性別の競技者全員が行うことも、それぞれの性別の競技者が交互に行うこともできる。TR25.17（試技時間）の目的から、男子・女子に分けてではなく、全競技者の人数で試技時間を考えなければならない。高さを競う跳躍競技が男女混合として一か所で行われる場合には、事前に公表されている当該競技全体に適用されるバーの上げ幅も含めて、TR26～28は厳格に適用されなければならない。

TR9.2.1の目的は5000m以上の長距離種目の実施を促進することであり、より長い種目で男女のいずれかまたは男女ともに少数の競技者が出場する場合や、より長い距離の種目（例えば、10,000m以上の競歩競技）、タイムテーブルの制約により別々のレースを実施することが困難になる。この規則の目的は、女性競技者が男性競技者と競技する機会を提供することにより、潜在的により良い記録が出せる環境を作り出すことではない。
誤解がないように補足すると、フィールド種目や5000m以上のレースでの混合競技会は、

a. 全ての国内大会で認められ、適用可能な連盟の規則のみに従う。（エリア陸連からの追加の許可は必要ない。）
b. ワールドランキングコンペティション定義 2.(d) に該当する競技会においては、関連するエリア陸連によって特別に許可されている場合に認められる。
c. ワールドランキングコンペティション定義1. と2. (a)、(b)、(c)、(e) に該当する競技会においては、フィールド競技で競技会に適用される規程で特に規定されていなければ認められない。

男女混合競技での世界記録の公認には制限がある。CR31.1（5000m以上のトラックレース）とCR32（女性の道路競走）を参照。CR32〔注意〕iiは、男性と女性の両方が参加する状況において、女性の唯一の競走としてどのように認められるか（女性単独での記録の達成）についての指針を提供する。（CR25.2、25.3も参照）

TR 10. 測量と計測

〔国際〕

10.1 〔国際〕 マークの正確性、およびTR2、11.2、11.3、41の設備の配置状況は、有資格計測員によって計測の詳細と関連する組織・団体あるいは設備の所有者ないし運営者に対して提出された、適切な検査済証とともにチェックされなければならない。
この計測者は本目的のために、競技場の設計図や図面、最新の計測証明書など全ての情報にアクセスできるものとする。

10.2 〔国際〕 ワールドランキングコンペティション定義1. (a)、(b)、(c) と2. (a)、(b) に該当する競技会においては、トラックおよ

びフィールド競技の計測は、正しく目盛りが設定された鋼鉄製巻尺、高度計または科学計測装置で行われる。これらの計測機器は国際基準に従って製造され、正しく調整されたものでなければならない。競技会で使用される計測装置の精密度は、国の測定機関によって認められた適切な組織によって認証されていること。ワールドランキングコンペティション定義1. (a)、(b)、(c) と2. (a)、(b) 以外の競技会においては、ファイバーグラス製巻尺を使用してもよい。。

〔国内〕

1. 本連盟では「公認陸上競技場および長距離競走路ならびに競歩路規程」等に基づき検定を実施し、公認競技会を開催し得る十分な精度のある適切な施設であることを認定する。
2. 本連盟が主催、共催する競技会では、トラックおよびフィールド競技の計測は、鋼鉄製の巻尺、高度計、または科学計測装置で計らなければならない。その他の競技会ではファイバーグラス製の巻き尺を使用してもよい。計測、計量器具は検査済のものを用いなくてはならない。
3. 特殊機器については、本連盟の承認を得たものでなければならない。
4. 施設用器具に関する測定単位は、原則として次のように表示する。

例	m止まりの場合	88ｍ
	m以上で端数のある場合	2ｍ135
	m未満の場合	10㎜

〔注意〕

記録の公認についてはCR31.17.1を参照。

TR 11. 記録の有効性

11.1 〔国際〕 ワールドランキングコンペティションで達成された記録のみを有効とする。

〔国内〕

競技者の記録は、本連盟規則に基づいて準備された競技会で、かつ本連盟が認めた用器具を競技者が使った時でなければ有効としない。

11.2 通常、競技場内で実施される種目の記録が一般的な陸上競技場以外（例えば街角の広場、他のスポーツ施設、砂浜等に作られた仮設施設）や競技場内に一時的に作られた施設で達成された場合は、下記全ての条件を満たしていれば全ての目的（世界記録を含む記録）において認められる。

11.2.1 CR1に規定されている競技会統括団体が開催を承認している競技会であること。

11.2.2 公認審判員が指名され、当該競技会の審判にあたっていること。

11.2.3 規則に準拠した機器や用器具が使用されていること。

11.2.4 〔国際〕その競技施設がWA競技規則に合致し、TR10に基づく計測が競技会前と、できれば当日にも行われていること。

〔国内〕

その競技施設は本連盟の諸規則に合致し、公認競技会を開催しうる十分な精度のある適切な施設であることを本連盟が認定していること。

TR11.2に記載された競技会が２日以上にわたって開催される場合、最初の種目実施日までに検定を実施する必要がある。いずれの場合でも、検定員が検定対象の施設に変更の動きがないことを確認できる場合、検定は最初の種目の実施日の２日前までに完了すればよい。

11.3 施設の長さやその他の仕様が200mトラック（ショート・トラック）競技規則に準拠していない、完全または部分的に壁や屋根に覆われた会場で行われる競技の記録は有効であり、以下の全ての条件を満たす場合には、400mトラックで実施される競技の記録として扱う。

11.3.1 CR1に規定されている競技会統括団体が開催を承認している競技会であること。

11.3.2 公認審判員が指名され、当該競技会の審判にあたっていること。

11.3.3　規則に準拠した機器や用器具が使用されていること。

11.3.4　（楕円形の）トラックの1周が201.2 m（220ヤード）より長く、400 mを超えていないこと。

11.3.5　規則に適合した競技エリアや競技施設で行われ、一時的に作られた仮設施設で行われる場合にはTR10に従って測量と計測が行われていること。

〔国内〕

その競技施設は本連盟の諸規則に合致し、公認競技会を開催しうる十分な精度のある適切な施設であることを本連盟が認定していること。

〔国際－注意〕

競技場所・施設が規則に合致していることを示す報告書の現行の標準書式は、WA事務局より入手可能で、必要に応じてWAのウェブサイトまたはグローバルカレンダープラットフォームからダウンロードすることができる。

規則に適合し、競技者に利点となるものは何もない施設において、関連する全ての規則に従って達成された記録は、同じ種目であれば、屋根付きの競技場で達成された記録（例：屋根付き400 mトラックや直走路で行われる競技の記録）であっても、屋外競技場で達成された記録と同じリストに記載され、統計目的で使用されることを妨げない。200 m未満のショート・トラックで行われる競技の記録は、ショート・トラックの記録に含まれる現在の慣行に変更はない。

11.4　予選ラウンドで達成された記録、走高跳と棒高跳の1位決定戦の記録、CR18.7、TR8.4.2、17.1、25.20の各規定により、審判長が再試技（再レース）と判断した競技（レース）の全部または一部の記録、競歩でTR54.7.3により失格とならなかった競技者の記録、混成競技で競技者が全種目で競技したか否かに関係なく個別種目で達成した記録は、競技規則に従って行われていれば、通常、統計、最高記録、ランキングや参加標準記録といった目的では有効なものとして扱われる。

〔注釈〕

フィールド競技で競技開始後、競技者が途中棄権した場合も同様に、そこまでに達成した記録は有効なものとして扱われる。

WAは競技者が混成競技で参加標準記録を達成したかどうかを判断することのみを目的として、以下を例外的に決めている。
個々の種目で、条件が満たされていなければならないが、風速が測定される種目において以下の条件の少なくとも一つが満たされなければならない。

(a) 個々の種目における風速は、毎秒 +4m を超えてはならない。
(b) 平均風速（個々の種目ごとに測定された風速の合計を種目数で割ったもの）は、毎秒 +2m を超えてはならない。。

TR 12. ビデオ記録

ワールドランキングコンペティション定義1. (a)、(b)、(c) に該当する競技会および、できるならばその他の競技会においても、全ての種目において技術代表が納得する形で公式のビデオ撮影を行うものとする。ビデオ記録は指名されていればビデオ審判長の職務を十分にサポートするものとして、その他の場合でも競技内容の正確性と規則違反が立証できるものが望ましい。
ビデオ記録に関する情報は WAのウェブサイトから入手可能な the Video Recording and Video Referee Guidelines により提供される。

ビデオ審判長を競技会で任命することは、十分なビデオ収集および再生システムが利用可能な競技会においては、多くの場面で実際の監察に大きな影響がある。
ビデオ審判長は一般的に、トラック種目（例えば、スタート、曲走路の内側レーンへの入り込み、妨害や侵害、レーンからの早期離脱、リレーの引き継ぎなど）に関して積極的に行動することができる。フィールド種目の一部または全部について同様の役割を果たすのに十分な数のカメラと機器があれば、ビデオ審判長はトラック同様の役割を担うことができるが、通常はフィールドの現場にいる審判長からの特定の案件についての画像確認要請に対応する。

トラック種目の場合、ビデオ審判長はビデオルームにある一つまたは複数のスクリーンでレースを監察し、自分の所見に基づいて、または競技エリアにいる審判長や監察員主任からの照会に基づいて、利用可能な再生された画像を見て特定の事案を解決する。その結果、規則違反が明らかな場合は適切な決定を下したうえで、その決定内容をトラック審判長と写真判定員主任に報告しなければならない。同様に、監察員またはトラック審判長が規則違反の可能性を報告している場合は、ビデオ審判長によって確認され、適切な助言と決定がなされる。

さらに、公式ビデオ映像はこれまでと同様に、抗議や上訴を扱うためにも使用される。

近年では主催者が独自のシステムを手配するのではなく、経験豊富な会社が競技会向けに構築された既存サービスを提供することが一般的になりつつある。但し、どちらの方法を選択してもよい。

TR 13. 得　点

点数制によって順位を決定する競技会においての採点方法は、競技開始までに参加する加盟団体またはチームの合意を得なければならない。但し、適用される規則で規定がある場合はその限りではない。

競技規則・第2部　トラック競技

TR17.1、17.6（TR54.12とTR55.9を除く）、17.14、TR18.2、TR19、TR21.1はTR第6, 7, 8部にも適用する。‖

TR 14.　トラックの計測

14.1　標準的なトラックの長さは400ｍとする（400mトラック）。‖
トラックは平行している二つの直走路と、半径が同じ二つの曲走路からなる。トラックの内側は、高さ最低50㎜、幅最低50㎜の適当な材質の縁石で境をする。縁石の色は可能な限り白とする。
曲走路の縁石の一部がフィールド競技のため、一時的にはずされる場合、縁石直下の場所に幅50㎜の白線を引き、高さ150㎜以上のコーンあるいは旗を間隔4ｍ以内（障害物競走で水濠を越えるためにメイントラックを離れる走路の内側は2ｍ以内）で、その底の縁がトラックにもっとも近い白線の端になるように（旗はグラウンドから60度の角度をなすように）置く。
縁石を撤去しコーンまたは旗で代用する（代用縁石を含む）方法は、水濠を越えるためにメイントラックを離れる障害物競走、TR17.5.2による第1グループと第2グループの走路の境界、縁石設置のない直走路にも適用されなくてはならない。後者の場合は（コーン、旗または代用縁石を置く）間隔が10ｍを超えないようにする。

〔国際ー注意〕

曲走路から直走路または直走路から曲走路にトラックから迂回する地点は、計測員によって白線上に50㎜×50㎜の見分けのつく色で示され、レース中は1レーンの内側の線上にコーンを設置しなければならない。

〔国内〕

1.　メイントラックを離れる障害物競走とグループスタートでは、代用縁石を置くものとする。
2.　第4種公認競技場の内側が縁石でない場合、内側は50㎜のラインで示し、また4ｍおきにコーンまたは旗を立てる。コーンまたは旗はラインの上に立てる。旗はトラックの方から、フィールドに60度の角度に倒すように立てる。旗は約250㎜×200㎜サイズのものを450㎜の棒の先につけるのが、この目的に一番かなっている。

〔国際〕

1. 縁石は高さ50㎜～65㎜、幅50㎜～250㎜で縁石の色は可能な限り白とする。
2. 2本の直走路については、縁石に替えて幅50㎜の白線でも良い。
3. 縁石のないトラックの縁は幅50㎜のラインで示す。

14.2 計測は縁石の外端から300㎜外方、そして曲走路において縁石がない場合（あるいは、障害物競走で水濠を超えるために縁石が置かれていないメイントラックを離れる場合）、ラインの外端から200㎜外方を測る。

〔国内〕

国内の競技場では代用縁石を置くことから縁石とみなし、300㎜外方を測る。

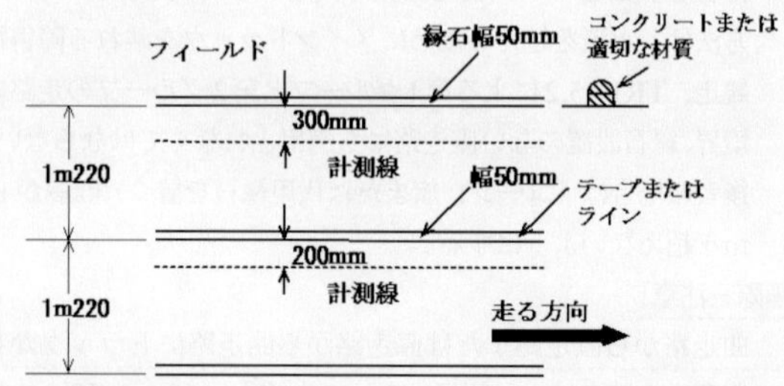

14.3 競走距離は、スタートラインのフィニッシュラインに遠い方の端から、フィニッシュラインのスタートラインに近い方の端まで計測する。

14.4 400ｍまでのレースにおいて、各競技者は幅50㎜の白色のラインで区切られた、右側のライン幅を含む最大幅1ｍ220(±10㎜)のレーンを走らなければならない。全てのレーンは同じ幅でなくてはならない。内側のレーンはTR14.2の規定によって計測するが、その他のレーンはラインの外端から200㎜外方を測る。〔参照　TR17.3〕

〔国内〕

レーン（走路）の幅は1m220とする。レーン（走路）の幅が1m250で公認継続している競技場は、トラックおよび走路の全面改修および公認満了が2021年4月1日以降の検定から1m220の基準を適用する。

〔国際ー注意〕

2004年1月1日以前に建造されたトラックに関しては、400mのレースのために、レーンの幅は1m250でもよい。但し、表面を再舗装する際には、この規則に合わせなければならない。

14.5 〔国内〕 本連盟が主催、共催する競技会では、レーンの数は8レーン以上が必要である。〔参照　公認陸上競技場および長距離競走路ならびに競歩路規程第3条〕

〔国際〕

ワールドランキングコンペティション定義1.(a)、(b)、(c)と2.(a)、(b)に該当する競技会においては、最少8レーンのトラックでなければならない。

14.6 トラックの内側レーン方向への最大許容傾斜度は、幅で100分の1(1%)を超えないようにする。スタートラインからフィニッシュラインの間の走る方向への下りの傾斜は、どの位置であっても1,000分の1(0.1%)を超えてはならない。

〔国際〕

トラックの内側レーン方向への最大許容傾斜度は、WAが例外を認めるに足る特別な状況がある場合を除き、幅で100分の1(1%)を超えないようにする。スタートラインからフィニッシュラインの間の走る方向への下りの傾斜は、どの位置であっても1,000分の1(0.1%)を超えてはならない。

14.7 〔国内〕 公認陸上競技場は、第1種、第2種公認陸上競技場の基本仕様、公認陸上競技場および長距離競走路ならびに競歩路規程、陸上競技場公認に関する細則による。

〔国際〕

競技場の建設、設計そしてマーキングに関する全ての技術的情報は、WA陸上競技施設マニュアル（The World Athletics Track and Field Facilities Manual）に網羅されている。本規則では、守られるべき基本的な原則を示している。

縁石の一部を一時的に取り外す際は、フィールド競技が公平かつ効率的に行えるように、必要最小限の部分にとどめる。

トラックのマーキングに使用する色は、WA陸上競技施設マニュアルに含まれるトラックマーキングプランに示されている。

TR 15. スターティング・ブロック

15.1 400mまでの競走(4×200mリレー、メドレーリレーおよび4×400mリレーの第1走者を含む)においてはスターティング・ブロックを使用しなければならず、その他のレースでは使用してはならない。トラック上に設置した際、スターティング・ブロックのいかなる部分もスタートラインに重ねてはならず、その走者のレーンをはみ出してはならない。但し、他の競技者を妨害しなければ、フレームの後部は外側レーンのラインからはみ出てもよい。

15.2 スターティング・ブロックは、次の一般仕様に適合したものでなければならない。

15.2.1 スターティング・ブロックは競技者がスタートの態勢をとる際、足をセットする（足を押し付ける）2枚のフットプレートが一つのフレームに固定されたものである。これらは十分に堅固な構造で、競技者に不利益をもたらすものであってはならない。フレームはスタート時に競技者が足を離す際に妨害するものであってはならない。

15.2.2 フットプレートは競技者のスタート姿勢に合うように傾斜がつけられ、平面またはやや凹面になっていてもよい。フットプレートの表面は、競技者のスパイクシューズに適応させるように溝もしくは窪みをつけるか、スパイクシューズの使用に耐えうる材質で覆う。

15.2.3　堅固なフレーム上に固定されるフットプレートは調整できるものでよいが、実際にスタートする際には動くものであってはならない。どの場合もフットプレートは、それぞれ前後に動かして調節できなければならない。調節が終わった時、フットプレートは堅固な留具または錠仕掛によりしっかりと固定されなければならないが、競技者が容易にかつ速やかに操作できるものでなければならない。

15.2.4　フレームはトラックに与える損傷ができる限り僅かに済むように調整されたピン、もしくは釘によってトラックに固定しなければならない。すばやく容易に取りはずせるようにしなければならない。ピンまたは釘の数、太さ、長さはトラックの構造による。スタート時に移動することのないよう十分に固定されていなくてはならない。

15.2.5　競技者が自分のスターティング・ブロックを使用する場合、これらの規則に適合していなければならない。他の競技者を妨害しないものであれば、デザインや構造はどのようなものでもさしつかえない。

15.3　〔国際〕　ワールドランキングコンペティション定義1. (a)、(b)、(c) と2. (a)、(b) に該当する競技会、CR32の対象となる世界記録として承認のために申請された記録においては、スターティング・ブロックはWAが承認したスタート・インフォメーション・システムと連結していなければならない。このシステムは他の競技会においても使用することを強く推奨する。

〔国際ー注意〕

オートリコール装置は規則の範囲内で使用することができる。

15.4　ワールドランキングコンペティション定義1. と2. (a)、(b) に該当する競技会および国内の全天候走路での競技会では、競技者は主催者によって用意されたスターティング・ブロックのみを使用する。

〔国内〕

全天候走路でない競技場における競技会では、競技者は本連盟の規格に合ったもので、かつ許可された場合、個人所有のスターティング・ブロックの使用を認めることもある。

この規則は、以下のように解釈されるべきである：

(a) フレームまたはフットプレートのどの部分もスタートラインに重ならない。

(b) 他への邪魔にならないことを条件に、フレームのみ（フットプレートを含んではならない）が外側のレーンに入り込んでもよい。これは、曲線でスタートする種目で競技者が走り出す角度は最短距離を取るためスターティング・ブロックは斜めに置かれる傾向があるという、これまでの経験による。

レースのスタート時に聴覚障がいのある競技者に限り、ライトの使用が許可され、助力とはみなさない。しかし、それを提供可能な技術パートナーが指定されているような競技会でない限り、資金調達および機器の手配、さらにスタートシステムとの接続は、競技者または所属するチームの義務である。

TR 16. スタート

16.1 スタートラインは幅50㎜の白いラインで示す。レーンを使用しないレースでのスタートラインは、フィニッシュからの距離がどの競技者も同じになるようにカーブさせる。競走競技におけるレーン（含むオーダー）順は、走る方向に向かって左から右へ番号をつける。

〔注意〕

i 場外競技におけるスタートでは、スタートラインは幅300㎜以内で、スタートエリアの地面と対比してはっきりとした色を用いて表示してよい。

ii 1,500 m競走およびその他の種目でスタートラインが曲線の場合、走路と同じ全天候舗装（素材・厚さ）であることを条件として、外側のレーンから外にはみ出して引くことができる。

〔国内〕

スタートラインの延長は本連盟の検定が必要である。

スタート時の手順を効率的に完了するために、より大きな競技会においては競技者を適切に紹介するために、競技者は集合した時、走る方向に向かって立つ必要がある。

16.2 以下の〔注意〕に記載された競技会を除く全ての競技会において、スターターは開催する国や地域の言語、英語またはフランス語で合図しなければならない。

16.2.1 400mまでのレース（4×200mリレー、TR24.1に定義されたメドレーリレー、4×400mリレーを含む）において指示は「On your marks（オン・ユア・マークス：位置について）」「Set（セット：用意）」の言葉を用いる。

16.2.2 400mを超えるレース（4×200mリレー、メドレーリレー、4×400mリレーを除く）においては「On your marks（オン・ユア・マークス：位置について）」の言葉を用いる。

16.2.3 TR16.5を適用して行うレースでは、スターターは、競技者が位置についた後でもスタートの準備が全て整っていないと判断したり、スタートを中断したりしようと考えた場合には、「Stand Up（スタンド・アップ：立って）」の言葉を用いる。

〔国内〕

スタートの準備が全て整っていないと判断したり、スタートを中断したりしようと考えた場合には、「立って」の言葉を用いる。

全ての競走は通常スターターが上方に向けて構えた信号器の発射音でスタートしなければならない。

〔注意〕

ワールドランキングコンペティション定義1. (a)、(b)、(c)、(d) と2. (d) に該当する競技会ならびに本連盟が主催、共催する競技会においては、スターターの合図は英語のみとする。

スターターは、決勝審判員や200mまでの種目では風力計測員、さらには関連するタイミングチーム（写真判定員等）の準備ができていることを確認する前にスタート手順を開始してはならない。スタートとフィニッシュ及びタイミングチームとの間の連絡手段は、競技会のレベルによって異なる。ワールドランキングコンペティション定義1. と2. (a)、(b) に該当する競技会やその他多くのハイレベルの競技会では、常に写真判定装置とスタートインフォメーションシステム (SIS) を担当する提供会社が存在する。この場合、連絡調整を担当する技術者がいる。その他の競技会では、無線、電話、または旗やライトの点灯などを使用した、さまざまな連絡方法が使われている。

16.3 400mまでのレース（4×200mリレー、メドレーリレー、4×400mリレーの第1走者を含む）において、クラウチング・スタートとスターティング・ブロックの使用は必須である。位置についた時、競技者はスタートラインおよびその前方のグラウンドに手や足を触れてはならない。「On your marks（位置について）」の合図の後、競技者は自分の割当てられたレーン内のスタートラインの後方の位置につく。両手と少なくとも片膝がグラウンドに、両足はスターティング・ブロックのフットプレートと接触していなければならない。「Set（用意）」の合図で競技者は手とグラウンド、足とスターティング・ブロックのフットプレートとの接触を保ちながら、速やかに最終のスタート体勢に構えなければならない。スターターは、全ての競技者が「Set（用意）」の構えで静止したと確認した時点で、信号器を発射しなければならない。

クラウチング・スタートによる全てのレースでは、競技者がスターティング・ブロックで静止したなら、スターターは速やかにピストルを持った腕を上げ、「セット」と言う。スターターは全ての競技者が静止するのを待ってからピストルを撃つ。
特に手動計時で計時員が配置されている時は、スターターは腕をあまりにも早く上げてはならない。スターターは、「セット」という合図をするその時になってから腕を上げるよう推奨される。
「オンユアマークス」と「セット」との間、そして「セット」と号砲との間にかける時間を決める規則は存在しない。スターターは全競技者の動きが正しいスタート姿勢で止まったなら、速やかに走らせるべきである。つまり、あるスタートではピストルを非常に早く打つこともあるし、全競技者がスタート姿勢で静止するのを確かなものにするため、長めに待たなくてはならないこともある。

16.4 400mを超えるレース（4×200mリレー、メドレーリレーそして4×400mリレーの第1走者を除く）では、全てのスタートは立位（スタンディング・ポジション）で行われなければならない。「On your marks（位置について）」の指示の後、競技者はスタートラインに近づき、スタートラインの後ろで（レーンでスタートするレースでは、割り当てられたレーンの中で）、スタート体勢をとらなければならない。競技者は位置についた時、手（片手または両手）がグラウンドに触れてはならず、また足や手（片手または両手）がスタートラインやその前方のグラウンドに触れてはならない。スターターは、全ての競技者が「On your marks（位置について）」の構えで静止したと確認した時点で、信号器を発射しなければならない。

16.5 「On your marks（位置について）」または「Set（用意）」の合図で、競技者は、一斉にそして遅れることなく完全な最終スタート姿勢をとらなければならない。競技者が位置についた後、何らかの理由でスターターが競技者のスタート手続きが整っていないと感じた場合は、スタート位置を離れるよう競技者に命じ、出発係は競技者を再びスタートラインの後方3mのところに整列させなければならない。　〔参照　CR23〕
スターターは下記の行為を競技者が行ったと判断したら、スタートを中止しなくてはならない。

16.5.1 「On your marks（位置について）」または「Set（用意）」の合図の後で、信号器発射の前に正当な理由もなく手を挙げたり、クラウチングの姿勢から立ち上がったりした時（理由の正当性は審判長によって判断される）。 ‖

16.5.2 「On your marks（位置について）」または「Set（用意）」の合図に従わない、あるいは遅れることなく速やかに最終の用意の位置につかなかったとスターターが判断した時。

16.5.3 「On your marks（位置について）」または「Set（用意）」の合図の後、音声や動作、その他の方法で他の競技者の妨害をし、その結果、その競技者が他の競技者の不正スタートを生じさせた時。

この場合、審判長はTR7.1ならびに7.3に従い、不適切行為があったとして当該競技者に対して警告を与えることができる（同じ競技会の中で2度の規則違反があった場合は失格となる）。この際、グリーンカードを示してはならない。

スタート中断の原因が競技者の責任でないと考えられる場合、あるいは審判長がスターターの判断に同意できない場合は、競技者全員にグリーンカード（旗）を提示して不正スタートを犯した者がいないことを示す。

スタート規則を、懲戒事項（TR16.5）および不正スタート（TR16.7、16.8）に分割することにより、1名の競技者の行為によって同組の他の競技者が「とばっちり」を受け、処分されるということがないようになった。この規則の主旨の高潔性を維持するため、スターターと審判長が不正スタートを検出するのと同じくらいTR16.5を忠実に適用することは重要である。

スターターが意図的ではないとの見方をし、TR16.2.3のみの適用が適切であるとすることもあるかもしれないが、意図的か、または例えば緊張に起因し故意かそうでないかにかかわらず起こりうる行為には、TR16.5が適用されるべきである。

逆に、選手が正当な理由でスタートを遅らせることを要求する権利がある場合もある。従って、スタート審判長はスタートを取り巻く環境や条件、特にスターターはスタート準備に集中し、ヘッドフォーンを着用していることもあるため、スターターが気付いていない可能性のある要因に注意を払うことが重要である。

このような場合、スターターと審判長は合理的かつ効率的に行動し、意思決定を明確に示す必要がある。適切な方法は、決定理由をそのレースの競技者に知らせるとともに、可能であればアナウンサーやテレビ中継スタッフなどにも通信ネットワークを介して通知することである。
イエローカードまたはレッドカードが出されたら、グリーンカードは示してはならない。

不正スタート

16.6 WAが承認したスタート・インフォメーション・システムが用いられている時、スターターとリコーラーの両者またはそのいずれかが、スタート・インフォメーション・システムが不正スタート（即ち、反応時間が0.100秒未満の場合をいう）の可能性があることを装置が示した時に発せられる音響をはっきり聞くために、ヘッドフォーンを着用しなければならない。

スターターとリコーラーの両者、またはそのいずれかが、音響を聞いた瞬間、すでに出発の信号器が発射されていれば呼び戻し（リコール）しなければならない。そしてスターターはリコールの原因となった競技者を特定するために、直ちにスタート・インフォメーション・システムの反応時間およびその他入手可能な情報を確認しなければならない。

〔注意〕

承認済のスタート・インフォメーション・システムが使われている場合、このシステムにより得られた証拠は、審判長によって正しい決定をするための一つの材料として扱われる。

16.7 競技者は完全かつ最終的なスタートの姿勢を取った後、信号器の発射音を聞くまでスタートを開始してはならない。競技者が少しでも早くスタートを開始したとスターターが判断した時は（CR22.6を適用することを含む）、不正スタートとなる。

スタートの開始とは、以下のように定義される。

16.7.1 クラウチング・スタートの場合、片足または両足がスターティング・ブロックのフットプレートから離れたり、片手または両手が地面から離れたりすることを含む、あるいはその動作の結果として離れることにつながるあらゆる動作。

16.7.2　スタンディング・スタートの場合、片足または両足が地面から離れたり、あるいはその動作の結果として離れたりすることにつながるあらゆる動作。

もしスターターが信号器の発射音の前に、ある競技者が動き始めて止まらずにスタートの開始に結び付く動きを開始したと判断した場合も、不正スタートと判断しなくてはならない。

〔注意〕

i　競技者によるTR16.7.1、16.7.2以外のあらゆる動きは、スタート動作の開始とみなさない。但し、そのような動作は不正スタート以外での警告または失格処分の対象になる場合がある。

ii　立位（スタンディング・ポジション）でスタートする競技者の方がバランスを崩しやすいため、偶発的に動いてしまったと考えられる場合、そのスタートは「ふらつき」と見なされ、不正スタートの対象として扱われるべきではない。スタート前に突かれたり押されたりしてスタートラインの前に出てしまった競技者は、不正スタートとして罰せられるべきではない。そのような妨害を引き起こした競技者は、警告または失格処分の対象になる場合がある。

〔注釈〕

Setの後、最終のスタートの姿勢になってから号砲までの間に次の動きを確認した場合、不正スタートとする。

i　静止することなく、動いたままスタートした場合。

ii　手が地面から、あるいは足がスターティング・ブロックのフットプレートから離れた場合。

競技者が地面またはフットプレートとの接触を失っていない場合、一般的には不正スタートは課されない。例えば競技者が腰を上げた後、手や足が地面やフットプレートとの接触を失うことなく腰を下げるなら、不正スタートとは見なすべきではない。そのようなケースでは、TR16.5に基づいて不適切な行為として競技者に警告を与える（もしくは、それまでに警告があった場合は失格とする）理由となる。

スターターによる号砲前に競技者が手や足を動かしていなくても、号砲のタイミングを予想し、何らかの連続的な動きで効果的にスタートしようとする「ローリングスタート」があったとスターター（またはリコーラー）が判断したなら、レースはリコール（呼び戻し）されなければならない。リコール（呼び戻し）はスターターまたはリコーラーによって行うことができるが、競技者が動き始めた時、「ローリングスタート」の有無を判断できる最適な立場にあるのはスターターである。スターターが、号砲の前に競技者が動作を開始したと確信するなら、不正スタートが与えられるべきである。

〔注意〕iiに従って立位（スタンディングポジション）でスタートする種目では、スターターと審判長はTR16.7の適用は過剰にならないようにする。こうした場合は、通常、両足の2点で支えたスタートはバランスを崩しやすいのであって、ほとんどが意図せずに発生している。従って過度に不利な処罰を与えるべきではない。

このような動きが偶発的であると考えられた場合、スターターと審判長は、まずはスタートが「不安定」であると見なし、TR16.2.3に従って対処することを推奨する。しかし、同じ組で同じことが繰り返されるなら、スターターおよび審判長は、状況に応じて不正スタートまたは懲戒手続きの適用を検討することができる。

16.8 混成競技を除いて、一度の不正スタートでも責任を有する競技者はスターターにより失格とさせられる。

混成競技においては各レースで1回目の不正スタートは失格にならないが、その後に不正スタートをした競技者は全て失格とする。〔参照 TR39.8.3〕

〔注意〕

実際は、1名あるいはそれ以上の競技者が不正スタートをした時には、他の競技者もそれにつられる傾向がある。厳格にいうと、それにつられたどの競技者も不正スタートとなる。スターターは不正スタートをした責任があると判断される競技者だけに警告を与え、あるいは失格とする。従って2名以上の競技者が警告あるいは失格になることもある。不正スタートがどの競技者の責にも帰すべきものでなければ、警告は与えないでグリーンカード（旗）を競技者全員に見せる。

16.9 不正スタートがあった場合、出発係は以下の手続きを行う。混成競技を除き、不正スタートの責任がある競技者は失格となり、対象競技者の前で赤黒（斜め半分形）旗・カードを挙げる。

混成競技では1回目の不正スタートの時、不正スタートの責任がある競技者に対して、黄黒（斜め半分形）旗・カードを挙げて警告する。同時に、それ以降の不正スタートは全て失格になることを知らせるために、レースに参加している全ての競技者に対して、1名以上の出発係から黄黒（斜め半分形）旗・カードを挙げて警告する。さらに不正スタートが行われた場合、不正スタートの責任がある競技者は失格となり、対象競技者の前で赤黒（斜め半分形）旗・カードを挙げる。

レーンナンバー標識が使用される場合には、不正スタートの責任を有する競技者にカードが示されたら、レーンナンバー標識にも同様の表示を行う。

斜めに色分けされたカードのサイズはA5版で、両面に色分けすることを推奨する。既存の器具を変更する際の不必要な費用を避けるために、レーンナンバー標識の上部に付いている不正スタートの表示は、以前のデザインである（黄黒でなく）黄色と（赤黒でなく）赤色のままでよいことに注意が必要である。

16.10 スターターもしくはリコーラーは、スタートが公正に行われなかったと判断した時は、信号器を発射するか、聞き取ることのできる適切な信号音を出して競技者を呼び戻さなければならない。

公正なスタート（フェアスタート）についての言及は、不正スタートのケースにのみ関連しているわけでない。この規則は、スターティング・ブロックが滑ったり、スタート時に1名以上の競技者に異物が干渉したりするなど、他の状況にも適用されると解釈される。

TR 17.　レース

レースにおける妨害

17.1　競技中、押されたり走路を塞がれたりして、競技者の前進が妨げられた場合の扱いは以下の通りとする。

17.1.1　妨害行為が意図的でないと見なされる場合、または、競技者以外によって引き起こされた場合、審判長がそのような行為が特定の競技者（またはチーム）に深刻な影響をもたらしたと判断したら、CR18.7またはTR8.4に従い、競技者1名での、または当該レースに関する複数名あるいは全員での再レースの実施を命じるか、影響を受けた競技者（またはチーム）が当該種目の次のラウンドで競技することを認めることができる。

17.1.2　別の競技者が妨害行為の責任があると審判長が判断した場合、その競技者（またはチーム）は当該種目で失格となる。審判長は、そのような行為が特定の競技者（またはチーム）に深刻な影響をもたらしたと判断したら、失格となった競技者（またはチーム）を除いて、CR18.7またはTR8.4に従い、競技者1名での、または当該レースに関する複数名あるいは全員での再レースの実施を命じるか、失格となった競技者やチームを除く影響を受けた競技者（またはチーム）が当該種目の次のラウンドで競技することを認めることができる。

〔注意〕

悪質と考えられる場合は、TR7.1および7.3を適用することができる。

TR17.1.1と17.1.2のいずれの場合においても、再レース等を認められる競技者（またはチーム）は、通常、誠実に力を尽くして当該種目を完走した競技者(またはチーム)である。

押し合い（Jostling）とは、他の競技者との物理的な接触と理解する必要があり、それによって不当な利益を得たり、他の競技者にケガをさせたり、危害を加えたりすることを引き起こす行為である。

17.2　全てのレースにおいて、

17.2.1　少なくとも一つの曲走路を含むレースは、左手が内側になるように行う。またレーンナンバーは、左手側から順にレーン1とつける。

〔国内〕

直線競走（50m、55m、60m、100m、50mハードル、55mハードル、60mハードル、100mハードル、110mハードル）を逆走で競技を行う時は、公式に計測された競技場において、かつ審判を行う諸設備が整っている場合に限る。

17.2.2　完全に直線のみを走る場合、走る方向は利用可能な条件に応じて、左手または右手を内側としてもよい。

17.2.3　レーンで行うレース（一部をレーンで行う場合も含む）では、各競技者はスタートからフィニッシュまで自分に割り当てられたレーンを走らなければならない。カーブを走る部分では、左側（内側）のライン上またはその内側（最も内側のレーンでは走路の境界を示す内側の縁石または線）を踏んだり走ったりしてはならない。

17.2.4　レーンで行わない（一部をレーンで行わない場合も含む）全てのレースの曲走路で、あるいはTR17.5.2に規定された第2グループを走る際に、または障害物競走の水濠に向かう迂回路の曲走路区間を走る際に、各競技者は、境界を示すために設置されている縁石やラインの上や内側（トラックの内側、グループスタートでトラックの外側からスタートした際の第1グループと第2グループの走路の境界の内側、障害物競走の水濠に向かう迂回路の曲線区間の内側）を踏んだり、走ったりしてはならない。

レーン侵害行為

17.3　全てのレースにおいて、競技者がTR17.2.3または17.2.4に違反し、審判長が審判員か監察員の報告に同意した場合は、その競技者または当該レースのリレー・チームは失格となる。但し、以下の場合は失格とはならない。

17.3.1　レース中に他の者や何らかの物によって押されたり、妨害されたりしたために、自分のレーン外、縁石やラインの上あるいは内側に足が入ったり走ったりした場合。

17.3.2 レーンで行うレースの直走路において自分のレーン外を、もしくは障害物競走の水濠に向かう迂回路の直線区間において走路外を踏んだり走ったりした場合。またはレーンで行うレースの曲走路において自分のレーンの外側のラインを踏んだり、外側のレーンを走ったりした場合。

17.3.3 レーンで行う（一部をレーンで行う場合も含む）全てのレース（TR17.2.4参照）の曲走路で、レーンの左側の白線や走路の境界を示す内側の縁石または白線に1回（1歩）だけ触れた場合。

17.3.4 レーンで行わない（一部をレーンで行わない場合も含む）全てのレース（TR17.2.4参照）の曲走路で、走路の境界を示す縁石または白線を1回（1歩）だけ踏んだり、完全に越えたり（内側に入ったり）した場合。

尚、上記の場合であっても他の競技者を押しのけたり走路を塞いだりして進行を妨害したと判定されたり（TR17.1参照）、実質的な利益を得たと判定されたら（TR17.4参照）、その競技者または当該レースのリレー・チームは失格となる。複数ラウンドで行われるレースでは、TR17.3.3または17.3.4に定められた行為は、ある競技者の当該種目の全てのラウンドの中での1回の行為は失格とはならない。当該種目の同じラウンドで行われたか他のラウンドで行われたかに関わらず、2回以上の行為があると当該競技者は失格となる。

リレーの場合、TR17.3.3と17.3.4に定められた行為を2回以上行ったら、違反したのが同一競技者かそのチームの他の競技者によるものかに関わらず、また当該種目の同じラウンドで行われたか他のラウンドで行われたかに関わらず、当該チームは失格となる。

記録の公認については、CR31.14.4を参照のこと。

〔注釈〕

1回の違反であっても、有利な位置取りをするために行った場合や他の競技者を妨害した場合は、直ちに失格となる。

17.4 TR17.3に規定されていないことを含む何らかの手段で、またはレース中にトラックの縁石の内側に足が入ったり走ったりして「囲まれた（ボックスポジション）」状況から抜け出すことによって、実質的な利益を得た場合、競技者（またはリレー・チーム）は失格となる。

TR17.4は、特に競技者がレース中にトラックの内側に入り込むことにより（意図的でないとか他の競技者に押されたり妨害されて入り込んでしまったとかは関係なく）自身の位置取りをよくしようとしたり、周りを他の競技者に囲まれた状態から抜け出すためにスペースが見つかるまでトラック内側を走るといった行為を禁止する。通常、直走路の1レーン内側を走っている限りは（曲走路での行為とは別に）強制的に失格に至ることはないが、もし、それが押されたり妨害されたりした結果、その場所にいたとしても、競技者が利益を得ていれば審判長は自らの裁量で失格させる権限がある。レース中にトラックの内側に入り込んでしまった場合、競技者はいかなる利益をも望むことなく、得ることなくトラックに戻るための速やかな措置を取る必要がある。

スタート時にはレーンが割り当てられ、スタート後にレーンを使用しないレースでは、TR17.2と17.3はそれぞれの場所（レーンを使用して走っている場所とレーンを使用しないで走っている場所）に適用される。従って、TR17.3.3 または17.3.4に基づく違反は、1回のみ認められる。同じレースで2回目の違反があった場合は失格となる。靴や足の一部が内側の白線の左側にある場合に、TR17.3.3を例外的に適用するかどうか判断するには、少なくとも競技者の靴か足の輪郭の一部が左側（内側）の白線に接触しているかどうかが要件となる。そうでない場合は適用されない。

レーン侵害に関する全ての違反は競技データシステムに記録され、スタートリストと結果に表示されなくてはならない（CR25.4略号参照）。

次ラウンドへのレーン侵害繰越しルールは同一種目のみに適用され、他の種目には適用されない。

混成競技では、競技者は同一レース中に複数回のレーン侵害行為があった場合にのみ失格となる。当該混成競技でその後に行われる種目へは、レーン侵害繰越しルールは適用されない。

17.5 ワールドランキングコンペティション定義1.および2.に該当する競技会および他の競技会でもできる限り、加えて国内競技会では、

17.5.1 800m競走では、第一曲走路の終わりにマークされたブレイクラインのスタート側に近い端までレーンを走らなければならない。競技者はこのブレイクラインから自分のレーンを離れることができる。ブレイクラインは、トラックの第一曲走路の終わりに引かれた第1レーン以外の全てのレーンを横切る幅50㎜の円弧のラインである。競技者がブレイクラインを確認しやすいように、ブレイクラインやレーンラインとは違う色で、50㎜×50㎜で高さ150㎜以下のコーン、角柱、または適当な目印となるものを各レーンとブレイクラインの交差する直前の各レーンのライン上に置かねばならない。

〔国際－注意〕

ワールドランキングコンペティション定義1.(e)と2.(e)に該当する競技会においては、当事者の合意によってレーンを使用しない場合がある。

〔国内〕

i 小規模競技会等で800m競走を弧形のライン後方からグループスタートで行う場合（レーンを使用しないでスタートを行う場合）はこの限りではない。

ii 800m競走でブレイクラインまでレーンを走る場合のスタート位置は二つの要素に注意しなければならない。

第1に、適用する通常の階段式差は200m競走の場合と同じである。

第2に、外側のレーンの走者のためにバック・ストレートの終端でほぼ同じ距離となるように、内側のレーンの走者よりも各レーンのスタートの位置を順次前に出して調節することである。

各レーンのスタート位置については、次の方法が望ましい。

(1) B_1点は、内側のレーンのバック・ストレートの入

口で、内側の縁石の外端から300㎜の地点。

⑵ 定点Yは、AB_1の延長線で一番外側のレーンの、そのレーンの内側のラインから200㎜の地点。

⑶ 定点Cは、バック・ストレートの終点、即ち、次の曲走路の始まる所で内側の縁石の外端から300㎜。

⑷ CB_1を半径としてトラックに弧B_1Xを引く。このラインは、トラックに幅50㎜で示す。

⑸ 第2レーンから一番外側のレーンまでは、B_1Xと各レーンの内側から200㎜の点の交点により決める。スタートの位置の正確な調節は次の方法で決定する。

800m競走における各レーンのスタートの位置は、B_1Yから各レーンの終わり（B_2～B_8）までの距離を前に出さなければならない。

各レーンの正当なスタートの位置を前に出す距離は、レーンの幅が1m220、直線の長さ80mとすると、次の数値になる。

第1レーン	0	第2レーン	8㎜
第3レーン	34㎜	第4レーン	79㎜
第5レーン	143㎜	第6レーン	225㎜
第7レーン	326㎜	第8レーン	446㎜
第9レーン	585㎜		

第1曲走路をレーンで走る800m競走のスタート区画

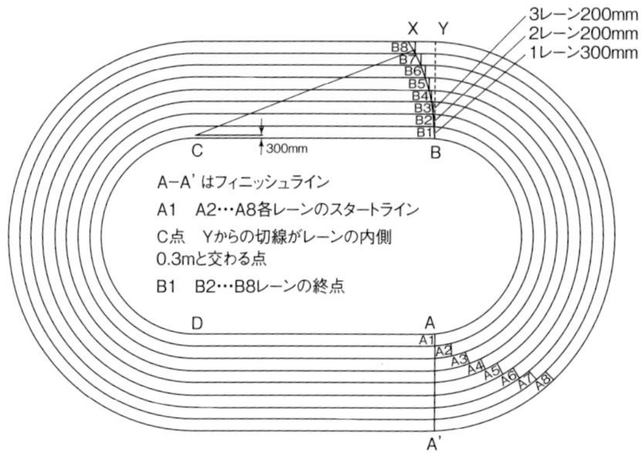

17.5.2　1000 m、2000 m、3000 m（内水濠で行う3000 m障害での適用も可）、5000 m、10000 mで1回のレースに12名を超える競技者がいる場合、競技者のおよそ2／3を第1グループ、残りを第2グループの二つのグループに分けてスタートさせてもよい。第1グループは通常のスタートラインに並び、第2グループは二つに分けられた外側のスタートラインに並ぶ。第2グループは、トラックの最初の曲走路の終わりまで、半分に区切られたトラックの外側を走らなければならない。第1グループと第2グループの走路の境界はTR14.1に記述の通りコーン、旗または代用縁石でマークされなければならない。

外側の弧形のスタートラインは、全競技者が同一の距離を走るように引かれなければならない。

2,000 mと10,000 mにおける第2グループの競技者が第1グループの競技者と合流する地点は、800 mのブレイクラインである。

1,000 m、3,000 mと5,000 m（内水濠で行う3000 m障害での適用も可）におけるグループスタートの場合、第2グループでスタートした競技者が第1グループの競技者と合流する地点を示すため、フィニッシュの位置する直走路の入口にマークを置かなくてはならない。このマークは50㎜×50㎜とし、第4レーン外側（6レーンのトラックでは第3レーン外側）のライン上に置き、コーンまたは旗を二つのグループが合流する地点の直前まで置く。

〔国内〕

第1グループと第2グループの走路の間には代用縁石を置き、二つに分ける。合流地点には他とは異なる彩色の代用縁石を置く。

この規則に違反した場合、その競技者、リレーの場合は当該種目のチームは失格となる。

800ｍ競走および該当するリレー種目で使用するブレイクラインのマーカーは50㎜×50㎜で高さ150㎜以下でなければならない。

CR25.4で失格の理由を明確にするため、以下のように記載する。

a. 競技者がTR17.2.3または17.2.4に違反し、ラインの上や内側を踏んだ。 ‖

b. 競技者がTR17.5に違反し、ブレイクラインの手前やグループスタートで決められた位置の手前で内側を走った。

トラックからの離脱

17.6 TR24.6を遵守している場合を除き、レース中に自らの意思でトラックを離れた競技者は、そのレースを継続することを認められず、完走しなかったものとして記録される。いったんトラックを離れた競技者がレースに戻ろうとした場合、審判長により失格とさせられる。

マーカー

17.7 TR24.4で規定されたレースの全部あるいは最初の一部をレーンで行うリレー種目を除き、競技者は自分の助けとするために走路上および走路脇にマークをつけたり、物を置いたりしてはならない。規則に違反しているマーカーや物があれば、規則に合わせるよう、あるいは剥がしたり動かしたりするよう、審判員は当該競技者を指導しなければならない。指導に従わない場合には、審判員が取り除かなければならない。

〔注意〕

悪質と考えられる場合は、TR7.1および7.3を適用することができる。

風力測定

17.8 〔国際〕 全ての風向風速計は国際標準規格に合わせて製造され、調整されていなければならない。競技会で使用される風向風速計の精度は、各国の政府計量機関によって認定された適切な組織によって認証されているものでなければならない。

17.9 ワールドランキングコンペティション定義1. と2. (a)、(b)、(c)、(e) に該当する競技会、ならびに世界記録認定のために提出される成績には、非機械的（超音波）風向風速計を使用しなければならない。機械的風向風速計は横風の影響を受けないように保護する。また円筒を使用する場合、計測器の両側は円筒の直径の少なくとも2倍の長さがなければならない。

〔国内〕

日本記録の認定に際し、非機械的（超音波等）風向風速計の使用は義務づけない。

17.10 トラック競技審判長は、種目に応じて、風向風速計が直走路の第1レーンに隣接してフィニッシュラインから手前の、以下の地点に設置してあることを確認する。

50m、60m競走（ハードルを含む）　：30m
100m、110m、200m競走（ハードルを含む）：50m

〔国内〕

55m競走（ハードルを含む）　：30m

風向風速計の測定面はトラックから2m以上離してはならず、高さは1m220（±50㎜）でなければならない。

17.11 風向風速計は自動、あるいは遠隔操作によって計測され、計測結果は直接コンピューターに伝達・入力されてもよい。

17.12 風速を計測する時間は、スターターの信号器の発射（閃光／煙）から次の通りとする。

50m	5秒間
50mハードル	5秒間
60m	5秒間
60mハードル	5秒間
100m	10秒間
100mハードル	13秒間
110mハードル	13秒間
200m	先頭の走者が直走路に入った時から10秒間。 但し、ショート・トラックでの競技は除く。

〔国内〕

i 55m　5秒間

55mハードル　5秒間

ii 200mの計測にあたっては、直走路に入る位置に旗を立てるなど、適切な方法で表示する。

17.13 風向風速計で秒速何メートルかを読み取り、小数第2位が0でない限り、秒速1mの10分の1の単位まで繰り上げる。

秒速　＋2.03m　→　＋2.1m

　　　－2.03m　→　－2.0m

〔国内〕

追風の走る方向への分速度は換算表を活用して算出する（別掲、風速換算表参照）。

風速換算表

5秒間	10秒間	13秒間	角度 / 秒速	5	10	15	20	25	30	35	40	45	50	55	60	65	70	75	80	85
	1	1	0.1	0.1	0.1	0.1	0.1	0.1	0.1	0.1	0.1	0.1	0.1	0.1	0.1	0.1	0.1	0.1	0.1	0.1
1	2	2/3	0.2	0.2	0.2	0.2	0.2	0.2	0.2	0.2	0.2	0.2	0.2	0.2	0.1	0.1	0.1	0.1	0.1	0.1
	3	4	0.3	0.3	0.3	0.3	0.3	0.3	0.3	0.3	0.3	0.3	0.2	0.2	0.2	0.2	0.2	0.1	0.1	0.1
2	4	5	0.4	0.4	0.4	0.4	0.4	0.4	0.4	0.4	0.4	0.3	0.3	0.3	0.2	0.2	0.2	0.2	0.1	0.1
	5	6/7	0.5	0.5	0.5	0.5	0.5	0.5	0.5	0.5	0.4	0.4	0.4	0.3	0.3	0.3	0.2	0.2	0.1	0.1
3	6	8	0.6	0.6	0.6	0.6	0.6	0.6	0.6	0.5	0.5	0.5	0.4	0.4	0.3	0.3	0.3	0.2	0.2	0.1
	7	9	0.7	0.7	0.7	0.7	0.7	0.7	0.7	0.6	0.6	0.5	0.5	0.5	0.4	0.3	0.3	0.2	0.2	0.1
4	8	10/11	0.8	0.8	0.8	0.8	0.8	0.8	0.7	0.7	0.7	0.6	0.6	0.5	0.4	0.4	0.3	0.3	0.2	0.1
	9	12	0.9	0.9	0.9	0.9	0.9	0.9	0.8	0.8	0.7	0.7	0.6	0.6	0.5	0.4	0.4	0.3	0.2	0.1
5	10	13	1.0	1.0	1.0	1.0	1.0	1.0	0.9	0.9	0.8	0.8	0.7	0.6	0.5	0.5	0.4	0.3	0.2	0.1
	11	14	1.1	1.1	1.1	1.1	1.1	1.0	1.0	1.0	0.9	0.8	0.8	0.7	0.6	0.5	0.4	0.3	0.2	0.1
6	12	15/16	1.2	1.2	1.2	1.2	1.2	1.1	1.1	1.0	1.0	0.9	0.8	0.7	0.6	0.6	0.5	0.4	0.3	0.2
	13	17	1.3	1.3	1.3	1.3	1.3	1.2	1.2	1.1	1.0	1.0	0.9	0.8	0.7	0.6	0.5	0.4	0.3	0.2
7	14	18	1.4	1.4	1.4	1.4	1.4	1.3	1.3	1.2	1.1	1.0	0.9	0.9	0.7	0.6	0.5	0.4	0.3	0.2
	15	19/20	1.5	1.5	1.5	1.5	1.5	1.4	1.3	1.3	1.2	1.1	1.0	0.9	0.8	0.7	0.6	0.4	0.3	0.2
8	16	21	1.6	1.6	1.6	1.6	1.6	1.5	1.4	1.4	1.3	1.2	1.1	1.0	0.8	0.7	0.6	0.5	0.3	0.2
	17	22	1.7	1.7	1.7	1.7	1.6	1.6	1.5	1.4	1.4	1.3	1.1	1.0	0.9	0.8	0.6	0.5	0.3	0.2
9	18	23/24	1.8	1.8	1.8	1.8	1.7	1.7	1.6	1.5	1.4	1.3	1.2	1.1	0.9	0.8	0.7	0.5	0.4	0.2
	19	25	1.9	1.9	1.9	1.9	1.8	1.8	1.7	1.6	1.5	1.4	1.3	1.1	1.0	0.9	0.7	0.5	0.4	0.2
10	20	26	2.0	2.0	2.0	2.0	1.9	1.9	1.8	1.7	1.6	1.5	1.3	1.2	1.0	0.9	0.7	0.6	0.4	0.2
	21	27	2.1	2.1	2.1	2.1	2.0	2.0	1.9	1.8	1.7	1.5	1.4	1.3	1.1	0.9	0.8	0.6	0.4	0.2
11	22	28/29	2.2	2.2	2.2	2.2	2.1	2.0	2.0	1.9	1.7	1.6	1.5	1.3	1.1	1.0	0.8	0.6	0.4	0.2
	23	30	2.3	2.3	2.3	2.3	2.2	2.1	2.0	1.9	1.8	1.7	1.5	1.4	1.2	1.0	0.8	0.6	0.4	0.3
12	24	31	2.4	2.4	2.4	2.4	2.3	2.2	2.1	2.0	1.9	1.7	1.6	1.4	1.2	1.1	0.9	0.7	0.5	0.3
	25	32/33	2.5	2.5	2.5	2.5	2.4	2.3	2.2	2.1	2.0	1.8	1.7	1.5	1.3	1.1	0.9	0.7	0.5	0.3
13	26	34	2.6	2.6	2.6	2.6	2.5	2.4	2.3	2.2	2.0	1.9	1.7	1.5	1.3	1.1	0.9	0.7	0.5	0.3
	27	35	2.7	2.7	2.7	2.7	2.6	2.5	2.4	2.3	2.1	2.0	1.8	1.6	1.4	1.2	1.0	0.7	0.5	0.3
14	28	36/37	2.8	2.8	2.8	2.8	2.7	2.6	2.5	2.3	2.2	2.0	1.8	1.7	1.4	1.2	1.0	0.8	0.5	0.3
	29	38	2.9	2.9	2.9	2.9	2.8	2.7	2.6	2.4	2.3	2.1	1.9	1.7	1.5	1.3	1.0	0.8	0.6	0.3
15	30	39	3.0	3.0	3.0	2.9	2.9	2.8	2.6	2.5	2.3	2.2	2.0	1.8	1.5	1.3	1.1	0.8	0.6	0.3
	31	40	3.1	3.1	3.1	3.0	3.0	2.9	2.7	2.6	2.4	2.2	2.0	1.8	1.6	1.4	1.1	0.9	0.6	0.3
16	32	41/42	3.2	3.2	3.2	3.1	3.1	3.0	2.8	2.7	2.5	2.3	2.1	1.9	1.6	1.4	1.1	0.9	0.6	0.3
	33	43	3.3	3.3	3.3	3.2	3.2	3.0	2.9	2.8	2.6	2.4	2.2	1.9	1.7	1.4	1.2	0.9	0.6	0.3
17	34	44	3.4	3.4	3.4	3.3	3.2	3.1	3.0	2.8	2.7	2.5	2.2	2.0	1.7	1.5	1.2	0.9	0.6	0.3
	35	45/46	3.5	3.5	3.5	3.4	3.3	3.2	3.1	2.9	2.7	2.5	2.3	2.1	1.8	1.5	1.2	1.0	0.7	0.4
18	36	47	3.6	3.6	3.6	3.5	3.4	3.3	3.2	3.0	2.8	2.6	2.4	2.1	1.8	1.6	1.3	1.0	0.7	0.4
	37	48	3.7	3.7	3.7	3.6	3.5	3.4	3.3	3.1	2.9	2.7	2.4	2.2	1.9	1.6	1.3	1.0	0.7	0.4
19	38	49/50	3.8	3.8	3.8	3.7	3.6	3.5	3.3	3.2	3.0	2.7	2.5	2.2	1.9	1.7	1.3	1.0	0.7	0.4
	39	51	3.9	3.9	3.9	3.8	3.7	3.6	3.4	3.2	3.0	2.8	2.6	2.3	2.0	1.7	1.4	1.1	0.7	0.4
20	40	52	4.0	4.0	4.0	3.9	3.8	3.7	3.5	3.3	3.1	2.9	2.6	2.3	2.0	1.7	1.4	1.1	0.7	0.4
	41	53	4.1	4.1	4.1	4.0	3.9	3.8	3.6	3.4	3.2	2.9	2.7	2.4	2.1	1.8	1.5	1.1	0.8	0.4
21	42	54/55	4.2	4.2	4.2	4.1	4.0	3.9	3.7	3.5	3.3	3.0	2.7	2.5	2.1	1.8	1.5	1.1	0.8	0.4
	43	56	4.3	4.3	4.3	4.2	4.1	3.9	3.8	3.6	3.3	3.1	2.8	2.5	2.2	1.9	1.5	1.2	0.8	0.4
22	44	57	4.4	4.4	4.4	4.3	4.2	4.0	3.9	3.7	3.4	3.2	2.9	2.6	2.2	1.9	1.6	1.2	0.8	0.4
	45	58/59	4.5	4.5	4.5	4.4	4.3	4.1	3.9	3.7	3.5	3.2	2.9	2.6	2.3	2.0	1.6	1.2	0.8	0.4
23	46	60	4.6	4.6	4.6	4.5	4.4	4.2	4.0	3.8	3.6	3.3	3.0	2.7	2.3	2.0	1.6	1.2	0.8	0.5
	47	61	4.7	4.7	4.7	4.6	4.5	4.3	4.1	3.9	3.7	3.4	3.1	2.7	2.4	2.0	1.7	1.3	0.9	0.5
24	48	62/63	4.8	4.8	4.8	4.7	4.6	4.4	4.2	4.0	3.7	3.4	3.1	2.8	2.4	2.1	1.7	1.3	0.9	0.5
	49	64	4.9	4.9	4.9	4.8	4.7	4.5	4.3	4.1	3.8	3.5	3.2	2.9	2.5	2.1	1.7	1.3	0.9	0.5
25	50	65	5.0	5.0	5.0	4.9	4.7	4.6	4.4	4.1	3.9	3.6	3.3	2.9	2.5	2.2	1.8	1.3	0.9	0.5
	51	66	5.1	5.1	5.1	5.0	4.8	4.7	4.5	4.2	4.0	3.7	3.3	3.0	2.6	2.2	1.8	1.4	0.9	0.5
26	52	67/68	5.2	5.2	5.2	5.1	4.9	4.8	4.6	4.3	4.0	3.7	3.4	3.0	2.6	2.2	1.8	1.4	1.0	0.5
	53	69	5.3	5.3	5.3	5.2	5.0	4.9	4.6	4.4	4.1	3.8	3.5	3.1	2.7	2.3	1.9	1.4	1.0	0.5
27	54	70	5.4	5.4	5.4	5.3	5.1	4.9	4.7	4.5	4.2	3.9	3.5	3.1	2.7	2.3	1.9	1.4	1.0	0.5
	55	71/72	5.5	5.5	5.5	5.4	5.2	5.0	4.8	4.6	4.3	3.9	3.6	3.2	2.8	2.4	1.9	1.5	1.0	0.5
28	56	73	5.6	5.6	5.6	5.5	5.3	5.1	4.9	4.6	4.3	4.0	3.6	3.3	2.8	2.4	2.0	1.5	1.0	0.5
	57	74	5.7	5.7	5.7	5.6	5.4	5.2	5.0	4.7	4.4	4.1	3.7	3.3	2.9	2.5	2.0	1.5	1.0	0.5
29	58	75/76	5.8	5.8	5.8	5.7	5.5	5.3	5.1	4.8	4.5	4.2	3.8	3.4	2.9	2.5	2.0	1.6	1.1	0.6
	59	77	5.9	5.9	5.9	5.7	5.6	5.4	5.2	4.9	4.6	4.2	3.8	3.4	3.0	2.5	2.1	1.6	1.1	0.6
30	60	78	6.0	6.0	6.0	5.8	5.7	5.5	5.2	5.0	4.6	4.3	3.9	3.5	3.0	2.6	2.1	1.6	1.1	0.6

（2006年4月修正）

途中時間の表示

17.14 途中時間や予想優勝時間は、公式にアナウンスまたは表示することができる。レースに参加している競技者全員が、途中時間を知ることができるような地点や環境下に視認できる時間表示がない場合に限り、審判長は2か所まで、指定した場所で時間を読み上げることができる各1名を、許可あるいは指名できる。審判長より事前に承認を得ない限り、いかなる者も競技区域内で時間を競技者に知らせてはならない。

本規則に違反し途中経過時間を知らされた競技者は、助力を受けたと見なし、TR6.2を適用する。

〔注意〕

競技区域は、通常、柵等で仕切られているが、上記規定の解釈上、競技が行われ、競技参加者および規則や規程で認められた者のみが立ち入ることのできる区域と定義される。

トラック競技における給水・スポンジ ||

17.15 給水・スポンジは以下の通りとする。

17.15.1 5,000m以上のトラック競技では、主催者は気象状況に応じて競技者に水とスポンジを用意することができる。

17.15.2 10,000mを超えるトラック競技では、飲食物・水・スポンジ供給所を設けなくてはならない。飲食物は主催者か競技者本人のいずれかが用意してもよく、競技者が容易に手に取りやすいように置かなくてはならない。あるいは承認された者が競技者に手渡す方式でもよい。競技者が用意した飲食物は、競技者本人または競技者代理人によって提出された時点から、主催者が指名する役員の監視下に置かなくてはならない。担当競技役員は受領時以降、預けられた飲食物が取り替えられたり、何らかの異物が混入されたりすることのないよう管理しなければならない。

17.15.3 競技者はいつでも、スタート地点や主催者が設置した供給所で受取った水や飲食物を手に持ったり身体につけたりして持ち運んでもよい。

17.15.4 競技者が医学的理由または競技役員の指示によらずに、

主催者が設置した供給所以外で飲食物や水を受けたり自分で摂ったりした場合、あるいは他の競技者の飲食物を摂った場合、審判長はそれが1回目の違反であれば警告とし、通常はイエローカードの提示によりこれを知らせる。2回目の違反があった競技者は失格させ、レッドカードを提示する。失格となった競技者は速やかにトラックの外に出なければならない。

〔注意〕

飲食物や水、スポンジをスタート地点から持ってきたり、主催者が設置した供給所で受取っている限りにおいて、競技者はそれらを他の競技者から受取ったりあるいは手渡ししてもよい。但し、ある競技者が1人または複数の競技者にそのような方法で繰り返し飲食物の受渡しを行う場合は、規則に違反した助力と考え、警告を与えたり失格としたりすることができる。

TR 18. フィニッシュ

18.1 フィニッシュは幅50㎜の白いラインで示す。

〔注意〕

競技場外でフィニッシュする種目の場合、フィニッシュラインの幅は300㎜までとし、色はフィニッシュエリアの道路面とはっきり区別できるのであれば何色でもよい。

18.2 競技者の順位は、その胴体（トルソー：頭、首、腕、脚、手、足を含まない部分）のいずれかの部分が前項のフィニッシュラインのスタートラインに近い端の垂直面に到達したことで決める。

18.3 一定の時間を基準として行われる競走と競歩では、スターターは競技者および審判員に対して、競技が終わりに近づいていることを予告するために、競技の終了時間1分前に信号器を発射する。スターターは計時員主任の指示に基づいて、競技終了時間に再び競技の終了を合図する信号器を発射する。レース終了を知らせる信号器発射と同時に、担当審判員は信号器発射の直前あるいは瞬間に、各競技者がトラックに足をタッチした正確な地点をマークしなければならない。記録になる距離はメートル未満を切り捨てる。各競技者には競技開始前に、少なくとも1名の審判員が距離を記録するために割り当てられなければならない。

〔国内〕

フィニッシュポスト：写真判定システムがない場合、2本の白色に塗られた柱をフィニッシュラインの延長線上に少なくともトラックの端から300㎜のところに置く。フィニッシュポストは強固な構造で、高さ約1ｍ400、幅80㎜、厚さ20㎜とする。

フィニッシュポスト

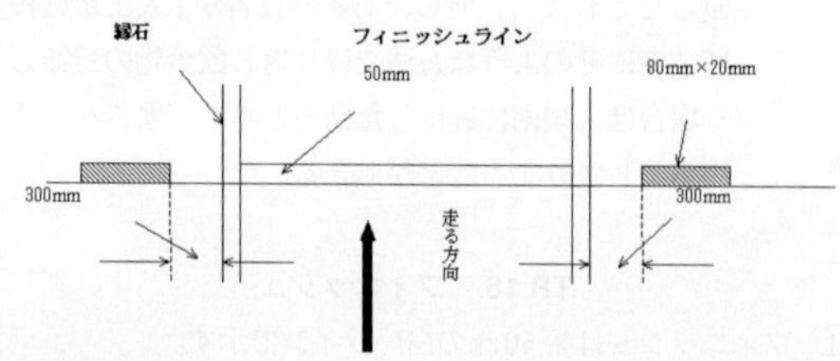

1時間走の実施に関するガイドライン（One Hour Race Guide）は、WAウェブサイトからダウンロード可能である。

TR 19. 計時と写真判定

19.1 公式の計時方法として、次の三つが認められる。

19.1.1 手動計時

19.1.2 写真判定システムによる全自動計時（電気計時）

19.1.3 トランスポンダーシステムによる計時

尚、トランスポンダーシステムによる計時はTR54（競歩競技：競技場内で完全に実施されないレース）、TR55（道路競走）、TR56（クロスカントリー競走）、TR57（マウンテンレースとトレイルレース）で行われる競技に限定する。

19.2 TR19.1.1および19.1.2における計時は、競技者の胴体（トルソー：頭、首、腕、脚、手、足を含まない部分）がフィニッシュラインのスタートラインに近い方の端の垂直面に到達した瞬間をとらえなければならない。

19.3 全完走者の時間を計時する。また、可能な限り800m以上のレースのラップタイムと3,000m以上のレースでは1,000mごとの途中時間を計時しなければならない。

手動計時

19.4 計時員はフィニッシュラインの延長線上に位置する。できれば、外側のレーンから少なくとも5mのところに1列に並ぶ。フィニッシュラインがよく見えるように階段式の審判台を用意する。

19.5 手動計時は計時員がデジタル式のストップウォッチで計時する。この計時装置を、競技規則上、「時計」という。

19.6 TR19.3のラップタイムは、複数の記録をとることができる時計を使用している計時員、予備の計時員、あるいはトランスポンダーシステムで計時する。

19.7 計時はスタート信号器の閃光または煙から計測する。

19.8 各レースの1着の時間、および記録のために計時すべき他の競技者の時間は、3名の任命された計時員（そのうち1名は計時員主任）と1～2名の予備に任命された計時員が計時する（混成競技はTR39.8.2参照）。予備計時員の時間は、1～2名の任命された計時員が適切な計時に失敗した場合に事前に決めた順序によって採用され、どのような場合でも1着の時間は3個の時計で記録する。

19.9 各計時員は独立して行動し、他の計時員に時計を見せたり相談したりすることなく自己の計時した時間を所定の用紙に記入し、署名後、計時員主任に提出する。計時員主任は報告された時間を確認するため、その時計を検査することができる。

19.10 手動計時による全てのレースでは、計時は以下のように行う。

19.10.1 トラックレースでは、ちょうど0.1秒で終わる以外は、次のより長い0.1秒として変換され記録される。

例　10.11→10.2

19.10.2 レースの一部または全部が競技場外で行われる場合の計時は、0.1秒単位が厳密に「.0」にならない場合は、次のより長い1秒として変換され記録される。

例　2：09：44.3→2：09：45

〔注意〕

道路競技の1マイルは、次のより長い 0.1 秒に変換する（切上げる）。

19.11 上記に示したように変換した後、3個の時計のうち2個が一致し、1個が異なっている場合は、2個の時計が示す時間を公式記録とする。もし3個の時計がそれぞれ異なった時間を示す場合は、中間の時間をもって公式記録とする。なんらかの理由で2個の時計でしか計時できず異なった時間となった場合は、遅い方の時間を公式記録とする。

19.12 計時員主任は本条の規定に従って、各競技者の公式時間を決定し、その結果を記録・情報処理員に提出する。

写真判定システムによる全自動計時（電気計時）

システム

〔国内〕

本連盟が主催、共催する競技会、および本連盟が特に指定する競技会では、必ず写真判定システムを使用しなければならない。全部または一部が競技場外で行われるレースでは、写真判定システムを使用しなくてもよい。

19.13 写真判定システムは競技会前4年以内に精度検査を受け、発行された精度証明書のあるものでなければならない。要件として以下が含まれる。

19.13.1 当該システムは、フィニッシュラインの延長線上に設置されたカメラを通してフィニッシュを記録し、合成画像を生成できるものでなければならない。

a. ワールドランキングコンペティション定義1.および2.に該当する競技会の場合、合成画像は1秒あたり少なくとも1,000枚の画像から合成されなければならない。

b. その他の競技会の場合、合成画像は1秒あたり少なくとも100枚の画像から合成されなければならない。

いずれの場合においても、画像は0.01秒毎に均等に目盛られた時間尺度と同期していなければならない。

19.13.2 当該システムはスターターの合図によって自動的に作動するものとし、ピストルの発射時の閃光または同等の可視指示と計時装置の時間差が安定的に0.001秒以内であるようにする。

19.14 カメラが正しく設置されていることを確認するために、また写真判定画像が読み取りやすいようにするために、レーンラインとフィニッシュラインの交差部分は適切なデザインで黒く塗る。そのようなデザインは当該交差部分のみに施し、フィニッシュラインのスタートラインに近い端から反対側に20㎜以内にとどめ、手前にはみ出してはならない。記録をより読み取りやすくするため、レーンラインとフィニッシュラインの交差部分の両側に同様の黒マークを置いてもよい。

19.15 競技者の順位は、時間目盛りに対して垂直であることが保証されている読み込みラインのカーソルを用いて、画像から読み取る。

19.16 当該システムは各競技者のフィニッシュタイムを自動的に測定・記録し、各競技者の時間が表示された写真を作成できるもので、各競技者の記録や競技結果を示す一覧も作成できるものでなければならない。自動作成された情報及び手入力情報（競技開始・終了時刻など）の変更は、写真の時間目盛と一覧表上に自動的に表示されなければならない。

19.17 スタート時には自動的に作動しないがフィニッシュ時に自動的に作動するシステムは、TR19.7またはそれと同等の正確さで作動するのであれば、手動計時と見なす。この場合、画像は競技者間の順位を判断し、時間差を調整するための有効な材料として用いることができる。

〔注意〕

写真判定システムがスターターの合図で作動しなかった場合、画像上の時間目盛りはこの事実を自動的に示すものでなくてはならない。

19.18 スタート時には自動的に作動するがフィニッシュ時には自動

的に作動しないシステムは 、手動計時でも写真判定システムのどちらでもなく、公式な記録計測には使用できない。

操　作

19.19 写真判定員主任はそのシステムの機能について責任を負う。主任は競技会の開始前に関係技術者と打ち合わせ、写真判定システムについて理解し全ての設定についても監督する。

写真判定員主任はスタート審判長（もし指名されていなければ、関連するトラック競技審判長や競歩競技審判長）とスターターの協力を得て、写真判定システムがスターターの信号器の合図によって自動的に、TR19.13.2に定められた時間内（0.001秒以内）で正しく作動するかどうかのゼロ・コントロールテストを、各セッション（午前の部または夜の部）の開始前に実施しなければならない。また、機器のテストとカメラの正確な設置について監督しなければならない。

19.20 できればトラックの両側に、少なくとも1台ずつ写真判定システムを作動させるようにする。これらのシステムは、技術的に独立したシステムが別々の動力源で別々の機器やケーブルによって、スターターの信号器の発信を記録し、連携できることが望ましい。

〔注意〕

2台以上の写真判定システムを使用する場合、1台は競技会の開始前に技術代表（あるいは指名されたWA写真判定員）から公式システムとして指定されなければならない。もう1台のカメラの時間と順位については、公式カメラの正確性に疑問があるか、着順判定の不明確な点を正すために補助カメラとしての必要性が生じた場合以外には参考とすべきではない。（必要性がある場合の例：競技者の全身または一部が公式カメラの画像に映っていない時）

19.21 写真判定員主任は適切な人数の判定員と協同して競技者の着順を決定し、公式時間を決定する。主任はこれらの着順と時間が競技結果システムに正確に入力され転送されていること、そして記録・情報処理員に提出されたことを確かめなければならない。

様々な新しい技術が利用可能な主要競技会では、写真判定画像は、大型映像（ビデオボード）にすぐに提供されるか、もしくはインターネット上に公開されることがよくある。不必要な抗議や訴えに費やされる時間を減らすために、抗議または上訴することを検討している競技者またはその代理人に写真判定画像を見る機会を提供することが、今では通常の手続きとなっている。

19.22 写真判定システムで記録された時間は、何らかの理由で担当競技役員が明らかに不正確であると判定した場合以外は、公式時間とする。不正確であると判定した場合は、調整可能であれば、写真から得られた時間差を基礎としながら予備計時員の時間を公式のものとする。写真判定装置がうまく作動しない可能性がある時には、予備計時員を任命しなければならない。

19.23 写真判定による時間は以下のようにする。

19.23.1 トラックでの10,000ｍ（を含む）以下のレースでは、厳密に0.01秒とならない場合は、次のより長い0.01秒に変換する（切上げる）。

例　26：17.533 → 26：17.54

19.23.2 10,000ｍを超えるトラックでのレースでは、秒未満の下2桁が厳密に「.X00」にならない場合は、次のより長い0.1秒に変換する（切上げる）。

例　59：26.32 → 59：26.4

19.23.3 全部または一部が競技場外で行われるレースでは、秒未満の下3桁が厳密に「.000」にならない場合は、次のより長い1秒に変換する（切上げる）。

例　2：09：44.32 → 2：09：45

〔注意〕

道路競争の1マイルは、次のより長い0.1秒に変換する（切り上げる）。

〔注意〕

TR11.2に従って行われる種目の計時と記録の扱いは、競技場内で行われる種目として見なす。

トランスポンダーシステム

19.24 競技規則に準拠したトランスポンダーシステムの使用は、TR54（競歩競技：競技場内で完全に実施されないレース）、TR55、TR56、TR57に該当する競走で、次の条件が整っていれば認められる。

19.24.1 スタート地点およびコース沿道あるいはフィニッシュ地点で使用される機器のいずれもが、競技者が競技を行う際に重大な障害または障壁になってはいない。

19.24.2 競技者が身に着けるトランスポンダーやその入れ物は、負担にならない重さである。

19.24.3 システムはスターターの信号器によって始動するか、スタート合図に同期している。

19.24.4 システムは競技を行っている間や、フィニッシュ地点または記録集計のいかなる過程でも、競技者が何かを行う必要がない。

19.25 全てのレースで、0.1秒単位が厳密に「.0」にならない場合は、次のより長い1秒に変換する（切上げる）。

例　2：09：44.3　→2：09：45

〔注意〕

i．公式の時間は信号器のスタート合図（または同期したスタート信号）から競技者がフィニッシュラインに到達するまでの時間（グロスタイム）である。但し、非公認ではあるが、競技者がスタートラインを通過してからフィニッシュラインに到達するまでの時間（ネットタイム）を知らせてもよい。

ii．道路競走の1マイルは、次のより長い0.1秒に変換する（切上げる）。

〔注釈〕

大会主催者はネットタイムを参加標準記録の資格記録として扱ったり、エリートカテゴリーの競技者を除くランナーの順位付け等に活用したりしてもよい。

19.26 このシステムによって決定された時間と着順を公認する際には、必要に応じてTR18.2と19.2を適用する。

〔注意〕

着順の決定および競技者の特定を行う補助手段として、審判員やビデオ記録を準備することを推奨する。

トランスポンダーシステムを使用する場合、主催者が適切なバックアップシステムを設置すること、特にTR19.26を遵守することが重要である。バックアップ要員としての計時員、さらに重要なこととして、僅差のフニッシュの順位を確定するための写真判定員（チップの計測によっては差が判別できない可能性がある）を手配することを、強く推奨する。 ‖

19.27 トランスポンダー主任はシステムが正しく作動することに責任を持つ。競技のスタート前に担当の技術スタッフと打ち合わせを行い、装置を理解し、全ての設定を確認する。また、機器のテストを監督し、トランスポンダーのフィニッシュライン上通過時に競技者のフィニッシュ時間が記録されることを確実にする。審判長と協力して、必要に応じてTR19.26を適用する準備をしなければならない。 ‖

TR 20. トラック競技におけるラウンドの通過

予　選

20.1 トラック競技における予選は、参加競技者が多数のため、決勝1回では満足に競技を行うことができない時に行う。予選ラウンドを行う場合、全競技者が参加し、予選の結果によって次のラウンドに進むようにしなければならない。競技会統括団体は一つあるいは複数の種目で、その競技会の中で、あるいはそれに先立つ別の競技会の結果で、参加資格を与える競技者の一部または全部を決め、その競技会のどのラウンドから出場することができるかを決める権限を持つ。
どの競技者に参加資格を与え、どのラウンドから出場できるかという手順や考え方（特定の期間に達成された参加標準記録、指定競技会での順位やランキング等）については、各競技会の大会要項等に記載されなければならない。

〔注意〕

TR8.4.3参照。

20.2 予選の組み合わせと予選通過の条件は主催者が決める。同一団体に所属する競技者は、できるだけ異なる組に編成する。

〔国内〕

1. 予選を行う時には、競技者の最近の記録を考慮に入れ、最高の記録を作った競技者が順当に進んだ時には、決勝に出られるように編成することが望ましい。
2. 中・長距離走の1組の人数は次のようにすることが望ましい。

   1500 m、3000 m SC　：15人以内
   3,000 m、5,000 m（グループスタートの場合）：27人以内
   10,000 m（グループスタートの場合）：30人以内

   予選を行った場合、決勝に進出できる人数

   1,500 m、3,000 m SC　：12人以内
   3,000 m、5,000 m、10,000 m　：18人以内
3. 2または3チーム間の対抗競技会では、種目ごとにチームの抽選を行い、交互にレーンを決めてもよい。
4. 9レーンがある場合はこれを有効に活用して、予選の組数を少なくしてもよい。
5. 種目別の参加数に応じた予選等での上位ラウンドへの進出の組分けは、以下の表を使用することを推奨する。主催者独自に定めた方法で行う際には、大会要項や競技注意事項等に詳細を明記する。

100 m、200 m、400 m、100 m H、110 m H、400 m H

ラウンド／参加数	一次予選			二次予選			準決勝		
	組数	着順	上位記録者	組数	着順	上位記録者	組数	着順	上位記録者
9 － 16	2	3	2						
17 － 24	3	2	2						
25 － 32	4	3	4				2	3	2
33 － 40	5	4	4				3	2	2
41 － 48	6	3	6				3	2	2
49 － 56	7	3	3				3	2	2
57 － 64	8	3	8	4	3	4	2	4	
65 － 72	9	3	5	4	3	4	2	4	
73 － 80	10	3	2	4	3	4	2	4	
81 － 88	11	3	7	5	3	1	2	4	
89 － 96	12	3	4	5	3	1	2	4	
97 － 104	13	3	9	6	3	6	3	2	2
105 － 112	14	3	6	6	3	6	3	2	2

800 m、4×100 mリレー、4×200 mリレー、メドレーリレー、4×400 mリレー

ラウンド／参加数	一次予選			二次予選			準決勝		
	組数	着順	上位記録者	組数	着順	上位記録者	組数	着順	上位記録者
9 － 16	2	3	2						
17 － 24	3	2	2						
25 － 32	4	3	4				2	3	2
33 － 40	5	4	4				3	2	2
41 － 48	6	3	6				3	2	2
49 － 56	7	3	3				3	2	2
57 － 64	8	2	8				3	2	2
65 － 72	9	3	5	4	3	4	2	4	
73 － 80	10	3	2	4	3	4	2	4	
81 － 88	11	3	7	5	3	1	2	4	
89 － 96	12	3	4	5	3	1	2	4	
97 － 104	13	3	9	6	3	6	3	2	2
105 － 112	14	3	6	6	3	6	3	2	2

1,500 m

参加数＼ラウンド	予選			準決勝		
	組数	着順	上位記録者	組数	着順	上位記録者
16 － 30	2	4	4			
31 － 45	3	6	6	2	5	2
46 － 60	4	5	4	2	5	2
61 － 75	5	4	4	2	5	2

2,000mSC、3,000 m、3,000 m SC

参加数＼ラウンド	予選			準決勝		
	組数	着順	上位記録者	組数	着順	上位記録者
20 － 34	2	5	5			
35 － 51	3	7	5	2	6	3
52 － 68	4	5	6	2	6	3
69 － 85	5	4	6	2	6	3

5,000 m

参加数＼ラウンド	予選			準決勝		
	組数	着順	上位記録者	組数	着順	上位記録者
20 － 40	2	5	5			
41 － 60	3	8	6	2	6	3
61 － 80	4	6	6	2	6	3
81 － 100	5	5	5	2	6	3

10,000 m

参加数＼ラウンド	予選		
	組数	着順	上位記録者
28 － 54	2	8	4
55 － 81	3	5	5
82 － 108	4	4	4

〔国際〕

国際競技会では、予選の組み合わせと予選通過の条件は技術代表が以下のように決める。もし技術代表が任命されていない場合は主催者が決める。

20.2.1　各競技会の競技注意事項等には、特別な事情がない限りラウンドの数や各ラウンドの組数、次ラウンドへの進出条件（即ち、着順(p)、時間(t)による進出条件等）が記載されていなければならない。こうした情報は追加的に行われる予備予選時にも示されていなければならない。

〔国際－注意〕

i　あらかじめ競技注意事項等で規定されていない場合や主催者が決めていない場合には、WAのウェブサイトに掲載されている組分け方法（テーブル）を使用してもよい。

ii　準決勝および決勝において棄権により空いたレーンについて、前ラウンドで当該ラウンドに進出する資格を獲得した競技者の次にランク付けされた者で補充することを、適用する規則で定めることができる。

20.2.2　各国または各チームの競技者および最も良い記録を持つ競技者は、競技会の予選ラウンドにおいて可能な限り異なった組に入れる。最初のラウンド後、この規則を適用するにあたっては、各組間で競技者の交換が必要な場合は可能な範囲で、TR20.4.3～20.4.5に従い同じ「ランクの競技者（レーン・グループ）」間で行なう。

20.2.3　組編成にあたってはできるだけ全競技者の成績を考慮し、もっともよい記録を持っている競技者が決勝に残れるように編成することが望ましい。

予選ラウンドは、次のラウンドに進み、最終的に決勝に進出する競技者を可能な限り最良の方法で決定しなければならない。これには同じメンバーまたはチームの競技者だけなく、上位記録を保持した競技者（一般的には参加標準記録有効期間の記録で決定されるが、直近の顕著な記録などもまた考慮される）が予選の同じ組に入らないよう可能な限り配慮することも含まれる。

適用される規則で別に定めがない限り、主要競技会で組み合わせの基本となるのは、少なくとも事前に決められた期間中の有効な条件（関連種目での風速を含む）で、各競技者が達成した最も良い記録でなければならない。この期間は通常、競技会に適用される規則または競技会のエントリー条件と基準を定めた文書に明記される。そうした基準が明記されていない場合、技術代表または主催者が一つの、一部の、あるいは全ての競技に適用する代替期間や規準を定めない限り、「シーズンベスト」を使用する。トレーニングやテストで得られた記録などの要素は、組み合わせにおいて考慮されるべきではない。最も良い記録を持つ競技者に関連する規則の要件では、上記で概説した厳密な適用条件からいくらかの逸脱を必要とすることもある。例えば、通常上位に組分けされる可能性のある競技者が所定の期間（怪我、病気、資格停止、またはショート・トラックで行われる競技会で400mトラックの記録しか持たないなど）で、有効記録を持たないとか、持っていても良くないといった時、その競技者は通常、組み合わせリストの下位に置かれるが、技術代表による調整が検討されるべきである。優勝候補者とみなされる競技者同士の予選ラウンドでの対決を避けるために、同様の原則を適用すべきである。同時に、同じ加盟団体またはチームの競技者が異なる組になるよう調整する必要がある。

このような場合、組合せの調整は組分けの原案が出た直後に、レーンを決める前に行うべきである。これらの原則を適用する際には、競技者の入れ替えは、

a. 最初のラウンドにおいては、あらかじめ決められた期間中に有効な最も良い記録のリストで同様のランキングを有する競技者との間で、

b. 次のラウンドにおいては、TR20.4.3～20.4.5に基づく同様のランキングを有する競技者の間で、

行う。

これらの原則に従うことは、いくつかの種目でラウンド数を減らした競技ではより重要となる。公平でかつ陸上競技の魅力アピールを達成するためには、正確かつ十分に考慮された組分けが不可欠である。下位レベルの競技会では、技術代表または主催者は同様の最終結果を達成するために、異なる原則の使用を検討してもよい。

ランキングと予選の組合せ

20.3 ランキングと予選の組合せは以下のように行う。

20.3.1 最初のラウンドにおいて、競技者は予め決められた期間内に達成された当該種目の有効な記録のリストから、または適用される規定によって、シードを決定し、ジグザク配置によって予選の組を決める。

20.3.2 予選ラウンド等を行った場合、次のラウンドの組の編成は前のラウンドの成績によって行う。可能な限り、同じ所属の競技者は異なった組に入れるようにする。

a. 〔国内〕800m(4×400mリレーを含む)までの種目は、その前のラウンドの順位と記録に基づいて組分けを行う。そのために、競技者を以下のように順位づけをする。 ‖

・予選1着の中で1番速い者

・予選1着の中で2番目に速い者

・予選1着の中で3番目に速い者

以下同様、予選全組の1位の記録順

(2着以下も同様に行う)

・予選2着の中で1番速い者

・予選2着の中で2番目に速い者

・予選2着の中で3番目に速い者

以下同様、予選全組の2位の記録順

(時間で通過した者)

・1番目に速い者

・2番目に速い者

・3番目に速い者

b. その他の種目は、前のラウンドの記録によって編成する。

〔国際〕

その他の種目では、元の成績リストは組分けのために引き続き使われ、前のラウンドで記録が更新された時のみ修正する。

〔注釈〕

WA規則では、本条項aの適用種目を100m～400m(4×400mリレーを含む)とし、800mは本条項bの「その他の種目」とする。

20.3.3 競技者をジグザグに配置する。

（例）3組の場合は次のような組編成になる。

A	1	6	7	12	13	18	19	24
B	2	5	8	11	14	17	20	23
C	3	4	9	10	15	16	21	22

20.3.4 それぞれの場合において、走るべき組の順序は組の編成が決定された後、抽選によって決める。

最初のラウンドでは組数を減らすために、400mまでのレースでは追加レーン（例えば直走路や曲走路の第9レーン）を使用すること、800mのスタートでは1レーンに2名の競技者を入れることが許容され、普通に実践されている。
各組の実施順序を決定するランダム抽選は公平さに基づいている。中距離および長距離のレースでは、最終組を走る競技者は次ラウンド進出のために出すべき記録を知ることができる。短距離のレースでも、気象条件が変わる（雨が突然降る、風の強さや方向が変わる）など公平性に関わる要素が存在する。組の順序は恣意的でなく偶然によって決定されることは、公平性において重要である。

レーンの決定

20.4 800mまで（4×400mリレーを含む）までの種目で複数のラウンドが行われる場合は、そのレーン順は下記によって決める。 ‖

20.4.1 適用される規則に特別な定めがない限り、最初のラウンドとTR20.1により追加的に行う予備予選ラウンドにおいて、レーン順は全員（または全チーム）を抽選で決める。 ‖

20.4.2 次のラウンドからはTR20.3.2 a.またはb.で示された手順により、各組の編成終了後、競技者は次のようにランク付けする。

8レーンのトラックの場合、三つのグループに分けて抽選を行う。8レーン未満の場合、または9レーン以上の場合は、次の考え方を原則とし、必要な変更を加えて適用する。

20.4.3 直線種目（100m・100mH・110mH等）

上位グループ	3・4・5・6レーン
中位グループ	2・7レーン
下位グループ	1・8レーン

20.4.4　200 m競走

上位グループ	5・6・7レーン
中位グループ	3・4・8レーン
下位グループ	1・2レーン

20.4.5　400 m競走・スタート時にレーンを使用する800m競走・4×400mRまでのリレー競走

上位グループ	4・5・6・7レーン
中位グループ	3・8レーン
下位グループ	1・2レーン

〔国内〕

TR20.4.3～20.4.5の考え方に加え、以下の考え方を適用しても良い。

上位グループ	3・4・5・6レーン
中位グループ	7・8レーン
下位グループ	1・2レーン

〔注意〕

i　ワールドランキングコンペティション定義1. (d)、(e) と2. に該当する競技会における800 m競走は、それぞれのレーンで1名または2名の競技者が走ってもよいし、弧形のライン後方からスタートするグループスタートでもよい。ワールドランキングコンペティション定義1. (a)、(b)、(c) と2.(a)、(b) に該当する競技会においては、同着で、あるいは審判長またはジュリーの判断で次のラウンドに進出する競技者の数が増えた場合を除いて、このスタート方式は予選にのみ適用することが望ましい。

ii　800 m競走においては、決勝を含めて何らかの理由により利用できるレーン数より競技者が多い場合、審判長（〔国際〕技術代表）は複数の競技者をどのレーンに入れるか決定しなければならない。

iii　競技者数よりレーン数が多い場合は、常に、内側のレーン（1レーンに限らず）を空けることが望ましい。

〔国内〕

レーンで行う直線競走（50m、55m、60m、100m<いずれもハードルを含む>、110mハードル）、および200m、300m、400m、300mハードル、400mハードル、4×100mリレーで全レーンを使用する必要がない場合は、もっとも内側のレーンをあける方がよい。

〔注意〕ⅱに関しては、技術代表がそうした状況にどのように対処すべきという明確な指針はない。しかし、この問題はレースの第一曲走路にしか影響せず、短距離レースでのレーンの割り当てほど重要ではない。技術代表は1レーンに2名を入れるにあたり、そのレーンに配置される競技者の不便を最小限にするよう配慮が必要であり、通常は、競技者が急なカーブを走らなくてよいように、外側のレーンを使うことが多い。

〔注意〕ⅲに関しては、競技場に8レーンよりもレーンが多い場合は、技術代表が（いない場合は主催者が）この目的のためにどのレーンを使用するのかを事前に決定する必要がある。例えば9レーンの周回トラックの場合、9名未満の競技者が競技に参加する時、第1レーンは使用しない。従って、TR20.4の目的のために第2レーンは第1レーンとみなされ、以下同様である。

20.5　ワールドランキングコンペティション定義1.(a)、(b)、(c)と2.(a)、(b)に該当する競技会および本連盟が主催、共催する競技会では、800mを超える競走、4×400mを超えるリレー種目ならびに単一ラウンド（決勝）しかない競走のレーン順やスタート位置は、抽選で決める。

20.6　予選・決勝の方法以外で行われるレースでは、シードや抽選などラウンドの通過方法を含む必要な競技運営方法を決めておかなければならない。

20.7　競技者はその氏名が載せられている組以外の組で競技することは許されないが、〔国際〕技術代表または審判長が組合せを変更した方が妥当だと考えた場合は、その限りではない。

次ラウンドへの進出

20.8　全ての予選では少なくとも各組の1着と2着は次のラウンドに出場する資格があり、可能な限り各組3着まで出場の資格を与えることが望ましい。

TR21の適用以外では、TR20.2による着順または時間によって、特別に設けられた競技注意事項等によって、または主催者による決定のいずれかによって、競技者を次のラウンドに進出させることができる。競技者が時間によって資格が与えられる場合には、その決定方法は同一の計時方法に限る。

〔注意〕

800 m以上の距離で予選が行われる場合、時間により次ラウンドへの進出資格が与えられる競技者はごく少数とすることを推奨する。

〔国内〕

時間によって次のラウンドに出場資格が与えられるのは、写真判定システムを使用する競技会に限る。

組み合わせのためのテーブルが競技会規程で定められている場合、TR20.8に定める原則が組み込まれているのが通常である。そうでない場合、技術代表者または主催者は使用する次ラウンドへの進出基準を決める際に、同じ原則に従うべきである。
但し、TR21により特に着順に基づいて最後の枠が同成績で決まる場合には、バリエーションが適用される場合がある。そのような場合には、時間での次ラウンド進出者を1名減らす必要がある。利用可能なレーンが十分にある場合、または800mの場合（スタート時のレーンが2名以上の競技者に使用される場合）またはレーンを使用しないレースの場合、技術代表は追加競技者の進出を判断することがある。
TR20.8で一つの計時システムのみが適用されると規定しているため、優先的に使用しているシステム（通常は写真判定）に障害が発生した場合に備え、バックアップの計時システムを予選ラウンドでも使用できるようにしておくことが重要となる。技術代表は二つ以上の組で、異なる計時方法からの時間しか得られない（同一の計時方法が使用できない）場合、審判長と協力して特定の競技会の状況の中で、次ラウンド進出者を決定するための公平な方法を決定しなければならない。追加レーンがある場合は、この選択肢を最初に検討することが推奨される。

招待競技会

20.9 〔国際〕ワールドランキングコンペティション定義1. (d) と2. (d) に該当する競技会では、競技者は主催者が決めた適用される競技会規則や主催者が定めた他の方法によって組分け、順位付け、レーンの割り当てが行われるが、その内容は事前に競技者や競技者の代理人に通知されることが望ましい。

招待競技会で実施される競技会は、「決勝」ラウンドのみでありながら複数の「レース」が行われる場合、「レース」は競技会またはその競技会が属している一連の競技会シリーズのための開催規定に従って実施される必要がある。もし規定が存在しなければ、様々な「レース」への競技者の割り振りは、主催者、もしくは任命されているなら技術代表が行うのが一般的である。

このような競技会では、競技者の最終順位がどのように決定されるかについても同様の考慮がなされる。いくつかの競技会ではメインレース以外の「レース」は別レースとみなされ、総合ランキングとして考慮されないが、他の競技会では各レースの結果はひとつにまとめられて総合ランキングになるものもある。賞品やその他の考慮事項に影響を及ぼす可能性があるため、その競技会ではどちらの順位づけが適用されるのかなどを事前に参加者に通知することを強く推奨する。

次ラウンドまでの最小時間

20.10 一つのラウンドの最後の組と次のラウンドの最初の組、あるいは決勝競技との間には、最小限、次の時間をおかなければならない。

200 m（含めて）まで	45分
1,000 m（含めて）まで	90分

〔国内〕

1,000 mを超える種目では、最小限3時間をおく。

〔国際〕

1,000 mを超える種目については、同一日に実施しない。

TR 21. 同　成　績

21.1 決勝審判員もしくは写真判定員がTR18.2、19.17、19.21、19.26により、どの順位においても競技者を区別することができない時は同成績として決定し、同成績はそのままとする。 ‖

TR20.3.2による同順位

21.2 （着順ではなく）時間を元にしてTR20.3.2によるランキングの順位が同じ場合は、写真判定員主任は0.001秒の実時間を考慮しなければならない。それでも同じであれば同成績とし、ランキングの順位を決める抽選を行う。

着順による最後の1枠が同順位

21.3 TR21.1を適用しても、着順による最後の1枠を決めるにあたり同成績がいる場合、空きレーンがあるか、走る場所がある（800 m競走でレーンに複数割り当てる場合を含む）のであれば、同成績者は次のラウンドに進めるようにしなければならない。不可能なら、次ラウンドへの進出者は抽選により決める。

21.4 着順と時間で次ラウンド進出者を決める方法（例：2組で行い、各組3着までと4着以下の上位記録2名が次ラウンド進出）において、着順で決める最後の1枠が同成績だった場合、同成績（同着）の競技者を次ラウンドに進出させ、その分、時間に基づいて次ラウンドへの進出を認める競技者の数を減らす。

時間による最後の1枠が同順位

21.5 時間による最後の1枠に同成績がいる場合、写真判定主任は0.001秒の実時間を考慮しなければならない。それでも同じであれば同成績とする。空きレーンがあるか、走る場所がある（800 m競走でレーンに複数割り当てる場合を含む）のであれば、同成績者は次のラウンドに進めるようにしなければならない。不可能なら、次ラウンドへの進出者は抽選により決める。

TR 22. ハードル競走

22.1 ハードル競走の標準の距離は、次の通りとする。

男子（一般、U20、U18）：110m、400m

女子（一般、U20、U18）：100m、400m

各レーンには、次のように10台のハードルを配置する。

男子

距離	スタートラインから第1ハードルまでの距離	ハードル間の距離	最終ハードルからフィニッシュラインまでの距離
110m	13m720	9m140	14m020
400m	45m	35m	40m

女子

距離	スタートラインから第1ハードルまでの距離	ハードル間の距離	最終ハードルからフィニッシュラインまでの距離
100m	13m	8m500	10m500
400m	45m	35m	40m

各ハードルは、競技者が走ってくる方向に基底部を向けて置く。ハードルは、走ってくる競技者に近い側のバーの垂直面を競技者寄りの位置マークに合わせるように配置する。

50mと60mのハードルの配置はTR47参照。 ‖

〔国内〕

1. 中学校のハードル競走は、次の規定によって実施する。

中学男子

距離	スタートラインから第1ハードルまでの距離	ハードル間の距離	最終ハードルからフィニッシュラインまでの距離
110m	13m720	9m140	14m020

中学女子

距離	スタートラインから第1ハードルまでの距離	ハードル間の距離	最終ハードルからフィニッシュラインまでの距離
100m	13m	8m	15m

2. 300mハードルは、次の規定によって実施する。

スタート位置　：300mのスタートラインに同じ

スタート～第1ハードルの距離：45m

ハードル間の距離　：35m

第8ハードル～フィニッシュラインの距離：10m

22.2 ハードル上部のバーは木または他の非金属性の適当な材料でつくり、他の部分は金属または他の適当な材料でつくる。ハードルは1本あるいは数本のバーによって補強された長方形の枠組を支える2本の支柱と2個の基底部からなり、支柱はそれぞれの基底部の一方の末端に固定する。ハードルが倒れるためには、上端の中央部に少なくとも3㎏600の力を水平に加える必要があるように設計されていなければならない。ハードルは各種目に必要な高さに調節できるようにする。それぞれの高さにおいて、少なくとも3㎏600～4㎏の力が作用する時は、転倒するように平衡を調節できるよう錘をつけなければならない。ハードルのバーの中央部分に10㎏相当の力が加えられた場合、水平方向のたわみ（支柱のたわみを含む）が最大で35㎜を超えてはならない。

〔国内〕

ハードルの抵抗力を検査するには簡単なばね秤を使用し、バーの中央に牽引力を加える。別の方法として、紐の一端にかぎをつけてバーの中央に引っかけ、他端は適当に固定した滑車にかけて錘で加重する。

22.3 ハードルの標準の高さは、次の通りとする。

男子

距離	一般	U20	U18	中学校＊
110m	1m067	991㎜	914㎜	914㎜
400m	914㎜	914㎜	838㎜	－
300m*	－	914㎜	838㎜	－

女子

距離	一般	U20	U18	中学校＊
100m	838㎜	838㎜	762㎜	762㎜
400m	762㎜	762㎜	762㎜	－
300m*	－	762㎜	762㎜	－

＊国内

50mと60mのハードルの高さはTR47参照。 ‖

〔参考〕

全国小学生陸上競技交流大会使用器具：男女とも700㎜

〔国際ー注意〕

製造会社による製品の誤差があるため、U20 110m用ハードルの高さは1，000㎜まで許容される。

ハードルの幅は1m180～1m200、基底の長さは700㎜以下とし、ハードルの全重量は10㎏以上とする。各ハードルの高さにおける許容度は、標準の高さより±3㎜が製造の誤差として認められる。

〔注釈〕

プログラムや記録申請時等の種目名は「ハードルの高さ／インターバル」で表記する。

22.4　上部のバーの高さは70㎜（±5㎜）、厚さは10㎜～25㎜とし、上端は丸味をもたせる。両端を固定しなければならない。

22.5　上部のバーは黒と白または他の濃淡の著しい色（かつ周囲の景観とも区別できるような色）で塗り、両端は淡い方の色とし、その幅は少なくとも225㎜とする。その色分けは全ての競技者が見分けることができるものとする。

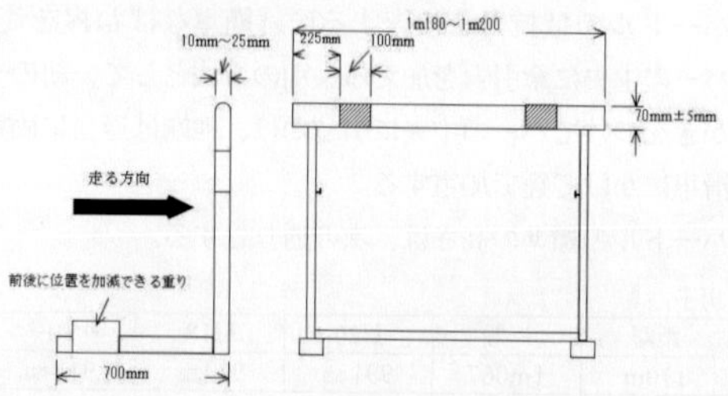

22.6　ハードル競走はレーンを走る。各競技者はスタートからフィニッシュまで自分に決められたレーンのハードルを越え、そのレーンを走らなくてはならない。これに違反した場合は、TR17.3が適用されない限りは失格となる。

加えて競技者は次のことをすると失格となる。

22.6.1　ハードルを越える瞬間に、足または脚が（いずれの側かにかかわらず）ハードルをはみ出て、バーの高さより低い位置にある時。

22.6.2　手や体、振り上げ脚の前側で、いずれかのハードルを倒すか移動させた時。

22.6.3　直接間接を問わず、レース中に自分のレーンまたは他のレーンのハードルを倒したり移動させたりして、他の競技者に影響を与えたり妨害したり、他の規則に違反する行為をした時。

この規則が守られ、ハードルの位置が変わらず、ハードルの高さが下がったりどちらの向きにも傾いたりしなければ、競技者はハードルをどのような方法（姿勢）で越えてもよい。

各ハードルを越えるための要件は、競技者が各ハードルを自身のレーン内で越えることを求めていると読むべきではない。常にTR17.1、17.3の意図に従うことが要件となる。しかし、競技者が別のレーンのハードルを蹴り倒したり、他のレーンのハードルを移動させたりすることによって他の競技者の進路に影響を及ぼす場合、その競技者は失格としなければならない。

競技者が別のレーンのハードルを蹴り倒したりハードルを移動させたりする状況は、論理的な方法で解釈されるべきである。例えば、すでにハードルを飛び越えている競技者のレーン内のハードルを倒すか移動させた競技者は、他の規則違反（例えば、曲走路の内側レーンに入ったとか、ハードルを越える瞬間に、足または脚がハードルをはみ出て（どちら側でも）バーの高さより低い位置を通った）がない限りは、必ずしも失格にすべきではない。この規則の目的は、他の競技者に影響を及ぼすような行動を取る競技者は失格と見なすべきであることを明確にすることである。

それにもかかわらず、審判長と監察員は各競技者が自身のレーン内にいたかどうか、警戒し注意しなくてはならない。さらにハードル競技では競技者がハードルを越える際、広範囲に腕を伸ばし隣のレーンの競技者に当たったり、邪魔になったりすることは一般的なことである。このことは立っている監察員または競技者の正面に位置しているビデオカメラから、最も確実に状況を確認することができる。これに関してはTR17.1を適用することができる。

TR22.6.1は、競技者のリード脚と抜き脚の両方に適用される。

ハードルを蹴り倒してもそのことだけでは失格とはならない。以前の「故意にハードルを倒す」という規則は削除された。TR22.6.2では審判長によって考慮される、より客観的な要素に変更された。わかりやすい事例として、競技者が「手を使う」といっても、ハードルを駆け抜ける際に胸のそばに手があるということもある。振り上げ脚の前側には、太ももの付け根からつま先まで、脚の前向きの全ての部分が含まれる。

〔注意〕との関連では、それは主に下位レベルの競技会に関連するが、とはいえ全ての競技会に適用される。基本的には、ストライドのパターンを崩したり失ったりした競技者は、例えば手をハードルに添えて「登り越える」ことが認められる。

22.7　TR22.6.1および22.6.2の場合を除いて、ハードルを倒しても失格にしてはならない。また記録も認められる。

22.8　〔国内〕 全部のハードルが本連盟規定のものが使われていなければ、その記録は公認されない。

＜〔国内〕参考＞

TR 22.　ハードル競走関連　規格等一覧

【110mH・100mH】

<table>
<tr><th></th><th></th><th>ハードルの標準の高さ</th><th>スタートラインから第一ハードルまでの距離</th><th>ハードルの間の距離</th><th>最後のハードルからフィニッシュラインまでの距離</th></tr>
<tr><td rowspan="6">男子</td><td>一般</td><td>1m067</td><td rowspan="6">13m720</td><td rowspan="6">9m140</td><td rowspan="6">14m020</td></tr>
<tr><td>U20</td><td>991mm</td></tr>
<tr><td>U18</td><td>914mm</td></tr>
<tr><td>JH＊</td><td>991mm</td></tr>
<tr><td>YH＊</td><td rowspan="2">914mm</td></tr>
<tr><td>中学校＊</td></tr>
<tr><td rowspan="5">女子</td><td>一般</td><td rowspan="2">838mm</td><td rowspan="5">13m</td><td rowspan="4">8m500</td><td rowspan="4">10m500</td></tr>
<tr><td>U20</td></tr>
<tr><td>U18</td><td rowspan="3">762mm</td></tr>
<tr><td>YH＊</td></tr>
<tr><td>中学校＊</td><td>8m</td><td>15m</td></tr>
</table>

＊国内

【400mH】

<table>
<tr><th></th><th></th><th>ハードルの標準の高さ</th><th>スタートラインから第一ハードルまでの距離</th><th>ハードルの間の距離</th><th>最後のハードルからフィニッシュラインまでの距離</th></tr>
<tr><td rowspan="3">男子</td><td>一般</td><td rowspan="2">914mm</td><td rowspan="3">45m</td><td rowspan="3">35m</td><td rowspan="3">40m</td></tr>
<tr><td>U20</td></tr>
<tr><td>U18</td><td>838mm</td></tr>
<tr><td rowspan="3">女子</td><td>一般</td><td rowspan="3">762mm</td><td rowspan="3">45m</td><td rowspan="3">35m</td><td rowspan="3">40m</td></tr>
<tr><td>U20</td></tr>
<tr><td>U18</td></tr>
</table>

【＊300mH】

		ハードルの標準の高さ	スタートラインから第一ハードルまでの距離	ハードルの間の距離	最後のハードルからフィニッシュラインまでの距離
男子	U20	914㎜	45m	35m	10m
	U18	838㎜			
女子	U20	762㎜	45m	35m	10m
	U18				

＊国内

注）本表はTR10〔国内〕4.に従い「m」「㎜」を使い分けて表記しているが、プログラムや記録申請時の種目名表記等の施設用器具関係に直接に関わらない場合は「m」で表記してよい。その際には、「ハードルの高さ／ハードル間の距離」で表記する。

TR 23. 障害物競走

23.1 標準距離は2,000ｍおよび3,000ｍとする。

23.2 3,000ｍ競走は障害物を28回と水濠を7回越えなければならない。スタートラインから最初の1周に入るまでの間には、障害物を置かない。競技者が最初の1周に入るまでは、それ以降の周回で使用される障害物は事前に設置しない。

23.3 2,000ｍ競走は障害物を18回と水濠を5回越えなければならない。最初の障害物は、周回の3番目の障害物の位置とする。それよりも手前にある障害物は、最初に競技者が通過するまでは設置しない。

〔注意〕

2,000ｍ競走でトラックの内側に水濠がある場合、5個の障害物全てが設置された周回は、スタート後フィニッシュラインを2回通過した2周目からとする。

〔国内〕

2,000ｍ競走でトラックの外側に水濠がある場合、水濠は1周目の2番目の障害物とし、次の周からは4番目の障害物とするのがよい。

23.4 障害物競走ではフィニッシュラインを初めて通過してから各周に5個の障害物があり、その4番目に水濠を越す。障害物は均等距離に置く方が良い。すなわち障害物間の距離は、1

周の長さの約5分の1とする。

〔注意〕

WA陸上競技施設マニュアルに示すように、フィニッシュライン前後での安全確保を目的として、スタートラインから最初の障害までの距離や次の障害物までの距離を十分に取るため、障害物の間隔の調整が必要な場合がある。

〔国内〕

1. トラックの内または外側の地域に水濠を設置することによって、1周の距離を延ばしたり縮めたりすることができる。1周の正確な長さを定めることや、水濠の位置を正確には明記できない。

2. 3,000 m競走ではスタート時の競技者の安全を確保するため、スタートラインから最初の障害物までを70 m以上とする。9レーンのトラックで水濠がトラックの外側に設置されている競技場においては、この距離を確保するためスタートラインから最初の障害物までを70 mとし、全競技者が第1障害物を通過した後、この障害物を等間隔の位置に置き換える。

次の3,000 m競走の計測方法は一例ではあるが、スタートラインを移動することによって必要な第1障害物までの距離を調整することができる。

〔例1〕

400 mのトラックの内側に水濠を設けて1周が390 m、直線が80 mの場合：

スタートラインから最初の1周に入るまで障害物を置かない　270 m

最初の1周に入ってから第1障害物までの距離　10 m

第1障害物から第2障害物までの距離　78 m

第2障害物から第3障害物までの距離　78 m

第3障害物から水濠までの距離　78 m

水濠から第4障害物までの距離　78 m

第4障害物からフィニッシュラインまでの距離　68 m

390 mの7周＝2,730 m　270 m＋2,730 m＝3,000 m

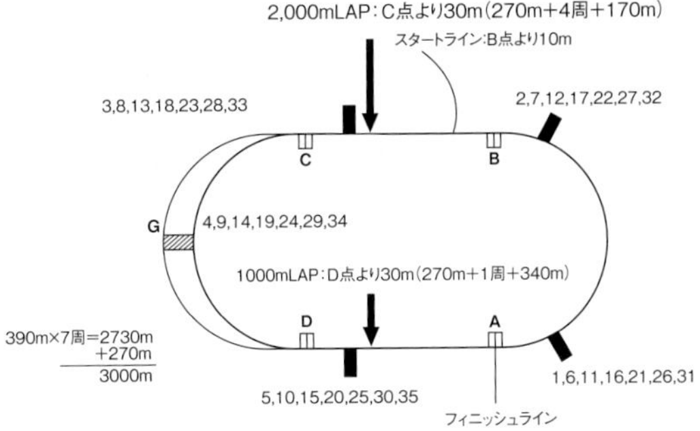

400mトラック内側に水濠を設けて1周が390m、直線80mの場合

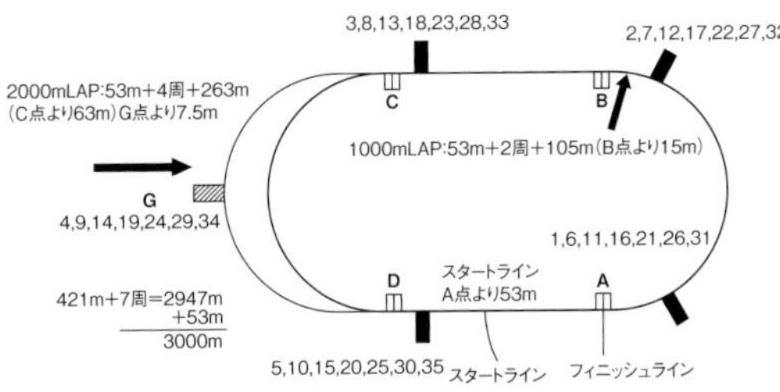

400mトラック（8レーン）外側に水濠を設けて1周が421m、直走路が80m、障害礎石を10m500移動した場合

〔例2〕

400 mのトラックの外側に水濠を設けて1周が 422 m 960、直線が80 m、レーンの幅を1 m 220とし、障害礎石を11 m 480 移動した場合（9レーン、水濠が2,000 mラップの位置）：

スタートラインから最初の1周に入るまで障害物を置かない	39 m 280
スタートラインから最初の障害物まで	70 m
最初の1周に入ってから第1障害物までの距離	30 m 720
（第1障害物をフィニッシュライン側に移動する距離	15 m 616）
第1障害物から第2障害物までの距離	84 m 592
第2障害物から第3障害物までの距離	84 m 592

第3障害物から水濠までの距離	84 m 592
水濠から第4障害物までの距離	84 m 592
第4障害物からフィニッシュラインまでの距離	69 m 488

422 m 96の7周＝2,960 m 720　39 m 280＋2,960 m 720＝3,000 m

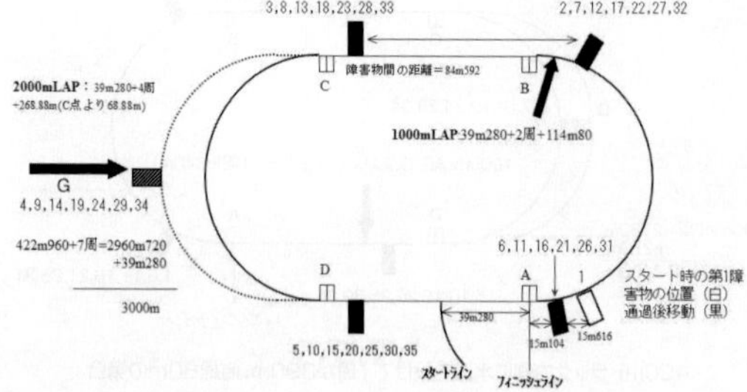

400mトラック（9レーン）外側に水濠を設けて１周が422.96m、直走路が80m、障害礎石を11m480移動した場合

23.5　障害物の標準の高さは、男子が914㎜（±3㎜）女子が762㎜（±3㎜）、幅は少なくとも3 m 940とする。障害物の最上部のバーと水濠に接した障害物の最上部のバーは127㎜（±3㎜）の正方形とする。

〔国際〕

障害物の標準の高さは、男子・U20男子が914㎜（±3㎜）、U18男子が838㎜（±3㎜）、女子が762㎜（±3㎜）、幅は少なくとも3 m 940とする。障害物の最上部のバーと水濠に接した障害物の最上部のバーは127㎜（±3㎜）の正方形とする。

各障害物の重量は80㎏～100㎏で、各障害物は両側に1 m 200～1 m 400の基部をつける。

水濠に接した障害物の幅は3 m 660（±20㎜）で、水平に移動しないようにグラウンドに強固に固定されていなければならない。

上部のバーは黒と白または他の濃淡の著しい色（かつ周囲の景観とも区別できるような色）で塗り、両端は淡い方の色とし、その幅は少なくとも225㎜とする。その色分けは全ての競技者が見分けることができるものとする。

障害物は最上部のバーの少なくとも300㎜は、トラックの内縁から測ってフィールドの内側にあるようにトラックに置かなければならない。

〔注意〕

最初の障害物の幅は、少なくとも5ｍであることが望ましい。

〔国内〕

最初の障害物の幅は、少なくとも5ｍとする。

〔注釈〕

WA競技規則では〔注意〕として「最初の障害物の幅は、少なくとも5ｍあることが望ましい」としているが、本連盟の陸上競技場公認に関する細則では必備器具として、１台は幅5ｍとすると規定している。

障　害　物

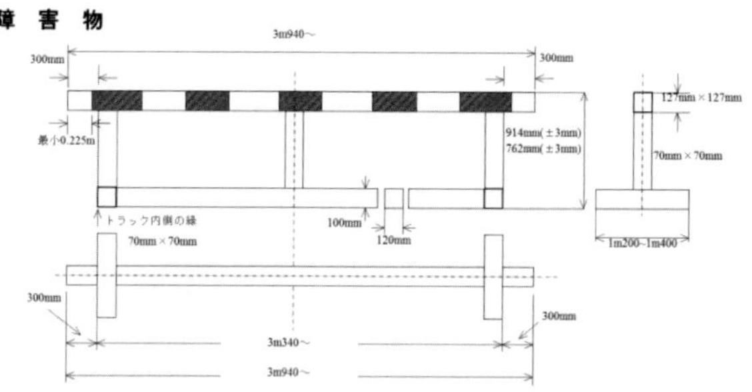

23.6　水濠は障害物を含めて、長さが3ｍ660（±20㎜）、幅が3ｍ660（±20㎜）とする。

水濠の底は、シューズを安全にしっかり受け止められるように、十分な厚さのマットか合成表面材でなければならない。スタート時の水濠の水面とトラックの表面の差は20㎜を超えてはならない。

〔国内〕

障害物に接する側の水濠の水深は500㎜（±50㎜）とし、他の側でグラウンドと同一表面になるように底を12.4°（±1°）均一に上向きに傾斜させる。水深は700㎜から500㎜へと減じる。

〔国際〕

障害物に接する側の水濠の水深は進行方向に約1ｍ200にわたり500㎜（±50㎜）とし、他の側でグラウンドと同一表面になるように底を12.4°（±1°）均一に上向きに傾斜させる。

〔注意〕

2018～2019年度の競技規則で定められた規格で作られたものは有効とする。

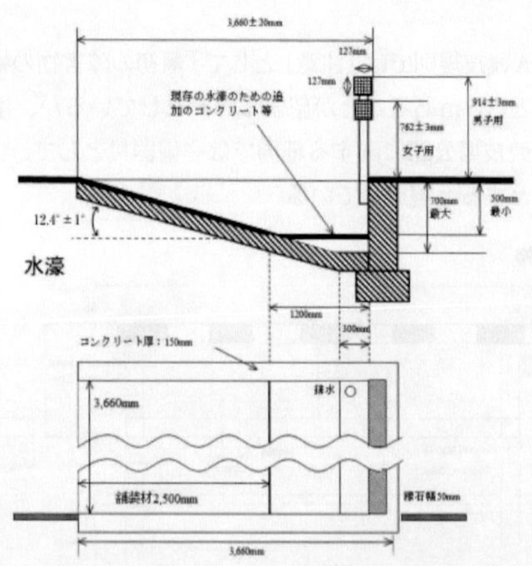

23.7　競技者は水濠を越えて、あるいは水濠に入って進み、全ての障害物を越えなくてはならない。そうしない場合は失格となる。加えて競技者は、次のことをすると失格となる。

23.7.1　水濠のある場所で、水濠以外の地面を踏んだ時（水濠の右側・左側を問わない)。

23.7.2　障害物を通過する瞬間、足または脚が（いずれの側かにかかわらず）障害物をはみ出て、バーの高さより低い位置にある時。

この規則が守られていれば、競技者は障害物をどんな方法で越えてもよい。

TR 24.　リレー競走

24.1　4×100m、4×200m、100m-200m-300m-400m（メドレーリレー）、4×400m、4×800m、1200m-400m-800m-1600m（ディスタンスメドレーリレー）、4×1500mが標準の距離である。

〔国際－注意〕

メドレーリレーは走る距離の順番を入れ替えることができる。その場合、TR24.3、24.14、24.20の適用においては、適切な調整を行うこと。　‖

〔注釈〕

国内競技場のメドレーリレーに関するマーキングは、100m-200m-300m-400mの順で行うことを前提としている。

24.2　幅50㎜のラインをトラックに横に引いて、各区域の距離とスタートラインを示す。

24.3　4×100mRと4×200mRの全走者間、およびメドレーリレーの第1走者と第2走者間、第2走者と第3走者間のテイク・オーバー・ゾーンは30mとし、ゾーンの入口から20mが基準線となる。メドレーリレーの第3走者と第4走者間、4×400mRおよびそれ以上の距離で行われるリレー種目のテイク・オーバー・ゾーンは基準線を中心に20mとする。ゾーンは、走る方向においてスタートラインに近い端を基点とする。レーン内で行われる各バトンの受け渡しについて、担当する競技役員は、各競技者が正しいテイク・オーバー・ゾーンの位置にいることを確認する。その競技役員はTR24.4（マーカーの数とサイズ）が確実に遵守されるようにしなければならない。

〔注釈〕

4×200mRで第3走者の途中からレーンがオープンになる場合は、第3走者と第4走者間のテイク・オーバー・ゾーンは20mとなる。

監察員は各チームの各競技者が正しいレーンまたは位置で自身の位置をとるようにしなければならない。出発係は最初の走者を配置し、各バトンを確実に渡す責任がある。出発係はまた、テイク・オーバー・ゾーンのスタートラインを支援するために割り当てられることもある。各テイク・オーバー・ゾーンの監察員主任と配置された監察員は、次走者の位置取りが正しいかどうか確認する責任を負う。全ての競技者がゾーンに正しく位置についたなら、監察員主任は合意された連絡手段（主要競技会では通常無線機）によって、関係する他の競技役員に連絡する必要がある。
また、監察員は各テイク・オーバー・ゾーンにおいて、バトンを受け取る次走者がバトンを受取るために移動を開始する前に、その足がゾーンに完全に入っていることを確認しなければならない。この動きはゾーン外のいかなる場所で開始されてはならない。

24.4 レーンでリレー競技を行う場合、競技者は大きさが最大50㎜×400㎜で他の恒久的なマーキングと混同しないようなはっきりとした色の粘着テープをマーカーとして1カ所、自らのレーン内に貼ることが許される。それ以外のマーカーの使用は認められない。規則に違反しているマーカーがあれば、規則に合わせるよう、あるいは剥がすよう、審判員は当該競技者を指導する。指導に従わない場合は、審判員が剥がさなくてはならない。

〔注意〕

悪質と考えられる場合は、TR7.1および7.3を適用することができる。

〔国内〕

本連盟が主催、共催する競技会では、マーカーは主催者が用意する。

24.5 バトンは競技場内で行われる全てのリレー競技で使用され、レース中は手で持ち運ばれなければならない。ワールドランキングコンペティション定義1. (a)、(b)、(c) と2. (a)、(b) に該当する競技会では各バトンには番号が付され、異なる色とし、トランスポンダーシステムを組込むことができる。
バトンは継ぎ目のない木材、または金属その他の硬い物質でつくられ、断面が丸く、滑らかで中空の管でなければならない。長さは280㎜～300㎜で、直径は40㎜（±2㎜）、重さは50g以上とする。またレースにおいて、容易に識別できる色でなければならない。

競技者はバトンを受け取りやすくする目的で手袋をはめたり、TR6.4.3で認められた以外の何かを手に付けたりすることはできない。

〔注意〕

可能であれば、各レーンまたはスタート時のレーンに割り当てられたバトンの色をスタートリストに記す。

24.6 もしバトンを落した場合、落とした競技者がバトンを拾って継続しなければならない。この場合、競技者は距離が短くならないことを条件にバトンを拾うために自分のレーンから離れてもよい。加えて、バトンを落とした時、バトンが横や進行方向（フィニッシュラインの先も含む）に転がり、レーンから離れて拾い上げた後は、競技者はバトンを落とした地点に戻ってレースを再開しなければならない。これらの手続きが適正になされ、他の競技者を妨害しない限りはバトンを落としても失格とはならない。

競技者がこれらの規則に従わなければ、そのチームは失格となる。

〔注釈〕

バトンパスが開始され、バトンパスが完了していない状態でバトンを落とした場合には、バトンは渡し手（前走者）が拾わなくてはならない。バトンパスが完了し、受け手（後走者）が唯一の保持者となった後にバトンを落としたら、受け手が拾わなくてはならない。

24.7 バトンはテイク・オーバー・ゾーン内で受け渡されなければならない。バトンの受け渡しは、受け取る競技者にバトンが触れた時点に始まり、受け取る競技者の手の中に完全に渡り、唯一のバトン保持者となった瞬間に成立する。それはあくまでもテイク・オーバー・ゾーン内でのバトンの位置のみが決定的なものであり、競技者の身体の位置ではない。

テイク・オーバー・ゾーン外でのバトンの受け渡しは、失格となる。該当する場合、TR17.3.2が適用される。 ||

TR17.3.2が適用されるのは、バトンパスを行っている最中に、実質的な利益を得ず、他の競技者が妨害されることもなく、テイク・オーバー・ゾーンの割り当てられたレーンの内側を踏んだ場合に適用されることがあるバトンの位置を決めるにあたっては、バトン全体を考慮する必要がある。
監察員はバトンがテイク・オーバー・ゾーンに入る前に、次走者がバトンに触れる位置を確実に観察する必要がある。
バトンがテイク・オーバー・ゾーン内に入る前に次走者がバトンに触れたら、そのチームは失格となる。監察員はまた、競技者がゾーンから出る際にはバトンが受け取り側の競技者の手の中だけにあることを確認しなければならない。

24.8 バトンを受取る競技者が唯一のバトン保持者となる瞬間まで、バトンを渡す競技者に対してTR17.3が適用される。受渡した後は、バトンを受取った競技者に対して適用される。
バトンを受ける前または渡した後、競技者は他の競技者への妨害を避けるため、走路が空くまで自分のレーンまたはその位置（ゾーン）にとどまる。TR17.2と17.3は適用されない。但し、自分のレーンの外を走ったり、外で立ち止まったりすることによって、バトンを渡し終えた競技者が他のチームの競技者を妨害した時は、TR17.1が適用される。

24.9 レース中、競技者が他チームのバトンを使ったり拾い上げたりした場合、そのチームは失格となる。相手チームは、有利にならない限り失格とはならない。

24.10 リレーのメンバーが走ることができるのは1区間だけである。リレー・チームのメンバーは、どのラウンドにおいてもその競技会のリレー競技または他の種目に申し込んでいる競技者であれば、誰でも出場することができる。最初のラウンドに出場した競技者は、その後のラウンドを通して、〔国際〕最大4名まで他の競技者と交代することができる。この規則に従わなければ、そのチームは失格となる。

〔国内〕

1. 申込みの時のチームの編成は、原則として6名以内とする。
2. どのラウンドにおいても出場するメンバーのうち少なくとも

2名は当該リレー種目に申し込んだ競技者でなければならない。

3. 最初のラウンドに出場した競技者は、その後のラウンドを通して、2名以内に限り、他の競技者と交代することができる。
4. 交代とは、一度出場した競技者が他の競技者と代わることであり、最初のラウンドにおいて当該リレー種目に申し込んでいない競技者が出場する場合は交代とは見なさない。
5. 前のラウンドに出場した競技者が一度他の競技者と代わり、再び当該リレー種目のチームに戻る場合は、新たな交代競技者数には加算しない。

24.11〔国内〕 リレー競技のチームの編成は、各ラウンドの第1組の招集完了時刻の1時間前までに正式に申告しなければならない。一度申告したらその後の変更は、その組の招集完了時刻までに主催者が任命した医務員の判断がない限り、認められない。各チームは申告された競技者がその順番で走らなければならない。この規則に従わなければ、そのチームは失格となる。

〔国際〕

リレー競技のチームの編成は、当該競技会の各ラウンドの各組の公表されたfirst call time（その時間までに競技者が招集所にいなければならない時刻）までに正式に申告しなければならない。各チームは申告された競技者がその順番で走らなければならない。この規則に従わなければ、そのチームは失格となる。

〔注釈〕

招集完了時刻前であっても、一度申告した編成の変更（オーダー用紙の差換え）は認められない。

医務員の判断による変更は、出場する競技者の変更のみ認められ、編成（走る順番）の変更は認められない。

24.12 4×100mリレーは完全にレーンを走らなければならない。

24.13 4×200mリレーは以下のいずれの方法で走ってもよい。

24.13.1 可能ならば完全にレーンを走る（レーンで四つの曲走路を走る）。

24.13.2 第1走者と第2走者はレーンで走り、第3走者は同様にTR17.5で述べたブレイクラインの手前端までレーンで走り、その後レーンを離れることができる（レーンで三つの曲走路を走る）。

24.13.3 TR17.5で述べたブレイクラインの手前端まで第1走者が走り、その後レーンを離れる（レーンで一つの曲走路を走る）。

〔注意〕

4チーム以内で競走する場合でTR24.13.1が不可能な場合、24.13.3の方法で行う。

24.14 メドレーリレーは第2走者までレーンで走る。第3走者はTR17.5で述べたブレイクラインの手前端までレーンで走り、その後レーンを離れることができる（レーンで二つの曲走路を走る）。

24.15 4×400mリレーは以下のいずれかの方法で走ることができる。

24.15.1 第1走者はレーンで走り、第2走者は同様にTR17.5で述べたブレイクラインの手前端までレーンで走り、その後レーンを離れることができる（レーンで三つの曲走路を走る）。

24.15.2 第1走者はTR17.5で述べたブレイクラインの手前端までレーンで走り、その後レーンを離れることができる（レーンで一つの曲走路を走る）。

〔注意〕

4チーム以内で競走する場合には、TR24.15.2の方法で行う。

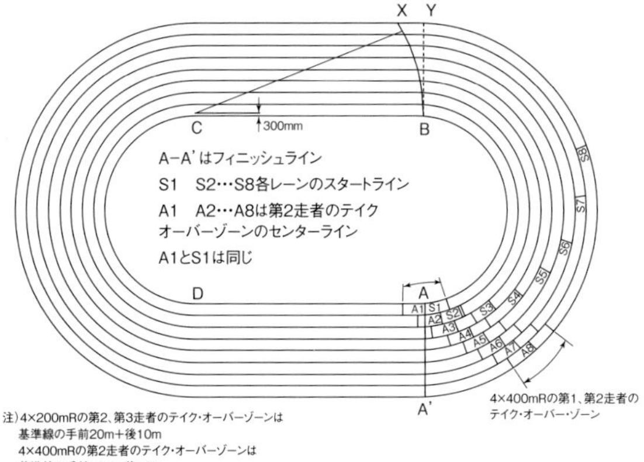

24.16 4×800mリレーは以下のいずれかの方法で走ることができる。

24.16.1 第1走者はTR17.5で述べたブレイクラインの手前端までレーンで走り、その後レーンを離れることができる（レーンで一つの曲走路を走る）。

24.16.2 レーンを用いない。

24.17 競技者がTR24.13〜24.15および24.16.1に従わない場合、そのチームは失格となる。

24.18 ディスタンスメドレーリレーと4×1500mリレーはレーンを用いないで行う。

24.19 全てのバトンパスにおいては、テイク・オーバー・ゾーン外から走り出してはならず、そのゾーンの中でスタートしなければならない。この規則に従わなければ、そのチームは失格となる。

24.20 メドレーリレーの最終走者、4×400mリレーの第3、第4走者（TR24.15.2を適用する場合は第2走者も）は審判員の指示に従い、前走者が第二曲走路入り口を通過した順序で、内側より並び待機する。その後、待機している走者はこの順序を維持しなくてはならず、バトンを受け取るまで入れ替わることは認められない。この規則に従わなければ、そのチームは失格となる。

〔国内〕

第二曲走路入り口地点を示すために、フィールド内1～2mの場所に黄旗を立てる。

〔注意〕

4×200mリレーにおいて、レーンを完全に走行するのではなく途中でレーンを離れる方法で実施するなら、前走者がレーン内走行でない場合、次走者はスタートリストの順番で内側より外側に一列に並ぶ。

24.21 4×200mリレー、メドレーリレーと4×400mリレーも含めレーンを使用しない場合には、どのリレー種目においても、次走者は、他の走者の進行を邪魔するために妨害したり押しのけたりしないのであれば、走って来る自分のチーム走者が近づくにつれてトラックの内側に移動できる。

4×200mリレー、メドレーリレーと4×400mリレーの場合には、次走者はTR24.20で規定された順番を維持する。競技者がこの規則に従わなければ、そのチームは失格となる。

24.22 この規則によらないでリレー競走を行う場合には、関連する各種規則や適用方法を決めなければならない。

監察員主任と配下の監察員は、割り当てられている場所にいなければならない。走者が自身のレーンに正しく入った後にレースが開始されたら、テイク・オーバー・ゾーンを監察する監察員主任と担当する監察員は、規則の違反の有無、特にTR17に基づく違反を報告する責任がある。

競技規則・第3部　フィールド競技

TR 25.　総則－フィールド競技

競技場所での練習試技

25.1　各競技者は、競技開始前に競技場所において練習を行うことが許される。投てき競技では、あらかじめ決められた試技順で、常に審判員の監督のもとで練習を行う。

過去、競技規則では投てき種目において、各競技者には2回の練習試技が必要であると規定されていたが、今ではそのような決まりはない。TR25.1は、ウォームアップ時間が許す限り何回でも認められると解釈されるべきである。大規模競技会の場合、2回は標準的な練習試技回数だが、これは最小限の回数とみなされ、時間が許すなら一部または全ての競技者による追加の練習試技要求は認められる。

25.2　競技が開始されたら競技者は練習の目的で次のものを使用することはできない。

25.2.1　助走路や踏切場所

25.2.2　棒高跳用ポール

25.2.3　投てき用具（投てき物）

25.2.4　投てき用具（投てき物）を持つ、持たないに関係なく、サークルや助走路および着地場所

但し、サークルや助走路以外での投てき物の使用は、いかなる場合も禁止する。

〔国内〕

TR25.2.2は審判長が特に認めた区域において使用可能とする。

投てき競技においては、誤って手から離れた時に他者に危害を与えるような物を利用しての練習はできない。

この規則を適用しても他の競技者や他の人を危険にさらしたり、遅らせたり、妨害したりしない限り、競技者が次の試技の準備のために自身のポー

ルや選んだ器具に触れたり、準備したり、テープを巻いたりすることを妨げてはならない。効率的な方法で競技会の進行を保証するために、審判員が合理的にこの規則を解釈し、競技者が持ち時間が始まると直ちに試技を始めることができることが特に重要となる。

マーカー

25.3 マーカーは以下の通りとする。

25.3.1 助走路が使われるフィールド競技では、走高跳を除いてマーカーは助走路の外側に置かなければならない。走高跳だけは助走路内に置くことができる。競技者は助走や踏切をしやすくするためにマーカー（主催者が準備したもの、または承認したもの）を2個まで使うことができる。マーカーが準備されない場合、粘着テープを使用することができるが、チョークや類似品および消えないマークは使用できない。

25.3.2 サークルから行う投てき競技では、マーカーを1個だけ使用することができる。このマーカーはサークルの直後あるいはサークルに接して置くことができるが、線上や着地場所に置くことはできない。マーカーは各競技者の試技中に一時的に設置し、審判員の視界を遮るものであってはならない。着地場所あるいはその脇に個人所有のマーカーを設置することはできない。

〔注意〕

それぞれのマーカーは一体構造のものとする。

25.3.3 規則に違反しているマーカーがあれば規則に合わせるよう、あるいは剥がすよう、審判員は当該競技者を指導する。指導に従わない場合は、審判員が剥がさなくてはならない。

〔注意〕

悪質と考えられる場合はTR7.1および7.3を適用することができる。

25.3.4 棒高跳の助走路に沿って、ゼロラインを起点として2.5mから5mの間は0.5mごとに、5mから18mの間は1

mごとに、適切で安全なディスタンスマーカーを設置する。

〔国内〕

本連盟が主催、共催する競技会においては、ディスタンスマーカーを設置する。他の競技会でも、主催者はこのマーカーを設置してもよい。

地面が濡れている場合、粘着テープは数色のピンを刺して地面に固定することが可能である。

各マーカーが一体構造のものであることの要件は、審判長によって分かりやすく解釈される必要がある。例えば、製造業者がそのように使用することを意図した一体構造物を作るために2個の部品を使用することは許される。同様に、複数の競技者がマーカーを同じ場所に置くことを選択した場合、または走高跳でテープを細かく裂き、より鮮明に目立たせる目的で異なる形状のマーカーを作った場合も、それぞれ許容されるべきである。

TR25.3.4は、競技者とそのコーチが助走路の踏切位置と跳躍状況を判断する際に役立つように考案されている。それらをどのように設置し、見た目をどうするかについての決まった概念はない。主催者と審判長は、それぞれの競技会の環境の中で、規則の意図の範囲内でどのような仕様が許容でき、公正であるかを解釈する裁量権を持つ。

パフォーマンス・マーカーと風の情報

25.4　パフォーマンス・マーカーと吹き流しは以下の通りとする。

25.4.1　明瞭な旗またはマーカーを置いて現在の世界記録、必要であれば、地域、国、大会の現在の記録を示すことができる。

25.4.2　競技者がおおよその風向と風力を知ることができるように、全ての跳躍競技と円盤投・やり投においては、適切な場所に一つ以上の吹き流し状のものを置く。

試技順と試技

25.5　TR25.6が適用される場合を除き、あるいは適用される規則に特段の定めがある場合を除き、競技者は抽選で決められた試技順に従って競技を行わなくてはならない。

競技者が自身の判断で事前に決められた試技順とは異なる順番で試技を行なった場合、CR18.5およびTR7.2を適用しなければならない。警告を与える場合、その試技の結果は有効・無効にかかわらず記録される。予選ラウンドがある場合、決勝ラウンドの試技順は新たに抽選で決める。

25.6 走高跳と棒高跳を除き各競技者が各試技のラウンドで許されるのは1回の試技のみである。

走高跳と棒高跳を除くフィールド競技で8名を超える競技者が競技を行う場合には、競技注意事項等で特に規定していなければ、各競技者は3回の試技が許される。その中で、有効試技で記録を得た上位8名には、さらに3回（競技注意事項等で規定している場合はその回数）の試技が許される。

前半の試技が終了した時の通過順位において2名以上の競技者が同じ最高記録であった場合、TR25.22を適用する。このようにしても同成績であったならば、同成績の競技者は後半の試技を行うことができる。

競技者が8名以下の場合には、競技注意事項等で特に規定していなければ、各競技者に6回の試技が許される。前半の3回の各試技のラウンドで有効試技が一つもない1名以上の競技者にも後半の試技が許されるが、その試技順は有効試技のある競技者の前とし、複数いる場合は当初のスタートリスト順とする。

25.6.1 競技注意事項等で特に規定していなければ、後半の3回の試技順は、前半の3回までの試技で記録した成績の低い順とする。

25.6.2 後半の試技で前半とは試技順を変更するにあたって、いずれかの順位に同成績がいる場合、そうした競技者の試技順は当初のスタートリスト順とする。

〔注意〕

i 高さの跳躍についてはTR26.2を参照。

ii 〔国際〕TR8.5の下で審判長が競技の継続を許可し1名または複数の競技者が「抗議中」として競技を継続する場合、後半3回の各試技のラウンドでは、「抗議中」の競技者は他の競技者より先に競技を行うものとする。そのような競技者が複数名存在する場合、競技の順番は当初のスタートリスト順とする。

iii 競技会統括団体は試技回数（6回より多くてはならない）や、前半3回行った後の各試技に出場できる競技者数を決めることができる。

iv 競技会統括団体は4回目以降の試技順について、どの試技のラウンドであっても、再度、変更することができる。

v ワールドランキングコンペティション定義1. (d)と2. (d)に該当する競技会においては、当該競技会に適用される規則または主催者が決定する他の方法によって、競技者はシード、ランク付け、競技順序が割り当てられる場合があるが、その内容は事前に競技者とその代理人に通知されることが望ましい。

競技者が自分の意思により、あるいはCR6により競技を途中で止めた場合、当該競技者はその競技のその後の試技を行うことはできない。例えば高さを競う跳躍競技での1位決定のためのジャンプオフや、混成競技において途中でやめた当該種目には出場できない。
長さを競うフィールド競技で8名を超える競技者が出場している場合、全員が3回の試技終了後、上位記録の8名のみが4回目以降の試技を行うことができる。この要件として、最初の3回の試技の少なくとも1回で、正しい跳躍または正しい投てきで結果が記録される必要がある。最初の3回の試技で有効な結果が記録された競技者が8名未満であっても、4回目以降の試技を行うことができるのは、最初の3回の試技で1回でも有効な結果が記録された競技者のみである。

試技の記録

25.7 走高跳と棒高跳以外の種目における有効な試技は、計測値を表示する。
計測値以外に使用される標準的な略語と記号はCR25.4を参照のこと。

試技の完了

25.8 審判員は、試技が完全に完了するまでは有効を示す白旗を挙げてはならない。審判員は間違った旗を挙げたと判断したら、判定を再考してよい。

試技の完了は以下によって決定される。

25.8.1 高さの跳躍の場合、TR27.2、28.2、28.4に記載されている失敗が無いか確認した後、有効が決定される。

25.8.2 長さの跳躍の場合、TR30.2に基づき競技者が着地場所から離れたことを確認した後、有効が決定される。

25.8.3 投てき競技の場合、TR32.17に基づき競技者がサークルまたは助走路から離れたことを確認した後、有効が決定される。

予　選

25.9 参加する競技者が多く、決勝が適正に実施できない時は予選を行う。予選ラウンドがある時は全競技者が競技を行い、その中から決勝進出者が選ばれなければならない。予選ラウンドを行うに際しては、競技会統括団体は一つあるいは複数の種目で、その競技会の中で、あるいはそれに先立つ別の競技会で、参加資格を与える競技者の一部または全部を決めることや、その競技会のどのラウンドから出場することができるかを決める権限を持つ。どの競技者に参加資格を与え、どのラウンドから出場できるかという手順や考え方（特定の期間に達成された参加標準記録、指定競技会での順位や指定されたランキング等）については、各競技会の大会要項や競技注意事項等に記載する。

予選や他の追加的予備予選の記録は、決勝記録の一部とはみなさない。

〔国内〕

参加者が24名を超える時は予選を行う。

25.10 予選は通常では競技者を二つ、あるいはさらに多くのグループに無作為に分けて実施するが、これらのグループはおおよそ同じレベルに分けることが望ましく、可能な限り同じ加盟団体やチームの競技者は異なったグループにする。複数のグループが同時に同条件で競技できる施設がない時は、前のグループの競技が終了した後、直ちに次のグループが練習試技を開始する。

〔国内〕

跳躍競技および砲丸投では、予選に限り並列または離れた二つの場所で行ってもよい。但し、これらの場所の条件をできるだけ同一にする。

25.11〔国際〕 競技会が3日を超えて行われる時、高さを競う種目は、予選と決勝の間に1日の休息日をおくことが望ましい。

25.12〔国内〕 予選通過標準記録および決勝の競技者数など予選通過の条件は、主催者が決める。決勝は少なくとも12名とすべきである。

〔国際〕

予選の通過標準記録および決勝の競技者数など予選の条件は、技術代表が決定する。技術代表をおかない場合は、主催者が諸条件を定める。ワールドランキングコンペティション定義1. (a)、(b)、(c) と2. (a)、(b) に該当する競技会においては、特別な規定がない限り決勝は少なくとも12名とする。

〔国際－注意〕

決勝に出場する資格のある競技者が棄権した場合の扱いについて、前ラウンドで当該ラウンドに進出する資格を獲得した競技者の次にランク付けされた者で補充することを、適用する規則で定めることができる。

25.13 走高跳と棒高跳を除く種目の予選は、各競技者は3回までの試技が許される。一度、予選通過標準記録に達した競技者は、予選でその後の試技は許されない。

25.14 走高跳と棒高跳の予選では、3回続けて失敗していない競技者は、もし決勝進出者数がTR25.12で規定された人数に達していなければ、TR26.2（試技のパスを含む）に従い、決められた予選通過標準記録の高さの最終試技が終わるまで試技を続ける。決勝進出が決定した競技者は、予選の試技を続けることはできない。

25.15 もし、事前に決められた予選通過標準記録を突破した競技者がいなかったり、必要人数に満たなかったりした時は、決勝進出者は予選の成績により追加補充する。最後の通過順位に同記録の競技者が複数名いる場合は、競技全体の結果からTR25.22あるいはTR26.8を適用して決める。その結果として同成績と判断された場合は、同成績の競技者は決勝に進める。

25.16 走高跳と棒高跳の予選で二つのグループが同時に行われる場合、各高さにバーを上げるタイミングは同時であることが望ましい。

走高跳と棒高跳の予選グループの組み合わせでは、TR25.10の要件が遵守されていることが重要である。技術代表とITO/審判長は、走高跳と棒高跳の予選の進捗状況を綿密に追跡しなければならない。一方では競技者はTR26.2 に従って競技を終えなければ、予選通過記録に到達するまで(TR25.12 で規定されている競技者の人数に達していない限り)跳躍(またはパスすることを意思表示) し続けなくてはらず、他方、二つのグループでの競技者全体の順位付けはTR26.8 に従って解決される。まだ競技が続くかどうかにかかわらず決勝に進出する人数が確定したなら、競技者がそれ以上不必要な競技を続けることのないよう、TR25.14の適用に注意を払う必要がある。

試技時間

25.17 担当審判員は競技者に試技を開始するための用意が完了していることを示さなくてはならず、この瞬間から試技時間のカウントダウンが始まる。

棒高跳における時間は、競技者からの事前の申告に従ってバーが調整された時から開始する。さらに調整するための追加時間は認められない。

競技者が試技時間内に競技を開始していれば、試技の完了前に試技時間が超過しても、その試技は認められる。

試技時間のカウントダウンが始まった後に競技者がその試技を行わないと決めた場合、制限時間が過ぎるのを待って無効試技として扱う。

次の試技時間を超えてはならない。試技時間を越えたらTR25.18を除き、無効試技として記録する。

単独種目

残っている競技者数	走高跳	棒高跳	その他
4人以上 *	1分	1分	1分
2～3人	1分30秒	2分	1分
1人	3分	5分	―
連続試技 **	2分	3分	2分

混成競技

残っている競技者数	走高跳	棒高跳	その他
4人以上 *	1分	1分	1分
2～3人	1分30秒	2分	1分
1人	2分	3分	―
連続試技 **	2分	3分	2分

*　4人以上または各競技者の最初の試技

**　単独種目・混成競技ともに、残っている競技者数が2名以上の時に適用し、走高跳・棒高跳では高さが変わった場合にも適用する。

〔注意〕

i　試技をするために許される残り時間（試技時間）を示す時計は、競技者に見えるように設置する。加えて試技に許される時間（試技時間）が残り15秒になった時から、審判員は通常、黄旗を挙げ続けるか、その他の方法で適切に知らせる。黄旗以外の視覚的な表示物を使用することも認められる。

〔国内〕

時計が設置できない時は、残り15秒になった時から審判員が黄旗を挙げ続けるか、その他の方法で適切に知らせる。

ii　走高跳と棒高跳の場合、試技時間の変更は（同じ高さで先に試技をした競技者が競技を終え、人数が減っても）連続試技である場合を除き、バーが新しい高さに上げられるまで適用しない。但し例外として連続試技となる時には定められた時間を適用する。他のフィールド競技では、連続試技である場合を除き制限時間を変更することはできない。

iii　残りの競技者の数を数える際は、第1位決定試技に残る可能性がある競技者も含めなければならない。

iv　走高跳と棒高跳で優勝が決まり競技者が1名となり、世界記録かその他大会記録等に挑戦する場合には、定められた制限時間より1分延長しなければならない。

〔注釈〕

別の競技会の標準記録への挑戦は対象にならない。

v　高さを競う跳躍競技では、バーが新たな高さに上がった時点で、引続き競技を行うことができる競技者の数が決まる。

vi　連続試技の時間は、走高跳と棒高跳では連続試技を行う同じ高さまたは連続した高さ、または次の高さで試技順が変更された場合に関係なく、当該競技者が連続して試技を行う際に適用される。

連続試技の時間は、残っている競技者の人数に適用する試技時間より長い場合に適用される。

但し、残りの競技者の数え方により、競技者がより長い時間の権利を有する場合にはその時間が適用される。

審判員は次に試技を行う競技者、加えてその後に試技する競技者に（順番であることを）通知または呼び出すシステムを常に使用すべきであるが、特に競技者の制限時間が1分の時には、必須である。また、審判員は競技者を呼び出し制限時間用の時計をスタートする前に、競技エリアが次の試技のために完全に準備されていることを保証しなければならない。審判員と審判長は特に時計をスタートさせる時間を決定する時や、「タイムアウト」となり無効試技を宣告する時には、イベントプレゼンテーションの指示の内容も含めた競技会の進行状況を十分に理解していなければならない。

考慮すべき特別な状況は、走高跳とやり投で競技者が試技を開始するにあたり（同じ競技エリアでトラック種目が同時におこなわれている場合）、助走路が使用可能な状態になっているかどうか、及び円盤投とハンマー投で競技者が試技を開始するにあたり、歩いて囲いの奥にあるサークルに到達するまでの距離である。

試技のやり直し

25.18 競技者の責によらない理由により、試技の途中で競技者が妨害されたり、競技ができなかったり、あるいは正確に記録することができない場合、審判長は試技のやり直しや制限時間の一部または全部を修正させる権限を有する。
試技のやり直しを行う必要がある場合は、個々の状況に応じて適当な時間をおいてから行うものとする。試技のやり直しを認める前に他の競技者により競技が進行していたら、やり直しの試技はその時点で終了していない他の競技者の試技よりも前に行う。

競技者がやり直し試技を与えられることが適切な場合がいくつかある。例えば、手続き上または技術上の不備のために試技が測定されず、正しく再計測することが不可能な場合などである。こうしたことは良いシステムとバックアップによって回避されるべきであるが、間違いが起こった時のために、技術を駆使して備えをしておくべきである。試技のやり直しでは、問題が直ちに発見されずに競技が進行してしまった場合を除き、試技順序の変更は認められておらず、審判長はそれぞれの特定の事情の状況を考慮して、試技のやり直しまでどれだけの時間を取るべきかを決定しなければならない。

競技中の離脱

25.19 審判員の許可を得ることなく、かつ審判員が伴わない限り、競技者は競技の進行中に競技場所を離れることはできない。これに違反すれば警告の対象となり、その後、二度目の警告を受けたり、悪質であったりする場合は失格となる。試技を行うべき順序の際に競技者が不在の場合は、その試技時間が過ぎれば無効試技とする。

競技場所・競技時刻の変更

25.20 審判長（または技術代表）は、その競技場所の状態から見て、競技場所あるいは競技時刻を変更した方が適切と考えた時は、競技場所あるいは競技時刻を変更することができる。但し、その変更は一つの試技のラウンド（ある高さや試技回数）

が終わった後に行う。

〔注意〕

風の強さや方向の変化は絶対的な条件ではない。

「ラウンド」ではなく「試技のラウンド」というフレーズは、フィールド種目における「試技のラウンド」と「競技会のラウンド」(すなわち、クォリフィケーションラウンド（予選）と決勝）との明確な違いが理解できるよう配慮されている。

もし、状況が試技のラウンドが終了することを不可能にしている場合、技術代表（審判長を介して）または審判長は、通常、その試技のラウンドですでに終わっている試技を無効とし（常に中断の時点までの状況と試技の結果による)、その試技のラウンドの最初から再開すべきである。TR11.4も参照のこと。 ‖

競技成績

25.21 各競技者はそれぞれが行った全ての試技のうち、最もよかった記録で評価されるものとし、走高跳と棒高跳の場合、同成績となった競技者が1位決定のために行った追加試技の記録も含む。

同成績

25.22 走高跳と棒高跳を除くフィールド競技では、最高記録が同じである競技者の2番目の記録で同成績かどうかを決める。それでも決められない時は3番目の記録で、以下同様にして決める。もし競技者が本TR25.22を適用しても同一成績であるならば、同成績とする。

高さの跳躍種目を除き、どの順位においても同成績の場合は1位の場合も含めてそのままとする。

〔注意〕

高さの跳躍についてはTR26.8、26.9を参照。

A　高さの跳躍

TR 26.　総則－垂直跳躍

26.1　審判長または審判員主任は競技が始まる前に、競技者に対して最初の高さと、優勝が決まって1名だけになるまでの、あるいは第1位決定のための競技者が決まるまでの、各試技のラウンドの終了後に上げられるバーの高さを告知しなければならない（混成競技はTR39.8.4参照）。

試　技

26.2　競技者は、審判長または審判員主任から前もって告知されたどの高さからでも試技を開始してよく、以降の高さについてはどの高さを跳んでもよい。3回続けて失敗すれば、その高さがどの高さであろうと次の試技を続けることはできない。但し、同成績の第1位を決める場合を除く。

本条により、競技者はある高さで（1回目あるいは2回目の試技を失敗した後に）2回目あるいは3回目の試技をパスしても、引き続き次の高さの試技ができる。

もし競技者がある高さの試技を行わない場合、第1位決定のジャンプオフの場合を除き、その高さで次の試技を行うことはできない。

走高跳と棒高跳において他の全ての競技者が競技を終えていて、ある競技者がその場に不在の場合、与えられた試技時間が経過した後、審判長はその競技者は競技を放棄したと見なすものとする。

TR26.2において、高さを競う跳躍ではある高さを1回目または2回目の試技でクリアした場合には、同じ高さの2回目または3回目を跳躍することはできないとしているが、子供や学校の大会のように競技者のレベルが高くない場合には、同じ高さの2回目または3回目の試技を選択できるように規則を変更してもよい。

26.3　他の競技者が試技を行う権利を失った後でも、競技者は自分が試技を行う権利を失うまで、さらに試技を続けることができる。

26.4 競技者が最後の1名になり、優勝が決まるまでは、

26.4.1 バーは走高跳で2㎝、棒高跳で5㎝より少ない上げ方をしてはならない。

26.4.2 バーの上げ幅を増してはならない。

残っている競技者が2名以上でも、世界記録もしくは大会記録等を超える高さにバーを上げることに全員が同意したなら、TR26.4.1、26.4.2を適用しなくてもよい。

優勝が決まり最後の1名になったら、バーを上げる高さまたはバーの上げ幅は審判員または審判長と相談の上、その競技者が決定する。

〔注意〕

混成競技には適用しない。

〔国内〕

残っている競技者が2名以上でも全員の同意があれば、TR26.4.1、26.4.2を適用しないで日本記録もしくは大会記録等を超える高さにバーを上げることができる。

計 測

26.5 高さを競う全ての競技では計測は1㎝刻みで、地面から垂直にバーの上部の一番低いところで計測する。

26.6 バーを新しい高さに上げた時には、競技者が試技を開始する前にその高さを計測する。バーを交換した時は再計測しなければならない。記録（世界記録、日本記録（屋外、ショート・トラック／シニア、U20、U18））への挑戦の際、高さを計測した後の試技で競技者がバーに触れたら、審判員は次に行われる試技の前に、その高さを再確認しなければならない。

バー

26.7 バーはファイバーグラスあるいは金属を除く他の適当な材質で作られたもので、その断面は両端を除き円形とする。全ての競技者が見分けることができるように着色されていなければならない。バーの長さは走高跳で4ｍ（±20㎜）、棒高跳は4ｍ500（±20㎜）とする。バーの最高重量は走高跳で2㎏、

棒高跳は2.25㎏とする。バーの円形部分の直径は30㎜（±1㎜）とする。

バーは三つの部分からなる。円形の棒とバー止に載せるための幅30㎜～35㎜、長さ150㎜～200㎜の2個の両端である。これらの両端の部分は支柱のバー止の上に置く部分がはっきりと平坦な「かまぼこ形」あるいは「半円形」でなければならない。この平坦な部分は、バーの垂直断面の中心より高い位置にあってはならない。両端の部分は硬く滑らかでなければならない。これらはバーとバー止の摩擦を増す効果のあるゴムや他の材質で作られていたり、覆われていたりしてはならない。

バーはゆがんでいてはならず、バー止にのせた時、走高跳で最大20㎜、棒高跳で最大30㎜のたわみまで許される。

弾力性の調整：バー止めに載せて、バーの中央に3㎏の錘を吊す。その時、最大、走高跳で70㎜、棒高跳で110㎜のたわみまで許される。

順　位

26.8 もし2名以上の競技者が最後に越えたバーの高さが同じだった時、以下の手続きで順位の決定を行う。

26.8.1 最後に越えた高さで、試技数のもっとも少なかった競技者を勝者とする。

26.8.2 TR26.8.1の方法でなお同じ条件の場合は、その試技全体、即ち最後に越えた高さを含むそれまでの全ての試技のうち無効試技数がもっとも少なかった競技者を勝者とする。

26.8.3 TR26.8.2の方法でなお同じ条件の場合は、第1位に関する場合を除き、同成績の競技者は同順位とする。

26.8.4 第1位に関して対象となる競技者間のジャンプオフは、事前に公表された競技注意事項等に特別な定めがある場合や、当該種目の競技開始前に技術代表による、あるいは技術代表が指名されていない場合は審判長による特別な定めがある場合を除き、TR26.9に従って行われなければならない。

当該競技者がもうこれ以上跳躍しないと決めた場合を含め、ジャンプオフが実施されない時は同成績により第1位となる。

〔注意〕

TR26.8.4の規定は混成競技には適用しない。

ジャンプオフを終了するには、いくつかの方法がある。

a. 規定であらかじめ明記していること。

b. 技術代表（または技術代表がいなければ審判長）による、競技中の決定。

c. これ以上跳ばないという競技者たちによる決定。

技術代表または審判長によるジャンプオフを実施しないことの決定は、競技の開始前に行わなければならないが、ジャンプオフの開始または計測が競技場所の条件により不可能または望ましくない場合など、これが不可能な場合もある。審判長はこの状況に対処するためにCR18またはTR25の下で自身の権限を行使することができる。

強調されるべきは、ジャンプオフの開始前でも開始後のどのタイミングであっても、それ以降のジャンプオフをしないという決断を競技者が行うことができるということである。

ジャンプオフ（第1位決定戦）

26.9 ジャンプオフは以下の通りとする。

26.9.1 当該競技者は決着がつくまで、あるいは全ての当該競技者がこれ以上跳躍しないと決めるまで、全ての高さで跳躍しなければならない。

26.9.2 各競技者の各高さでの跳躍は1回とする。

26.9.3 ジャンプオフは当該競技者が最後に越えた高さのTR26.1によって上げた次の高さから始める。

26.9.4 もし決着がつかない場合、すなわち2名以上の競技者が成功した場合はバーを上げ、全員が失敗した場合はバーを下げる。その上げ下げの幅は走高跳で2㎝、棒高跳で5㎝とする。

26.9.5 もし跳躍しない競技者がいた場合は、その競技者のより高い順位になる権利は自動的に剥奪される。その結果1名の競技者だけが残った場合は、たとえその高さの試技を行わなくても、残った競技者が勝者（第1位）となる。

例（走高跳）

競技者	試技							無効試技※	追加試技			順位
	1m75	1m80	1m84	1m88	1m91	1m94	1m97		1m91	1m89	1m91	
A	○	×○	○	×○	×－	××		2	×	○	×	2
B	－	×○	－	×○	－	－	×××	2	×	○	○	1
C	－	○	×○	×○	－	×××		2	×	×		3
D	－	○	×○	×○	×r			2				4
E	－	×○	×○	×○	×××			3				5

○：成功　×：失敗　－：パス　r：試技放棄

※同記録で順位判定の対象となる競技者についてのみ記入。
競技の前に審判員主任から告知された高さ：
1m75; 1m80; 1m84; 1m88; 1m91; 1m94; 1m97; 1m99…
A、B、C、D、Eはいずれも1m88を2回目に成功した。
＜TR26.8および26.9の適用方法＞

審判員は同記録を生じた高さを含む無効試技数を数える。EはA，B，C，Dよりも無効試技数が多いので第5位となる。A，B，C，Dはなお第1位の同成績であるがDは既に試技放棄をしているので第4位となり、A，B，C全員が同記録となった次の高さの1m91でさらに追加試技を行う。

全員が失敗したので、バーを1m89に下げて追加試技を行う。Cだけがこの高さを失敗したので、Cの第3位が決まり、AとBは1m91の高さでさらに追加試技を行う。Bだけが成功したので勝者が決定しAは第2位となる。

一人の競技者が一方的にジャンプオフから撤退を決定した場合、他の競技者（1名だけが残っている場合）は、TR26.9.5に従って勝者と宣言される。この時、その競技者は該当する高さに挑戦する必要はない。2名以上の競技者がジャンプオフに残っている場合、残った競技者によってジャンプオフは続くが、撤退した競技者はジャンプオフ開始前の順位で確定となり、1位をはじめ、より上位の順位を得る権利を失う。

〔注釈〕

ジャンプオフを行うことになったら、審判員はその準備を行う。

競技開始後、審判員としてジャンプオフを行わないとの決定ができるのは、荒天等でこれ以上競技を行うことが危険との判断を審判長がした場合のみであり、審判員がジャンプオフの対象となる競技者に対して、「全員がジャンプオフを行わないことを選択すれば、全員が同順位で1位になる」といったことを示唆してはならない。
競技者が自発的に申し出てきた場合にのみ、ジャンプオフを中止または終了することになる。

外　力

26.10 跳び越える時、競技者には関係のない力（例えば突風）によってバーがバー止からはずれた場合は、

26.10.1 競技者がバーに触れないで跳び越えた後であれば、その試技は成功とする。

26.10.2 その他の状況では、新試技が許される。

TR 27. 走高跳

競技

27.1 競技者は片足で踏み切らなければならない。

27.2 次の場合は無効試技とする。

27.2.1 跳躍した後、バーが競技者の跳躍中の動作によってバー止にとどまらなかった時。

27.2.2 バーを越える前に、バーの助走路側の垂直面より着地場所側の、またはその垂直面を支柱から左右に延長した着地場所側の、地面あるいは着地場所に身体のいかなる部分でも触れた時。但し、競技者が跳躍した時に足が着地場所に触れたが、審判員がなんら有利にならなかったと判断した場合には、無効試技と見なさない。

〔注意〕

判定を補助するために、バーの助走路側の面ならびにその延長上で両支柱の外側3ｍまでの地面に、粘着テープなどで幅50㎜の白線を引く。この白線を踏んだり踏み越えたりした時は、無効試技とする。

27.2.3 助走して跳躍せずにバーまたは支柱の垂直部分に接触し

た時。

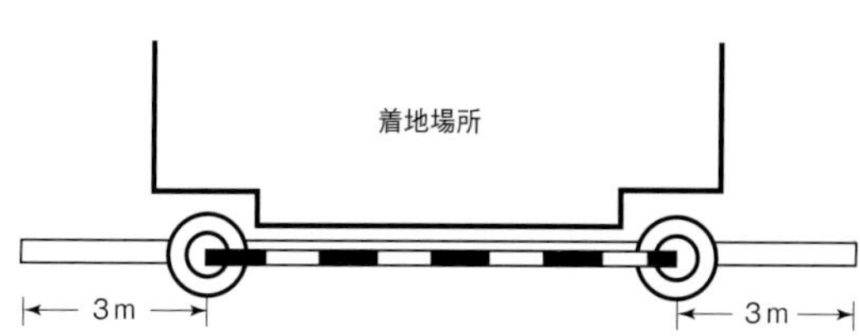

助走路と踏切場所

27.3 〔国内〕 助走路の幅、距離は、陸上競技場公認に関する細則による。

〔国際〕

助走路の幅は16m以上、距離15m以上とする。但し、ワールドランキングコンペティション定義1. (a)、(b)、(c)、(d) と2. (a)、(b) に該当する競技会においては25mとする。

27.4 〔国内〕 助走路の許容傾斜度は、陸上競技場公認に関する細則による。

踏切地点へ向かう助走路の最後の15mの下方の許容傾斜度は、最小幅16mと支柱台の中心から15mの半径に沿った区域は1:250（0.4%）を超えてはならない。着地場所は競技者の助走が登り勾配となるように設置すべきである。

〔国際〕

踏切地点へ向かう助走路の最後の15mの下方の許容傾斜度は、TR27.3で明記されている最小幅16mと支柱台の中心から15mの半径に沿った区域は1:167（0.6%）を超えてはならない。着地場所は競技者の助走が登り勾配となるように設置する。

〔注意〕

2018～2019年度の競技規則で定められた規格で作られたものは有効とする。

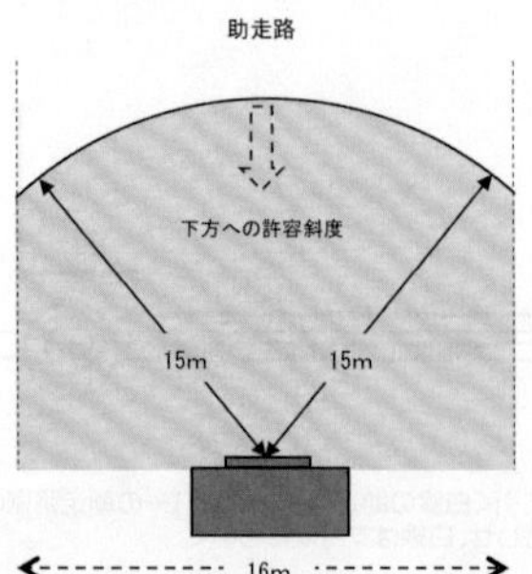

27.5 〔国内〕 踏切場所の条件は第1種・第2種公認陸上競技場の基本仕様および長距離競走路ならびに競歩路規程、陸上競技場公認に関する細則による。

〔国際〕

踏切場所は水平、あるいは、どの傾斜もTR27.4およびWA陸上競技施設マニュアルの条件と一致していなければならない。

用器具

27.6 支柱は堅固であればどんな形でもさしつかえない。支柱にはバーをしっかり固定できるバー止がなければならない。

支柱はバーの上端より少なくとも100㎜高くなければならない。支柱の間隔は、4m～4m040とする。

27.7 審判長が踏切場所あるいは着地場所が適当でなくなったと判断しない限りは、競技中に支柱を移動することはできない。

もし移動する時は、その高さの試技が完了してからでなければならない。

27.8 バー止は平らで長方形とし、幅40㎜、長さは60㎜とする。バー止は支柱にしっかりと固定され、跳躍中は動いてはならず、反対側の支柱に向きあうように取りつける。バーの両端は競技者がバーに触れたら、前方にでも後方にでも容易に落ちるように、バー止の上に置かなければならない。バー止の表面は滑らかでなければならない。

バー止はバーとバー止の表面が摩擦を増加する効果のあるゴ

ムや他の材質で覆ってはならない。また、バネのようなものも一切使用してはならない。

バー止めはバーの両端直下の踏切場所の地面から同じ高さでなければならない。

27.9 支柱とバーの両端との間は、少なくとも10㎜あけなければならない。

走高跳用支柱、バーおよびバー止

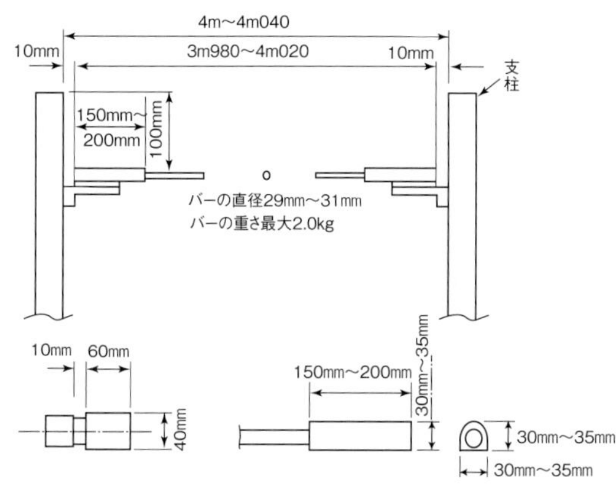

着地場所

27.10〔国内〕 着地場所は少なくとも幅5m×奥行き3m以上とする。着地場所にマットを用いる場合、その大きさは小さくとも幅6m以上、奥行3m以上とする。

〔参照 陸上競技場公認に関する細則第14条〕

〔国際〕

ワールドランキングコンペティション定義1. (a)、(b)、(c)、(d) と2. (a)、(b) に該当する競技会の場合、着地場所は、幅6m×奥行き4m×高さ0.7mを下回ってはならない。

〔注意〕

支柱からの間隔を保つために、着地場所（マット）には正面の角に切り欠きを設けてもよい。支柱と着地場所との間隔は、競技者の落下時、着地場所が動いて支柱に接触しバーが落ちるのを避けるため、少なくとも100㎜はあけるようにする。着地場所の正面は、バーの垂直面から約100㎜離した位置に設置する。

他の競技会では、着地場所は、幅5m×奥行き3m×高さ0.7m以上でなければならない。

競技役員チーム

走高跳の場合、以下のように競技役員を配置することが推奨される。

a. 審判員主任は、競技全体を監視し、計測結果を確認する。審判員主任は、2種類の旗を用意しなければならない一試技が有効であることを示す白旗と無効であることを示す赤旗。審判員主任は、特に二つの問題を管理しやすい場所に位置しなければならない。

(1) 競技者が触れたバーがバー止め上で揺れていることがよくある。審判員主任はバーの位置に応じてバーの揺れを止めるタイミングを決め、特にTR26.10にある特別な状況を見極めて、適切な旗を掲げなければならない。

(2) 競技者はバー、バーの手前の縁の垂直面より先の地面に触れてはならないので、競技者が跳躍せずに着地場所の脇やバーの下に走り込んだ時の、競技者の足の位置を監視し続けることは重要である。

b. 2名の審判員は着地場所の両側にいて、バーの交換を担当し、また上記規則を審判員主任が適用する際の支援を行う。

c. 記録表を記入し、各競技者(およびさらにその次の競技者)を呼び出す審判員。

d. スコアボード(試技回数・競技者のナンバー・結果)を担当する審判員。

e. 試技の残り時間を競技者に示す時計を担当する審判員。

f. 競技者を担当する審判員。

注意ⅰ:これは競技役員の伝統的な配置である。データシステムと電子スコアボードが利用可能な大規模な競技会では、専門の人材が必ず必要である。このような場合には、フィールド種目の進捗状況と結果はレコーダーとデータシステムの双方で記録される。

注意ⅱ:競技役員および用具は競技者を妨害したり、観客の視界を妨げたりしないように配置されなければならない。

注意ⅲ：風の方向と強さを示すために、吹き流しのためのスペースを確保する必要がある。

TR 28.　棒高跳

競　技

28.1　競技者はバーの助走路側の端を、ボックス先端のストップボード内側上縁から着地場所に向かって800㎜までの間のどこに移動してもよい。

競技者は競技が始まる前に審判員に自分が希望する最初の試技のバーの位置を申し出なければならない。申告されたバーの位置は記録される。

もし、競技者がバーの位置の変更を求めた時は、事前に申告した希望位置でバーがセットされる前に審判員に申し出る。これを怠って変更しようとする場合は、新しい位置にセットする時間も制限時間に含まれる。

試技時間のカウントが開始されたら、バーの高さを変更することはできない。

〔注意〕

ボックス先端のストップボード内側上縁と平行で助走路の中心線と直角に幅10㎜の見分けられる色の線を引く（ゼロライン）。同様の線（50㎜以下）は着地マットの表面にも引き、さらに支柱の外側まで延長しなくてはならない。助走をしてくる競技者により近いラインの端はストップボードの後側のラインと一致する。

28.2　次の場合は無効試技とする。

28.2.1　跳躍した後、バーが競技者の跳躍中の動作によってバー止にとどまらなかった時

28.2.2　バーを越える前に、身体のいかなる部分またはポールがストップボードの上部内側の垂直面を越えた地面、あるいは着地場所に触れた時。

28.2.3　踏切った後、下の方の手を上の方の手の上に移す、あるいは上の方の手をさらにポールの上に移した時。

28.2.4　跳躍中の競技者が自分の手でバーを安定させたり、置き

直したりした時。

〔注意〕

i　競技者が助走路の幅を示す白線の外側のどこを走っても、無効試技とはならない。

ii　ポールが正確にボックスに突っ込まれた後、跳躍の最中ポールがマットに触れた場合は無効試技とはならない。

TR28.2を適用し解釈する際には、以下の点に注意する必要がある。

a. 競技者の跳躍中の行動によってバーが外れなくてはならない。したがってTR28.4に違反しないで競技者が正しくポールを取った後、そのポールがバーや支柱に当たってバーが外れた場合は、跳躍中の動作ではないので、審判員が白旗を上げた後であれば無効試技とはみなさない。

b. 曲がったポールがゼロラインを越えて着陸エリアに接触する機会が多いため、〔注意〕iiの効力を考慮する。

c. 競技者の体やポールの湾曲部がゼロラインの垂直面を越えるほどまでに助走路を踏切ったものの、その後、バーをクリアせずに助走路に戻ってしまう可能性がある。もし競技者の制限時間がまだ残っており、ゼロラインより先の地面を踏んでいないのであれば、試技を続けることができる。

d. 審判員はTR28.2.4に基づいて、禁止されている行為が行われていないかを確認する特別の注意を払わなければならない。関連する審判員が棒高跳全体を監視しなければならないことを意味するだけでなく、そのような行為は、競技者がバーをクリアした時に偶発的に触れることだけでは生じるものではないと判断する必要がある。一般にTR28.2.4が適用される場合は、バーを安定させたり置き直したりするために、競技者が何らかの直接的な行動を行なっている。

e. 競技者が試技を行った後、その試技の成功失敗に関わらず、ボックスの位置に戻り、ポールをボックスの中に差し込んで跳躍する際の自分の位置をチェックするという習慣がある。この行為はTR25.8に従い次の競技者が試技を開始するまでに行うか、競技の実施を遅らせない限り許される。

28.3 競技者はポールの握りをよくするために、両手あるいはポールに何らかの物質をつけることができる。手袋の着用は認められる。

手袋を着用することや手袋に許可された物質を使用することは禁じられていないが、こうした使用により不公平な助力となる場合に備えて、審判長が監督する必要がある。

28.4 ポールが手を離れた後、もしポールがバーあるいは支柱から離れた方向に倒れるのでなければ、競技者を含む誰もポールに触れてはならない。ポールに触れた場合、もしポールに触れなければポールがバーや支柱に当たりバーを落としたであろうと審判長が判断した時は、その試技は1回の無効試技となる。

これは競技役員の行動が無効試技の原因を作ってしまうという、数少ない規則の一つである。したがって支柱脇にいる審判員は、競技者が離したポールがバーおよび支柱から明らかに離れていない限り、触れたり握ったりしないよう十分注意する必要がある。

28.5 試技中に競技者のポールが壊れた時は無効試技と見なさず、新試技が許される。

助走路

28.6 助走路の長さはゼロラインから最短で40ｍとし、事情が許せば45ｍとする。助走路の幅は最大1ｍ220（±10㎜）とし、両側に幅50㎜の白線を引かなければならない。

〔注意〕

2004年1月1日以前に建造された競技場において、助走路の幅は最大1ｍ250でよい。但し、こうした助走路を全面改修する場合にはこの規則に完全に適合させなければならい。

〔国内〕

助走路の幅は1ｍ220とする。助走路の幅が1ｍ250で公認継続している競技場は、助走路の全面改修および公認満了が

2021年4月1日以降の検定から1m220の基準を適用する。

28.7 〔国内〕 踏切場所の条件は第1種・第2種公認陸上競技場の基本仕様および長距離競走路ならびに競歩路規程、陸上競技場公認に関する細則による。

〔国際〕

助走路の最大許容傾斜度は、WAが例外を認めるに足る特別な状況がある場合を除き、幅で100分の1（1%）とし、助走の方向で最後の40mの下方傾斜度は1,000分の1（0.1%）を超えてはならない。

用器具

28.8 棒高跳の踏切はボックスを使って行う。ボックスは上部の隅が丸められるか柔らかい適切な材質で作り、助走路と同じ高さに埋める。全天候舗装で覆われていてもいなくても、ボックスの地上部と地面の接点にすき間ができないようにする。全天候舗装で覆われている場合、ボックスの高さの許容範囲内になければならない。ボックスの底面の内側は長さ1m、前端の幅は600㎜とし、ストップボードの基部で150㎜になるように徐々に幅が狭くなる。ボックスの助走路面上の長さとその深さは、ボックスの底面とストップボードのなす角度が105度となるように決める。（寸法と角度の誤差許容度：±10㎜、－0°/＋1°）

ボックスの底は、前端の助走路と同じ高さから、底がストップボードと出あう頂点の部分（地面から200㎜の深さになる）までなだらかに傾斜する。ボックスの側板は、ストップボードにもっとも近いところでほぼ120度をなすよう、外側に傾斜しなければならない。

〔注意〕

競技者は、自分が競技を行う際に、さらなる保護のためにボックスの周りにクッションを置くことができる。こうした用具の設置は、競技者の試技に割り当てられた時間内に行わなければならず、競技を終えた後、直ちに当該競技者が取り除く。ワールドランキングコンペティション定義1.(a)、(b)、(c)、(d)と2.(a)、(b)に該当する競技会においては、主催者がこれを提供する。

棒高跳用ボックス規格

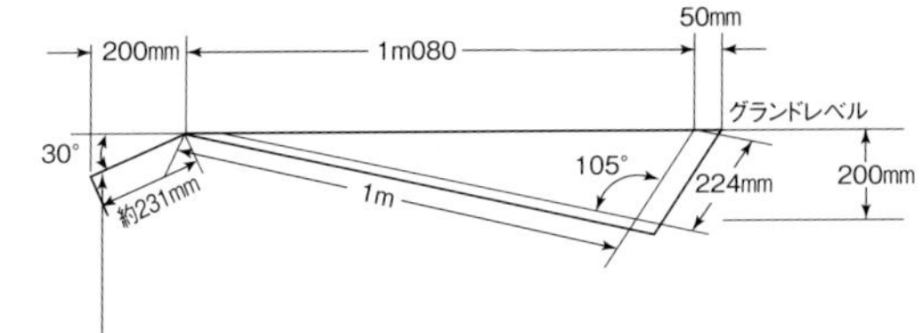

全天候舗装の場合は不要

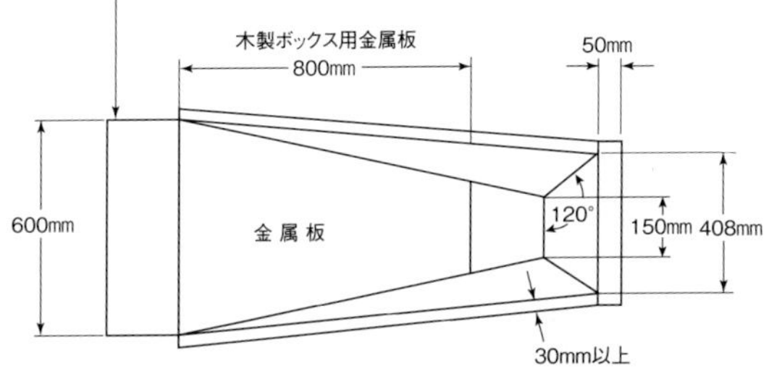

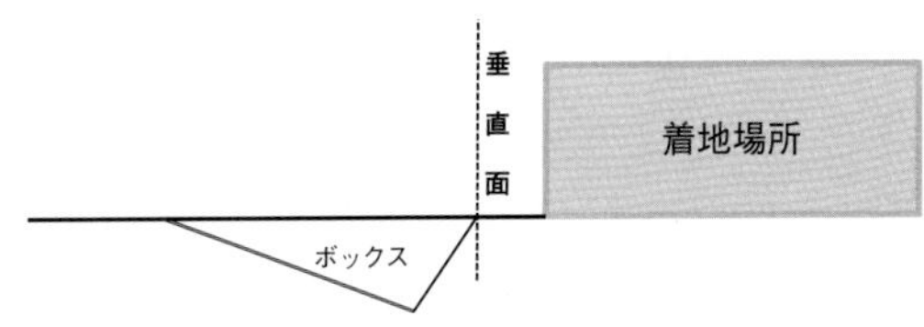

28.9 支柱は堅固であればどんな形でもさしつかえない。着地マットより高い部分における支柱の金属製の土台および支柱の下部は、競技者やポールの保護のために適切な材質のクッションで覆わなければならない。

28.10 バーは競技者あるいはポールが触れたら着地場所の方向に容易に落ちるように、水平なバー止に置かなければならない。バー止にはいかなる種類のきざみ目も、またギザギザもついていてはならず、全体が同じ太さでその直径は13㎜以下とする。バー止の支持部からの長さは55㎜を超えてはならない。垂直に設置されたバー受け止めも滑らかな材質で、バーがその上に乗らないように組み立てられなければならず、バー受けの上35㎜〜40㎜まで許容される。

バー止の間隔は4m280〜4m370とする。バー止はバーとバー止の表面が摩擦を増加する効果のあるゴムや他の材質で覆ってはならない。また、バネのようなものも一切使用してはならない。バー止めはバーの両端の中心を支えるものでなければならない。バー止めは2か所の金属性の支柱台座面から、二つとも同じ高さでなければならない。

〔注意〕

競技者が支柱の基部に落下して怪我をすることを防ぐために、バー止は支柱に恒久的に取りつけられた張出し部分につけてもよく、こうすることでバーの長さを延長することなく支柱の間隔を拡げることができる。

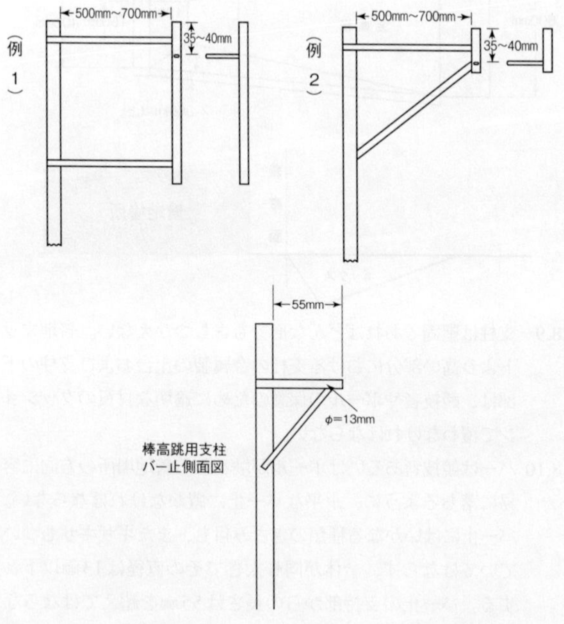

棒高跳用ポール

28.11 競技者は自分のポールを使用してよい。私物のポールはその所有者の同意がない限り、他の競技者は使用することはできない。

〔注意〕

審判員がこの競技規則に違反していることに気づいたら、当該競技者に規則を遵守するよう指示する。その指示に従わない場合、その試技は無効としなければならない。また、違反に気づく前に試技を行っていても無効試技としなければならない。悪質と考えられる場合は、TR7.1および7.3を適用することができる。

ポールの材質（材料の混合を含む）、長さ、太さは任意であるが、表面は滑らかでなければならない。
ポールの握り部分（手を保護するため）はテープで、下部（ポールを保護するため）はテープあるいは適切な物で覆ってもよい。握り部分のテープは必然的に重なり合う部分を除き均一でなければならず、ポールにリングを付けたように厚みが突然変わるような状態にしてはならない。

規則では、握り部分では「通常の」テープの巻き方しか認められていない。輪にしたり、段差をつけたりといった巻き方は許可されない。そのようなテーピングがどのくらい高く盛り上がっていたり窪んでいたりといった制限はないが、テーピングは手を保護する目的であるべきである。しかしポールの下端には制限はなく、競技者に何らの利益も与えない限り、一般的にどのようなテーピングや保護も許可される。

着地場所

28.12 〔国内〕 着地場所は正面の張り出し部分を除いて、少なくとも幅5m×奥行5m以上とする。ボックスに最も近い側の着地場所は、ボックスから100㎜～150㎜離し、45度以上48度以下の傾斜をつける。

〔国際〕

ワールドランキングコンペティション定義1. (a)、(b)、(c)、(d) と2. (a)、(b) に該当する競技会においては、着地場所は、正面の張り出し部分を除いて、幅6m×奥行6m×高さ0.8mより小さくてはならない。正面の張り出し部分の長さは、最短2mとする。

棒高跳用マット

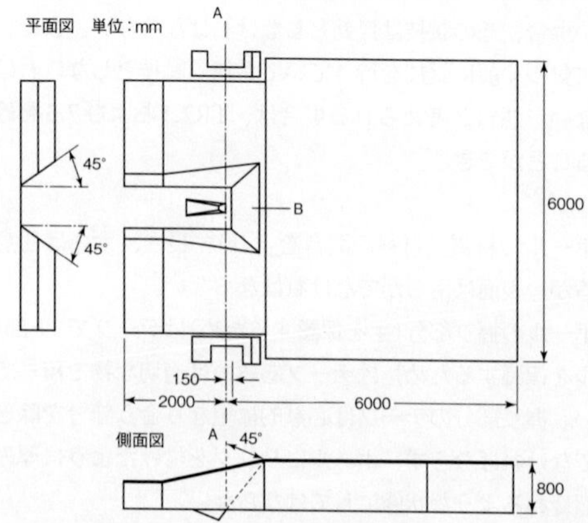

他の競技会では、着地場所は幅5m（前部を除く）×奥行き5m×高さ0.8m以上でなければならない。

競技役員チーム

棒高跳の場合、以下のように競技役員を配置することが推奨される。

a.　審判員主任は、競技全体を監視し、計測結果を確認する。審判員主任は、2種類の旗を用意しなければならない－試技が有効であることを示す白旗と無効であることを示す赤旗。審判員主任は、特に二つの問題を管理しやすい場所に位置しなければならない。

(1)　競技者がタッチしたバーがバー止め上で揺れていることがよくある。審判員主任はバーの位置に応じてバーの揺れを止めるタイミングを決め、特にTR26.10とTR28.4に含まれる特別な状況を見極め、適切な旗を掲げなければならない。

(2)　踏切前、競技者はボックス後部の両脇にひかれた白線より先の地面に触れてはならないので、これを判定できるように立つ位置を決めなければならない。

b. 2名の審判員はボックスの後方の両脇にいてバーの交換を担当し、また上記規則を審判員主任が適用する際に支援を行う。この審判員は、競技者が要求するアップライトポジションを記録する審判員から通知されたバーの正しい位置への移動を担当する。

c. 競技者が要求したアップライトポジションを記録し、記録表を記入し、バーの高さを指示し、各競技者（およびさらにその次の競技者）を呼び出す審判員。

d. スコアボード（試技回数・競技者のナンバー・結果）を担当する審判員。

e. 試技の残り時間を競技者に示す時計を担当する審判員。

f. 競技者を担当する審判員。

注意ⅰ：これは競技役員の伝統的な配置である。データシステムと電子スコアボードが利用可能な大規模な競技会では専門の人材が必ず必要である。このような場合にはフィールド種目の進捗状況と結果は、レコーダーとデータシステムの双方で記録される。

注意ⅱ：競技役員および用具は競技者を妨害したり、観客の視界を妨げたりしないように配置されなければならない。

注意ⅲ：風の方向と強さを示すために、吹き流しのためのスペースを確保する必要がある。

B　長さの跳躍

TR 29.　総則－水平跳躍

助走路

29.1　踏切線から計測した助走路の長さは最短で40ｍとし、状況が許せば45ｍとする。助走路の幅は1ｍ220（±10㎜）とし、助走路の両外側に幅50㎜の白いラインを引かなければならない。

〔注意〕

2004年1月1日以前に建造された競技場において助走路の幅は最大1ｍ250でよい。但し、こうした助走路を全面改修する場合にはこの規則に完全に適合させなければならない。

〔国内〕

助走路の幅は1ｍ220とする。助走路の幅が1ｍ250で公認継続している競技場は、助走路の全面改修および公認満了が2021年4月1日以降の検定から1ｍ220の基準を適用する。

29.2　〔国内〕 助走路の条件は第1種・第2種公認陸上競技場の基本仕様および長距離競走路ならびに競歩路規程、陸上競技場公認に関する細則による。

〔国際〕

助走路の最大許容傾斜度は、WAが例外を認めるに足る特別な状況がある場合を除き、幅で100分の1（1%）とし、助走の方向で最後の40ｍの下方傾斜度は1,000分の1（0.1%）を超えてはならない。

踏切板

29.3　踏切地点を示すために助走路および砂場の表面と同じ高さに踏切板を埋める。踏切板の砂場に近い方の端を踏切線と呼ぶ。踏切線のすぐ先に、判定しやすいように粘土板を置くことができる。

〔国内〕

踏切地点にビデオカメラやその他の技術を用いた機器を設置しない場合は、粘土板を置いての判定を基本とする。粘土板を使用しない場合は、粘土板を設置するように施工されている部分にはラバー等で窪みを埋める。ビデオカメラ等の機器を使用する場合は、踏切板と窪みを埋めた物の高さは段差がないように同じとする。

29.4 踏切板は、競技者の靴のスパイクをしっかりと捉え、滑らない木または他の強固な材質で作られた直方体のもので、長さ1m220（±10㎜）、幅200㎜（±2㎜）、厚さは100㎜以内とする。踏切板は白色でなくてはならない。踏切線の位置を明確にし、踏切板と対比できるように、踏切線よりも着地場所側は白以外の色でなければならない。

〔国際〕

踏切板の大きさは長さ1.22m±0.01mとする。

29.5 あらゆる競技会において、審判長がTR30.1を適用した判定を行うことを支援するために、ビデオカメラや他の技術を用いた機器を使用することを強く推奨する。但し、こういった機器が使用できない場合は、踏切線のすぐ先に設置した粘土板を使用することができる。

粘土板は幅100㎜（±2㎜）、長さ1m220（±10㎜）の木あるいは他の材質の強固な板で作り、踏切板とは区別できる別の色でなければならない。可能な限り粘土も他の二つの色と区別できる色とする。粘土板は砂場に近い側の踏切板の縁の窪みに埋める。その表面は踏切板の水平面から7㎜（±1㎜）盛り上がっていなければならない。

粘土を埋めた時は踏切線に近い縁が90度の角度となるように、粘土板の隅を削り取る。

窪みに粘土板が埋められた時は、全体が競技者の脚力を受け止めるのに十分固くなくてはならない。粘土板の表面は競技者の靴のスパイクをしっかり捕らえ、滑らない材質でなければならない。

粘土は、競技者の足跡を除去するためにローラーあるいは適当な形のヘラで平らにならす。

〔国際〕

粘土板の幅は0.10m±0.002m、長さ1.22m±0.01mとする。

〔国内〕

切り欠きタイプの粘土板を使用する際にも、助走路に近い縁が90度の角度となるように隅を削り取る。

〔注意〕

i　助走路の踏切板部分にあらかじめ粘土板を設置するように施工されている場合、粘土板を使用しないのであれば、その窪みは埋める必要がある。

ii　踏切板は幅200㎜の白色部分と幅100㎜の対照的な色部分が一体となった、幅300㎜の単一の板として作成することができる。即ち、踏切板設置位置の窪みを、踏切板と窪みを埋める器具とを一体で形成したものでもよい。

粘土板使用時

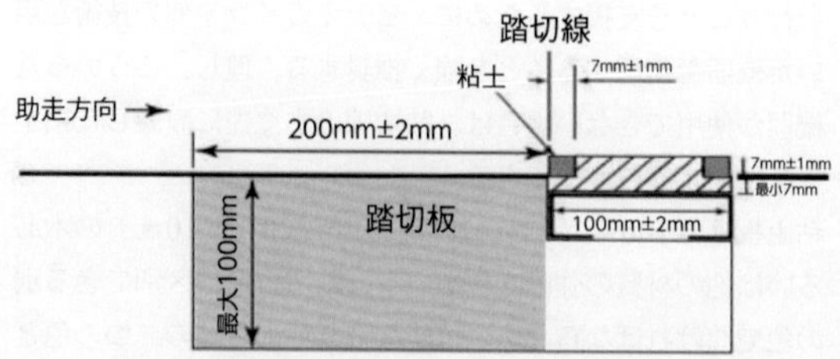

ビデオカメラ等の機器使用時

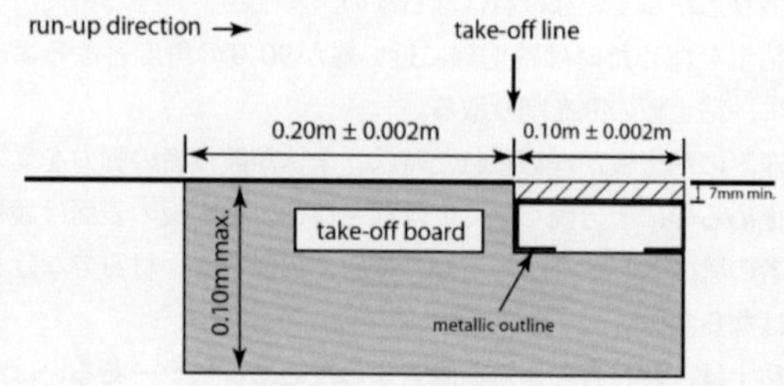

着地場所

29.6　着地場所の幅は2ｍ750～3ｍとする。できれば着地場所の中央と助走路の中央の延長が一致するように位置させる。

〔注意〕

助走路の中心線が着地場所の中央と一致しない場合には、助走路の中心線の延長の両側を同じ幅とし、必要に応じて上記の規定の幅となるように、着地場所の片側または両側にテープを貼らなければならない。

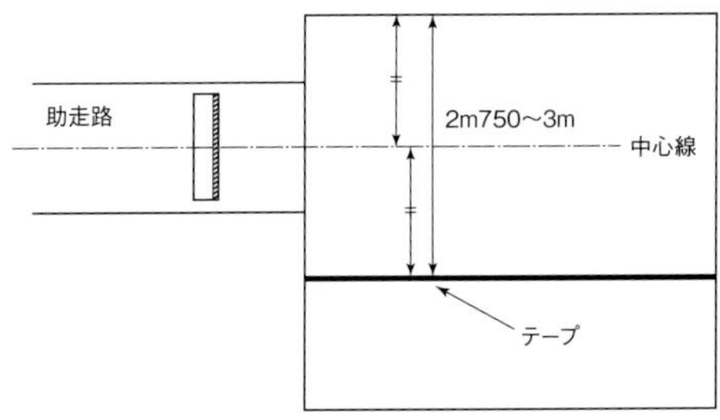

視覚障がい者が競技することが想定される新たな施設が計画されるなら、IPCの推奨するように、少なくとも一つのピットはWA規則よりも幅を広げて（WA規則の最大3.00mではなく3.50mで）造る必要がある。

29.7　着地場所は柔らかい湿った砂で満たされ、上部表面は踏切板と同じ高さにしなければならない。

距離計測

29.8　長さを競う跳躍種目において、その距離は、cm未満の端数を切り捨てた0.01ｍ単位で記録しなければならない。

29.9　跳躍の計測は有効試技終了後（または、TR8.5に定める現場での抗議（競技中の抗議）が行われた後）、直ちに行わなければならない。跳躍距離は身体の一部または身に付けていたものが着地場所に残した痕跡の踏切線に最も近い箇所から、踏切線またはその延長線上の地点までを計測する。計測は踏切線もしくはその延長線に対して直角に行う。

無効試技でない限り、順位を決めるため、また次のラウンドに進出できるかどうかなどの理由により、どれだけ跳んだかの距離にかかわらず、全ての試技を測定しなくてはならない。

TR8.5が適用される場合を除き、通常、無効試技は計測されない。審判員は特殊な場合にのみ、与えられた裁量の範囲内で慎重に判断を行う。ビデオ距離計測が使用されている場合を除いて、有効試技ごとにマーカー（通常は金属製）を踏切線に最も近い着陸エリアに競技者が残した痕跡に垂直に刺す必要がある。巻尺の「0」の位置をマーカーに合わせ、巻尺は水平に引き出し地面から浮かせないように注意する。

風力測定

29.10 風向風速計はTR17.8、17.9に記載のものを使用し、TR17.11およびTR29.12に従って操作し、TR17.13に従って読みとる。〔参照　記録の公認条件：CR31.17.2〕

29.11 審判長は風向風速計を踏切線から20 mの地点に設置していることを確認する。風向風速計の測定面は助走路から2 m以上離してはならず、高さは1 m220（±50㎜）でなければならない。

29.12 風速は踏切線から走幅跳で40 m、三段跳で35 m離して、競技者が助走路の脇に置かれたマークを通過する時から5秒間計る。もし競技者が40 mまたは35 mよりも短い距離の助走をする場合は、助走を開始した時から計る。

TR 30.　走幅跳

競技

30.1 次のような場合は無効試技とする。

30.1.1 競技者が踏切る際、跳躍しないで走り抜ける中で、あるいは跳躍の動きの中でのいかなる時にも、踏切足または踏切足の靴の前部のどこかが、踏切板から離れる前に、または地面から離れる前に、踏切線の垂直面より前に出た時。

〔注意〕

靴本体ではなく、靴紐など靴の緩んだ部分が踏切線の垂直面より前に出た時は、無効試技とは見なさない。

〔国内〕

粘土板を使用して判定を行う際は、粘土板に痕跡が残った時は無効試技とする。

30.1.2　踏切線の延長線より先でも手前でも、踏切板の両端よりも外側から踏切った時。

30.1.3　助走あるいは跳躍動作中に宙返りのようなフォームを使った時。

30.1.4　踏切後、着地場所への最初の接触前に、助走路あるいは助走路外の地面あるいは着地場所の外側の部分に触れた場合。

30.1.5　着地の際、砂に残った最も近い痕跡よりも踏切線に近い砂場の外の境界線、または地面に触れた時（体のバランスを崩したことも含む）。

30.1.6　TR30.2に定める以外の方法で着地場を離れた場合。

30.2　着地場所を離れる際、競技者の足が砂場との境界線上または砂場外の地面へ最初に触れる位置は、踏切線に最も近い痕跡よりも踏切線から遠くなくてはならない。

〔注意〕

この行為を着地場所からの離脱と見なす。

30.3　次のような場合は無効試技とはならない。

30.3.1　助走の途中、助走路を示す白線の外側にはみ出た場合。

30.3.2　TR30.1.2に定める場合を除き、踏切板の手前で踏み切った場合。

30.3.3　TR30.1.2において、踏切線より手前で競技者の靴または足の一部が踏切板のいずれかの端の外側の地面を踏んだ場合。

30.3.4　着地の際に、身体の一部または身に着けていたものが着地場所の境界線またはその外側の地面に接触した場合。但し、TR30.1.4または30.1.5に該当する場合は除く。

30.3.5　TR30.2に定める通りの方法で着地場所をいったん離れた後、着地場所を通って戻ってきた場合。

TR30.1.1は踏切時の靴と足の前部の位置に着目しており、手や腕が先に前に出たり、踏切中に身に着けていたアクセサリーが落ちたりといった、他の身体部位やアイテムが垂直面より前に出るかどうかは関係がない。

同様に、靴紐の緩みなどが垂直面を出たとしても、判定には関係ない。 ‖

踏切線

30.4 踏切線と砂場の遠い端との距離は、少なくとも10m、可能であれば11mとする。

30.5 踏切線は砂場の近い端から1m〜3mに位置しなくてはならない。

〔国内〕

本連盟が主催、共催する競技会では、踏切線と砂場の距離は2mを標準とする。

競技役員チーム

走幅跳と三段跳の場合、以下のように競技役員を配置することが推奨される。

a. 審判員主任は、競技全体を監視する。

b. 踏み切りが正しく行われたかどうかを判断し、試技を計測する審判員。審判員は、2種類の旗を用意しなければならない−試技が有効であることを示す白旗と無効であることを示す赤旗。跳躍が計測されたら審判員は踏切板の前に立ち、砂場を平らにしている間は赤旗を掲げる。必要であれば粘土板の交換も行う。赤旗の代わりに、もしくは赤旗に加えて助走路にコーンを置いてもよい。(いくつかの競技会では、この役目は審判員主任の任務であると想定されている)。

c. 着地場所において踏切線に最も近い痕跡を確定する審判員。ピンまたはプリズムを刺し、巻尺が使用されている場合には巻尺の「0」の位置をピンに合わせて持つ。ビデオ距離計測が使用されている場合、通常、この目的のためには審判員は必要ない。光波計測装置が使用されている時は2名の審判員が必要となり、1名はプリズムを刺し、もう1名は光波の数値を読む。

d. 記録表を記入し、各競技者(およびさらにその次の競技者)を呼び出す審判員。

e. スコアボード(試技回数・競技者のナンバー・結果)を担当する審判員。

f. 踏切板から20メートルの地点に位置する風向風速計を担当する審判員。

g.　各試技後に1名またはそれ以上の、着地エリアを水平にすることを担当する審判員または補助員。

h.　粘土板の交換を担当する審判員または補助員。

i.　試技の残り時間を競技者に示す時計を担当する審判員。

j.　競技者を担当する審判員。

注意ⅰ：これは競技役員の伝統的な配置である。データシステムと電子スコアボードが利用可能な大規模な競技会では、専門の人材が必ず必要である。このような場合には、フィールド種目の進捗状況と結果はレコーダーとデータシステムの双方で記録される。

注意ⅱ：競技役員および用具は競技者を妨害したり、観客の視界を妨げたりしないように配置されなければならない。

注意ⅲ：風の方向と強さを示すために、吹き流しのためのスペースを確保する必要がある。

TR 31.　三段跳

TR29とTR30および次に加える条項を三段跳に適用する。

競　技

31.1　三段跳はホップ、ステップおよびジャンプの順で成立っている。

31.2　競技者はホップで踏切った同じ足で最初に着地し、ステップでは反対の足で着地し、つづいてジャンプを行う。
試技中に「振り出し足」が地面に触れても、無効試技とはならない。 ‖

〔注意〕

TR30.1.4はホップとステップによる着地には適用せず、最後のジャンプ後にのみ適用する。

競技者が次のような場合は、そのことだけでは無効試技ではないことに注意すること。

a.　白線や踏切線と着地場所の間の外側の地面に接触した場合。

b.　競技者がステップの段階で着地場所に着地した場合（すなわち審判員が踏切板の距離を誤って設定した場合)。通常、審判長は競技者に試技のやり直しの機会を提供する。

一方で、跳躍後の着地が着地場所内でなければ無効試技となる。

踏切線・踏切区域

31.3　男子の踏切線は、砂場の遠い方の端から少なくとも21m以上とする。

〔国内〕

女子はこの限りではない。

31.4　〔国内〕　踏切線は砂場の近い方の端から男子13m、女子10mよりも短くしないことが望ましい。但し、競技者のレベルに合わせて審判長が判断し、男女ともに砂場までの距離を短くすることができる。

〔国際〕

競技会のレベルに応じて必要な場合は踏切板を男女で分けて行う。踏切線は砂場の近い方の端から男子13m、女子11mよりも短くしない。その他の競技会では競技会のレベルにあわせてこの距離を設定する。

31.5　ステップとジャンプを行う踏切板と砂場の間を踏切区域といい、その区域は少なくとも幅1m220（±10㎜）で、堅く均一の足場を備えていなければならない。

〔注意〕

2004年1月1日以前に建造された競技場について、踏切区域の幅は最大1m250でよい。但し、こうした助走路を全面改修する場合にはこの規則に完全に適合させなければならい。

〔国内〕

助走路の幅は1m220とする。助走路の幅が1m250で公認継続している競技場は、助走路の全面改修および公認満了が2021年4月1日以降の検定から1m220の基準を適用する。

C 投てき競技

TR 32. 総則－投てき種目

公式用具

32.1 〔国内〕 国内競技会で用いる用具（投てき物）は本連盟の検定品でなければならず、現在、本連盟の規定した規格に合ったものだけが使用できる。次ページの表に各年齢区分に用いる用具（投てき物）の規格を示す。

〔国際〕

ワールドランキングコンペティションで使用する用具（投てき物）は、WAが定める現行の規格に合致したものでなければならない。投てき物はWA認証品のみとする。

〔国内〕

ワールドランキングコンペティションではWA認証品のみを使用する。但し、WA認証品かどうかの証明は、持込んだ競技者が行う。

〔注意〕

i 現行の標準の用具認証および更新申請書はWA事務局あるいはWAのウェブサイトから入手できる。

ii WAがカテゴリーを定めている年齢未満、パラ競技会、マスター競技会で一般的に使用される他の用具の推奨重量と仕様は、WAのウェブサイトに掲載される。

32.2 〔国内〕 本連盟が主催、共催する競技会においては、用具（投てき物）は主催者が用意する。

これらの競技会で競技者は他のいかなる用具（投てき物）も使うことはできないが、総務は競技注意事項等により、競技者個人所有または製造会社提供の用具（投てき物）の使用を認めることができる。但し、主催者が用意した用具（投てき物）としてリストに記載されていない場合で、本連盟検定済みのもので、競技前に主催者により検査を受け、合格のマークが記されたものでなければならない。この時、全ての競技者が使用できることが条件となる。

技術総務が特に決めない限り、投てき種目に出場する競技者はどの種目であっても、2個まで個人所有の用具（投てき物）の使用（持込み）が認められる。
尚、主催者は〔国際〕を適用し、主催者が用意した用具（投てき物）としてリストに記載されているものであっても、2個まで個人所有の用具（投てき物）の使用（持込み）が認めることができる。

砲丸	男子			女子		
	一般	高校・U20	中学・U18	一般・高校・U20	U18	中学
競技会で許可され記録が公認される最小重量	7.260kg	6.000kg	5.000kg	4.000kg	3.000kg	2.721kg
直径	110mm～130mm	105mm～125mm	100mm～120mm	95mm～110mm	85mm～110mm	85mm～95mm

円盤	男子			女子
	一般	高校・U20	U18	一般・高校・U20・U18
競技会で許可され記録が公認される最小重量	2.000kg	1.750kg	1.500kg	1.000kg
金属製の縁の外側の直径	219mm～221mm	210mm～212mm	200mm～202mm	180mm～182mm
金属製の平板の直径	50mm～57mm	50mm～57mm	50mm～57mm	50mm～57mm
中央金属の平板部の厚さ	44mm～46mm	41mm～43mm	38mm～40mm	37mm～39mm
金属製の縁の厚さ（縁から6mmの部分）	12mm～13mm	12mm～13mm	12mm～13mm	12mm～13mm

ハンマー	男子			女子	
	一般	高校・U20	中学・U18	一般・高校・U20	U18
競技会で許可され記録が公認される最小重量	7.260kg	6.000kg	5.000kg	4.000kg	3.000kg
グリップ内側から測ったハンマーの長さ（最長）	1m215	1m215	1m200	1m195	1m195
頭部の直径	110mm～130mm	105mm～125mm	100mm～120mm	95mm～110mm	85mm～100mm

やり	男子		女子	
	一般・高校・U20	U18	一般・高校・U20	U18
競技会で許可され 記録が公認される最小重量 (グリップの紐を含む)	800g	700g	600g	500g
全長	2m600 ～ 2m700	2m300 ～ 2m400	2m200 ～ 2m300	2m000 ～ 2m100
金属製頭部の長さ	250㎜～ 330㎜	250㎜～ 330㎜	250㎜～ 330㎜	220㎜～ 270㎜
金属製頭部の先端から 重心までの距離	900㎜～ 1m060	860㎜～ 1m000	800㎜～ 920㎜	780㎜～ 880㎜
重心から末尾までの距離	1m540 ～ 1m800	1m300 ～ 1m540	1m280 ～ 1m500	1m120 ～ 1m320
一番太い部分の柄の直径	25㎜～ 30㎜	23㎜～ 28㎜	20㎜～ 25㎜	20㎜～ 24㎜
グリップ部分の幅	150㎜～ 160㎜	150㎜～ 160㎜	140㎜～ 150㎜	135㎜～ 145㎜
末尾の直径	3.5㎜以上	3.5㎜以上	3.5㎜以上	3.5㎜以上

【2025年4月1日から適用】

やり	男子
	U18
競技会で許可され 記録が公認される最小重量 (グリップの紐を含む)	700g
全長	2m400 ～ 2m500
金属製穂先の長さ	250㎜～ 330㎜
金属製穂先の先端から 重心までの距離	850㎜～ 990㎜
重心から末尾までの距離	1m410 ～ 1m650
一番太い部分の柄の直径	23㎜～ 28㎜
グリップ部分の幅	150㎜～ 160㎜
末尾の直径	3.5㎜以上

〔国際〕

以下に述べる場合を除き用具（投てき物）は主催者が用意する。技術代表は競技注意事項等により、競技者個人所有または製造会社提供の用具（投てき物）の使用を認めることができる。但し、それらがWA承認済みで、競技前に主催者により検査を受け合格のマークが記してあり、全ての競技者が使用できることが条件となる。

技術代表が特に決めない限り、投てき種目に出場する競技者はどの種目であっても、2個まで個人所有の用具（投てき物）の使用（持込み）が認められる。

〔国際－注意〕

競技者個人所有の用具（投てき物）の使用を認める際には、以前にWA承認用具として認められているが、現在では製造されていないが現行規格に一致した古いモデルも含む。

主催者は以前に比べ、提供する投てき物の種類を減らす傾向にある（主に購入費用のため）。これにより、技術総務とその補佐役は、競技のために提出された全ての個人持ち込み用具を厳密にチェックし、規則に準拠し、WA認証製品リストに載っていることを確認する責任が増している。現在はWAの認証書を持っていないが、かつてはWA認証書を持っており、検査の結果、仕様の基準を満たしていれば競技会での使用が認められる。

32.3　競技会中はどの用具に対しても、変形させたり調整したりしてはならない。唾液や汗を用具に吹き付けたり、その他の方法で塗りつけたりすることは許されない。

助　力

32.4　以下に掲げるものは助力と見なし、許可しない。

32.4.1　2本またはそれ以上の指をテープで巻いたり貼り合わせたりすること。テープを使用する場合は手や指に着いていなければならず、2本あるいはそれ以上の指にテープを巻いたり貼り合わせたりすることより、それぞれの指が独立して動かせないような使用をしてはならない。手や指にテープを使用する場合、競技開始前に審判員主任に見せなければならない。

32.4.2　試技を行う際に身体に重りを装着する等、何らかの形で助けとなる用具を使用すること。

32.4.3　ハンマー投以外で手袋を着用すること。ハンマー投の場合も手袋は表裏ともに滑らかなものでなければならず、手袋の指先は親指を除き、切れているものでなければならない。

32.4.4　サークル内または靴に何らかの物質を吹き付けたりまき散らしたりすること、または、サークルの表面をざらざらにすること。

〔注意〕

審判員がこうした助力行為に気づいたら、この規則に従わない競技者に対して是正するよう、指示しなければならない。競技者が従わなければ、その試技は無効としなければならない。違反に気づく前に試技を行っていたとしても、無効試技としなければならない。悪質と考えられる場合は、TR7.1および7.3を適用することができる。

32.5　以下に掲げるものは助力と見なさず、許可する。

32.5.1　握りをよくするために手だけに適切な物質をつけること。ハンマー投の競技者は手袋に、砲丸投の競技者は首にそのような物質をつけることが認められる。

32.5.2　砲丸投と円盤投で、競技者がチョーク等の物質を用具につけること。

但し、手のひらや手袋、用具についた物質は濡れた布で簡単に拭き取れ、後に残らないものでなければならない。これに合致しないものを使用した場合は、TR32.4を適用することができる。

32.5.3　TR32.4.1の規定の違反にならない手や指のテーピング。

投てきサークル

32.6　サークルの縁枠は鉄、鋼あるいは他の適当な材質で作り、その上部は外側の地面と同じ高さにする。サークルの縁枠の厚さは少なくとも6㎜とし、縁枠の内側と上部は白色とする。サークル周囲の地盤はコンクリート、合成材質　アスファルト、木材または他の適切な材質とする。

サークルの中はコンクリート、アスファルトまたは他の堅固で滑りにくい材質で造る。この内部の表面は水平で、サークルの縁枠の上端より20㎜（±6㎜）低くする。

砲丸投では、この仕様に見合う移動式サークルを使用してもよい。

〔国内〕

サークルの縁枠の上端より20㎜（±3㎜）低くする。

32.7 サークルの内側の直径は、砲丸投とハンマー投で2m135（±5㎜）、円盤投で2m500（±5㎜）とする。

ハンマーは円形のリングを置くことによってサークルの直径を2m500から2m135に狭められれば、円盤投のサークルから投げてもよい。

投てきサークル

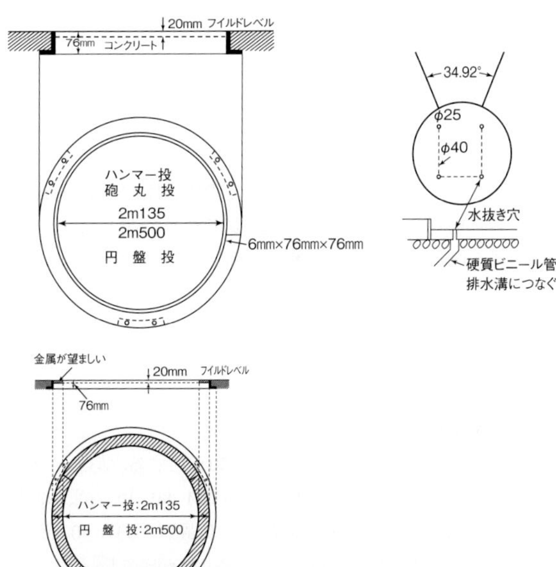

円盤投サークル

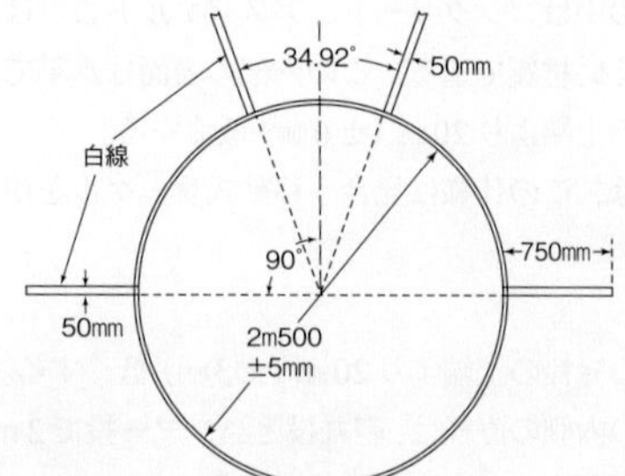

ハンマー投サークル

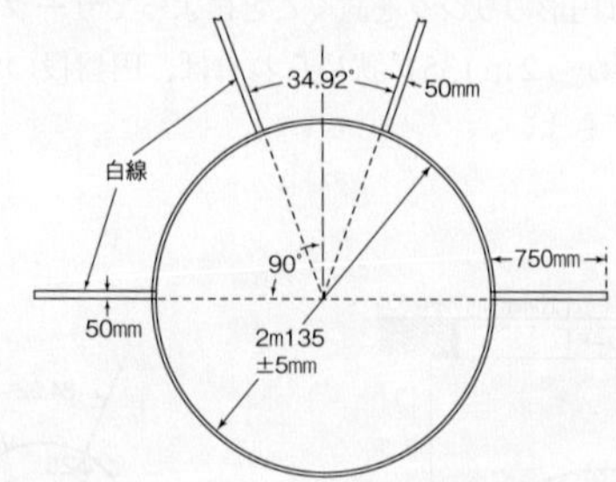

〔注意〕

円形のリングはTR32.8によって求められている白線がはっきり見えるように白以外の色であることが望ましい。

32.8　幅50㎜の白線をサークルの両側に少なくとも750㎜の長さに引く。その線は塗装するか、あるいは木材またはその他の適当な材質で作る。白線の後縁は着地場所の中心線に対して直角で、サークルの中心を通る直線上にあるようにしなければならない。

やり投の助走路

32.9　やり投の助走路の長さは最短で30ｍとする。但し、ワールドランキングコンペティション定義1. (a)、(b)、(c)、(d) と2. (a)、(b) に該当する競技会においては、最短で33ｍ500とする。条件が許せば36ｍ500以上であることが望ましい。

助走路は幅50㎜のラインで、間隔4ｍの平行線で示される。

投てきは半径8mのスターティング・ラインの後方から行う。このスターティング・ラインは少なくとも幅70㎜で、じかに塗装した白線または白く塗られた木板あるいはプラスティックのような耐腐食性の適切な物質でグランドと同じ高さに作る。スターティング・ラインの両端から助走路を示す二つの平行線に直角に、それぞれラインを引く。この二つのラインは、いずれも少なくとも幅70㎜、長さ750㎜とする。

〔国内〕

助走路の条件は第1種・第2種公認陸上競技場の基本仕様および長距離競走路ならびに競歩路規程、陸上競技場公認に関する細則による。

スターティング・ラインの材質は金属板でもよい。

〔国際〕

助走路の最大許容傾斜度は幅で100分の1（1％）とし、助走路の20m地点から助走の方向への下方傾斜度は1,000分の1（0.1%）を超えてはならない。

着地場所

32.10 着地場所は痕跡が残るシンダー（石炭殻）や、芝生または他の適当な素材で造らなければならない。

32.11 着地場所の最大許容下方傾斜度は、投げる方向で1,000分の1（0.1％）を超えてはならない。

32.12 着地場所のマークは以下の通りとする。

32.12.1 やり投を除いて着地場所の範囲は、サークルの中心で交わる34.92度の角度をなす幅50㎜の白線の内側の縁で示す。

〔注意〕

34.92度の角度は、投てき角度を示すラインがサークルの中心から20mの地点において12m（20m×0.60）の間隔になるようにすると正確に設定できる。即ち、中心から1m離れるに従って600㎜ずつ増さねばならない。

32.12.2 やり投の着地場所の範囲は幅50㎜の白線で角度を示し、その白線の内側の縁を延長すると円弧と平行する助走路を示す白線が交差する二つのポイントを通過し、円弧の中心で交わるようになる。着地場所の範囲の角度は28.96度とする。

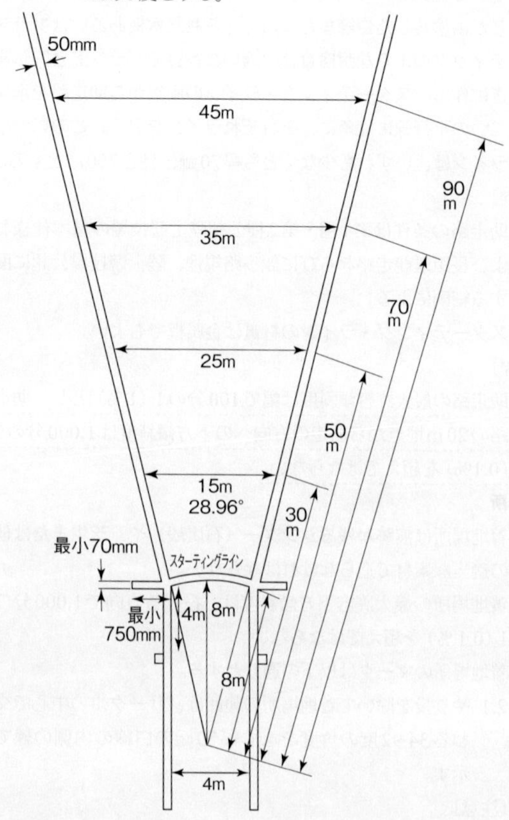

〔注釈〕

28.96度の角度は、投てき角度を示すラインが交わる円弧の中心（スターティング・ラインから後方8mの助走路上にあるポイント）から30 mの地点において15 m（30 m × 0.5）の間隔になるようにすると正確に設定できる。

着地場所は投てき物が最初に落下した場所を審判員が明確に決めることができるよう、十分な柔らかい表面でなければならない。落下域の表面は投てき物が後方に跳ね返らないようになっているべきである。そうでないと、計測ポイントが消滅する懸念がある。

試　技

32.13 砲丸投、円盤投、ハンマー投はサークルから、やり投は助走路から投てきを行う。サークルから行う試技では、競技者はサークルの内側で静止の状態から投げ始めなければならない。競技者はサークルの縁枠の内側に触れてもよい。砲丸投ではTR33.2に示す足留材の内側に触れてもよい。

競技者がどのように、またはどの方向からサークルに入るかについての制限はなく、砲丸投の場合、サークルに入る動作中に足留材に触れることについての制限はない。関連する要件は、競技者が試技を開始する前に、一旦、静止姿勢を取らなければならないということである。
静止姿勢とは、試技を行うためにサークルに入った競技者が試技を開始する前に両足で同時にサークル内の地面をしっかりと踏み、縁枠の上部やサークル外側の地面に接触しない姿勢を取ることである。審判員がその様子を確認できる十分な時間を取っていることが必要である。その際、競技者の身体の他の部分である手や腕が静止している必要はない。

32.14 競技者が試技中に次のことをした時は、1回の無効試技とする。

32.14.1 砲丸あるいはやりをTR33.1およびTR38.1で定められた以外の方法で投げた時。

32.14.2 サークル内に入って投てきを始めた後、身体のいずれかの部分がサークルの縁枠の上部（または上部内側角）、あるいはサークルの外側の地面に触れた時。

〔注意〕

但し、サークルに入り最初の回転動作を行う際に、サークルの中心を見通してサークルの両側の外に引かれた脇の白線より完全に後方のサークルの外側の地面に足が触れても、無効とは見なさない。また、靴の緩んだ部分（靴紐など）や衣服、身体につけていたその他のアイテム（帽子など）が、投てき開始時、投てき中または投てき後に、足留材上部に触れたとしても、無効とは見なさない。

32.14.3 砲丸投で身体のどの部分を問わず、足留材の内側以外の場所（足留材の上部水平面の一部と見なされる縁は内側ではない）に触れた時。

32.14.4 やり投で身体のどの部分を問わず、助走路を示したラインや助走路の外側の地面に触れた時。

〔注意〕

i 競技者の投げた円盤またはハンマーの頭部が競技者に遠い側の囲い（着地場所に対して、右効きの競技者は左側、左利きの競技者は右側）に当たった場合は、無効試技と見なす。

ii 競技者の投げた円盤やハンマーの一部が、競技者に近い側の囲い（着地場所に対して右利きの競技者であれば右側、左利きの競技者であれば左側）に当たり、投てき物が囲いの境界より前方にある着地場所内に着地した場合は、TR32.10を含む他の規則に違反していなければ無効試技とは見なさない。

サークルの縁の上端及び足留材の上端は、それぞれサークルと足留材の上部の一部であると解釈することが、明確にされている。これは競技者が縁または足留材の上端に接触した場合には、無効試技とみなされることを意味する。

TR32.14.2〔注意〕は、砲丸投、円盤投またはハンマー投で競技者が行う投げ始めの1周目の回転技術に適用される。1周目の回転中のサークル後部における縁部の上端または外側の地面への「偶発的な」接触は、その事実だけでは無効試技とはみなさないと解釈されるべきである。しかし、それを利用することによって推進力を得て、優位性の獲得につながるあらゆる技術（テクニック）は無効試技と定義されることは明らかである。

囲いの境界とは、囲いと門口が所定の位置にある時に、着地場所に最も近い左右の囲いの間に、または門口の端の間に架空の直線によって引かれるものと定義される。

加えて、TR32.14.2 が意図しているのはサークルの限界を定めた目的を重視し、競技者がサークルから正しく出るまでサークル内に留まることを遵守させることである。
バランスを崩しすぎない限り、重要なのは足や靴の位置だけである。サークルの縁の鉄製円形リング上端部や外側の地面、あるいは足留材の上部に、緩んだ靴紐などが触れたり、試技中に選手の体から落ちた帽子やアクセサリーが触れたりしても関係ない。

32.15 各投てき競技の規則に反しない限り、競技者は一度始めた競技を中断してよい。その上で、用具（投てき物）をサークルや助走路の中でも外でも一旦下に置いてもよく、サークルや助走路から出てもよい。

〔注意〕

当該規則で許される動作はTR25.17の制限時間に含まれる。

このような状況では、競技者がどのように、またはどの方向からサークルまたは助走路を離れることができるかについては制限がない。関連する要件は他の規則に違反することはないか、あるいは既に違反していないかということである。

32.16 砲丸、円盤、ハンマーの頭部、やりの頭部が最初に着地して残した痕跡が、角度線や角度線の外側地面、あるいは他の物体（TR32.14〔注意〕iiによる囲いを除く）に触れた場合は、無効試技とする。

この規則の目的上、ハンマーのワイヤーまたは握りの位置は関係がないことに留意すべきである。例えば、ワイヤーが角度線の白線上または外に落下することがあるが、ハンマーの頭部が正しく着地していれば問題はない。TR32.20.1に基づいて計測が行われるポイントを決定する場合も同様である。

32.17 投げた用具（投てき物）が着地する前に競技者がサークルや助走路から出た場合や以下の場合は、無効試技とする。

32.17.1 サークルからの投てきではサークルを出る際に、最初に縁枠の上部またはサークルの外の地面に触れるのは、理論的にサークルの中心を通りサークルの両側に引かれている白線より、完全に後方でなくてはならない。

〔注意〕

縁枠の上部もしくはサークル外の地面に最初に触れた時、サークルからの離脱と見なす。

32.17.2 やり投では競技者が助走路を離れる際に、最初に助走路を示す平行線あるいは助走路外のグラウンドに触れるのは、スターティング・ラインおよび脇に引かれた白線の完全に後方でなければならない。やりが一度地面に触れた後に、競技者がスターティング・ラインの4m後方で助走路を横切って引かれたライン（塗装されているか、もしくは助走路脇のマークで示されたイメージ上のライン）に触れるか、ラインより後ろに下がったら、助走路を正しく離れたと見なされる。やりが落下した時に助走路内にいても、そのラインより後方であれば助走路を正しく離れたと見なしてよい。

TR32.17.2の２番目と３番目の文章は判定の過程をスピードアップすることが目的であり、競技者にさらなる無効試技を課するためのものではない。「4ｍマーク」の目的は、競技者がこのポイントの後ろに出た時点で審判員が白旗を掲げて距離の計測を開始できるようにすることだけである（つまり、このことにより、競技者は助走路から正しく出たとみなさる)。唯一の要件は、他に無効試技となる理由がなく、白旗が上がる前にやりが着地しているということである。競技者がやりの落下前に助走路内の4mマークより後方に下がった時には、落下すると同時に白旗を上げる。

32.18 投てきが終わったら、用具（投てき物）はサークルや助走路のところへ運んで返さなければならない。投げ返してはならない。

距離の計測

32.19 投てき競技においてその距離は、㎝未満の端数を切り捨てた0.01ｍ単位で記録しなければならない。

32.20 投てきの計測は有効試技終了後（または、TR8.5に定める現 ‖

場での抗議（競技中の抗議）が行われた後）、直ちに以下の通り計測しなければならない。 ‖

投てき物の頭部が最初に落下した地点の痕跡から、以下の地点との距離を計測する。

32.20.1 砲丸、円盤、ハンマーは、サークルにもっとも近い地点とサークルの中心をつなぐ線上のサークルの内側まで。

32.20.2 やり投は、スターティング・ラインの中心をつなぐ線上のスターティング・ラインの内側まで。

無効試技でない限り、どれだけ投げたかの距離にかかわらず、全ての試技を測定しなくてはならない。順位を決めるため、また次のラウンドに進出できるかどうかを決定する等の理由による。

TR8.5が適用される場合を除き、通常、無効試技は計測されない。審判員は特殊な場合のみ、与えられた裁量の範囲内で慎重に判断を行う。

ビデオ距離計測が使用されている場合を除いて、有効な試技ごとにマーカー（通常は金属製）を、サークルの円弧に最も近い着陸エリアに競技者が残した痕跡に垂直に刺す必要がある。巻尺の「0」の位置をマーカーに合わせ、巻尺は水平に引き出し地面から浮かせないように注意する。 ‖

TR 33. 砲丸投

競　技

33.1 砲丸は肩から片手だけで投射しなければならない。競技者がサークルの中で投射を始めようと構えた時には、砲丸をあごまたは首につけるか、あるいは近接した状態に保持しなければならない。投射の動作中はその手をこの状態より下に下ろしてはならない。砲丸を、両肩を結ぶ線より後にもっていってもならない。

〔注意〕

カート・ウィーリング（前方倒立回転）投法は許可されない。

足留材

33.2 足留材は白く塗装し木または他の適当な材質で作ったもので、形は内側の縁がサークルの内側の縁と合致するような円弧であり、サークルの表面に対して垂直となるようにする。

扇形の区画線の中央に位置し、地面もしくはサークル周囲のコンクリートにしっかり固定できるように作らなくてはならない。

〔注意〕

1983/1984仕様の足留材は引き続き許可される。 ‖

33.3 足留材は幅112㎜～300㎜、サークルと同じ半径の弧の弦の長さは1m210（±10㎜）、サークルの内側の表面に隣接している足留材の高さは100㎜（±8㎜）とする。

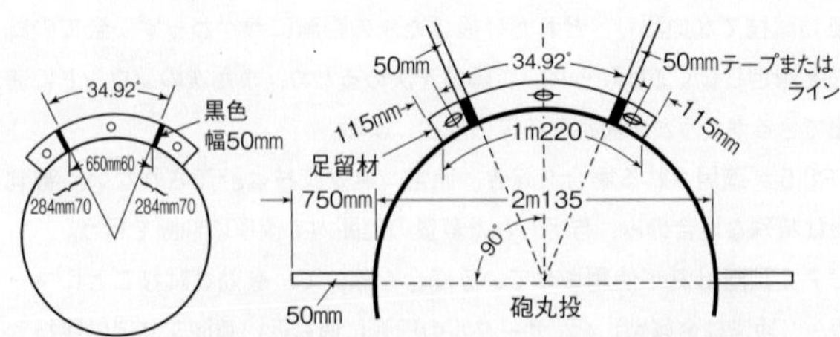

または下図のような仕様でもよい。

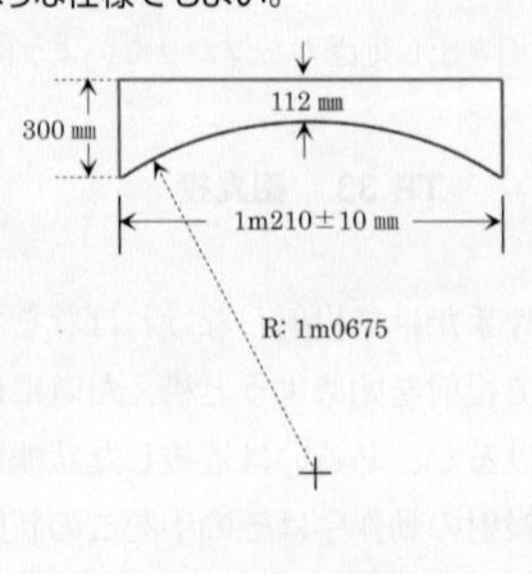

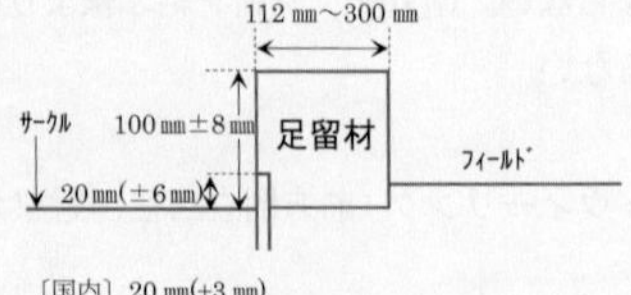

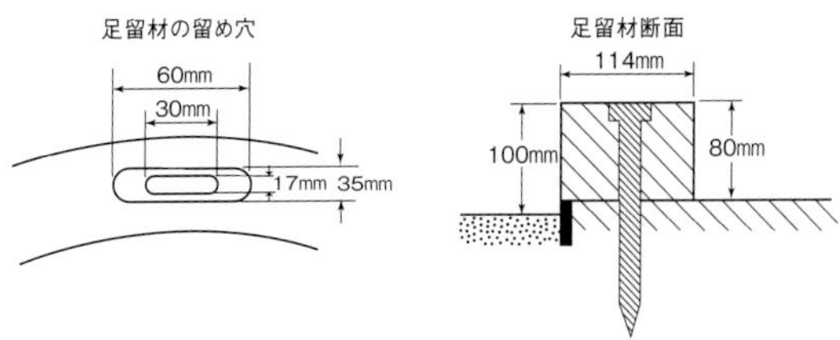

砲　丸

33.4　砲丸は、鉄、真ちゅう、真ちゅうより軟らかくない金属、または上記の金属の殻(から)に鉛その他の材質をつめたものとする。砲丸の形状は球形で、その表面の仕上げは滑らかとする。砲丸の中に詰め物を使用する場合、詰め物は動かず、TR 36.5 に定義されている重心の要件を満たすような方法で挿入されなければならない。

滑らかであるためには平均的な表面の荒さは1.6 μ m以下、即ちラフネスナンバー N7以下でなければならない。

〔国内〕

中学女子用については、鋳鉄製のみとする。

33.5　砲丸は別掲 (229ページ) の仕様に一致しなければならない。

〔国内〕

中学男子四種競技砲丸投は、4kgの砲丸を使用する。

〔参照　TR39末尾　〔国内〕〕

競技役員チーム

砲丸投の場合、以下のように競技役員を配置することが推奨される。

a.　審判員主任は、競技全体を監視する。

b.　砲丸の投法が正しいかを確認し、試技を計測する2名の審判員。1名は2種類の旗を用意しなければならない一試技が有効であることを示す白旗と無効であることを示す赤旗。距離が計測されたら、審判員は砲丸戻しと、落下域の準備ができるのを待つ間、サークルの中に立ち赤旗を掲げる。赤旗の代わりにサークルにコーンを置いてもよい (競技会によっては、この役目は審判員主任の任務であると想定されている)。

EDMを使用しない場合、もう1名の審判員は巻尺を引っ張り、サークル中央に通す。

c. 落下域において距離を計測するための痕跡を確認する審判員。

d. 落下域において距離計測のために痕跡にピンまたはプリズムを刺し、巻尺が使用されている場合には、巻尺の「0」の位置をピンに合わせて持つ審判員。

e. 落下域から戻ってくる投てき器具を受け取り、置き場に戻す担当の審判員。

f. 記録表を記入し、各競技者（およびさらにその次の競技者）を呼び出す審判員 。

g. スコアボード（試技回数・競技者のナンバー・結果）を担当する審判員。

h. 試技の残り時間を競技者に示す時計を担当する審判員。

i. 競技者を担当する審判員。

j. 投てき物置き場担当の審判員。

注意ⅰ：これは競技役員の伝統的な配置である。データシステムと電子スコアボードが利用可能な大規模な競技会では、専門の人材が必ず必要である。このような場合には、フィールド種目の進捗状況と結果はレコーダーとデータシステムの双方で記録される。

注意ⅱ：競技役員および用具は競技者を妨害したり、観客の視界を妨げたりしないように配置されなければならない。

TR 34. 円盤投

円　盤

34.1 円盤の胴体は中身が充填されていても中空でもよく、木またはその他の適当な材質と金属の縁枠でできており、縁枠の角は円くなっている。縁の断面は半径6㎜の正しい円弧とする。金属の板を両面の中心に水平にはめ込んでもよい。金属の板はしっかりと固定され、回転することがないようにする必要がある。別の仕様として、もしその部分が平面で用具の寸法や総重量が仕様に一致していれば、金属板なしで円盤をつくってよい。緩んだ部分があってはならない。

円盤の両面は同一であり、くぼみや突起がなく、縁が鋭利なものであってはならない。

円盤の両面は、円盤の中心から半径25㎜～28.5㎜の外側のどの箇所からも、縁の円弧の始まるところまで真っすぐに傾斜させ、厚みを減じる。

円盤の断面は次のように設計されていなければならない。

縁の曲線部の始めから円盤の厚みは、縁の最大厚のDの部分まで規則的に増加する。厚みが最大になるのは、円盤の軸Yから25㎜～28.5㎜の距離のところである。この部分から円盤の軸Yのところまで厚さは一定である。円盤の上面、下面ともに同一でなければならず、また軸Yの周りの回転に関してバランスがとれなければならない。

円盤の縁の表面は「でこぼこ」がなく、仕上がりは全体が円滑（TR33.4参照）でかつ均一でなければならない。

34.2　円盤は別掲（229ページ）の仕様に一致しなければならない。

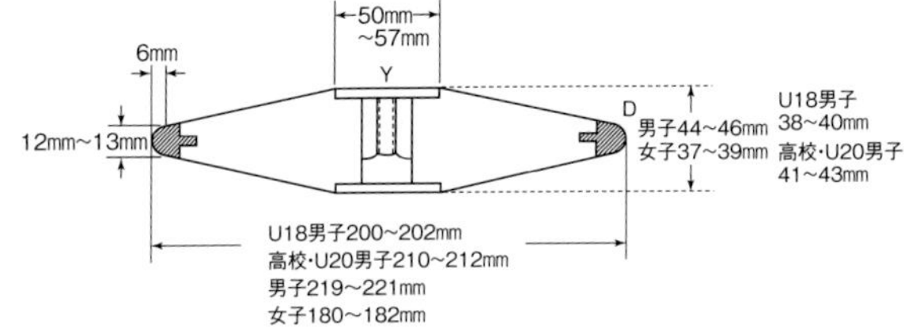

競技役員チーム

円盤投の場合、以下のように競技役員を配置することが推奨される。

a.　審判員主任は、競技全体を監視する。

b.　投てきが正しくなされたかを確認し、試技を計測する2名の審判員。1名は2種類の旗を用意しなければならない－試技が有効であることを示す白旗と無効であることを示す赤旗。距離が計測されたら、審判員は円盤戻しと、落下域の準備ができるのを待つ間、サークルの中に立ち赤旗を掲げる。赤旗の代わりにサークルにコーンを置いてもよい（競技会によっては、この役目は審判員主任の任務であると想定されている）。

EDMを使用しない場合、もう1名の審判員は巻尺を引っ張り、サークル中央に通す。

c.　落下域において距離を計測するための痕跡を確認する審判員。もし円盤が角度線の外に落下した場合、この審判員もしくはプリズムを持っている審判員は、その事実を、腕を外に向けるようなしぐさで伝える。有効試技の場合はこのような合図は不要である。

d. 落下域において距離計測のために痕跡にピンまたはプリズムを刺し、巻尺が使用されている場合には、巻尺の「0」の位置をピンに合わせて持つ審判員。

e. 円盤を回収し置き場に戻す、もしくは返送車に置く1名以上の審判員もしくは補助員。

巻尺を使用して計測する場合は、審判員または補助員の内の1名は、正確な計測を確実に行うために巻尺がきちんと引っ張られた状態にあるかを確認する。

f. 記録表を記入し、各競技者（および、さらにその次の競技者）を呼び出す審判員。

g. スコアボード（試技回数・競技者のナンバー・結果）を担当する審判員。

h. 試技の残り時間を競技者に示す時計を担当する審判員。

i. 競技者を担当する審判員。

j. 投てき物置き場担当の審判員。

注意ⅰ：これは競技役員の伝統的な配置である。データシステムと電子スコアボードが利用可能な大規模な競技会では、専門の人材が必ず必要である。このような場合には、フィールド種目の進捗状況と結果はレコーダーとデータシステムの双方で記録される。

注意ⅱ：競技役員および用具は競技者を妨害したり、観客の視界を妨げたりしないように配置されなければならない。

注意ⅲ：風の方向と強さを示すために、吹き流しのためのスペースを確保する必要がある。

TR 35. 円盤投用囲い

35.1 円盤投は観衆、役員、競技者の安全を確保するために囲いの中から投げなければならない。本条で明記された囲いは、この種目が競技場の外で観客と一緒になって実施される時に、あるいはこの種目が競技場の中で他の種目と同時に実施される時に使用することを目的としている。この条件があてはまらない時は、特に練習場においてはもっと簡単な構造でも構わない。本連盟もしくはWAから指導があった場合にはそれに従う。

〔注意〕

i TR37で定めるハンマー投用の囲いは円盤投にも使用してもよい。その場合2m135と2m500の同心円のサークルか、ハンマー投用サークルの前方に円盤用サークルを別個に設置し、囲いの門口を拡張して使用してもよい。

ii ハンマー投で使用する可動パネルは、危険区域を制限するために円盤投でも使用することができる。

〔国内〕

本連盟ではハンマー投の囲いを兼用型にしてある。

35.2 囲いは2kgの円盤が秒速最大25mの速度で動く力を防止できるように設計し、製作し保守管理されなければならない。円盤が囲いの鋼材に当たり競技者の方へはね返ったり、囲いの上部から外側に飛び出したりしないように設置する。本条の必要事項を満たせば、囲いの形状や構造はどのようにしてもよい。

35.3 囲いの形状は図示してあるようにU字型とする。U字型の門口は6mとし、投てきサークルの中心から5m前方の位置とする。開口部の幅6mは囲いのネットの内側で計らなければならない。パネルあるいは掛け網のもっとも低い部分の高さは4m以上とし、囲いの両側ともに開口部から3mの地点では高さ6m以上とする。

円盤が囲いの継手個所や、パネルあるいは掛け網の下部を突き抜けるのを防止するような囲いの形状や構造を工夫しなければならない。

〔国際〕

U字型の門口は6mとし、投てきサークルの中心から7m前方の位置とする。

〔注意〕

i サークル後部については、中心から最低3m離れてさえいれば、それがパネルであるか網目であるかは大きな問題ではない。

ii　従来の形状に比較して、同程度かそれ以上の防護機能を備え、危険区域が拡大していなければ、新式の形状がWAの承認を受けることができる。

iii　特にトラック側に面する側の囲いは、円盤投の競技中に、隣接したトラックで競技中の競技者をより確実に保護するために、長くしても、可動パネルを設置しても、高くしてもよい。

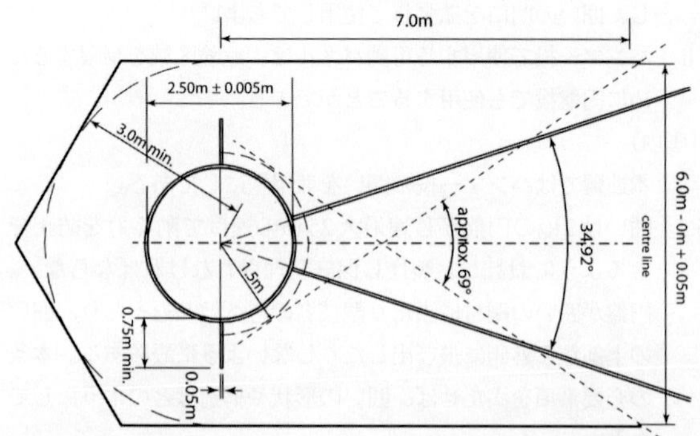

囲いの口のどの高さであっても、幅が同じにあるようにネットを固定しなくてはならない。これは、TR37.4〔注意〕iiに従って設置されたパネルにも当てはまる。

35.4　囲いの網目は適切な天然または合成繊維で作られた紐、または柔軟で伸張力のある鋼製ワイヤーとする。網目の大きさは鋼製ワイヤーの場合は50㎜、紐で作られた場合は44㎜とする。

〔国際〕

網目の中心の大きさは、紐で作られた場合は最大45㎜、鋼製ワイヤーの場合は最大50㎜とする。目の大きさは、紐で作られた場合は最大45㎜とする。

〔注意〕

網目と安全検査手順の詳細はWA陸上競技施設マニュアルに定められている。

35.5　この囲いからの円盤の投てきで、同一競技会に右投げ、左投げの競技者が参加している場合、危険な範囲は最大69度である（サークルを中心に、半径1m500の円の外側から円盤が投げられたと仮定して計算）。競技場内の囲いの設置位置および取りつけ調整は、安全確保のため、十分な配慮が必要である。

〔国際—注意〕

i　危険ゾーンの決定方法は図を参照。

ii　各競技会場では、投てき競技の囲いの構成と配置、開口部の向きを考慮して、危険ゾーンがわかる表示物を用意する。

TR 36.　ハンマー投

競　技

36.1　試技開始の位置にある競技者は、予備のスウィングやターンに先だって、サークル内または外の地面にハンマーの頭部をつけてもよい。

36.2　ハンマーの頭部が地面やサークルの縁枠の上に触れても、不正な投てきとはみなさない。競技者は他の規則に反しない限り、一旦動作を中断して再び投げの動作に入ることができる。

36.3　ハンマーが投てき動作中あるいは空中で壊れた時は、本条に従って投げられたものであれば、1回の無効試技には数えない。この時、競技者が身体の平衡を失って本規則に反する動作をしたとしても、無効試技には数えない。双方のケースで競技者は新試技が許される。

ハンマー

36.4　ハンマーは金属製頭部、接続線（ワイヤー）、ハンドルの三つの部分から構成される。

36.5　頭部は堅固な鉄または真ちゅうより軟らかくない他の金属もしくは、前記の金属の殻（から）に鉛その他の固い材質をつめたものとする。ハンマー頭部の重心は球形の中心から6㎜以内とする。すなわち、ハンドルとワイヤーを取り外した頭部が水平に置かれた薄刃状の縁を持つ直径12㎜の筒の上で安定できなければならない（図参照）。充填物を使用する場合は内部で動かないようにするとともに、重心に関する要件を満たさなければならない。

36.6　接続線の直径は3㎜以上で、継ぎ目または節のないばね鋼線であって、投てき中に感知できるほど伸びてはならない。この鋼線はそれを取りつけるために、一端あるいは両端をねじ曲げてもよい。ワイヤーは旋回軸で頭部に取り付けるものとする。旋回軸は通常のベアリングでもボールベアリングでもかまわない。

〔注意〕

長さ500㎜、内径5㎜の透明なビニールチューブの小さな部品を、ワイヤーの端のねじった部分に被せても良い。

36.7　ハンドルは頑丈で、蝶つがいをつけてはならない。3.8kNの負荷を掛けた時、ハンドルの合計歪みは3㎜を超えてはならない。ハンドルを接続線に取り付ける際には、取り付けた個所が接続線の環の中で移動して、ハンマーの全長が長くなることのないようにしなければならない。ハンドルはループでワイヤーに取り付けるものとする。旋回軸の使用は認められない。

ハンドルは左右対称のデザインでなければならず、わん曲していても、まっすぐでもよい。ハンドルの最小破壊強度は8kN（800㎏f）とする。

〔注意〕

規定に合致していれば、他の形状も認められる。

36.8　ハンマーは別掲（229ページ）の仕様に一致しなければならない。

〔注意〕

用具の重量はハンマーの頭部、ワイヤー、ハンドルの総重量である。

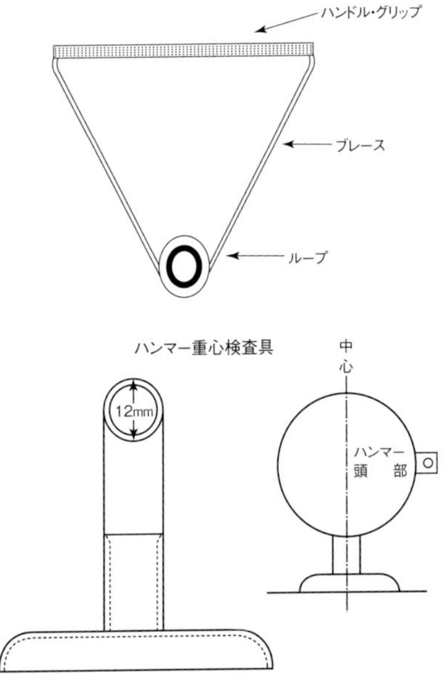

競技役員チーム

ハンマー投の場合、以下のように競技役員を配置することが推奨される。

a.　審判員主任は、競技全体を監視する。

b.　投てきが正しくなされたかを確認し、試技を計測する2名の審判員。1名は2種類の旗を用意しなければならないー試技が有効であることを示す白旗と無効であることを示す赤旗。距離が計測されたら、審判員はハンマー戻しと、落下域の準備ができるのを待つ間、サークルの中に立ち赤旗を掲げる。赤旗の代わりにサークルにコーンを置いてもよい（競技会によっては、この役目は審判員主任の任務であると想定されている）。
EDMを使用しない場合、もう1名の審判員は巻尺を引っ張り、サークル中央に通す。

c.　落下域において距離を計測するための痕跡を確認する審判員。もしハンマーが角度線の外に落下した場合、この審判員もしくはプリズムを持っている審判員は、その事実を、腕を外に向けるようなしぐさで伝える。有効試技の場合はこのような合図は不要である。

d. 落下域において距離計測のために痕跡にピンまたはプリズムを刺し、巻尺が使用されている場合には、巻尺の「0」の位置をピンに合わせて持つ審判員。

e. ハンマーを回収し置き場に戻す、もしくは返送車に置く1名以上の審判員もしくは補助員。

巻尺を使用して計測する場合は、審判員または補助員の内の1名は、正確な計測を確実に行うために、巻尺がきちんと引っ張られた状態にあるかを確認する。

f. 記録表を記入し、各競技者（およびさらにその次の競技者）を呼び出す審判員。

g. スコアボード（試技回数・競技者のナンバー・結果）を担当する審判員。

h. 試技の残り時間を競技者に示す時計を担当する審判員。

i. 競技者を担当する審判員。

j. 投てき物置き場担当の審判員。

注意ⅰ：これは競技役員の伝統的な配置である。データシステムと電子スコアボードが利用可能な大規模な競技会では、専門の人材が必ず必要である。このような場合には、フィールド種目の進捗状況と結果はレコーダーとデータシステムの双方で記録される。

注意ⅱ：競技役員および用具は競技者を妨害したり、観客の視界を妨げたりしないように配置されなければならない。

TR37. ハンマー投用囲い

37.1 ハンマー投は観衆、役員、競技者の安全を確保するために囲いの中から投げなければならない。本条で明記された囲いは、この種目が競技場の外で観客と一緒になって実施される時に、あるいはこの種目が競技場の中で他の種目と同時に実施される時に使用することを目的としている。この条件があてはまらない時は、特に練習場ではもっと簡単な構造でもよい。本連盟もしくはWAから指導があった場合にはそれに従う。

37.2 囲いは重量7.260kgのハンマーが秒速最大32ｍの速度で動く力を防止できるように設計し、製作し保守管理されなければばならない。ハンマーが囲いの鋼材に当たり競技者の方へはね返ったり、囲いの上部から外側に飛び出したりしないように設置する。本条の必要事項を満たせば、囲いの形状や構造はどのようにしてもよい。

37.3 囲いの形状は図示してあるようにU字型とする。門口は6mとし、投てき用のサークルの中心から4m200前方の位置とする。開口部の幅6mは囲いのネットの内側で計らなければならない。パネルあるいは掛け網のもっとも低い部分の高さは、囲いの後部のパネルか掛け網部分は7m以上、ピボット点につながる最前部の2mの部分は9m以上とする。

ハンマーが囲いの継手個所や、パネルあるいは掛け網の下部を突き抜けるのを防止するような囲いの形状や構造を工夫しなければならない。

〔国際〕

囲いの形状は図示したようにU字型とする。門口は6mとし、投てき用のサークルの中心から7m前方の位置とする。パネルあるいは掛け網のもっとも低い部分の高さは、囲いの後部のパネルか掛け網部分は7m以上、ピボット点につながる最前部の2m800の部分は10m以上とする。

〔注意〕

i サークル後部については、中心から最低3m500離れてさえいれば、それがパネルであるか網目であるかは大きな問題ではない。

ii ハンマー投囲いの図で示す位置でネットを支持するために、任意の数の支柱を使用することができる。

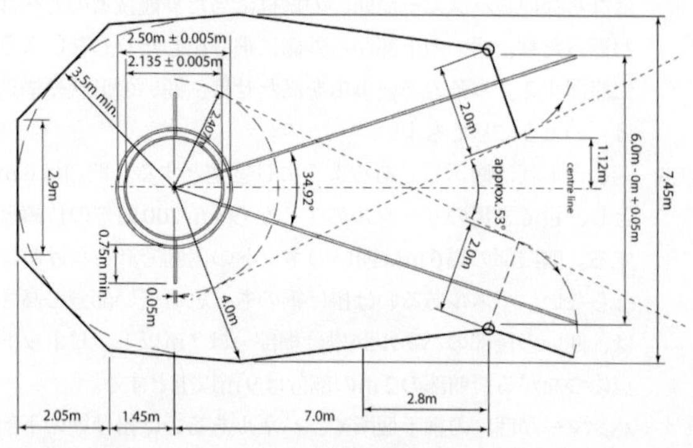

37.4　2枚の幅2mの可動パネルを囲いの前方に取りつけ、試技の際にどちらか1枚を動かす。パネルの高さは9m以上とする。

〔国際〕

パネルの高さは10m以上とする。

〔注意〕

i　左側の可動パネルは右投げの競技者、右側のパネルは左投げの競技者のために使用される。右投げ、左投げ両方の競技者が参加している競技会で、一方の可動パネルと他方のパネルを動かす必要がある場合、パネルを動かすには手間をかけないことが求められ、かつ最短時間で作業することが重要である。

ii　両可動パネルの基本の位置は図に示された通りであるが、競技中、常に一つのパネルは閉じている。

iii　競技中は、可動パネルは図示している場所に正確に設置しなければならない。可動パネルを競技中に固定するような設計にしなければならない。地面に一時的に、または恒久的に、可動パネルを固定する位置の印をつけるとよい。

iv　これらのパネルの構造および操作は前後左右が移動でき、垂直および水平の軸に取りつけ、取りはずしができるようにする。必要事項としては使用するパネルはハンマーが当たった際にはそれを制止でき、固定パネルと可動パネルの間をハンマーが突き抜ける危険のないようにしておかなければならない。

v　従来の形状に比較して同程度以上の防護機能を備え、危険区域が拡大していなければ、新式の形状はWAから承認を受けることができる。

37.5　囲いの網目は適切な天然繊維または合成繊維で作られた紐、または柔軟で伸張力のある鋼製ワイヤーとする。網目の大きさは鋼製ワイヤーの場合は50㎜、紐で作られた場合は44㎜とする。

〔国際〕

網目の中心の大きさは、紐で作られた場合は最大45㎜、鋼製ワイヤーの場合は最大50㎜とする。

〔注意〕

網目と安全検査手順の詳細はWA陸上競技施設マニュアルに定められている。

37.6　同じ囲いを円盤投に利用する場合は、二通りの設置方法がある。もっとも単純な方法として、2m135と2m500の同心円のサークルを使うことにすればよい。囲いの門口が完全に開くようパネルを固定して円盤投に使用できる。

同じ囲いの中でハンマー投と円盤投を別々のサークルを使う場合は、二つのサークルは投てき方向に向かってそれぞれの中心を2m370離して前後に設置し、円盤投のサークルを前方に設置する。この場合は囲いの両側を延長するために可動パネルを円盤投で使用してもよい。

〔注意〕

後部のパネルあるいは網目の配置は、同心サークルあるいは別々のサークルの場合はハンマー投のサークルの中心から最低3m500離れていればよい。(2004年以前の競技規則で作られた別々のサークルならば、後方の円盤投のサークルから3m)　〔参照　TR37.4〕

〔国内〕

本連盟では円盤投の囲いと兼用型を導入しているので、移動できるもの(キャスター付)を設備する。

37.7 この囲いからのハンマーの投てきで、同一競技会に右投げ、左投げの競技者が参加している場合、危険な範囲は最大53度である（サークルを中心に、半径2m407の円の外側からハンマーが投げられたと仮定して計算）。競技場内の囲いの設置位置および取りつけ調整は、安全確保のため、十分な配慮が必要である。

〔国際―注意〕

i 危険ゾーンの決定方法は図を参照。

ii 各競技会場では、投てき競技の囲いの構成と配置、開口部の向きを考慮して、危険ゾーンがわかる表示物を用意する。

TR 38. やり投

競　技

38.1 やりは片手でグリップのところを握らなければならない。やりは肩または投げる方の腕の上で投げなければならず、振りまわしたりして投げてはならない。正常とはいえない投げ方は認められない。

38.2 やり投はやりの頭部が他のどの部分よりも先に地面に落下した場合にのみ、有効とする。

38.3 投げる用意をしてからやりが空中に投げられるまでの間に、競技者はその背面をスターティング・ラインに向けるように完全に回転させることはできない。

以前の規則で使われていたやりの「先端」という表現は削除され、「頭部」という表記に一括して置き換えられている。これは、頭部の形状が製品により大きく異なることを認識し、「先端」と「頭部」とを別々に定義することが困難であるからである。このことによって、やりが正しく着地したかどうかのTR32.16とTR38.2の観点と、TR32.20.2の計測の基準の観点から審判員が判定する要素がより広くなることを意味する。しかしその原則は以前と同じであり、投てきが有効であるためには着地にある程度の角度が必要であり、やりが「水平に」、または「後部から先に」着地した場合は依然として無効試技であり、判定時には赤旗を示す。

38.4　やりが投てき動作中あるいは空中で壊れた時は、本条に従って投げられたものであれば、1回の無効試技には数えない。この時、競技者が身体の平衡を失って本規則に反する動作をしたとしても無効試技とはせず、新試技が許される。

や　り

38.5　やりは頭部、柄、グリップという三つの主要部分によって構成される。

38.6　柄の部分は中が詰まっていても空洞でもよく、全体が固定され一体化されるような金属あるいは他の適した材質とする。柄の表面は、くぼみ、でこぼこ、みぞやうね、穴やざらざらがあってはならず、全体的に滑らかで（TR33.4参照）均一な仕上がりでなければならない。

38.7　柄は先端に向け尖った金属製の頭部とつながっていなければならない。頭部は全て金属でなければならない。頭部の表面が全体的に滑らかであれば、頭部の端に別の合金で補強した先端部を取り付けてもよい。先端部の角度は40度を超えないものとする。

〔注意〕

先端に安全対策がなされた構造のやりの場合、先端から3㎜までの金属製頭部は、先端の角度を無視してもよい。

38.8　グリップの厚さは均一でなければならない。グリップは重心のまわりを巻き、その直径は柄の直径の平均より8㎜を超えてはならない。グリップはどのような種類であろうと一律に滑らない表面で、たれ下がり、きざみ目、くぼみのないようにする。

38.9　切断面はどこでも完全に円形でなければならない（〔注意〕ⅰ参照）。柄の最大直径はグリップの直前でなければならない。グリップの下の部分を含む柄の中央の部分は、筒状かやりの後方に向かって幾分細くなるようにするが、グリップの直前から直後までの直径の減少は0.25㎜を超えてはならない。やりはグリップから頭部先端と後部末尾に向かってだんだん細くなっていなければならない。

グリップから頭部先端の先および後部末尾に至る縦断面は直

線であるか、もしくは、わずかなふくらみがあってもよいが（〔注意〕ii参照）、頭部の直前の部分およびグリップの直前、直後の部分を除き、やりの長さの全体を通して直径に急な変化をつけてはならない。やりの頭部の後ろの部分における直径の減少は2.5㎜以下とする。

〔注意〕

i　やりのどの部分でも切断面は円形であるべきであるが、どの切断面においても最大直径と最小直径の差が2％まで許容される。最大直径と最小直径の平均値は、指定されたどの切断面においても、表に示す仕様が満たされなければならないものとする。

ii　やりの縦断面は長さ500㎜以上の金属製直定規と、0.20㎜と1.25㎜厚のフィラー・ゲージを使うことで迅速かつ容易にチェックできる。わずかにふくらんでいる場合は、直定規をふくらんでいない部分にしっかりと接触させようとすると揺れ動くはずである。縦断面が直線となっている部分は直定規をやりにしっかりと固定した際、やりと直定規の間に0.20㎜厚のフィラー・ゲージが入る隙間があってはならない。但し、これは頭部と柄の接合部分については適用しない。この接合部分については1.25㎜厚のフィラー・ゲージが入る隙間があってはならない。

38.10 やりは別掲（230ページ）の仕様に一致しなければならない。

38.11 やりに可動部分あるいは投てき中に重心や投てきに対する性能が変えられるような装置をつけてはならない。

38.12 金属製の頭部先端部の角度は40度を超えてはならない。頭部先端部から150㎜の位置での直径は柄の一番太いところの80％を超えてはならない。重心と金属製頭部の先端部との中間点において、直径は柄の一番太いところの90％を超えてはならない。

38.13 末尾に向かって細めるのは、重心と末尾の中間点では柄の最大直径の90％以上とする。やりの末尾から150㎜の位置では柄の最大直径の40％以上とする。やりの柄の末尾の直径は3.5㎜以上とする。

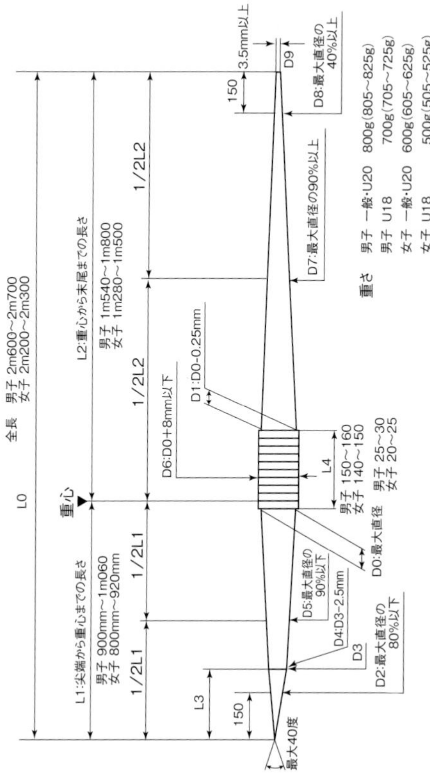

長さ		直径		最大	最小
L 0	全長	D 0	グリップの直前の柄	−	−
L 1	尖端から重心まで	D 1	グリップの直後の柄	D 0	D0-0.25㎜
1/2 L 1	L1 の中間部分	D 2	先端から 150㎜	0.8　D 0	−
L 2	末尾から重心まで	D 3	頭部の最後部	−	−
1/2 L 2	L2 の中間部分	D 4	頭部の直後の柄	−	D 3-2.5㎜
L 3	頭部	D 5	尖端から重心までの中間部分	0.9　D 0	−
L 4	グリップ	D 6	グリップの表面	D 0 + 8㎜	−
		D7	末尾から重心までの中間部分	−	0.9　D 0
		D 8	末尾から 150㎜	−	0.4　D 0
重心	重心	D 9	末尾の部分	−	3.5㎜

注意：直径の計測は 0.1㎜未満の精度で行わなければならない。

競技役員チーム

やり投の場合、以下のように競技役員を配置することが推奨される。

a.　審判員主任は、競技全体を監視する。

b.　投てきが正しくなされたかを確認し、試技を計測する2名の審判員。1名は2種類の旗を用意しなければならない－試技が有効であることを示す白旗と無効であることを示す赤旗。距離が計測されたら、審判員はやり戻しと、落下域の準備ができるのを待つ間、助走路の中に立ち赤旗を掲げる。赤旗の代わりに助走路にコーンを置いてもよい（競技会によっては、この役目は審判員主任の任務であると想定されている）。

EDMを使用しない場合、もう1名の審判員は巻尺を引っ張り、スターティング・ラインから後方8mの助走路上にあるポイントを通す。

c.　落下域において距離を計測するための痕跡を確認する1名ないし2名の審判員。もし、やりが角度線の外に落下した場合、この審判員もしくはプリズムを持っている審判員（角度線に近い方のどちらか）は、その事実を、腕を外に向けてまっすぐ示すようなしぐさで伝える。やりが頭部から先に着地しなかったと判断した場合にも適切な合図が必要で、旗以外の何らかの合図で伝えることを推奨する。有効試技の場合はこのような合図は不要である。

d.　落下域において距離計測のために痕跡にピンまたはプリズムを刺し、巻尺が使用されている場合には、巻尺の「0」の位置をピンに合わせて持つ審判員。

e.　やりを回収し置き場に戻す、もしくは返送車に置く1名以上の審判員もしくは補助員。

巻尺を使用して計測する場合は、審判員または補助員の内の1名は正確な計測を確実に行うために、巻尺がきちんと引っ張られた状態にあるかを確認する。

f.　記録表を記入し、各競技者（およびさらにその次の競技者）を呼び出す審判員。

g.　スコアボード（試技回数・競技者のナンバー・結果）を担当する審判員。

h.　試技の残り時間を競技者に示す時計を担当する審判員。

i.　競技者を担当する審判員。

j.　投てき物置き場担当の審判員。

注意ⅰ：これは競技役員の伝統的な配置である。データシステムと電子スコアボードが利用可能な大規模な競技会では、専門の人材が必ず必要である。このような場合には、フィールド種目の進捗状況と結果はレコーダーとデータシステムの双方で記録される。

注意ⅱ：競技役員および用具は、競技者を妨害したり、観客の視界を妨げたりしないように配置されなければならない。

注意ⅲ：風の方向と強さを示すために、吹き流しのためのスペースを確保する必要がある。

競技規則・第4部　混成競技

TR 39.　混成競技

男子：一般・U20および U18（五種競技・十種競技）

39.1　五種競技は5種目からなり、1日で次の順序で行う。

走幅跳、やり投、200 m、円盤投、1,500 m

39.2　男子の十種競技は10種目からなり、連続する48時間以内で次の順序で行う。

第1日　100 m、走幅跳、砲丸投、走高跳、400 m

第2日　110 mハードル、円盤投、棒高跳、やり投、1,500 m

女子：一般及および U20（七種競技・十種競技）

39.3　七種競技は7種目からなり、連続する48時間以内で次の順序で行う。

第1日　100 mハードル、走高跳、砲丸投、200 m

第2日　走幅跳、やり投、800 m

39.4　女子の十種競技は10種目からなり、連続する48時間以内でTR39.2に定められた順序、または次の順序で行う。

第1日　100 m、円盤投、棒高跳、やり投、400 m

第2日　100 mハードル、走幅跳、砲丸投、走高跳、1,500 m

女子 U18（七種競技のみ）

39.5　U18の女子七種競技は7種目からなり、連続する48時間以内で次の順序で行う。

第1日　100 mハードル、走高跳、砲丸投、200 m

第2日　走幅跳、やり投、800 m

総　則

39.6　混成競技審判長の裁量により、一つの種目の終了時から次の種目の開始時までの間に可能な限り、全ての競技者が少なくとも30分の時間を取れるようにしなければならない。できれば1日目の最終種目終了時刻と2日目の最初の種目の開始時刻との間は、少なくとも10時間の間隔をあけるようにする。

最短30分とは、前の種目で最後のレースまたは試技が終了してから次の種目の最初のレースまたは試技の開始までの実際の時間として計算される。従って、競技者が1つの種目の終了から次の種目のウォーミングアップに直接行くことは可能であり、珍しいことではない。そのため30分には、1つの競技場所から別の競技場所への移動およびウォーミングアップの時間が実質的含まれている。特別なケース（例外的な気象条件など）を除いて、混成競技が実施される日数の変更は許可されない。そのような変更の決定は、各事案の特定の状況ごとに、技術代表およびまたは審判長が判断する。しかし、何らかの理由により競技がTR39またはTR53に定めるよりも長い期間で開催された場合、混成競技の記録（合計点数）は公認されない。

39.7　混成競技のそれぞれの種目における組合せは、最終種目を例外として、前もって決められた期間中にそれぞれの個別種目で達成した成績が同程度の競技者が同じ組または同じグループになるように、主催者または混成競技審判長が決める。各組または各グループは5人以上の競技者が望ましく、3人未満にしないようにする。競技種目のタイムテーブルのために事前にこの組合せができない場合には、次の種目の組合せは競技者が前の種目が終了した時点で決める。

混成競技の最終種目における組合せは、最終組にそれまでの得点合計上位者が含まれるように編成する。

主催者または混成競技審判長が必要と考える時は、組の再編成をすることができる。

〔国内〕

最終種目を例外として、各種目の組合せ（組またはグループ）は主催者が競技者の成績で決め、プログラムに記載することを原則とする。〔参照　TR25.5〕

〔国際〕

最終種目を例外として、各種目の組合せ（組またはグループ）は技術代表または混成競技審判長が決める。

39.8　各種目については次の特例を除いて本競技規則を適用する。

39.8.1　走幅跳と投てきの各種目では各競技者は3回だけの試技

が許される。

39.8.2 写真判定装置が利用できない場合は、各競技者の時間は3人の計時員が独立して計時する。

39.8.3 トラック種目において、1レースで1回目の不正スタートの責任がある競技者は、失格することはなく許される。そのレースで2回目以降の不正スタートの責任がある競技者は、スターターにより失格させられる。

〔参照 TR16.8〕

39.8.4 〔国際〕混成競技のバーの上げ方は競技会全体を通じて一律に走高跳で3㎝、棒高跳で10㎝としなければならない。

39.8.5 混成競技での最終種目のスタートの並び順やレーン順は、〔国際〕技術代表または混成審判長が望ましいと判断したとおりに決めることができる。200m競走と400m競走では、TR20.3.1に従い競技者を順位付けした後に、それぞれTR20.4.4および20.4.5に従ってレーン順を決めなければならない。それ以外の種目の試技順やレーン順は抽選によって決める。

39.9 トラック種目の計時は種目ごとに、ただ一つの計時方法を適用する。但し、世界記録申請のためには写真判定システムを使用しなければならない。

TR19.1.1および19.1.2に規定されている2つの計時システムがこの目的のために認識されている。

例えば写真判定の誤作動があり、いくつかの組には使用できたものの全てではない場合、2つのシステム、手動と写真判定のポイントスコアを直接比較することは不可能である。

TR39.9には競技会における単独種目ごとに1つの計時システムのみが適用されるとあるので、異なる計時システムが用いられた場合、全ての競技者のポイントは手動計時用の混成競技採点表を使用して、ポイントを決定する。

他の種目で全ての競技者が写真判定で計時できた場合、その種目は写真判定用の混成競技採点表を使用してポイントを決定することができる。

39.10 いかなる競技者も、混成競技において1種目でもスタートしなかったか、また1回も試技をしなかった時は、それ以降の種目に参加することは許されず、競技を棄権したものとみなされる。従って、その競技者は最終順位には加えられない。混成競技から棄権しようとする競技者は、直ちに混成競技審判長に申し出なければならない。

39.11 競技が行われる時点で有効な混成競技採点表による各種目の得点と、それまでの合計得点を各種目の終了後に発表しなければならない。競技者は獲得した総得点によって順位を付ける。

若い年齢層での競技では、障害物や投てき物の高さや重さといった仕様が異なっていても、同じ混成競技採点表が各種目に使用される。
トラック種目またはフィールド種目のいずれの記録のポイントも、該当する表に記載されている。多くの場合、全ての時間または距離が表に掲載されているわけではない。このような場合は、近接する低い記録のポイントを使用する必要がある。

例：女性のやり投の場合、45.82m の距離でポイント（点数）は表示されていない。表に記載されている近距離は45.78mで、779 ポイントとなる。

39.12 ガンダーセン方式（または類似の方式）を用いて混成競技の最終種目のスタートを行う場合には、それに合わせて適用する競技規則を特別に設けなければならない。

〔注釈〕

ガンダーセン方式：得点差に応じて時差スタートさせる方式。

同得点

39.13 競技会でどの順位についても二人以上の競技者が同じ得点を取った場合は、同成績とする。

〔国内〕

高等学校および中学校の正式の競技会における混成競技

（高等学校）

1. 男子は八種競技、女子は七種競技とする。
2. 男子の八種競技は8種目からなり、連続する2日間で次の順序で行うこととし、TR39.6以下の規定を準用する。

   第1日　100m、走幅跳、砲丸投（6kg）、400m

   第2日　110mハードル、やり投、走高跳、1,500m
3. 女子の七種競技は、TR39の規定に基づいて行う。
4. 各種目の得点は混成競技採点表による。

（中学校）

1. 男子、女子とも四種競技とする。
2. 四種競技は4種目からなり、1日あるいは連続する2日間で次の順序で行うこととし、TR39.6以下の規定を適用または準用する。

   ＜1日で実施＞

   男子　110mハードル、砲丸投（4kg※）、走高跳、400m

   （※単独種目の砲丸重量とは異なる）

   女子　100mハードル、走高跳、砲丸投（2kg721）、200m

   ＜2日間で実施＞

   男子　第1日　110mハードル、砲丸投（4kg※）

   （※単独種目の砲丸重量とは異なる）

   第2日　走高跳、400m

   女子　第1日　100mハードル、走高跳

   第2日　砲丸投（2kg721）、200m
3. 各種目の得点は混成競技採点表による。

競技規則・第5部　200mトラック（ショート・トラック）競技

TR 40.　400mトラック競技規則のショート・トラック競技への適用

競技規則・第5部および、壁で囲まれ、かつ屋根で覆われている施設で達成された記録は、TR17、29に記されている風力が要件となる規則を除いて、以下の競技規則で定められた内容以外は、400mトラックに適用される競技規則の第1部から第4部の競技規則（TR）が、200mトラック（ショート・トラック）で行われる競技にも適用される。

〔注釈〕

ショート・トラック（200mトラック）とは、1周200mまでのトラックを示す。

TR 41.　ショート・トラック競技場

41.1　競技場は完全に壁で囲まれ、かつ屋根で覆われていても差し支えない。壁で囲まれ、かつ屋根で覆われている場合は、照明、暖房、換気設備が競技会運営を行う上で、満足のいく状態となるよう備え付けられていなくてはならない。

41.2　競技場は周回トラック走路、短距離およびハードル競走用の直走路、跳躍競技用の助走路と着地場所を含む。さらに砲丸投用のサークルおよび扇形の着地場所も、恒久的あるいは暫定的であれ用意する。全ての施設はWA陸上競技施設マニュアルの仕様に適合していること。

41.3　全てのトラック走路、助走路または踏切場所の表面は、長さ6㎜のスパイク・シューズに対応できる合成物質で覆われている必要がある。（参照：競技用靴に関する規程　第11条）

ワールドランキングコンペティション定義1. (a)、(b)、(c) と2. (a)、(b)に該当するショート・トラック競技会は、WAによるショート・トラック競技施設認定を受けた施設で実施する。ワールドランキングコンペティション定義1. (d)、(e) と2. (c)、 (d)、(e) に該当する競技会も、このような施設で実施することが推奨される。

41.4 トラック走路、助走路、踏切区域に敷設されている合成舗装材の基礎は堅固なもの（たとえばコンクリートなど）あるいは懸架構造（梁の上に木板や合板を取り付けたもの）の場合は、特に弾むような箇所がないようにし、技術的に可能である限り、全ての走路は全体を通して均一な弾性を持たなくてはならない。競技会の前に、跳躍競技の踏切場所の弾性についてチェックしなければならない。

〔注意〕

弾むような箇所とは、競技者に特別な助力を与えるように意図的に設計、デザインされ、建設された箇所のこと。

〔注意〕

i WA陸上競技施設マニュアルには、トラックの計測やマーキングのための図を含むショート・トラック競技場の構造や設計のための詳細や規定する仕様が含まれており、WA事務局あるいはWAウェブサイトからダウンロードにより入手可能である。

ii WAの施設公認手続き方法をはじめ、申請のための標準書式や計測報告書書式は、WA事務局あるいはWAウェブサイトからダウンロードにより入手可能である。

適切な照明の不足は屋根付きの競技場で行われる競技会の共通の問題である。屋根で覆われた競技場は、競技の正確で公正な実施を可能にする照明を備えていなければならず、テレビの中継がある場合、照明レベルはより高くする必要がある。フィニッシュライン付近は写真判定装置のために追加の照明を必要とすることがある。

TR 42. 直走路（ショート・トラック）

400mトラック競技に適用される規則およびWA陸上競技施設マニュアル参照。

TR 43. 周回トラックおよびレーン（ショート・トラック）

43.1 トラック1周の標準の長さは、200mとする（200mトラック）。トラックは、平行である二つの直走路と、同じ半径でかつ傾斜（バンク）してもよい二つの曲走路から構成される。トラックの内側は高さおよび幅50㎜の適切な材質の縁石または幅50㎜の白線で区分される。この縁石または白線の外側（右側）の端は、第1レーンの内側の端となる。縁石または白線の内側の端はトラック全体を通して水平でなければならない。この縁石または白線はトラックの傾斜部分の長さ全体にわたって傾斜や勾配を考慮し、傾斜面に沿って配置する。二つの直走路の縁石を取り除き、50㎜幅の白線で代用しても良い。

〔注意〕

全ての計測はTR14.2に示されているように行わなければならない。

レーン

43.2 トラックは4レーン～6レーンとする。レーンの幅は右側のラインを含めて900㎜～1m100とする。どのレーンも同じ幅でなければならず、所定の幅との誤差は±10㎜までとする。各レーンは幅50㎜の白線で区切る。

バンク

43.3 曲走路における全てのレーンの傾斜度および直走路のレーンの傾斜度は、トラックのどの断面でも同じでなければならい。直走路は平坦あるいは内側のレーンに向かって最大100分の1（1%）の傾斜があってもよい。

直走路から傾斜した曲走路への水平移行を容易にするために、その場所は直走路の終わりからなだらかな勾配にし、直走路方向に伸ばすことができる。加えて垂直方向への変化も考慮される。

内側縁の表示

43.4 トラックの内側を白線で区分する時は、曲走路には必ず、直走路には必要があればコーンまたは旗を置く。コーンの高さは少なくとも150㎜とする。旗の大きさは250㎜×200㎜、高さは少なくとも450㎜とし、フィールド側に60度の角度に倒すように立てる。コーンまたは旗は、その底の縁がトラックに最も近い白線の端になるように設置する。その間隔が曲走路では1m500、直走路で10mを超えないように配置する。

〔注意〕

WAが直接主催するショート・トラック競技会では、内側に縁石を使用することを強く推奨する。

周回トラックは200m を超える場合があるが、200m 以上の距離のレースの記録はショート・トラック記録としては公認されない。トップレベルの競技会を開催するには、6 レーンあるほうが使い勝手がよい。周回トラックの理想的な幅は1mである。

旗またはコーンを置くときは、第1レーンの内側にある白線がそのレーンに含まれないということを考慮する必要がある（つまり白線の上に置くべき）。ショート・トラックで行われる競技会では、縁石でなくコーンを使用することが推奨される。

TR 44. 周回トラックのスタートおよびフィニッシュ（ショート・トラック）

44.1 標準的な傾斜のあるショート・トラックの構造とマーキングに関する詳細は、WA陸上競技施設マニュアルに記載されている。その中の基本的原則を以下に示す。

基本条件

44.2 レースのスタートラインおよびフィニッシュラインは、直走路ではレーンラインに直角に、また曲走路では半円を描く中心線上に、幅50㎜の白線で示す。

44.3 フィニッシュラインは距離の異なる種目であってもできる限り1カ所に設け、その場所は周回の直線部分におき、可能な限りフィニッシュ後の直線部分が長くなるようにする。

44.4 全てのスタートライン（直線、階段式、弧形）の最も基本となる設定条件として、競技者が許される中での最短距離を取った時に、全ての競技者の距離が同じでなければならない。

44.5 スタートライン（リレー競走のテイク・オーバー・ゾーンを

含む）は、できる限り、もっとも大きな斜度の場所には設置しない。

競走種目の実施方法

44.6 競走種目は以下のように行う。

44.6.1 300mまでのレースは最後までレーンを走る。

44.6.2 300mを超え800m未満の競走はレーンを使用してスタートし、第2曲走路の終わりに引かれたブレイクラインまではそのレーンを走る。

44.6.3 800mの競走のスタートは各競技者が各レーンに1名ずつ、またはレーンに最大2名を割り振って行うか、TR17.5.2に従い第1レーンと第4レーンを用いたグループスタートで行う。このような場合、各競技者が自分のレーンを離れたり、グループスタートの外側を走る競技者が内側のグループに合流したり出来るのは、第1曲走路の終わりのブレイクラインを過ぎた後とするが、もし二つの曲走路を自分のレーンで走るのであれば、第2曲走路終わりのブレイクラインを過ぎた後である。スタートラインは一本の曲線でもよい。

44.6.4 800mを超える競走はレーンを用いず、円弧スタートまたはグループスタートによって行わなければならない。もしグループスタートを用いるなら、ブレイクラインは第1または第2曲走路の終わりに引かなければならない。

もし競技者がこの規則に従わない場合は失格となる。

ブレイクラインは各曲走路が終わる地点に弧を描くように引かれた幅50㎜のラインで、第1レーンを除く全レーンを横切るように引く。競技者がブレイクラインを認識しやすいように、各レーンラインとブレイクラインが交差するすぐ手前のレーンライン上に、50㎜四方で高さ150㎜以下のコーンか角柱、その他適当な目印を置く。コーンや角柱の色はブレイクラインやレーンラインの色と異なるものにするのが望ましい。

〔注意〕

i ワールドランキングコンペティション定義1.(a)、(b)、(c)と2. ‖

(a)、(b)に該当しない競技会においては、800 mについては参加チームの合意によりレーンを使用しないで行うことができる。

ii 6レーン未満のトラックでは、6人での競走を可能とするためにグループスタートを用いてもよい。

200 mトラックのスタートラインとフィニッシュライン

44.7 第1レーンのスタートラインは原則として直線上に設置する。そのスタートラインの位置は、もっとも外側のレーンのスタートライン（400 mのレース）がバンク傾斜度12度以下の位置になるように決める。

周回トラックにおける全てのレースのフィニッシュラインは、第1レーンに設けたスタートラインを延長し、各レーンラインに直角に引く。

トラックのマーキングに使用する色は、WA 陸上競技施設マニュアルに含まれるトラックマーキングプランに示される。

TR 45. トラック競技におけるレーンの抽選（ショート・トラック）

45.1 ランキングや予選の組み合わせはTR20.3に従って作成する。

〔注意〕

i．実施するラウンドの数や予選の数を決めるための表や、あらかじめ競技注意事項等で規定されていない場合や主催者が決めていない場合には、WAのウェブサイトに掲載されている組分け方法（テーブル）を使用してもよい。

ii．〔国際〕準決勝および決勝において棄権により空いたレーンについて、前ラウンドで当該ラウンドに進出する資格を獲得した競技者の次にランク付けされた者で補充することを、適用する規則で定めることができる。

45.2 一つの曲走路を全面的にあるいは部分的にレーンを用いる全ての種目で複数のラウンドが行われる場合、次の三つのレーン分けが行われる。

45.2.1 ランキングの上位2人の競技者または2チームが外側の

2レーン。

45.2.2　3番目と4番目のランクの競技者またチームが次の内側の2レーン。

45.2.3　残りの競技者またはチームが内側に残ったレーン。

45.3　その他の種目の場合、レーン順は TR20.4.1～20.4.3、20.5 に従って決定をする。 ‖

〔国内〕

種目別の参加数に応じた予選等での上位ラウンドへの進出の組分けは、以下の表を使用することを推奨する。主催者独自に定めた方法で行う際には、大会要項や競技注意事項等に詳細を明記する。

60 m、60 m H

ラウンド／参加数	一次予選			準決勝		
	組数	着順	上位記録者	組数	着順	上位記録者
9 － 16	2	3	2			
17 － 24	3	2	2			
25 － 32	4	3	4	2	4	
33 － 40	5	4	4	3	2	2
41 － 48	6	3	6	3	2	2
49 － 56	7	3	3	3	2	2
57 － 64	8	2	8	3	2	2
65 － 72	9	2	6	3	2	2
73 － 80	10	2	4	3	2	2

200 m、400 m、800 m、4 × 200 m リレー、4 × 400 m リレー

ラウンド／参加数	一次予選			二次予選			準決勝		
	組数	着順	上位記録者	組数	着順	上位記録者	組数	着順	上位記録者
7 － 12	2	2	2						
13 － 18	3	3	3	2	3				
19 － 24	4	2	4	2	3				
25 － 30	5	2	2	2	3				
31 － 36	6	2	6	3	2				
37 － 42	7	2	4	3	2				
43 － 48	8	2	2	3	2				
49 － 54	9	2	6	4	3		2	3	
55 － 60	10	2	4	4	3		2	3	

1,500 m

ラウンド / 参加数	一次予選			準決勝		
	組数	着順	上位記録者	組数	着順	上位記録者
12 − 18	2	3	3			
19 − 27	3	2	3			
28 − 36	4	2	1			
37 − 45	5	3	3	2	3	3
46 − 54	6	2	6	2	3	3
55 − 63	7	2	4	2	3	3

3,000 m

ラウンド / 参加数	予選		
	組数	着順	上位記録者
16 − 24	2	4	4
25 − 36	3	3	3
37 − 48	4	2	4

トラックのレーン構成が異なる場合、使用するテーブルは、競技会の特定の技術規定に適合するか、技術代表または主催者によって適合される必要がある。

TR 46. 欠番

TR 47. ハードル競走（ショート・トラック）

47.1　標準の距離は直走路トラックで50 mまたは60 mとする。

47.2　各レースにおけるハードルの配置は次の通りとする。

区　分	男子			女子		
	U18	U20	一　般	U18	U20	一　般
ハードルの高さ	914㎜	991㎜	1m067	762㎜	838㎜	
レースの距離	50m/60m					
ハードルの台数	4台/5台					
スタートから第1ハードルまで	13m720			13m		
ハードル間の距離	9m140			8m500		
最後のハードルからフィニッシュラインまで	8m860/9m720			11m500/13m		

TR 48. リレー競走（ショート・トラック）

リレー競走の実施

48.1 4×200mリレーの場合、全ての第1走者と第2走者の第1曲走路においてTR44.6に述べたブレイクラインの手前までは、各自のレーンを走る。第2、第3、第4走者は、各走者のテイク・オーバー・ゾーンの外側から走り出してはならず、ゾーンの中から走り出さなければならない。

48.2 4×400mリレーの場合、TR44.6.2に従う。

48.3 4×800mリレーの場合、TR44.6.3に従う。

48.4 4×200mリレーの第3・第4走者、4×400mリレーおよび4×800mリレーの第2・第3・第4走者として待機している競技者は、担当審判員の指示により、各自のチームが直近の曲走路に進入したのと同じ順番で（内側から外側へ）待機する。接近する競技者がこの地点を通過したならば、待機順を維持しなければならず、テイク・オーバー・ゾーンの起点において待機順を入れ替わってはならない。この規則に従わなければ、当該チームは失格とする。

〔注意〕

ショート・トラックのリレー競走は狭いレーンのため、400mトラックのリレー競走よりも衝突や意図しない妨害がとても生じやすい。それ故、可能ならば空きのレーンが各チームの間にあることが望ましい。例えば、第1、第3、第5レーンはレースに使用し、第2、第4、第6レーンはレースに使用しない。

TR 49. 走高跳（ショート・トラック）

助走路および踏切場所

49.1 移動式の助走用マットを使用する場合は、踏切場所の水平に関する規則に関しては、助走路用マットの上部表面が水平かどうかで解釈する。

49.2 助走路の最後の15mがTR27.3～27.5に適合していれば、競技者は周回トラックの傾斜面から助走を開始してもよい。

TR 50.　棒高跳（ショート・トラック）‖

助走路

助走路の最後の40 mがTR28.6、28.7に適合していれば、競技者は周回トラックの傾斜面から助走を開始してもよい。

TR 51.　長さの跳躍（ショート・トラック）‖

助走路

助走路の最後の40 mがTR29.1、29.2に適合していれば、競技者は周回トラックの傾斜面から助走を開始してもよい。

TR 52.　砲丸投（ショート・トラック）‖

着地場所

52.1　着地場所は砲丸の痕跡がつき、一方でそのはずみが最小となるような材質とする。

52.2　観客、競技役員、競技者の安全を確保するために、必要に応じて、サークルの直近から着地区域の遠位端と両側は防止柵あるいは防護ネットで囲われていなければならない。飛んでくる砲丸や着地場所でバウンドした砲丸を止めるために充分なネットの高さは最低4 mとする。

52.3　競技エリアのスペースが限定される場合、防止柵によって囲まれた場所は34.92度の扇形全部を含む広さでなくてもよい。そのような場合は、以下の条件を適用する。‖

52.3.1　サークルから投げる方向の側の防止柵は、男女の世界記録より最低500㎜離れた場所に設置する。

52.3.2　両側の扇形ラインは、34.92度の扇形の中心線と左右対称にする。

52.3.3　扇形ラインをサークル中心から34.92度の角度で放射状に引いて完全な着地場所を設けるか、両側のラインを34.92度の扇方の中心線と平行にして設けてもよい。着地場所を示すラインを平行にするにあたっては、両方のラインの間隔は最小9 mでなくてはならない。

両側のストップバリア／プロテクションネットは、サークルから8m 以内に位置し、ネットの高さは少なくとも6mとすることを推奨する。

砲丸の構造

52.4 着地場所（TR52.1参照）の構造によって、砲丸は硬い金属か、金属をかぶせたもの、あるいは適切な詰め物をした軟らかいプラスティックまたはラバーで覆ったものとする。両タイプの砲丸を同一の競技会で使用することは認められない。

硬い金属または金属をかぶせた砲丸

52.5 これらの砲丸は屋外の砲丸投に関するTR33.4、33.5の仕様と同一とする。

プラスティックまたはラバーで覆った砲丸

52.6 砲丸はフロアに落ちた時でもフロアに損傷が生じないように、軟らかいプラスティックかラバーで覆う。砲丸は球形で、その表面の仕上げは滑らかであるものとする。
表面の平均的な荒さは1.6μm以下、即ちラフネスナンバーN7以下でなければならない。

52.7 砲丸は以下の規格とする。

砲　丸	3kg	4kg	5kg	6kg	7.26kg
競技会で許可され記録が公認される最小重量	3.000kg	4.000kg	5.000kg	6.000kg	7.260kg
直　径	85㎜～120㎜	95㎜～130㎜	100㎜～135㎜	105㎜～140㎜	110㎜～145㎜

TR 53. 混成競技（ショート・トラック）

男子 U18 、U20 、一般（五種競技）

53.1 男子五種競技は5種目からなり、1日で次の順序で行う。
60mハードル、走幅跳、砲丸投、走高跳、1,000m

男子 U18、U20、一般（七種競技）

53.2 男子七種競技は7種目からなり、連続する48時間以内で次の順序で行う。
第1日　60m、走幅跳、砲丸投、走高跳
第2日　60mハードル、棒高跳、1,000m

女子 U18、U20、一般（五種競技）

53.3　女子五種競技は5種目からなり、1日で次の順序で行う。

60 mハードル、走高跳、砲丸投、走幅跳、800 m

組とグループ

53.4　4人以上が好ましいが、3人未満で競技させないよう競技者を組み分ける。

競技規則・第6部　競歩競技

TR 54. 競　歩　競　技

距　離

54.1 競歩競技の標準となる距離は、ショート・トラックでは3,000m、5,000mとし、400mトラックでは5,000m、10,000m、20,000m、35,000m、50,000mとする。道路のコースでは10km, 20km, 35km, 50kmとする。

競歩の定義

54.2 競歩とは、両足が同時にグラウンドから離れることなく歩くことをいう（ロス・オブ・コンタクトにならない）。前脚は、接地の瞬間から垂直の位置になるまで、まっすぐに伸びていなければならない（ベント・ニーにならない）。いずれも目視で判定する。

審　判

54.3 競歩競技の審判は以下の通りとする。

54.3.1 競歩審判員は、あらかじめ誰も任命されていなければ審判員主任を互選する。

54.3.2 競歩審判員はそれぞれが独立して判定し、その判定は目視による観察に基づいて行う。

54.3.3 該当する競技会においては、競歩審判員はCR 9に従って任命されなければならない。

〔国内〕

本連盟が主催、共催する競技会では、競歩審判員はJRWJもしくは本連盟が任命した競歩審判員でなくてはならない。

54.3.4 道路競技では、通常、主任を含め6人から9人の競歩審判員で行う。

54.3.5 トラック競技では、通常、主任を含め6人の競歩審判員で行う。

54.3.6 ワールドランキングコンペティション定義1. (a)、(b) に該当する競技会においては一つの加盟団体から2人以上の国際審判員（競歩審判員主任は除く）が任命されることはない。

〔注意〕

加盟団体の国際競歩審判員はWAゴールド、シルバー、ブロンズレベルの競歩審判員として、最新の名簿に登録されていること。

〔国内〕

本連盟が主催、共催する競技会では、同一の都道府県陸協から3人以上の競歩審判員（競歩審判員主任は除く）が任命されることはない。

競歩審判員主任

54.4　競歩審判員主任の任務は以下の通りとする。

54.4.1　競歩審判員主任は、ワールドランキングコンペティションに該当する全ての競技会ならびに本連盟が主催、共催する競技会では、残り100mからフィニッシュまでの間で、競技者の歩型がTR54.2に明らかに反する時、その競技者にそれまでに出されたレッドカードの有無に関わらず、その競技者を主任単独で失格にする権限をもつ。失格となった競技者はレース終了後、できるだけ速やかに、競歩審判員主任または競歩審判員主任補佐によってレッドパドルで失格を告知されなければならない。

〔国内〕

i　TR9で認める男女混合競技の競歩審判員主任はJRWJであることが望ましい。

ii　TR54.4.1に定める特定の競技会以外の競技会で、主任単独による失格権限を適用する場合には、主催者は本連盟に事前に申告するものとする。なお、その場合の競歩審判員主任はJRWJとする。

iii　TR9で認める男女混合競技でも適用する。

54.4.2　競歩審判員主任は競技会の役員を監督しなければならず、TR54.4.1にある通り特定の状況下においてのみ、競歩審判員主任は競歩審判として競技者の歩型を判定する。また、ワールドランキングコンペティション定義1.

(a)、(b)、(c) と2. (a)、(b) に該当する競技会ならびに本連盟が主催、共催する競技会においては、2人以上競歩審判員主任補佐を任命しなければならない。競歩審判員主任補佐は失格の告知を手伝うが、競歩審判員として判定はしない。

54.4.3 ワールドランキングコンペティション定義1. (a)、(b)、(c)と2. (a)、(b)に該当する競技会ならびに本連盟が主催、共催する競技会およびできる限り他の大会でも、掲示板係と競歩記録員を任命しなければならない。

イエローパドル

54.5 競歩審判員は、競技者がTR54.2に完全に従っていると確信できない時、可能なところであればどこででも該当する違反のマークが両面に記されているイエローパドルをその競技者に示す。

但し、同じ違反に対して同じ審判員から2度のイエローパドルは示されない。審判員は、競技者にイエローパドルを示した時は、競歩審判記入用紙に記入し競技終了後、競歩審判員主任に提出しなければならない。

レッドカード

54.6 競歩審判員は、競技中のどの時点であれ、「ロス・オブ・コンタクト」あるいは「ベント・ニー」を目視で確認し、競技者がTR54.2に違反していると判断したならば、レッドカードを競歩審判員主任に提出しなければならない。

失　格

54.7 失格は以下の通りとする。

54.7.1 TR54.7.3に定める場合を除き、競技者は3人以上の審判員から競歩審判員主任にレッドカードが出された時に失格となり、競歩審判員主任または競歩審判員主任補佐からレッドパドル（両面赤色）が示されることにより告知される。但し、告知できなくとも失格した競技者が失格取り消しとなることはない。

54.7.2 ワールドランキングコンペティション定義1. (a)、(b)、(c)、(d) に該当する競技会においては、いかなる場合でも、同じ加盟団体の2人の審判員が失格させる権限をもたない。

〔注意〕

加盟団体の国際競歩審判員はWAゴールド、シルバー、ブロンズレベルの競歩審判員として、最新の名簿に登録されていること。

54.7.3 本連盟（〔国際〕競技会統括団体）または主催者が、ペナルティゾーンに関連する規則を適用するとあらかじめ大会要項等に定めたレースでは、ペナルティゾーンを設置しなければならない。その場合、3枚のレッドカードを受け取った競歩審判員主任もしくは主任から任命された競技役員からペナルティゾーンに入るよう指示された競技者は直ちにペナルティゾーンに入り、所定の時間その中でとどまっていなければならない。

距離（その長さを含む）	時間
5,000ｍ・5㎞まで	30秒
10,000ｍ・10㎞まで	1分
20,000ｍ・20㎞まで	2分
30,000ｍ・30㎞まで	3分
35,000ｍ・35㎞まで	3分30秒
40,000ｍ・40㎞まで	4分
50,000ｍ・50㎞まで	5分

ペナルティゾーンに入るよう命じられても入らない場合や定められた時間とどまらない場合、審判長によって失格と判定される。

〔国内〕

ペナルティゾーンに関連する規則を適用する場合には、本連盟主催競技会を除き、本連盟へ事前に申告するものとする。

54.7.4 TR54.7.3に従い3枚目のレッドカードが出された競技者をレースの終了間際でペナルティゾーンに入れることができなかった場合、審判長は当該競技者のフィニッシュタイムにペナルティゾーンにとどまるよう定められた所定の時間を加えて記録を修正し、必要に応じて順位を修正しなければならない。

54.7.5 TR54.7.3を適用するいかなる場合でも、4枚以上のレッドカードが出たら、当該競技者は失格となる。この失格の通知は、競歩審判員主任か競歩審判員主任補佐から行われなければならない。もし、通知を怠ったとしても、当該競技者の失格が取り消されることはない。

54.7.6 トラック競歩競技では、失格した競技者は直ちにトラックの外に出なければならない。また、道路競歩競技では、失格直後、つけているアスリートビブス（ビブス）を取り去り、コースを離れなければならない。失格した競技者がコースまたはトラックから離れない場合、またはTR54.7.3に定められるペナルティゾーンに入ることおよびペナルティゾーン内にとどまることの指示に従わなかった場合は、TR7.1および7.3に従って罰せられることがある。

54.7.7 一つまたはそれ以上の掲示板は、競歩審判員主任に出された競技者毎のレッドカードの数を競技者に知らせるために、コース上とフィニッシュ近くに設置しなければならない。掲示板にはそれぞれの違反マークを掲示する。

54.7.8 ワールドランキングコンペティション定義1. (a)、(b) に該当する競技会においては、競歩審判員はレッドカードを競歩記録員と掲示板係に知らせるために通信機能付き携帯パソコン端末装置を使用しなければならない。そのようなシステムを使用しない、他の全ての競技会では、審判員主任は競技終了後直ちに審判長に対してTR54.4.1、TR54.7.1またはTR54.7.5で失格した全ての競技者のアスリートビブス記載の番号や氏名、違反の内容、告知した時間を報告しなければならない。同様にレッドカードを出された全ての競技者についても報告しなければならない。

スタート

54.8 レースは信号器、大砲・エアホーン、その他類似の機器の発射で開始する。その合図と手順は400mを超える競走で用いる方法で行う（参照　TR16.2.2）。参加者の多いレースでは、スタート5分前、3分前、1分前の合図をすべきである。「On your marks（位置について）」の指示で、競技者は主催者が定めた方法でスタートラインに集合しなければならない。スターターは競技者の足や体の一部がスタートラインやその前のグラウンドに触れていないことを確認したうえでレースをスタートさせなければならない。

安全

54.9　競歩競技の主催者は競技者の安全を確保しなければならない。

〔国際〕

ワールドランキングコンペティション定義1.(a)、(b)、(c)と2.(a)、(b)に該当する競技会においては、主催者は道路を全面車両通行止にして、自動車の通行を遮断しなければならない。

道路競歩競技における水・スポンジおよび飲食物供給所

54.10　道路競歩競技における水・スポンジおよび飲食物供給所は以下の通りとする。

54.10.1　水その他の飲食物は、スタートとフィニッシュ地点に用意しなければならない。

54.10.2　5㎞を含め10㎞までの全ての競歩競技では、気象状況に応じて、水・スポンジ供給所を適当な間隔で置かなければならない。

〔注意〕

気象状況によっては、体制が整えられる場合にミストステーションも用意して良い。

54.10.3　10㎞を超える全ての種目では、周回毎に飲食物供給所を設置する。さらに、水・スポンジの供給所を各飲食物供給所のほぼ中間点に、また気象状況を考慮してそれよりも短い距離に設置してもよい。

54.10.4　飲食物は主催者または競技者が準備し、供給所におかなければならない。飲食物は取りやすいように置くが、主催者に許可された者が競技者に手渡ししてもよい。

競技者が用意した飲食物は、その競技者または代理人によって預けられた時から主催者によって任命された役員監視の下で管理しなければならない。これらの役員は、預けられた飲食物が取り替えられたり、何らかの異物が混入されたりすることのないよう管理しなければならない。

54.10.5 主催者は柵やテーブルを置いて、または地面に印をつけることによって、飲食物を受取ったり選んだりできる場所を示さなければならない。許可された者が飲食物を手渡ししても良いのは、テーブルの前ではなく、後方または側方1m以内とする。許可された者であってもコース内に入ったり、競技者を妨害したりしてはならない。

54.10.6 ワールドランキングコンペティション定義1. (a)、(b)、(c) と2. (a)、(b) に該当する競技会ならびに本連盟が主催、共催する競技会では、加盟団体（チーム）あたり最大2名のチーム役員が同時にテーブルの後方に位置してもよい。いかなる状況にあっても飲食物や水を取る際、競技役員や承認を得た者であっても競技者と並んで移動してはならない。

〔注意〕

一つの加盟団体（チーム）から4人以上の競技者が参加する種目では、競技注意事項等で、その加盟団体（チーム）の飲食物供給所に役員を追加することを認めてもよい。

54.10.7 スタート地点から持っているか、主催者が設置した供給所で手に取るか手渡されたものである限り、競技者はいつでも水または飲食物を手に持って、あるいは身体に取り付けて運ぶことができる。

54.10.8 競技者が医学的理由または競技役員の指示によらずに主催者が設置した供給所以外で飲食物や水を受けたり自分で取ったりした場合、あるいは他の競技者の飲食物を取った場合、審判長は、それが1回目の違反であれば警告（〔国際〕通常はイエローカードの提示によりこれを知らせる）、2回目の違反があった競技者は失格させる（〔国際〕通常、レッドカードを提示する)。失格となった競技者は速やかにコース外に出なければならない。

〔注意〕

飲食物や水、スポンジをスタート地点から持ってきたり、主催者が設置した供給所で受取っている限りにおいて、競技者はそれらを他の競技者から受取ったりあるいは手渡ししてもよい。但し、ある競技者が一人または複数の競技者にそのような方法で繰り返し飲食物の受渡しを行う場合は、規則に違反した助力と考えられ、警告を与えたり失格としたりしてよい。

一般に、それが論理的であり、実践に従う場合、競技場外種目に関するTR54、55および56の規定に一貫性がある。但し、上記のTR54.10.5は、競歩種目の場合、チームの役員がテーブルの前に立つことが許可されないという点で、TR55.8.5とは明確に区別していることに注意が必要である。

道路コース

54.11 道路コースは以下の通りとする。

54.11.1 競技会では、周回コースは1周最長2㎞、最短1㎞にしなければならない。スタートとフィニッシュが競技場内の競技では、周回コースは競技場のできるだけ近くに設定する。

54.11.2 道路コースは、TR55.3に従って計測する。

レース管理

54.12 競技者は競技役員の許可を得て、かつその監督下にある場合は、コースを離れたことにより歩くべき距離が短くならないことを条件に、示されたコースを離れることができる。

54.13 審判長が審判員、監察員またはそれ以外の大会関係者の報告により、競技者がコースをはずれ距離を短くしたと判定した場合、競技者は失格となる。

54.14 この競技規則(CR・TR)が適用されない競歩競技会の場合、適用する特別な規則や競技実施方法を明確にした競技規則を定める必要がある。

競技規則・第7部　道路競走

TR 55.　道路競走

〔注釈〕WAロードレースラベル大会として行われる競技会については、本規則に加え、Label Road Races Regulationsを適用する。

距　離

55.1　道路競走の標準となる距離は1マイル、5㎞、10㎞、15㎞、20㎞、ハーフマラソン、25㎞、30㎞、マラソン（42㎞195）、50㎞、100㎞およびロードリレーとする。 ‖

〔国内〕

駅伝競走は駅伝競走規準により行う。

〔国際－注意〕

ロードリレーはマラソン競走の距離で実施することが望ましく、基本は5㎞、10㎞、5㎞、10㎞、5㎞、7㎞195の区間からなる5㎞の周回コースである。U20ロードリレーの区間は5㎞、5㎞、5㎞、6㎞098のハーフマラソンの距離が望ましい。

コース

55.2　道路競走は公認長距離競走路を走る。交通量やそれと同じような事情で不適当な時は、走路を正しく表示して外側に沿う自転車道や歩道を走ってもよいが、芝生地やそれに類する柔らかい土であってはならない。スタートとフィニッシュ地点は競技場内におくことができる。

〔注意〕

i　標準距離の道路競走においてはスタートとフィニッシュの2点間の直線の距離は、そのレースの全距離の50％以下とする。世界記録の公認についてはCR31.21.2を参照すること。 ‖

ii　レースのスタート、フィニッシュ、その他のいかなる区間も、芝その他の未舗装路で行うことができる。但し、こうした区間は最小限にとどめる。

55.3　コースは競技者の使用が許される道路として区分されている

場所の最短距離を測定する。コースの長さは種目の公式距離より短くてはならない。

ワールドランキングコンペティション定義1. (a)、(b) と、できれば1.(c) と2. (a)、(b) に該当する競技会においては、測定線を他のマーキングと間違えないように特有の色でコースに沿ってマークする。

コースの長さは競技の公式距離を下回ってはならない。全てのワールドランキングコンペティション競技会では、測定誤差許容範囲は全長の0.1％（すなわち、マラソンは42 m）を超えてはならない。コースの長さはWA国際道路コース計測員によって事前に測定され、確認されていなければならない。

〔国内〕

「長距離競走路ならびに競歩路公認に関する細則」によって計測する。

〔注意〕

i　測定は「自転車の回転測定器」によって行わなければならない。

ii　後日再計測した際にコースの距離が短かったということのないようにするため、「コース短少防止ファクター」をとり入れて測定することが望ましい。自転車による計測の場合、このファクターは0.1％とし、各1㎞の計測を1,001 mとして測定する。

iii　レース当日にコースの一部をセーフティコーンやバリケードなどによって区分する場合、それらの設置場所は測定が行なわれる時期までに決定し、その決定を書面にして測定報告書に記載しなければならない。

iv　標準距離の道路競走においては、スタートとフィニッシュ地点の2点間の標高の減少は全体として1,000分の1（0.1%）を超えないものとする（即ち1㎞あたり1 m）。世界記録の公認についてはCR31.21.3を参照すること。

v　コースの測定証明書は5年間有効で、その後はコースに変更がなくても再計測しなければならない。

55.4　走路の途中距離は、㎞で競技者に表示しなければならない。

55.5 〔国際〕ロードリレーでは、幅50㎜のライン（基準線）をコース上に引いて、各区間の距離とスタートラインを示す。同様のラインは引継ぎ区間の表示のためにスタートラインの前後10mにも引く。全ての引継ぎ（中継）において、次走者はテイク・オーバー・ゾーンの外から走り出してはならず、そのゾーンの中でスタートしなければならない。引継ぎは、主催者が別途規定しない限り、前走者と次走者との間で身体的接触によって行われなければならず、その全ての動作がこの引き継ぎ区域内で完結しなければならない。この規則に従わなければ、そのチームは失格となる。

スタート

55.6 レースは信号器、大砲・エアホーン、その他類似の機器の発射で開始する。その合図は400mを超える競走で用いる方法で行う（参照　TR16.2.2）。参加者の多いレースでは、スタート5分前、3分前、1分前の合図をすべきである。「位置について（On your marks）」の合図で、競技者は主催者が定めた方法でスタートラインに集合しなければならない。スターターは競技者の足や体の一部がスタートラインやその前の地面に触れていないことを確認したうえで、レースをスタートさせなければならない。

〔国内〕

スタートの並び順は、参加者の持ちタイムや申告タイムの順に並べることが望ましい。（TR19.24.5〔注釈〕参照）

中・長距離のトラック種目同様に、競技場外種目でもスターター及び審判長は、スタート規則の不正スタートの適用にあたり過剰にならないよう強調される。道路競走やその他の競技場外種目では、スタートの呼び戻しは困難であり、どんな場合でも大規模な参加者に対しては実用的ではない。しかし、明確かつ故意の違反がある場合、審判長はレース中またはレース後に個人に関する適切な措置を検討することを躊躇してはならない。しかし、主要競技会でスタート関連の機器が誤動作し、計時システムが作動しなかった場合、呼び戻しが最良の選択肢となる可能性もある。

安全

55.7 道路競走の主催者は競技者および競技役員の安全を確保しなければならない。

〔国際〕

ワールドランキングコンペティション定義1. (a)、(b)、(c) と2. (a)、(b) に該当する競技会においては、主催者は道路を全面車両通行止にして、自動車の通行を遮断しなければならない。

〔国内〕

1. 審判長や主催者によって任命された医師（以下、医師）が近くにいるとは限らないので、走路上の審判員は常に競技者の状態をチェックする。競技者が転倒や意識混濁、疾病等により走行困難となって歩行、立ち止まり、横臥等の行動に移った場合、審判員や大会医療スタッフは直ちに声掛けを行ない、健康状態の確認を行う。この声掛けは助力とは見なさない。
2. 競技者が転倒や意識混濁、疾病等により走行困難となって歩行、立ち止まり、横臥等の行動に移った場合、審判員や大会医療スタッフは必要に応じて介護を行う。このために一時的に競技者の身体に触れることは、助力とは見なさない。
3. 上記1、2の事象が生じたときは、当該および周囲の審判員または大会医療スタッフは直ちに大会本部へ連絡を行い、審判長または医師の判断による指示に従って当該競技者に対応する。
4. 審判長または医師から中止を命じられた競技者は、直ちに競技を中止しなければならない。
5. 大会主催者はあらかじめ緊急時に備えた医療体制（医師・医療スタッフの適切な配置、救急搬送手順）や連絡体制（連絡用機器、連絡網）等を整備し、関係者（競技者、チーム関係者、審判員、大会医療スタッフ等）に対して緊急時対応について事前説明を行ったり競技注意事項等に明記したりして、周知徹底しなければならない。

道路競技における水・スポンジおよび飲食物供給所

55.8 道路競技における水・スポンジおよび飲食物供給所は以下の通りとする。

55.8.1　水その他の飲食物はスタートとフィニッシュ地点に用意しなければならない。

55.8.2　全ての種目において、約5㎞間隔で給水所を設けるものとする。10㎞を超える種目の場合、水以外の飲食物も給水所で提供することができる。

〔注意〕

i　種目の特性、気象条件、大多数の競技者の健康状況を踏まえ必要性が認められる場合、競技ルート沿いに一定間隔でより多くの水・飲食物供給所を設けることができる。

ii　気象状況によっては体勢が整えられる場合に、ミストステーションも用意して良い。

55.8.3　飲食物には、飲料、エネルギーサプリメント、食品、その他の水以外のものを含めることができる。主催者は、状況に基づいてどの飲食物を提供するかを決定する。

55.8.4　飲食物は通常、主催者が提供するが、主催者は競技者が自分で飲食物を用意することを認めることができる。その場合、競技者はどの供給所で自分の用意した飲食物を受け取るか指定しなければならない。競技者が用意した飲食物は、その競技者または代理人によって預けられた時から主催者によって任命された役員の監視の下で管理しなければならない。これらの役員は、預けられた飲食物が取り替えられたり、何らかの異物が混入されたりすることのないよう管理しなければならない。

55.8.5　主催者は柵やテーブルを置いて、または地面に印をつけることによって、飲食物を準備し受け取れる区域を示さなければならない。その区域はコースの計測線に直接、かかってはならない。飲食物は、競技者が手に取りやすい場所、あるいは許可された者が競技者に簡単に手渡せる場所に置くものとする。競技者に手渡す者は所定の区域内にとどまるものとし、コースに入ったり競技者を妨害したりしてはならない。いかなる状況にあっても、飲食物や水を摂る際、競技役員や承認された者であっても競技者と並んで移動してはならない。

55.8.6 ワールドランキングコンペティション定義1. (a)、(b)、(c) と2. (a)、(b) に該当する競技会ならびに本連盟が主催、共催する競技会においては、各加盟団体（チーム）最大2名の役員が所定区域で同時に待機できる。

〔注意〕

一つの国から4人以上の競技者が参加する種目では、競技注意事項等でその各加盟団体（チーム）の飲食物供給所に役員を追加することを認めてもよい。

55.8.7 スタート地点から持っているか、主催者が設置した供給所で手に取るか手渡されたものである限り、競技者はいつでも水または飲食物を手に持って、あるいは身体に取り付けて運ぶことができる。

55.8.8 競技者が医学的理由または競技役員の指示によらずに主催者が設置した供給所以外で飲食物や水を受けたり自分で摂ったりした場合、あるいは他の競技者の飲食物を摂った場合、審判長は、それが1回目の違反であれば警告とし（〔国際〕通常はイエローカードの提示によりこれを知らせる）、2回目の違反があった競技者は失格させる（〔国際〕通常、レッドカードを提示する）。失格となった競技者は速やかにコース外に出なければならない。

〔注意〕

飲食物や水、スポンジをスタート地点から持ってきたり、主催者が設置した供給所で受取っている限りにおいて、競技者はそれらを他の競技者から受取ったりあるいは手渡ししてもよい。但し、ある競技者が一人または複数の競技者にそのような方法で繰り返し飲食物の受渡しを行う場合は、規則に違反した助力と考え、警告を与えたり失格としたりしてよい。

レース管理

55.9 競技者は競技役員の許可を得て、かつその監督下にある場合は、コースを離れたことにより走るべき距離が短くならないことを条件に、示されたコースを離れることができる。

55.10 審判長が監察員や他の審判員、またはそれ以外の大会関係者の報告により競技者がコースをはずれ距離を短くしたと判定した場合、競技者は失格となる。

55.11 監察員は等間隔で配置し、レースの重要なポイントとなる場所にも配置しなければならない。その他の監察員はレース中コースに沿って移動し、監察を行う。

〔国内〕

トランスポンダーを使用する場合、時間の判定はトランスポンダーの記録で行うが、着順を厳密に判定することが必要な大会の場合は、正確な判定を行うために、フィニッシュ地点には写真判定装置と同等の機能を持つカメラや高速度カメラ、フィニッシュラインの両側から撮影するビデオカメラ等を設置することが望ましい。

TR55を適用する際に最初に警告を発する慣行に従うと、TR6.2 およびTR6.3を適用することが難しくなるが、違反行為が認められるのなら審判長は警告を発するべきである。一つの選択肢として、そのコースまたは水・スポンジおよび飲食物供給所に監察員を審判長補佐の役割で配置し、警告と失格の効果的な適用を確実にするために審判長と互いに交信することが考えられる。しかしTR6.2〔注意〕によると、状況によっては警告なしに失格にできることができ、またそうする可能性がある。

トランスポンダーでの計時システムが使用されていない場合で、追加のバックアップ記録システムが必要な場合は、TR56のクロスカントリー競走に関するWA解釈にして記載されているような、ファンネルシステムを使用することが推奨される。

競技規則・第8部　クロスカントリーとマウンテンレース、トレイルレース

世界中で実施されているクロスカントリー競走、マウンテンレース、トレイルレースの条件は極めて異なり、これらの種目に国際的基準を法制化することは難しい。成功した競技会と失敗した競技会との違いは、多くは開催地の自然的特色とコース設計者の能力にあるということを理解しなければならない。
次に示す規則は、クロスカントリー競走、マウンテンレース、トレイルレースの発展に向けて、加盟団体に指針を示し、その取り組みを促し、支援することを目的としている。

TR 56.　クロスカントリー競走

距　離

56.1　世界クロスカントリー選手権大会における距離は、おおよそ下記の通りとする。

シニア	男子	10㎞
シニア	女子	10㎞
U20	男子	8㎞
U20	女子	6㎞

U18競技会における距離は、おおよそ下記の通りとする。

U18	男子	6㎞
U18	女子	4㎞

なお、その他の国際大会、国内大会でも、上記の距離を採用することを推奨する。

コース

56.2　クロスカントリーのコースに関しては以下の通りとする。

56.2.1　コースはコース設計者が魅力的で興味あるコースを設定できるように、可能な限り草で覆われた自然の障害物がある広い地域または森林地帯で設定しなければならない。

56.2.2　その地域はコースだけでなく必要な施設を設けられる十

分な広さがなければならない。

56.3 選手権大会および国際競技会については、そして可能ならば他の競技会についても、

56.3.1 周回コースは適切に設計されなければならず、1周は1,500 mから2,000 mの間の長さとすべきである。必要であるならば個々の種目の所定の距離に合わせるために、小さな周回コースを一つ加えることができ、この場合、その小さな周回コースをその種目の早い段階で走らなければならない。各長い周回コースには少なくとも合計10 mの上り坂を設けることが望ましい。

56.3.2 可能な限り、既存の自然の障害物を使う。しかし、非常に高い障害物、深い溝、危険な上り坂や下り坂、茂った下草、そして一般的に競技会のねらいを逸脱した難しさがあるような障害物は避けるべきである。人工的な障害物は使わない方が望ましいが、それを使うことを避けられないならば、野外地に適合した自然の障害物に見えるようにすべきである。多くの競技者が参加するレースでは、最初の300 mは、狭いところ、即ち競技者が制約されて走るような障害物を避けなければならない。

56.3.3 道路を横断する、あるいは砕石がある場所は避けるか、少なくとも最少にする。コースの1または2ケ所でそのような条件を避けられないならば、その場所を草、土、またはマットでカバーしなければならない。

56.3.4 スタートとフィニッシュの場所は別として、コースには長い直走路を設けてはいけない。滑らかなカーブと短い直走路で構成された「自然の」起伏のあるコースが最も望ましい。

56.4 コースのマーキングは以下の通りとする。

56.4.1 コースはその両側をテープではっきりと区画しなければならない。コースの片側に沿い、その外側から厳重なフェンスで囲まれた幅1 mの通路を、大会関係者およびメディア関係者が使用できるように設置することが推奨される。重要なエリア、特にスタート・エリア（ウォー

ムアップ・エリアと招集所を含む）とフィニッシュ・エリア（ミックス・ゾーンを含む）にはしっかりと柵を設置しなければならない。許可された者だけがこれらのエリアに出入りできる。

56.4.2 一般人は競技役員が管理している横断場所でコースを横切ることが許されるべきである。

56.4.3 スタート場所とフィニッシュ場所を除いて、コースの幅は障害物のある場所を含め、5 mとするのが望ましい。

56.5 クロスカントリーリレーではテイク・オーバー・ゾーンを幅300㎜の線で、20m間隔でコースを横切るように引く。全てのテイク・オーバー・ゾーンにおいて、競技者はテイク・オーバー・ゾーンの外から走り出してはならず、ゾーン内からスタートしなければならない。主催者が具体的に明記していない限り、走者間での受け渡しはこのゾーンの中で前走者と次走者の身体的接触によって行われなければならない。

この規則に従わなければ、そのチームは失格となる。

〔注意〕

テイク・オーバー・ゾーンの入口と出口には1m × 1mの旗を、2m以上の高さで設置する。緑色の旗は入口を、赤色の旗は出口を示す。

スタート

56.6 レースは信号器、大砲・エアホーン、その他類似の機器の発射で開始する。その合図は400 mを超えるトラック競技で用いる標準的な方法で行う（参照 TR16.2.2）。

参加者が多い場合は、5分前、3分前、1分前の合図を行う。

チーム対抗の場合、可能であればスタートにはチームごとのゲートが設けられ、チームのメンバーはそのなかに1列に並ぶ。その他の場合は、競技者は主催者が決めた方法で並ばなければならない。

「位置について（On your marks）」の指示で、スターターは競技者の足や体の一部がスタートラインやその前の地面に触れていないことを確認した上で、レースをスタートさせなければならない。

安全

56.7　クロスカントリー競走の主催者は競技者と役員の安全を確保しなければならない。

クロスカントリー競走における飲料水・スポンジおよび飲食物供給所

56.8　水その他の飲食物はスタートとフィニッシュ地点に用意されなければならない。もし気象状況がそうした物の提供を必要とするならば、飲料水・スポンジ供給所は各周に設置しなければならない。

〔注意〕

種目の特性、気象条件、大多数の競技者の健康状況を踏まえ、必要性が認められる場合、競技ルート沿いに一定間隔でより多くの水・飲食物供給所を設けることができる。

レース管理

56.9　審判長が審判員、監察員またはそれ以外の大会関係者からの報告により、競技者がコースをはずれ距離を短くしたと判定した場合、競技者は失格となる。

フィニッシュエリアは複数のランナーが並行してスプリントし、フィニッシュ時にそれらを分離するのに十分な長さを持つことができるように十分広いものとする。

トランスポンダーシステムをバックアップシステム（ビデオ録画機器など）と一緒に使用してフィニッシュ順位をチェックしないのであれば、幅8～10m のフィニッシュレーン（「ファンネル」）を設置し、フィニッシュラインの後は幅0.70-0.80m の通路を設ける必要がある。一旦ファンネルに入ると、アスリートは互いを追い越してはならない。ファンネルはフィニッシュラインを通過する時にアスリートが誘導される35～40m の長さでなければならない。

各ファンネルの終わりでは、競技役員は競技者の番号 / 名前をメモし、必要に応じてトランスポンダーシステムで使用するチップを回収する。ファンネルには競技者が進入する端に、移動可能なロープを用意する。一つのレーンが競技者で一杯になったら、後続のフィニッシュする競技者が新しいフィニッシュレーンに入ることができるように、最後尾の競技者の後ろに次のレーンに導くようにロープを張る。
フィニッシュ順位に関する抗議や上訴があった際に対応できるよう、競技者の着順を記録するビデオ録画機器（可能であればフィニッシュ時間がわかるもの）を扱う審判員が割り当てられ、フィニッシュラインの数メートル後方に配置される。 ‖

TR 57. マウンテンレースとトレイルレース

Ⅰ. 総則

コース

57.1 コースに関しては以下の通りとする。

57.1.1 マウンテンレース・トレイルレースはさまざまな種類の地形（砂地、土の道、林道、一人しか通り抜けられない森の小道、雪道等）や環境（山、森林、平原、砂漠等）で行われる。

57.1.2 レースは主に未舗装のオフロードで行われるが、コースの一部が舗装（アスファルト、コンクリート、砕石等）されていても構わないものの、最小限の距離に抑えられている必要がある。 既存の道路や小道をできるだけ使用する。

57.1.3 マウンテンレースに関しては、舗装路面で行われるものにはいくつかの例外規定があるものの、コースに大きな高低差がある場合のみ実施可能である。

57.1.4 コース上には、競技者が地図を読むような特別な技術を必要としない、容易に認識できる標識を設置しなければならない。トレイルレースに関しては、距離や高低差に制限はないが、コースは自然環境に合わせて走るように設置されたものでなければならない。

57.1.5 マウンテンレースは伝統的に「Uphill」「Up & Down」に分類される。平均的な高低差は1㎞あたり約50～250m、距離は42.2㎞までとする。

スタート

57.2 マウンテンレースとトレイルレースは、通常、全競技者が一斉にスタートする。性別や年齢によるカテゴリーで分けてスタートすることもできる。

安全・環境

57.3 主催者は競技者と競技役員の安全を確保しなければならない。特に高地のために天候に左右されやすい特殊な状況や利用可能な施設を考慮しておかなくてはならない。また、主催者はコース設定時から競技中、競技終了後も環境保護に関して十分に責任を持つ。

器具

57.4 マウンテンレースとトレイルレースは標高の高い山を登るような特別な登山技術や登山用具、特殊な装備等を使用するものではない。トレッキングポールの使用は主催者の裁量により認められることもある。主催者はレース中に競技者が直面すると予想される状況により、競技者が遭難を回避できるように、事故発生時等に通報し救助が来るまでに安全に待機することができるような安全器具の携行を義務付けたり、推奨したりすることができる。

レースの体制

57.5 主催者は、あらかじめ最低限以下の内容を含む競技会の規則を公表しなければならない。

57.5.1 担当責任者の詳細（氏名、連絡先）

57.5.2 競技種目と開始時間

57.5.3 競技に関する技術的情報：総距離、最大標高差（エレベーション）、コースの主な難所

57.5.4 コースの詳細地図

57.5.5 コースの特徴

57.5.6 コース上の標識設置基準

57.5.7 コース上のチェックポイントや医療・救急拠点（該当する場合）

57.5.8 携行が許可、推奨、必須となる器具（該当する場合）

57.5.9 守るべき安全規則

57.5.10 処罰、失格に関する規則

57.5.11 制限時間と関門（該当する場合）

Ⅱ. マウンテンレースとトレイルレースに関する国際競技規則

適用範囲

57.6 以下に記載の競技規則は世界選手権では必ず適用する必要があるが、他の全ての国際競技会にも適用することを強く推奨する。世界選手権以外の全てのマウンテンレースとトレイルレースでは、当該大会の規則や各国の規則を適用することが優先されるが、もし国際競技規則により実施する場合には、そのことを当該競技会の競技規則に明記しなければならない。他の全ての競技会においては、審判長が加盟国団体または当該地域陸連、あるいは競技会を監督する機関によって任命されたのならば、当該審判長は陸上競技の一般規則を遵守させなければならないが、マウンテンレースとトレイルレースに関する国際競技規則を強制してはならない。

スタート

57.7 スタートの合図は400mを超えるトラック競技で用いる方法で行う（参照 TR16.2.2)）。多数の競技者が出場するレースでは、スタート5分前、3分前、1分前の合図を行う。スタートまで10秒間のカウントダウンを行うこともできる。

レース管理

57.8 審判長が監察員や他の審判員、またはそれ以外の大会関係者の報告により、競技者が以下のような行為を行ったと判定した場合、当該競技者は失格となるか競技会規則で定められた罰則を受ける。

57.8.1 コースを外れ、走るべき距離を短くした。

57.8.2 他の者から走るペースに関する助力を受けた。あるいは、主催者が設置した場所以外で飲食物を受取った。

57.8.3 特に定められた競技会規則（競技注意事項等）に従わなかった。

トレイルレースに関する特別規定

57.9 トレイルレースに関する特別規定は以下の通りとする。

57.9.1 舗装面はコース全体の25％を超えてはならない。

57.9.2 レースは「km -effort」（キロメートル・エフォート）により分類される。「km -effort」はkmで表される距離と、mで表される累積獲得標高を100で除した値（小数点以下切捨て）の合計で計測される。

km -effort ＝ 総距離（km）＋累積獲得標高（m）/100

（例）

距離65km、獲得標高3500mのレースのkm -effort

65+3500/100 ＝ 100

この考え方により、レースは以下のように分類される。

カテゴリー	km -effort
XXS	0-24
XS	25-44
S	45-74
M	75-114
L	115-154
XL	155-209
XXL	210以上

57.9.3 世界選手権ではショート（S）とロング（L）のカテゴリーに基づいて競技が行われる。

a. ショート：距離 35～45km、最小獲得標高 1500m 以上

b. ロング ：距離 75～85km

57.9.4 競技は自給自足の考え方によって行われ、競技者はエイドステーション（補給所）間では、装備、通信、飲食物について自分自身で責任をもって対応しなければならない。

57.9.5 競技者は最低限、防寒毛布（最小サイズ140×200㎝）、笛（ホイッスル）、携帯電話は常に携行しなければならない。但し、レース中に競技者が直面すると予想される状況によっては、主催者は追加で携行必須器具を課すことがある。

57.9.6 公式競技会でのエイドステーション（補給所）は、自給自足の原則を尊重するために十分な間隔を空けて設置しなければならない。スタートラインからフィニッシュライン間の水供給拠点を含むエイドステーション（補給所）

設置の最大数は、「km -effort」を15で割った数（小数点以下切捨て）とする。

（例）km -effort：58の場合　　58/15＝3.86

スタートとフィニッシュ地点を除き、最大3か所のステーションの設置が認められる。

〔注意〕

i　上記式で算出されたエイドステーション（補給所）の最大半数（小数点以下切捨て）までのステーションで、飲食物や人的援助を与えることができる。

（例）エイドステーションの最大数：3の場合

3/2＝1.5

飲食物や人的援助を受けることができるステーションの最大数は1か所。残りのステーションでは飲料のみが与えられ、食料や人的援助は与えられない。

ii　人的援助が与えられるエイドステーション（補給所）では、各国が個々のテーブルやスペースが割り当てられ、国や領土の旗によって見分けがつき、各国の公式スタッフが競技者を援助できるように配置されなければならない。テーブルはアルファベット順に配置され、各チームは1テーブルあたり最大2名の公式スタッフを配置することが認められる。

iii　競技者への援助（飲食物の提供）は、上記で定められた通りのエイドステーション（補給所）でのみ行なわれる。

57.9.7　明らかに同着であることが明白な時は、競技者の意向により同着として認められる。

マウンテンレースに関する特別規定

57.10 マウンテンレースの種目は以下のように分類される。

57.10.1 クラシック　Uphill

57.10.2 クラシック　Up & Down

57.10.3 Vertical

57.10.4 長距離

57.10.5 リレー

57.11 Vertical以外の全ての種目は、コースの平均斜度は5％（または1㎞あたり50ｍ）から25％（または1㎞あたり250ｍ）の間でなければならない。コースが引き続き走れることを前提として、最も好ましい平均斜度は約10％～15％である。これらの制限は斜度が25％以上でなければならないVertical種目には適用しない。

57.12 世界選手権では以下の種目と距離の競技が行われる。

57.12.1 クラシックUphill ：

シニア	（男子・女子）	10～12㎞
U20	（男子・女子）	5～6㎞

57.12.2 クラシックUp & Down：

シニア	（男子・女子）	10～12㎞
U20	（男子・女子）	5～6㎞

57.12.3 Vertical ：

少なくとも1,000ｍの上方向への垂直高度。誤差±10ｍの精度で、承認された方法で計測。

57.12.4 長距離 ：

距離は42.2㎞を超えてはならず、コースは主に山登り、または山登りと山下りであること。

コースの総上昇高度は2,000ｍを超えてはならない。

男子の優勝記録は2～4時間で、舗装面は総距離20％未満でなければならない。

57.12.5 リレー ：

あらかじめ決められ知らされていれば、どんなコースでも、性別・年齢が混在するチームでも行うことができる。それぞれの走る距離と高度はクラシック種目の定義を考慮する。

〔注意〕

世界選手権では、伝統的にクラシックUphillとクラシックUP & Downは大会の交互に行なわれる。

57.13 スタート地点およびフィニッシュ地点において、水やその他の適切な飲食物を提供するものとする。追加的な水、スポンジ供給所をコース沿いの適切な場所に設ける。

競技用靴に関する規程

（WA：C2.1A　Athletic Shoe Regulations）

特定用語の定義

この規程で使用される単語および語句は、憲章および一般定義で定められているものと同義とする。以下のものは次の通りとする。

対象競技会

WA、エリア陸連、または各国連盟のいずれかによって開催が認可された競技会を意味し、WAの関連するすべての規程および規則が遵守され、その結果、世界ランキングポイントが獲得される競技会。（https：//www.worldathletics.org/world-rankings/introduction 及び https：//www.worldathletics.org/world-ranking-rules/basics　参照）
さらに、各国連盟が開催を認可した競技会の場合、各国連盟はWAの統計および結果の取扱いの目的に有効であるとして、当該競技会を承認する必要がある。

該当者

インティグリティ行動規範（Integrity Code of Conduct）の「規則1」に該当する者。

競技者（アスリート）

本規程で特段の定めがない限り、WAやエリア陸連が、会員資格、所属、認定、申込み、大会への参加を承認することによって、WAやエリア陸連の陸上競技大会への出場を申込み、参加する者。

競技者（アスリート）支援要員（アスリートサポートスタッフ）

特に明記されていない限り、コーチ、トレーナー、マネージャー、競技者代理人、エージェント、チームスタッフ、大会関係者、医療またはパラメディカルの担当者、親、参加競技者の支援または治療を行う者、大会イベントや競技会の準備を行う者。

競技用靴（アスレティックシューズ）

特に明記されていない限り、道路競技で使用する靴（ロードシューズ）、クロスカントリー競走で使用する靴（クロスカントリーシューズ）、トラック競技やフィールド競技で使用する靴。

購入可能

別紙4（内容は随時更新あり）に記載された要件と手順を満たしている競技用靴。

オーダーメイドの靴

1人の競技者のために特別に注文された、唯一無二の競技用靴で、購入することができない靴。カスタマイズされた靴および開発段階の試作靴は、この規程が適用されるオーダーメイドの靴ではない。

招集所（コールルーム）

競技の直前に競技者が集まり、競技区域に入る場所。

事務総長（またはその任命者）

WA事務総長またはそのスタッフの任命者。

カスタマイズされた靴

本規程7に適合している、購入可能な既存靴、または新しい靴。

開発段階の試作靴

購入可能になったことがなく、スポーツメーカーが市場に投入するために開発中の靴。さらに、靴が購入可能になる前に安全性と性能について、当該メーカーがサポートまたは後援している競技者の同意のもとテストを行っている靴。

既存靴

本規程の施行前に有効であったTR5に基づいて事務総長（またはその任命者）によって承認されていた、または2016年1月1日以前から着用されている競技用靴。これらの靴は、本規程で特段の定めがない限り、あるいは事務総長（またはその任命者）によって指定されない限り、本規程の要件を満たしていると見なされる。

競技エリア

競技後を含む、競技者が競技に参加・競技するエリア（競技場外で行われる競技の場合はコース）を意味し、ポストイベントエリア、競技者が表彰される場合は表彰台とそこまでの導線、ミックスゾーン、記者会見場、メダルセレモニーやウイニングランが行われる場所を含む。

独立した専門家

本規程に定められた靴の承認のための技術的要件および手順を適用する、事務総長（またはその任命者）によって随時任命される生体力学（バイオメカニクス）やその他の適切な資格のある専門家。

新しい靴

本規程の要件を満たし、対象競技会で競技者が初めて着用する、開発段階の試作靴ではない競技用靴。

装具

競技者の足やその他の医学的問題を生体力学的に治すために処方された、靴の中に挿入される医療機器。

シューコントロール（Shoe Control）

本規程14.5に従って競技用靴をチェックする手順

シューコントロール・オフィサー（Shoe Control Officer）

シューコントロールに関して、競技用靴がチェックされることを保証するために任命された審判員、または他の競技役員またはボランティアまたはスタッフ。

スタッフ

WAのために、またはWAの代理人として仕事をするために雇用されている者、またはその任務に従事している者（特に明記されていない限り、インテグリティユニットで雇用または当該任務に従事している者を含む）。

ウォーミングアップエリア

競技者が競技前にウォーミングアップ、トレーニング、準備を行うことができる指定された場所。

ワールドアスレティックスシリーズイベント（WAS競技会）

世界陸上競技選手権、世界室内選手権、世界リレー、世界U20選手権、世界ロードランニング選手権、世界競歩チーム選手権および世界クロスカントリー選手権。

1.概要

1.1　本規程は、対象競技会で着用される競技用靴をWAに提出するための要件と手順を確立することにより、憲章第4.1条(a)、(c)、(d)、(e)およびTR5.2を実現することを目的とする。

1.2　本規程は特定の制限を加えたり要件を損なったりすることなく、以下の原則の均衡を保つことを目指している。

1.2.1　陸上競技のスポーツにおける公平性。

1.2.2　高度な肉体的、精神的要求が課せられている競技者の健康と安全（怪我の防止を含む）を担保する措置。

1.2.3　陸上競技でのパフォーマンス（記録を含む）は、競技用靴のテクノロジーに対する人間の努力の優位性と、その進歩（例：意味のある競技を可能にする進歩）によって達成される。

1.2.4　競技者が高品質、革新的、一流の競技用靴で競技することを望んでいるとの認識。

1.3　本規程1.2で言及されている原則の意味は、本規程全般に反映されており、WAによる競技用靴のレビューにのみ起因する。本規程は、競技用靴の技術的変化、その他の開発で絶えず変化する性質を反映するために、随時見直され、修正される。

2.目的

2.1　本規程の目的は以下の通り。

2.1.1　透明性があり、客観的で、実行可能で、公正な一連の要件と手順を確立する。

2.1.2　対象競技会で競技用靴の着用を承認するための行動、所要時間、基準、および申請と意思決定のプロセスと手順を明確にする。

2.1.3　こうしたプロセスおよび手順に関与するすべての該当者が、誠実にインティグリティ行動規範に従っていることを確認する。

3.適用

3.1 本規程は以下に対して適用する。

3.1.1 すべての対象競技会。

3.1.2 対象競技会に出場するすべての競技者。

3.1.3 WA役員、エリア陸連職員、スタッフを含むすべての該当者。

3.2 上記にとどまらず、

3.2.1 対象競技会に出場する競技者は、本規程を遵守し、尊重する。

3.2.2 各加盟団体は、申請および意思決定プロセス全体を通じて、競技者の活動と行動に責任を負う。

3.2.3 情報の提出、要求の承認、または本規程に基づく行為のために、競技者または加盟団体によって任命された代表者（任命された者をサポートまたは後援するスポーツメーカーを含む）も本規程を遵守しなければならない。ただし、代表者を任命することによって本規程を遵守すべき競技者または加盟団体の義務を免除するものではなく、競技者はその代表者（任命された者をサポートまたは後援するスポーツメーカーを含む）が本規程を遵守することができるようにしなければならない。

4. 裸足と競技用靴

4.1 競技者が競技の際に競技用靴を履く主な目的は、足の保護安定とグラウンドをしっかり踏みつけることである。

4.2 特に明記されていない限り、すべての競技用靴は本規程に定められた制限と要件を満たさなければならない。

5. 既存靴

5.1 事務総長（またはその任命者）からの要請がない限り、本規程で承認を受けるために既存靴をWAに提出する必要はなく、WAによって承認されたと見なされる。

5.2 既存靴をカスタマイズする場合は、本規程7に適合していなければならない。

5.3 2024年11月1日以降、別紙3の新しい靴底（ソール）の厚さの表に記載されている最大値を超える既存靴は承認されず、その日から対象競技会では着用できない。

6. 新しい靴

6.1 対象競技会で競技者が初めて着用するすべての新しい靴は、別紙1に記載の手順に従って、事前にWAによって承認されていなければならない。

6.2 新しい靴をカスタマイズする場合は、本規程7に適合していなければならない。

7. カスタマイズされた靴、挿入物および追加物

7.1 カスタマイズされた靴は、以下の条件を満たしている場合、対象競技会で着用することが認められる。

7.1.1 既存靴または新しい靴をカスタマイズする承認申請が、別紙1に記載されている手順に従って、WAに提出されている。

7.1.2 申請書には、既存靴または新しい靴をカスタマイズする理由も記載されていなければならない。

7.2 常に、本規程7.1に基づく事務総長（またはその任命者）の承認を条件として、医療および安全上の理由から以下のカスタマイズが認められる。

7.2.1 靴底の構造および靴底の最大の厚さを変更すること。ただし、最大の厚さは常に別紙3に記載されている制限を超えないこと。

7.2.2 ノン・スパイクシューズをスパイクシューズにカスタマイズすること。但し、既存靴または新しい靴に対して行うことに限る。

7.2.3 既存靴または新しい「靴の甲」の部分を、別の既存靴または新しい「靴の甲」の部分に変更するか、新しく「靴の甲」の部分を追加すること。

7.2.4 競技用靴へのインナーソールの追加、その他の挿入物および追加物を加えること。但し、以下の場合にのみ認められる。

a. 追加するインナーソールまたは挿入物は、取り外し可能な装具であること（靴の内側に恒久的に固定することはできない）。

b. 追加物は、ヒールレイズまたはヒールキャップ（例：跳躍競技用靴）、ブレースまたはストラップ（例：投てき競技用靴）とする。

7.2.5 本規程7.2.4に適合し、追加する装具・ヒールレイズ・ヒールキャップを使用する場合、追加装具等の厚さは別紙3の表に記載されているソールの最大の厚さには含まれない（追加装具等を使用しない場合、購入時から装着されているオリジナルのインナーソールを含む靴底の厚さは、別紙3に定められた最大の厚さ以下であること）。本規程7.2.4に適合しないその他の追加のインナーソール、挿入物、追加物は認められない。

7.3 既存靴または新しい靴の色および外観の変更、競技者が自分の靴をテーピングする（たとえば、投てき競技で使用する靴の外側をテーピングする）ことはカスタマイズではなく、認められ、承認を必要としない。

7.4 本規程でカスタマイズされた靴のベースとなる標準モデルの靴が購入可能である必要があることを求めているので、カスタマイズされた靴については本規程13に従って購入可能にする必要はない。

8. 開発段階の試作靴

8.1 開発段階の試作靴は、別紙1および別紙2に定めているように、WAによる書面での事前承認なしに、対象競技会で競技者が着用することはできない。

8.2 承認されれば、競技者が対象競技会で初めて着用すると申請した日から、最大12か月間、開発段階の試作靴を着用することができる。当該靴は、この12か月の期間内にのみ着用できる。

8.3 開発段階の試作靴は、

8.3.1 本本規程13に従って購入可能にする必要はない。

8.3.2　ワールドアスレティックスシリーズの競技会およびオリンピックでの着用は認められない。

9. オーダーメイドの靴

9.1　オーダーメイドの靴は、どの対象競技会であっても着用することは認められない。

10. 競技用靴の技術要件

10.1　事務総長（またはその任命者）が書面で特に合意しない限り、対象競技会で着用する競技用靴は、本規程10.3および10.4に規定されている靴の位置で、別紙3の表に記載されている靴底の最大の厚さ以内でなければならない。
靴底の最大の厚さには、本規程7に従って挿入される追加のインナーソール、その他の挿入物または追加物の厚さは含まれない。

10.2　靴底（踵の下の靴底を含む）には、うね、ぎざぎざ、突起物などがあってもよいが、これらは靴底本体と同一もしくは類似の材料で作られていること。

10.3　靴底の厚さは靴の前足の中心と踵の中心で、それぞれ靴の内部にある靴底の最上部と靴の外部下側の平面部分との間の距離として計測する。この測定に際しては、本規程10.2で記述しているものも含めて計測する。図(a)参照。

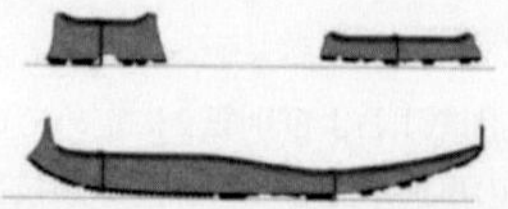

10.4　前足の中心は、靴の内部の長さの75％にある靴の中心点とする。踵の中心は、靴の内部の長さの12％にある靴の中心点とする。図(b)参照。
標準的な事例としてユニセックスサイズ42（EUR）（＝26.5～27.0㎝）の場合、前足の中心は靴の内側の背面から約203㎜の位置であり、踵の中心は靴の内側の背面から約32㎜の

位置である。これらの位置よりも外側の部分靴底の厚さは、本規程の技術的要件とは無関係とする。

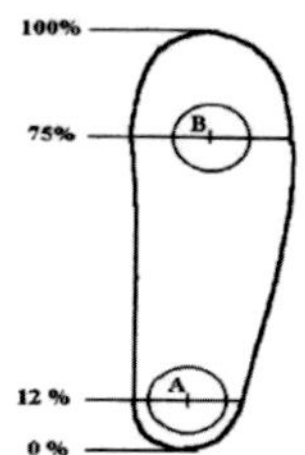

10.5 WAは標準的なサイズを超える競技用靴には、同じメーカーと同じモデルの靴であっても、標準サンプルサイズの靴よりもわずかに靴底が厚いものが含まれる可能性があることを認識している。このようなわずかな厚みの差は、本規程が遵守されているかを確認する目的においては問題としない。

10.6 追加の通知があるまで、例外的な状況で競技委員会（WAのCompetition Commission）が書面により明確に合意した場合を除き、対象競技で使用される競技用靴は次のとおりとする。

10.6.1 本規程10.6.3が適用される場合を除き、靴の全長または靴の長さの一部かどうかにかかわらず、2つ以上の剛性構造（プレート、ブレード等）を含んではならない（「1つの剛性構造」は認められる）。

10.6.2 本規程10.6.1の「1つの剛性構造」は複数のパーツで構成されている場合があるが、それらのパーツは同一平面上に配置されなければならない（互いに積み重ねたり、重なり合ったりしてはならない）。

10.6.3 スパイクを靴の外側下面に取り付ける場合にのみ、剛性構造または他の機構（プレート、ブレード等）を1つだけ追加することができる。スパイクを取り付けるための追加の剛性構造は、本規程10.6.1にある剛性構造と連続して取り付けられるものであってはならない。

10.6.4 競技用靴にはセンシング技術やインテリジェント技術が

組み込まれてはならない。このことはTR6.4.4による、競技者が個人的に携帯または着用する心拍計、速度距離モニター、ストライドセンサーの携帯または着用を妨げるものではない。

10.6.5 最大の靴底の厚さは、別紙3の表に記載されている厚さ以内でなければならない。

11. 競技用靴：スパイク

11.1 靴底（踵の下の靴底を含む）は、11本以内のスパイクを取り付けられる構造とする。

11.2 11個までの任意の数のスパイクを使用することができるが、スパイク取り付け位置は11か所を超えてはならない。

11.3 競技用靴の靴底または踵から突出した部分のスパイクの長さは、9㎜（屋内は6㎜）を超えてはならない。また走高跳およびやり投の場合は、12㎜を超えてはならない。スパイクは先端近くで、少なくとも長さの半分は4㎜四方の定規に適合するように作られていなければならない。トラック製造業者もしくは競技場管理者が、より小さい寸法の上限を設けている場合や特定の形状のスパイクの使用を認めていない場合は、これが適用され、競技者に通知される。屋外競技場または屋内競技場のグラウンドの表面は、本規程11で認められているスパイクの使用に適合していなければならない。

11.4 クロスカントリー競技会では、コースの状態に応じた、特定規則の適用または技術代表により、靴のスパイクのサイズを長くすることを認めることができる。

12. 独立した専門家

12.1 本規程により、独立した専門家は以下の責任と権限を持つ。

12.1.1 競技用靴が本規程の技術的要件に物理的に合致しているかどうかを確認する（必要に応じて、競技用靴を切断することを含む）。

12.1.2 既存靴、新しい靴、開発段階の試作靴、カスタマイズされた靴について、それらの靴の仕様を本規程に定められた基準と要件に照らして、物質的な調査と評価を行う。

12.1.3 事務総長（またはその任命者）と連絡を取り、自分達の任務に関する意見を求める。

12.1.4 調査と評価の結果を事務総長（またはその任命者）に既存靴は提出する。

12.1.5 事務総長（またはその任命者）から随時指示される、その他の任務を遂行する。

13. アベイラビリティ・スキーム（Availability Scheme）

13.1 既存靴と新しい靴は、対象競技会に参加するすべての競技者が購入可能である必要がある。

13.2 競技者が対象競技会で新しい靴を着用することを企図し、本規程によりWAによって承認された場合、事務総長（またはその任命者）の書面による特段の承認がない限り、競技者が新しい靴の着用を申請する最初の対象競技会開始日の1か月前までに、関連するスポーツメーカーから誰もが当該靴が購入可能になっていなければならない。

13.3 本規程13.2により本規程6および別紙1に従って承認を求める際に、新しい靴がどこでどのように購入可能になるか、またはどのように購入できるのかを、事務総長（またはその任命者）に対して通知しなければならない。

13.4 事務総長（またはその任命者）はスポーツメーカーに対して、書面により新しい靴が購入可能である、または購入可能になるという証拠を求める場合がある。

13.5 アベイラビリティ・スキームに関する手順は、別紙4に記載。

14. 本規程の遵守（コンプライアンス）

14.1 競技者は、対象競技会の前、競技会中、競技会後にはいつでも、また競技会の主催者および事務総長（またはその任命者）の裁量で、競技の直前や直後に靴管理の対象となることがある。事務総長（またはその任命者）は、本規程と合致する靴管理の手順をさらに公開することができる。

14.2 靴管理の対象となる競技者は、

14.2.1 シューコントロール・オフィサーまたは靴管理を行うその他の権限のある者からの、合理的な指示に従わなければならない。

14.2.2 どんな時にでも、以下のことを求められることがある。

a. 着用している競技用靴の確認。

b. 検証のためにWAに送られる情報をチェック（写真撮影、計測等）するために、競技用靴をシューコントロール・オフィサーへ引き渡すこと。

14.2.3 競技が終了した段階で、さらなる調査と検査（必要に応じて、競技用靴の切断を含む）を行うために、審判長または事務総長（またはその任命者）に対して競技用靴を引渡すこと。競技用靴は本規程14.9.4に従い、独立した専門家に発送され、返却が可能な状態であれば競技者に返却される。

14.3 競技者が世界記録を達成した場合（CR31～35)、競技者は本規程14.2の手順に従う。

14.4 審判長から本規程14.5～14.7に従って競技用靴を提出するよう指示されない限りは、競技者は常にウォーミングアップエリア、招集所および競技エリアで競技用靴を所持していなければならない。いかなる時でも、競技用靴をアスリートサポートスタッフに渡したり、観客の中に投げ入れたりしてはならない。このことは、競技者が競技を終了した後の競技後の手続きが完了するまで遵守する必要がある。

14.5 審判長は競技用靴または特定の技術が本規程に定められている内容または精神に合致していない可能性があると信じる理由がある場合は、本規程14.6および14.7に従って行動することができる。

14.6 対象競技会の前または対象競技会で競技用靴の承認の有無やその他不明確な点がある場合、審判長はその裁量により競技者が当該競技用靴で競技に参加することを認めることができる。この場合、競技者は競技後に、独立した専門家による本規程14.7に合致したさらなる調査のために、当該競技用靴を審判長に引渡さなければならない。 審判長が本規程14.6

によって競技者に当該競技用靴での競技を認めた場合は、競技者の結果は「未認定」(「UNC TR5.2」)として取り扱う。ただし、当該競技用靴が本規程に定められている内容または精神に合致していないことが既に明らかになっている場合は、審判長は本規程15.1に従い、合理的にできる限り速やかに行動する。

14.7 審判長は本規程14.5に従って、独立した専門家によるさらなる検査と調査のために、競技終了時に当該競技用靴を直ちに引渡すよう、競技者に要求することができる。本規程14.7による、さらなる検査と調査が行われるまで、対象競技会での当該競技用靴または技術を使用することは禁止される。

14.8 審判長が本規程14.6による裁量権を行使し、競技者が当該競技用靴で競技することを認めた後、当該競技者が同じ種目の後のラウンドや、同じ競技会の他の種目で競技を行う予定である場合、審判長は確実に、後から行われる競技でも当該競技用靴を着用できるようにする。以後の競技中にどのように、いつ、どのような条件で競技者が当該競技用靴を着用できるようにするかは、審判長の裁量に委ねられる。

14.9 事務総長(またはその指名者)は疑念を払拭するために合理的に行動し、上記の権限に加え次の権利を留保する。

14.9.1 審判長に対して、本規程14.5~14.7によって行動するよう書面により指示すること。

14.9.2 審判長による確認または追加検査と調査のために競技用靴を引渡すよう、いつでも競技者に対して指示すること。

14.9.3 競技用靴がまだ引渡されていない、または追加検査と調査の対象になっていない場合、競技者に対して追加検査のために事務総長(またはその任命者)に競技用靴を引き渡すように要求すること。

14.9.4 追加検査および調査のために、WAまたは独立した専門家への競技用靴の輸送費用は、競技会主催者が負担しなければならない。競技会主催者は事務総長(またはその任命者)から通知された住所に当該競技用靴と出荷書類のコピーと追跡番号を直ちに送付する。 検査と調査が完了したら、返却可能な状態であれば、WAは競技用靴を競技者へ返却するよう手配する。

15. 違反と制裁

15.1 競技者は以下のいずれかに該当する場合、失格となることがある。

15.1.1 審判長またはシューコントロール・オフィサーのいずれかが、本規程に合致していない競技用靴を着用していると判断した場合。

15.1.2 本規程に基づく審判長の指示または命令に従わない場合。

15.1.3 シューコントロール・オフィサーから要求されたにもかかわらず、競技用靴を提出しない場合。

15.2 本規程15.1によって失格となった競技者がすでに競技を完了している場合、この失格により本規程違反による競技記録の無効化、すべてのタイトル、メダル、ポイント、賞金および出場金の没収、これらに限定されない制裁措置が競技者に対して適用される。

15.3 審判長による競技者の失格に加え、競技者またはその代表者（該当競技者をサポートまたは後援するスポーツメーカーを含む）および加盟連盟のいずれかが本規程（本規程が発効する前に発効したTR5またはその上の規則を含む）に定められている内容または精神に反して行動した、または行動したことが判明した場合はいつでも、事務総長（またはその任命者）は以下の一連の制裁を加える権利を留保する。但し、制裁内容はこれらに限定されるものではない。

15.3.1 競技者および加盟団体に警告を発すること。

15.3.2 競技者およびその加盟団体に罰金を科すこと。

15.3.3 競技者を失格とし、本規程違反により競技者の記録を無効とし、競技者に結果として生じるすべてのタイトル、賞、メダル、ポイント、賞金および出場金の没収などを含む措置を競技者に適用すること。

15.3.4 既存靴、新しい靴、開発段階の試作靴、カスタマイズされた靴を本規程に合致していないとして公表すること。

15.3.5 WAによって既存靴、新しい靴、開発段階の試作靴として承認された靴のリストから、削除すること。

15.3.6 特定の靴メーカーから申請される、既存靴、新しい靴、開発段階の試作靴、カスタマイズされた靴に対する承認申請を合理的な期間保留すること。

15.4 事務総長（またはその指名者）は、それが適切であると判断した場合、本規程15に従って適用される制裁の理由を発表、公表、その他の方法で伝達することができる。

15.5 事務総長（またはその指名者）は、本規程に基づいて行動することに加えて、該当者による本規程の違反の可能性をAthletics Integrity Unitに対して言及することができる。

15.6 該当者による本規程違反の可能性のある行為は、インティグリティ行動規範違反に相当する可能性があり、本規程14、15.3に基づく措置に加えて、Athletics Integrity Unit報告・調査・訴追規則（非ドーピング）に基づく、Athletics Integrity Unitによる調査と起訴や懲罰裁定機関規則に基づく審理の対象となる場合がある。

以　上

（別紙1）

新しい靴、開発段階の試作靴、カスタマイズされた靴の承認手続き

1 対象競技会で新しい靴、開発段階の試作靴 *、カスタマイズされた靴 ** を着用することを企図する場合、関連するスポーツメーカーが、あるいはスポーツメーカーが関与しないで競技者が靴自体をカスタマイズした場合は競技者が、競技用靴明細書（Athletic Shoe specification form）を記入してWAに提出する必要があり、次の情報を含めて申請する。

1.1 スポーツメーカーのブランド名と靴とモデル名。

1.2 サイズ、寸法、靴底の厚さ、構造（プレートの数と構造、技術（スマート技術、レスポンス技術、アダプト技術が含まれているかどうかを含む）、流通開始日、写真、図。

1.3 新しい靴か、開発段階の試作靴か、カスタマイズされた靴であるかどうか。

1.4 申請が本規程7.2に基づきカスタマイズされた靴の場合、競技者の状態に関する医療情報、およびカスタマイズが必要な理由を説明する医療アドバイス、報告、または情報。

2 WAから要求された場合、独立した専門家による追加調査のために、新しい靴または開発段階の試作靴のサンプル、該当する場合はカスタマイズされた靴を、競技者 *** またはスポーツメーカーは提出する。

3 WAは合理的な努力を尽くして、可能な限り早く（可能であれば、独立した専門家が新しい靴を受け取ってから30日以内に）検査を完了する。

4 承認された場合、WAは承認済の競技用靴リストで新しい靴または開発段階の試作靴を公表する。 カスタマイズされた靴は公表しない。これは承認されたと見なされる既存靴や承認された新しい靴にカスタマイズが行われることによる。本規程7参照。

5　開発段階の試作靴を除いて、新しい靴がWAの公表リストに公表されたら直ちに、新しい靴は対象競技会で着用できる。開発段階の試作靴を着用できる期間については、別紙2参照。

6　WAは本規程の一部を構成する技術（例：固有のコード、認証マーク等）の使用を含め、承認手順を実施するに際して適切と思われる措置を講じる権利を留保する。

7　WAは承認された競技用靴が本規程に合致しなくなった場合、いつでも公開リストから削除する権利を留保する。

（注）

*　加えて、開発段階の試作靴の場合は、別紙2に記載されている手順と情報に従う必要がある。

**　競技者がスポーツメーカーの関与なしに競技用靴のカスタマイズを手配する場合、競技者は本規程7によってそのカスタマイズについてWAから承認を得る責任を負うものとする。

***　注**参照。

（別紙2）

開発段階の試作靴

1 開発段階の試作靴の場合、別紙1に基づく仕様書を提出すると同時に、スポーツメーカーは次の情報を開発段階試作靴申請書（Development Shoe form）に記入して提出する必要がある。

1.1 スポーツメーカーのブランドと靴名、モデル名または品番。

1.2 支援や後援を受けている競技者が、開発段階の試作靴を最初に着用する日から12か月以内に当該靴を着用することを企図する、最初およびその後のすべての競技会の日付と競技会名を含むリスト。

1.3 開発段階の試作靴の中あるいは試作靴の目に見える場所に刷り込むか、競技会関係者に提示するために競技者に対して紙の形式または携帯端末等を通じて提供された、開発段階の試作靴に固有の読み取り可能なコード（スキャンまたはリンクすることができるコード）。このコードによって、開発段階試作靴申請書（Development Shoe form）またはそれに含まれる情報のいずれかを管理する。

1.4 スポーツメーカーが開発段階の試作靴の最終バージョンを購入可能とする最新の日付（開発段階の試作靴を新しい靴とすることが意図されている場合）。後記5項参照。

2 開発段階試作靴申請書（Development Shoe Form）に記載されている競技会リストに変更があった場合、開発段階試作靴申請書を更新作成し、書面でWAに通知しなければならない。

3 承認された場合、WAは開発段階の試作靴が着用できる開始日と承認の有効期限を記載した「承認済み開発段階の試作靴」のリストをWebサイトで公表する。 スポーツメーカーに属する技術情報や専有情報は公開されない。

4 有効期限後、または開発段階の試作靴の着用が有効期限前に終了した場合、競技用靴は開発段階の試作靴としての適格性を失う。但し、後記の5.2項に基づいてスポーツメーカーが開発段階の試作靴を新しい靴として申請することを決定した場合にのみ、有効期限後も継続して着用ができる。開発段階の試作靴は、有効期限が切れた日または使用されなくなった日を過ぎると、承認済みリストから削除される。

5　スポーツメーカーが次のように決定した場合、

5.1　開発段階の試作靴として開発を継続しないことにより、購入可能でなくなるか、Availability Schemeの要件に準拠できない場合、WAはスポーツメーカーに対して開発段階の試作靴の廃止に関する詳細情報の提供を要求する権利を留保する。

5.2　開発段階の試作靴の最終バージョンを製造段階に進める場合（性能テストや安全性テストに合格する等）、開発段階の試作靴は新しい靴と見なされる。本規程6に従い、開発段階の試作靴の最終バージョンが本規程に定められた要件に合致していることを、WAから書面による承認を得る必要がある。その際には書面には、開発段階の試作靴の変更点を強調されるか、その他の変更が加えられていないことが明示される。

6　WAは本規程の一部を構成する技術（例：固有のコード、認証マーク等）の使用を含め、承認手順を実施するに際して適切と思われる措置を講じる権利を留保する。

（別紙3）

競技用靴・靴底厚さ表

【2024年10月31日まで有効】

種目	ソールの最大厚さ（本規程10.6による）	その他の要件 / 注意
フィールド種目（除：三段跳）	20㎜	全投てき種目と高さを競う跳躍種目および三段跳を除く長さを競う跳躍種目に適用。 全フィールド種目で、本規程10.3および10.4で言及されているように、靴の前の部分の中心点の靴底の厚さは、踵の中心点の靴底の厚さを超えてはならない（前足の中心は、靴の内部の長さの75％にある靴の中心点。踵の中心は、靴の内部の長さの12％にある靴の中心点）。
三段跳	25㎜	靴の前の部分の中心点の靴底の厚さは、踵の中心点の靴底の厚さを超えてはならない（前足の中心は、靴の内部の長さの75％にある靴の中心点。踵の中心は、靴の内部の長さの12％にある靴の中心点）。
トラック種目（800ｍ未満の種目、ハードル種目を含む）	20㎜	リレーにおいては、各走者が走る距離に応じて適用する。
トラック競技（800m以上の種目、障害物競走を含む）	25㎜	リレーにおいては、各走者が走る距離に応じて適用する。競技場内で行う競歩競技の靴底の厚さは、道路競技と同じとする。
クロスカントリー	25㎜スパイクシューズまたは40㎜ノン・スパイクシューズ	競技者はスパイクシューズまたはノン・スパイクシューズ（ロードシューズなど）を履くことができる。スパイクシューズを履く場合、靴底の最大の厚さは25㎜を超えてはならない。ノン・スパイクシューズを履く場合、靴底の最大の厚さは40㎜を超えてはならない。
道路競技（競走・競歩）	40㎜	
マウンテンレース トレイルレース	制限なし	

【2024年11月1日から有効】

競技	ソールの最大厚さ（本規程10.6による）	その他の要件 / 注意
トラック種目 ハードル種目 障害物競走	20㎜ スパイクシューズ または ノン・スパイク シューズ	リレーにおいては、各走者が走る距離に応じて適用する。競技場内で行う競歩競技の靴底の厚さは、道路競技と同じとする。
フィールド種目	20㎜ スパイクシューズ または ノン・スパイク シューズ	全跳躍種目で、本規程10.3および10.4に記載のとおり、靴の前の部分の中心点の靴底の厚さは、踵の中心点の靴底の厚さを超えてはならない（前足の中心は、靴の内部の長さの75％にある靴の中心点。踵の中心は、靴の内部の長さの12％にある靴の中心点）。
道路競技 （競走・競歩）	40㎜	
クロスカントリー	20㎜スパイク シューズ または 40㎜ノン・スパイク シューズ	競技者はスパイクシューズまたはノン・スパイクシューズ（ロードシューズなど）を履くことができる。スパイクシューズを履く場合、靴底の最大の厚さは20㎜を超えてはならない。ノン・スパイクシューズを履く場合、靴底の最大の厚さは40㎜を超えてはならない。
マウンテンレース トレイルレース	制限なし	

重要告知：本規程5.3に従い、2024年11月1日以降、靴底厚が上記の表に記載されている最大の厚さを超える既存靴は承認されなくなり、対象競技会では着用できなくなる。

（別紙4）

競技用靴の入手可能手順

1　競技用靴は小売（実店舗）、ブランドのウェブサイト、アプリ、eコマース（少なくとも1か月の先行予約期間を含む）を含む、スポーツメーカーの販売チャネルを通じて購入できる。

2　既存靴は購入可能という要件を満たしていると見なすが、WAはスポーツメーカーに対して、その入手が可能との証拠を提出するよう求める場合がある。

3　新しい靴の承認を求める場合、スポーツメーカーは競技用靴の入手可能性（どこでどのように購入できるか）に関する情報を、対象競技会の少なくとも1か月前までに提供しなければならない。

4　WAが要求した情報が提供されない場合、靴は承認されず、承認済みリストには登録されない。 新しい靴は、承認されたリストに載っていない限り着用することはできない。

5　購入可能な新しい靴は、在庫（サイズ範囲を含む）、サプライチェーンおよび製造スケジュールの管理対象になる。靴メーカーには、購入可能でありながら売切れてしまった競技用靴を補充する義務はない。

6　新しい靴が購入できなかった場合（例：売り切れとなり補充を待つ状態、型の製造が終了した場合、製造業者や配送に影響を与えるサプライチェーンの問題がある場合等）、新しい靴の購入を希望する競技者は、関係するスポーツメーカーの新しい在庫を提供する能力に応じて当該靴が補充されるのを待つか、購入可能な代替の既存靴または購入可能な他の新しい靴の購入を希望することができる。

7 WAは競技用靴が購入可能である、または購入可能であったという証拠を提供するようにスポーツメーカーに要求することによって、チェックを実施する。

8 競技用靴が購入可能である、または購入可能であったという証拠が提供されれば、それ以上の行為は必要とならない。

9 証拠が提供されない場合、当該競技用靴は本規程に従っていないことになり、

a. 当該競技用靴は承認済みリストから削除される。

b. この行為は、加盟陸連や競技者に通知される。

c. 当該競技用靴を履いた競技者の結果は、「UNC TR5.2」(未認定)と記録される。

10 スポーツメーカーが新しい靴の入手可能性の証拠を提供できない場合、要求された新しい靴が購入可能であることを示す証拠が提出されるまで、WAは新しい靴の承認を取り消すことができる。

11 WAの事務総長(またはその任命者)は次の場合においては、本別紙4に規定されている要件の一部または全てを一時的に免除することができる。世界スポーツ用品産業連盟からの書面による要請に応じて、事務総長(またはその任命者)が適当とする、本別紙4に従った合理的な努力をスポーツメーカーがしているにも関わらず新しい靴が購入可能にできない状況や、合理的な管理が及ばない状況の場合。

日本陸上競技連盟駅伝競走規準

（2021年4月修改正）

第1条　総　則

駅伝競走は、本連盟競技規則TR55.1〔国内〕の規定により、以下の規準に基づいて行う。本規準に特別に定めるもののほかは、本連盟競技規則を準用する。
必要により、独特の状況等に応じた駅伝競走内規等を定めることができる。
ロードリレーに関しては競技規則TR55を参照のこと

第1部　競技会役員

第2条　競技会役員の編成

主催者はすべての役員を任命する。つぎの役員の数と、その役割は原則的なものであり、主催者は状況によりこれを変更することができる。

運　営　役　員

総　務	1人
総務員	1人以上
技術総務	1人

競　技　役　員

審判長	1人
競走審判員	2人以上
監察員	2人以上
計時員	3人以上
スターター	1人以上
出発係	1人以上
走路員	1人以上
中継所役員各中継所	3人以上
記録・情報処理員	1人以上
アナウンサー	1人以上

医師（医務員）　1人以上
その他必要な競技役員及び補助員を配置する。

第3条　競技会役員の任務

1. 総　務
(a) 競技会を管理し、運営の全責任を負う。またすべての役員の任務の状況を監視し、必要があるときには総務員を指名して、総務の任務の一部を代行させることができる。
(b) 競技会の準備委員会とその他の委員会を招集し、それに関する議事日程を作成する責任を負う。
すべての通信連絡を含む管理上の事務処理を担当する。

2. 技術総務
主として技術面から総務を補佐する。特にコース設定等を管理する。

3. 審判長
(a) 競技規則（本連盟競技規則、本規準、内規等）が遵守されているかどうかを監視する責任を負い、競技中に起ったすべての技術的問題ならびに本規準、内規に規定されていない事項についても決定する。また、競技の最終結果を承認する。
(b) 不適当な行為をする競技者を除外したり、競技続行不可能と判断された競技者を中止させたりする権限を有する。審判長の権限を技術総務、競走審判員、監察員等に委任しておく必要がある。

4. 競走審判員
競技者がフィニッシュラインまたは中継線に到達したときの着順を判定する。

5. 監察員
審判長に指示された地点、あるいは指示された車両で競技を監察する。違反、妨害等が起こった場合、直ちに審判長に報告する。また、中継所におけるたすきの受渡しを監察する。

6. 計時員
競技者がフィニッシュラインまたは中継線に到達したときのスタートからの時間を計測する。

7. スターター

スタート地点で競技者を適正にスタートさせる。

8. 出発係

競技者を招集し、アスリートビブス（ビブス）、たすき、服装を点検してスタートライン（中継線） に配置する。

9. 走路員

競技者の走路を確保し、走路を間違えないよう白線、手旗などで指示する。各区間の中間点、あと 3㎞、あと1㎞などの距離表示をしてもよい。

10. 中継所役員

(a) 中継所には中継所主任を置く。また、出発係、競走審判員、監察員、計時員、記録・情報処理員、走路員等をおいてもよい。

(b) 中継所主任は中継所を統括し、その中継所で、競技規則が遵守されているかどうかを監視する責任を負う。

11. 記録・情報処理員

(a) 中継所、フィニッシュ地点の競走審判員、計時員の判定資料から順位、所要時間および区間記録を作成し、総務に提出する。

(b) スタートリスト等必要な情報を関係競技役員に提供する。

12. アナウンサー

スタート地点、中継所、フィニッシュ地点において競技者・チームの紹介、公式記録の情報等をアナウンスする。できる限りレース展開の情報を入手し、レースの模様を紹介する。

13. 医師（医務員）

(a) 競技に出場することが危険と判断した競技者の出場をやめさせる権限を持つ。

(b) 競技中に健康上不適当と判断した場合、競技を中止させる権限を持つ。

第2部　競技会

第4条　コース

1. 駅伝競走はコースとして定められた道路を走る。また、道路でない場所を使うことができる。
その場合も、走る区分を明示する。
2. コースの計測は一般に0.1㎞単位とする。

第5条　走行

1. 競技者は、定められた走行区分を走らなければならない。また、交差点では交差点の中心から右に出てはならない。
2. 競技者が走行不能となった場合、即ち、歩いたり、立ち止まったり、倒れた状態になったときは、役員、チーム関係者等によって、道路の左端に移動させなければならない。その後、続行させるかどうかは審判長、主催者によって任命された医師の判断による。
3. 走行不能になった競技者の近くにいる審判員は当該競技者に声掛けを行い、健康状態をチェックしなければならない。その後、直ちに大会本部へ状況報告を行い、審判長または主催者によって任命された医師の判断による指示に従って、当該競技者に対応する。審判長または主催者によって任命された医師から中止を命ぜられた競技者は、直ちに競技を中止しなければならない。
4. 競技者が途中で競技を続行できなくなったとき、または、競技を中止させられた場合は、原則として当該チームのその区間の競技を無効とする。ただし、そのチームの競技の続行、記録や成績の取り扱いは、その大会の内規等による。

第6条　中継

1. 中継線は幅50㎜の白線で示す。たすきの受け渡しは、中継線から進行方向20mの間に手渡しで行わなければならず、中継線の手前からたすきを投げ渡したりしてはならない。
中継の着順判定およびタイムの計測は、前走者のトルソーが中

継線に到達した時とする。　　　　　〔参照　競技規則TR18.2〕‖

2. たすきを受け取る走者は、前走者の区域（中継線の手前の走路）に入ってはならない。また、たすきを渡した走者は直ちにコース外に出なければならない。

第7条　繰り上げスタート

1. 走者の中継所への到着がはなはだしく遅れた場合、繰り上げスタートを行うことができる。その条件は競技会前に各チームに公表する。
2. 繰り上げスタートは、審判長または中継所主任の指示で行う。この場合、中継線をスタートラインとする。

第8条　アスリートビブス（ビブス）

1. アスリートビブス（ビブス）については競技規則TR5.7以下を適用する。

第9条　たすき

1. 駅伝競走はたすきの受け渡しをする。たすきは布製で長さ1m600～1m800、幅6㎝を標準とする。
2. たすきは、必ず肩から斜めに脇の下に掛けなければならない。
3. たすきは必ず前走者と次走者の間で手渡さなければならない。たすき渡しに際して、前走者がたすきを外すのは中継線手前400mから、次走者がたすきをかけるのは中継後200mまでをおおよその目安とする。
4. たすきをチームが持参する競技会では、事前に大会本部において承認を得なければならない。

第10条　給　水

1. 主催者は、コースの途中で給水を行うことができるが、給水を行う場合は給水場所及び手順を事前に公表する。

第11条　助　力

1. 競技者は競技中、いかなる助力も受けてはならない。

2. 人または車両による伴走行為は、いっさい認めない。
3. 正常な走行ができなくなった競技者に審判員や大会医療スタッフが声掛けを行なったり、一時的に介護するために競技者の体に触れたりすることは助力とはみなさない。

第12条　競技運営関係車両

1. 主催者が必要と認めた場合、競技運営関係車両を使用することができる。競技運営関係車両は、審判長車、審判車、本部車、監察車、記録車、救護車、報道関係車等である。
2. 競技運営関係車両は交通法規及び関係機関との合意事項を遵守しなければならない。
3. 競技者の安全を図り、駅伝競走による交通渋滞を招かないよう配慮する。
4. 一般車と区別するため、遠くからよく識別できる標識をつけなければならない。
5. 競技者の横に並んではならない。また、競技運営関係車両同士も互いに並走してはならない。
6. スタートライン、中継所、フィニッシュラインのところで駐停車してはならない。
7. 救護車を使用する場合は、医師（医務員）または医療スタッフを同乗させることが望ましい。

公認審判員規程

任 務

第1条 公認審判員は、世界陸連ならびに日本陸上競技連盟（以下「本連盟」という）の競技規則により、本連盟または加盟団体が主催、共催あるいは所管する競技会の審判をすることを任務とする。

資 格

第2条 公認審判員は、本連盟の登録会員でなければならない。本連盟の登録会員でその年度内に16歳に達する者は、C級公認審判員となり得る資格を有する。ただし、C級を取得していなくても本連盟の登録会員でその年度内に18歳に達する者は、B級を取得することが可能である。

種 別

第3条 公認審判員は、S級、A級、B級、C級とする。

1. S級公認審判員
永年にわたって審判活動に精励し、熟練した審判技術と知識を有する者。
2. A級公認審判員
数多くの審判活動を通して、より高い審判技術と知識を身につけた者。
3. B級公認審判員
審判講習会を受講し、公認審判員として必要な技術と知識を身につけた者。
4. C級公認審判員
審判講習会を受講し、公認審判員として基礎的な技術と知識を身につけた者。

推薦と昇格

第4条 A級公認審判員で満10年を経過し、その年度内に55歳に達する者は、S級公認審判員に昇格できる資格を有する。毎年、加盟団体から推薦された者について、競技運営委員会で審査の上認定し、本連盟がこれを委嘱する。B級公認審判員で原則として満10年を経過した者は A級公認審判員に昇格できる資格を有する。C級公認審判員でその年度内に18歳に達する者は、B級公認審判員に昇格できる資格を有する。A級、B級、C級公認審判員は、加盟団体で審査し、本連盟がこれを委嘱する。加盟団体は毎年4月末日までに本連盟に対し当年4月1日現在の公認審判員数を報告しなければならない。日本学生陸上競技連合に登録する学生については、申請に基づき本連盟がB級公認審判員に委嘱することができる。また、高等学校体育連盟に登録する高校生については、申請に基づき本連盟がC級公認審判員に委嘱することができる。

解任と復権

第5条 公認審判員は、次の1、2項のいずれかに該当するときは、自動的にその任を解かれる。

1. 登録会員でなくなったとき。ただし、特別の事情によって、一時的に登録会員でなくなっても、その特別な事情が解消し再び登録会員となったときには、以前の資格を回復する。
2. 競技会の審判を委嘱されたにもかかわらず、1年以上特別の理由なくその任にあたらないとき。
3. 前1、2項により解任された者で復権を希望する者に対しては、申請に基づきS級公認審判員は本連盟競技運営委員会が審査し、本連盟がこれを委嘱する。またA級、B級及びC級公認審判員については加盟団体で審査し、本連盟がこれを委嘱する。

審判員の証明

第6条 公認審判員は、本連盟が定める公認審判員手帳を所持し、公認審判員証（カード）およびバッジを着用して競技会の審判にあたるものとする。

競技会の構成

第7条 本連盟および加盟団体の主催、共催あるいは主管する競技会の審判は、補助員を除きすべて公認審判員をもって構成する。ただし、審判活動を行う際には、C級審判員のみで競技役員チームを編成してはならない。B級以上の審判員の監督のもと、主任の責任において審判活動を行う。また、計測および判定については、B級以上の審判員が必ず1名以上ついて指導を行いながら業務を担う。

公認審判員の処分

第8条 公認審判員として登録会員規程第2条に抵触した者は同規程第17条により登録会員処分規程に定められた処分の対象となる。

付 則

第9条 公認審判員推薦手続き、公認審判員の取り扱い等については別に定める。

2019年3月14日改正
2021年1月25日改正

公認競技会規程

（目的）

第1条 この規程は、日本陸上競技連盟（以下「本連盟」という。）が公認する競技会に関し、必要な事項を定めるものとする。

（定義）

第2条 公認競技会とは、本連盟が認めた競技会をいう。

（公認競技会の主催）

第3条 公認競技会の主催は、国内において本連盟のみがその権利を有する。

2. 本連盟は、加盟団体に、管轄する都道府県の陸上競技選手権大会及びその地域内で種々の公認競技会を主催する権利を委譲する。なお、本連盟の承認のもと全国規模の大会を主催することもできる。
3. 加盟団体は、加入団体に、自己と密接な関連がある公認競技会を主催する権利を委譲する。
4. 本連盟は、地域陸上競技協会に地域陸上競技選手権大会及び地域的競技会の公認競技会を主催する権利を委譲する。
5. 本連盟は、日本実業団陸上競技連合とその下部組織に、実業団の公認競技会を主催する権利を委譲する。
6. 本連盟は、日本学生陸上競技連合とその下部組織に、主に大学生が参加する公認競技会を主催する権利を委譲する。
7. 全国高等学校体育連盟とその下部組織は、本連盟とその下部組織の主催の下に高校生の公認競技会を開催できる。
8. 日本中学校体育連盟とその下部組織は、本連盟とその下部組織の主催の下に中学生の公認競技会を開催できる。
9. 本連盟は、日本マスターズ陸上競技連合とその下部組織に、マスターズの公認競技会を主催する権利を委譲する。
10. 道路競走競技会において、本連盟、加盟団体、加入団体（ただし、郡市区町村陸上競技協会に限る）、地域陸上競技協会が共催または主管し、且つ次の各号を順守することを条件に、本連盟は、地方公共団体その他本連盟が認める団体に、当該競技会について、公認競技会を主催する権利を委譲することができる。

① 医師を含む医務員を複数名任命すること
② 緊急医療体制（AEDの配置を含む）を整備すること
③ 競技者、競技役員に対して傷害事故、疾病事故に対応し得る保険に加入すること

（公認競技会の共催）

第4条 主催者は、主催者と共同して公認競技会を開催する団体を共催者とすることができる。

（参加競技者）

第5条 公認競技会には、本連盟登録会員規程に定める登録会員のみが競技者として参加できる。

ただし、以下の者についてはこの限りではない

① 道路競走競技会に参加する競技者
② 小学生競技者
③ 本連盟が出場を認めた外国人競技者

2. 公認競技会には次の各号に該当する者は参加を認められない。

① ワールドアスレチックス（以下、「WA」という。）の規程ならびに規則とそれらの国内規程ならびに規則に反する者。
② WAまたは本連盟の資格審査により、資格停止または競技会参加を禁止されている者。
③ 本連盟登録会員規程により本連盟に登録している外国人を除く外国人競技者にあたってはその者の属する国の WA加盟団体から競技者資格および競技会参加許可に関する証明書を得ていない者。主催者は、出場を希望する外国人競技者から提出された所属する国の陸連発行の出場承認書 (Approval Letterもしくは

Authorization Letter)を本連盟に送付し許可を得なくてはならない。

(競技規則の遵守)

第6条 公認競技会は、本連盟競技規則に基づいて行われるものとする。

(競技場及びコース)

第7条 公認競技会は、本連盟の公認に関する諸規定に合致した陸上競技場、室内陸上競技場、長距離競走路及び競歩路で行うものとする。

2. クロスカントリー競走競技会は、TR56及びクロスカントリー競走コース設定基準に準じるコースで行うこととする。
3. マウンテンレースおよびトレイルレースは、TR57に準じるコースで行うこととする。
4. 駅伝競走競技会は、駅伝競走規準に準じるコースで行うことが望ましい。

(審判)

第8条 公認競技会の審判員は、補助員を除きすべて公認審判員であること。

(開催の申請及び承認)

第9条 公認競技会を開催するには、管轄する加盟団体または協力団体の審査を経て、本連盟が定める方法により競技会開催前に本連盟に申請し承認を受けなければならない。

(結果の提出)

第10条 公認競技会の結果は、本連盟が定める方法及び書式で、競技会終了後できるだけ速やかに(競技会終了後、一週間をめどとする)、30日以内に本連盟に提出しなければならない。

（ロゴの付与）

第11条 公認競技会の主催者は、本連盟公認競技会ロゴをポスター、プログラム、チラシ等に付与する権利を有する。

（公認競技会の取り消し）

第12条 本連盟は本規程が遵守されない公認競技会の公認を取り消す。

附則2014年12月22日施行
附則2017年5月22日改定
附則2018年4月1日改定
附則2019年4月1日改定
附則2020年4月1日改定
附則2022年4月1日改定
附則2023年4月1日改定

公認道路競走競技会における記録の取り扱いについて

○公認道路競走競技会における公認記録の扱い公認道路競走競技会においては、登録者と未登録者が混在して競技を行うことが認められている。その中で、公認記録となるのは、本連盟登録会員だけである。道路競走競技会においては、グロスタイム（スタートの号砲からフィニッシュまでの時間）とネットタイム（スタートラインを通過した時からフィニッシュまでの時間）が表示されることがある。その中で公認記録となるのはグロスタイムだけである。

○公認道路競走競技会における運営

・大会主催者は､エントリーの際に競技者の登録の有無を確認する。
・プログラムに登録者であることがわかるように表示する。登録者は所属団体名・登録都道府県名を表記する。未登録者は所属名を表記しないことが望ましい。
・登録者として出場するためには、エントリー時と競技会実施時の双方において登録会員であることが条件となる。
・スタートの並び順は、登録者と未登録者を分けて整列させる必要はなく、安全な競技運営の観点から登録者、未登録者に関わらず参加者の持ちタイム順に並べることが望ましい。したがって、登録者と未登録者の参加資格（制限タイム）を別のものに設定することは望ましくない。
・ウェーブスタート(時差スタート)を実施する場合は、ウェーブごとにグロスタイムとネットタイムを計測することとする。
・ネットタイムを計測した競技会においては、記録の申請は電子申請を行い出場した全てのランナーのグロスタイム、ネットタイムを提出すること。

（2014年12月22日理事会承認）

（2020年11月12日理事会承認）

公認記録規程

（目的）

第1条　この規程は、公益財団法人日本陸上競技連盟（以下「本連盟」という。）が公認する記録に関し、必要な事項を定めるものとする。

（定義）

第2条　公認記録とは、本連盟が認めた記録をいう。

（要件）

第3条　公認記録には、以下の条件が必要となる。

① 公認競技会で樹立された記録であること。ただし、200m以内の競技、走幅跳及び三段跳の屋外で達成された記録（200m shを除く）は、風速が＋2.0mを超えた場合、混成競技は、風速を計測する種目の平均秒速が＋2.0mを超えた場合、参考記録として区別される。

② クロスカントリー競走、マウンテンレース、トレイルレース及び、ロードリレーを除く駅伝競走の記録は、公認記録にならない。

③ 競技者が本連盟登録会員、もしくは本連盟が認めた外国人競技者であること。

④ 本連盟の公認に関する諸規定に合致した陸上競技場、長距離競走路及び競歩路で行われる種目は、事前に検定を受けている距離及び器具で実施されていること。

⑤ 競技会終了後できるだけ速やかに（競技会終了後、一週間をめどとする）、指定された方法及び書式で、本連盟に結果が申請されること。

（対象）

第4条　公認記録の対象とする種目を公認種目とする。公認種目は競技会規則で別途定める。

（公認記録の取り消し）

第5条　本連盟は本規程が遵守されない公認記録を取り消す。　‖

附則 2017年5月施行
附則 2022年4月1日改定
附則 2024年4月1日改定　‖

競技会における広告および展示物に関する規程

競技会における広告および展示物に関する規程

（2024年4月修改正）

2019年11月23日にWA広告規程として以下のC7.1～5が公開された。

C7.1 - Marketing and Advertising Rules

C7.2 - Marketing and Advertising Regulations Clothing & Accessories（International Competitions 1.1（a）, 1.3 & 1.4）

C7.3 - Marketing and Advertising Regulations Events（International Competitions 1.1（a）, 1.3 & 1.4）

C7.4 - Marketing and Advertising Regulations Clothing & Accessories（International Competitions 1.5 & 1.9）

C7.5 - Marketing and Advertising Regulations Events（International Competitions 1.5 & 1.9）

2023年3月31日にC7.1が、また2023年12月1日にC7.2～7.5が改編され、以下の通りとなった。

C7.1 - Marketing and Advertising Rules

C7.2 - Marketing and Advertising Regulations Clothing & Accessories

（World Athletics Series ＝　WAシリーズ）

C7.3 - Marketing and Advertising Regulations Events（International Competitions 1.1（a）, 1.3 & 1.4）　→（下記に移行：2023.3.31）

C1.2　WAS Regulations　Marketing and Advertising : Event Branding・Appendix7

（WAシリーズ規則　マーケティングや広告　イベントのブランディング　付録7　及び　C7.2）

C7.4 - Marketing and Advertising Regulations Clothing & Accessories

（World Rankings Competitions : Invitation Meetings / Circuits and Label Road Races）

C7.5 - Marketing and Advertising Regulations Events（International

Competitions 1.5 & 1.9） →（下記に移行：2023.3.31）

C1.2 WAS Regulations Marketing and Advertising : Event Branding・Appendix7

（WAシリーズ規則 マーケティングや広告 イベントのブランディング 付録7 及び C7.4）

C1.4 Marketing and Advertising Regulations WRk Event Branding・Appendix1

（マーケティングや広告規則 WRk競技会 イベントのブランディング 付録1 及び C7.1の1.6及び、C7.4）

このうちC7.2はWA主催競技会の規程であるため割愛し、本規程はWA広告規程C7.1およびC7.4と、C1.4付録に記載されているものを日本語訳したもので、国際大会での使用を基本とする。本規程を国内大会で使用する場合、［国内］-本連盟独自に追加したもの-を適用し、さらにWAをJAAFあるいは大会主催者に読み替えて使用する必要がある。

WA広告規程（2023年12月1日）

Book C – C7.1

特定の定義

本規程で使用される語句のうち、定義された用語（頭文字を大文字で示す）は、憲章および／または一般的定義に明記された意味、あるいは（以下の語句に関しては）以下の意味を持つものとする：

賭博 /Bet

スポーツ競技規則の操作に係る規則で定義されている通り。

賭博行為 /Betting

賭けをする、受け入れる、または賭けることであり、固定オッズおよびランニングオッズ、トータリゼーター /トートゲーム、ライブベッティング、ベッティングエクスチェンジ、スプレッドベッティング、ピアツーピアベッティング、および合法的なベッティングオペレーターまたは違法なベッティングオペレーターによって提供されるその他のゲームなど、一般的にスポーツベッティングと呼ばれる活動を含むものとする。

賭け事 /Gambling

カジノ、オンラインおよび/または賭博行為でプレイされるタイプのゲーム（ポーカー、ビンゴ、バックギャモン、ルーレット、バカラ、ブラックジャック、ケノ、スロットマシン、サイコロを含むが、これらに限定されない）。

1. マーケティングおよび広告規程

1.1 本規則は、以下のワールドランキング対象競技会に適用される：

ワールドランキング競技定義パラグラフ番号	定義－ WAが開催または、認可する競技会
1.a	ワールド・アスレティックス・シリーズ（WAS）
1.c	複数エリア（地域）からの参加者による総合競技大会の陸上競技プログラム、およびその他の陸上競技大会の陸上競技プログラム
1.d	国際招待大会、サーキットとラベルロードレース
1.e	複数エリア（地域）からの参加者による国際競技会

1.1.1 〔国内〕 WAが指定する競技会の他、以下の(i)から(v)の国内競技会に、本連盟が定めるマーケティングおよび広告に関する規程が適用される。

(i) 本連盟主催・共催競技会

(ii) 本連盟後援競技会

(iii) テレビ放映またはインターネット等によって不特定多数に送信される競技会

(iv) アスリートビブス広告協賛を付した競技会

(v) その他大会要項において本規程の適用を定めている競技会

1.2 エリア（地域）陸連は、独自のマーケティングおよび広告の規程と規則を作成し、適用することができる：

ワールドランキング競技定義パラグラフ番号	定義ーエリア（地域）陸連が開催または、認可する競技会
2.a	エリア選手権（すべての種別や種目）
2.b	エリア内選手権
2.c	参加者が単一（地域）のエリアに限定された総合競技大会の陸上競技プログラム、およびその他の陸上競技大会の陸上競技プログラム
2.d	国際招待大会、サーキットとラベルロードレース
2.e	単一エリア（地域）からの参加者による国際競技会

競技規則に基づきWAに認められた適用可能な規程を適用する。

1.3 このワールドランキング対象競技会の定義で第1項および第2項に規定されている競技会では、本規程および規則に基づき制定される規則を遵守することを条件に、独自に作成のマーケティングおよび広告の展示が許可される。

1.3.1 〔国内〕(ii)から(v)の競技会では、大会主催者が独自にマーケティングおよび広告の規則を作成し適用することができる。施行する規則は事前に告知するものとする。

〈注意〉 誤解を避けるために記すが、大会主催者独自の作成規則とは、当該競技会のスポンサーやサプライヤーを守るために、大会主催者の責任においてWA広告規程および国内規程では許される表示の一部を変更する規則をさす。

1.4 カウンシルは、ワールドランキング対象競技会の定義で第1項および第2項に規定されている競技会における広告の形式、および宣伝物その他の掲示方法に関する詳細なガイダンスを提供する規則を随時承認する。

1.5 マーケティングおよび広告に関する規程の適用範囲「衣類およびアクセサリー」:

ワールド・アスレティックス・シリーズ競技会（Book C、C7.2 参照）、およびマーケティングおよび広告に関する規程（Marketing and Advertising Regulations Event Branding）：以下のワールドランキング対象競技会「ワールドアスレティックスシリーズ競技会」（Book C, C1.2 Appendix 4 参照）への適用範囲は以下の通りである：

適用	ワールドランキング競技定義パラグラフ番号	定義
必須	1.a	ワールド・アスレティックス・シリーズ（WAS）
任意選択	1.c	複数エリア（地域）からの参加者による総合競技大会の陸上競技プログラム、およびその他の陸上競技大会の陸上競技プログラム
	1.e	複数エリア（地域）からの参加者による国際競技会
規則1および2に従い、上記エリア（地域）連盟が独自の規則を持たない場合、通常（C7.2）が適用される	2.a	エリア選手権（すべての種別や種目）
	2.b	エリア内選手権
	2.c	参加者が単一（地域）のエリアに限定された総合競技大会の陸上競技プログラム、およびその他の陸上競技大会の陸上競技プログラム
	2.e	単一エリア（地域）からの参加者による国際競技会

1.6　マーケティングおよび広告に関する規程の適用範囲「イベント・ブランディング」：以下のワールドランキング対象競技会「ダイヤモンドリーグ&コンチネンタルツアーゴールド競技会」（Book C、C1.3 Appendix 1およびC1.4 Appendix 1参照）への適用範囲は以下の通りである：

適用	ワールドランキング競技定義パラグラフ番号	定義－WAが開催または、認可する競技会または、エリア（地域）陸連が開催または、認可する競技会
必須	1.d & 2.d	ダイヤモンドリーグ、コンチネンタルツアー・ゴールドのみ
任意選択	1.d & 2.d	特に指定のない、上記以外の国際招待大会、サーキットとラベルロードレース ※但し、誤解を避けるために記すが、マーケティングおよび広告規程1.7は、すべての国際招待大会、サーキットおよびラベルロードレースに適用される。

1.7 ワールドランキング対象競技会の定義で第1項および第2項に規定されている競技会には、以下の、許可および禁止事項が適用される：

1.7.1 総則：WAの見解において、品格に欠ける、目障りとなる、侮辱的、中傷的、その他公序良俗に反するマーケティングは、ワールドランキング対象競技会の趣旨を考慮して、禁止されている。

1.7.2 アルコール製品：アルコール製品のマーケティングは次のものが許可される：

a. 関連するすべての法律に準拠しているもの。

b. アルコール含有量が20％未満のアルコール製品。

1.7.3 たばこおよび関連製品：たばこまたはたばこ関連製品および電子たばこ（e-shishaまたはe-hookah）または電子たばこ関連製品（詰め替え用など）のマーケティングは禁止されている。

1.7.4 武器および兵器：武器および兵器（それらの製造業者を含む）のマーケティングは禁止されている。

1.7.5 食品サプリメント/栄養補助食品：食品サプリメント／栄養補助食品／製品のマーケティングは、WA健康科学部との協議の後、書面で特別に承認されていない限り禁止されている。

1.7.6 エナジードリンク：エナジードリンク（刺激物を含む）のマーケティングは、WA健康科学部との協議の後、書面で特別に承認されていない限り禁止されている。

1.7.7 スポーツドリンク/水分補給タブレット：スポーツドリンク/水分補給タブレットのマーケティングは、許可されている。

1.7.8 製薬会社および（または）製薬製品：製薬会社および（または）製薬製品のマーケティングは、WA健康科学部との協議の後、書面で特別に承認されていない限り禁止されている。誤解を避けるために記すが、カンナビジオール（CBD/大麻草の茎や種子から抽出・製造）を含む製品のマーケティングは禁止されている。

1.7.9 賭博行為：書面による特別な承認がない限り、賭博行為と関連するギャンブルの商品およびサービスのマーケティングはアスレティックス・インテグリティ・ユニットとの協議の後、書面で特別に承認されていない限り禁止されている。

1.7.10 宝くじ：国や地方自治体の宝くじのマーケティングは許可される。

1.7.11 政治的／宗教的マーケティング：政治的（例：政党、政治団体、政治運動、政治的概念・主義主張あるいはその他政治目的を推進する宣伝）および宗教的（例：宗教、宗教活動、宗教的概念・主義主張あるいはその他宗教大義を推進する宣伝）なマーケティングは、いずれも禁止されている。

1.7.12 すべてのマーケティングおよび広告は、適用されるすべての法令と安全上の規則を遵守しなければならない。

規則1.1および1.2に関する注意事項

エリア（地域）陸連が、本規程に基づき、評議会（カウンシル）によって認められた規程を適用することを選択する場合、エリア（地域）連盟は、内部承認の過程に従って、当該規則の採用の承認を求めなければならない。エリア（地域）連盟が独自のマーケティングおよび広告の規則を作成する場合であっても、本規程および本規程に基づき施行された規則が適用される場合であっても、その規則の適用および施行に責任を負うのはエリア（地域）連盟であり、WAではない。ワールドランキング競技会（国際競技会）の定義1.c.、1.d.、1.e.および2.d.の競技会の場合、WAではなく大会主催者が、規程の適用と施行に責任を負う。

〔国内〕 1.1.1の競技会では、(i)は本連盟、(ii)から(v)については、大会主催者が、規程の適用と施行に責任を負う。

〔国内〕 1.1.1の競技会では、WA競技規則 CR 30.に定めのある、広告コミッショナーに準じた任務、広告規程の管理担当者の任命を推奨する。

Book C – C7.4　マーケティングおよび広告規程

衣類とアクセサリー

ワールドランキング競技会

(国際招待大会、サーキットとラベルロードレース)

1.　定義

つぎにあげる用語は、本規程の目的のために以下の特定の意味をもつ。

広告

販売促進の性質をもつあらゆる広告および展示物。

適用法

すべての法律および法的規制（競技が開催される国の法律および競技者の母国の法律を含む）、ならびに安全や衛生に関する法律および放送局によって制定された、または放送局に適用されるあらゆる法的規制。

アスリートキット

競技用の衣類（トップス、ベスト、ショーツ・パンツ、レギンスなど）、ウォームアップ用の衣類、セレモニーキット（トラックスーツ、Tシャツ、スウェットシャツ、スウェットパンツ、レインジャケット）、および競技会参加時に競技者が着用するあらゆるその他のキットやアパレルなど。

アスリートスポンサー

競技者に関して商業的権利（マーケティング権）を許諾された、あるいは取得した会社（スポンサー）。

ビブス

競技会中に競技者が身に着ける識別（ID）カード（国名、名前や番号で識別）。

招集所

競技前、競技エリア（FOP）に入る直前に競技者が集合する競技会会場にある部屋。

競技者係

競技前に招集所ですべての競技者の衣類や携行品を競技規則に基づいて確認する1名以上の競技役員。

招集所審判長

招集所に関して競技規則に従って任命された1名以上の審判長。

競技会

競技者が参加し、競技する陸上競技会（いろいろな形式・種目で）。

競技会役員

競技規則に従って大会主催者により任命された役員およびその代表。

複合ロゴ

別のロゴやクラブ名と組み合わせたロゴを意味する。

クラブ

競技者が現在所属するクラブを意味する。加盟会員であり、国内会員連盟が開催または認可した大会に参加し、代表することを目的とする（ワールドランキング競技会の定義1.3を参照）。

大会

国際招待競技会、サーキット、またはラベルロードレースを指す。（ワールドランキング競技会の定義 1.d. および 2.d. を参照）。

大会主催者

競技の運営に責任があり、関連するWAのラベルまたは許可を与えられた主催者。

競技会会場

すべての競技場エリア競技の場合、大会主催者の管理下にあるスタジアム内およびスタジアムに直接隣接するエリア（屋内または屋外）。すべてが競技場外競技の場合、主催者の管理下にあるコースまたはルート。

大会スポンサー

エリア（地域）または全国レベルの競技会に関してスポンサーシップならびに（または）その他商業的権利を獲得および与えられた会社で、タイトルスポンサーを含む。

大会タイトル（大会名）

大会の公式タイトル（タイトルスポンサー名を含む）。

競技エリア（FOP）

競技者が競技を行う場所（競技場外の競技ではコースも含む）および競技者が表彰を受ける場合は、待機場所、ミックスゾーン、報道エリア、表彰台およびビクトリーランエリアも含まれる。

ジュリー

競技規則の下で設置された上訴対応の競技会役員。

ロゴ

シンボル、デザインまたはその他の図案化された表示、スローガン、会社名（ウェブサイトやソーシャルメディア上の肩書を含む）、ならびにまたは、そうした会社の製品名あるいは競技会名を表すもの。

マーケティング

広告、宣伝、報道、契約、推奨、販売促進、後援、または出版物を含むが、これらに限定されない製品またはサービスの販売および販売促進活動。

プレゼンテーションビブス

表彰式で表彰台に上がる競技者が身に着ける色付きのビブス。

プロバイダー

競技会の企画、開催に必要なあらゆる製品またはサービス（以下に例示）を競技者、競技役員あるいは競技会に製造または供給することを主な事業とするすべての会社。例えば、飲料、コピー機、車両、計時、計測、コンピューター（ハードウエア / ソフトウエア）、通信、ホームエレクトロニクス（テレビ / オーディオ / ビデオ / 放送設備）など。あるいは大会主催者によって認められたあらゆる製品またはサービスを競技者、競技役員あるいは競技場に供給するすべての会社。

審判長

競技規則に従って任命された審判長。

タイトルスポンサー

大会の公式名に組み込まれている大会のタイトルスポンサーになっている大会スポンサー。

2.　目的と開始

2.1　本規程は、WA競技規則の中の憲章およびマーケティングおよび広告規程の第4.1条(c),(d)および47.2条(d)に従って作成された。

2.2　WA競技規則におけるマーケティングおよび広告に従って、

本規程は、WAカウンシル（世界陸上競技評議会）により随時改正される場合がある。規程に加えられた改正は後続版に含まれ、そのような変更がカウンシルによって承認された日から有効になる。

〔国内〕 本規程は発効時期を含め理事会の議決を必要とする。ただし、WA規程の改定に伴う改定の場合はその限りではない。

2.3 本規程は、競技者、競技者スポンサー、大会スポンサー、フォトグラファー（スチールカメラマン）とカメラクルー、プロバイダー関係者、大会主催者（ボランティアを含む）の、またはこれらの人々に関連するマーケティングを、以下の競技会会場で管理する：

適用	ワールドランキング競技定義パラグラフ番号	その他 世界陸上競技大会または地域協会のいずれかによって認可されたもの
必須	1.d & 2.d	招待競技会・サーキット・ラベルロードレース

2.4 これらの規則は、WA競技規則と他のWA規程と併せて読む必要がある。

2.5 以下の間に不一致があった場合、

2.5.1 本規程および規則では、WAの競技規則の関連条項が適用される。

2.5.2 本規程とWA憲章では、憲章の関連条項が適用される。

2.6 本規程に関するお問い合わせは以下のメールアドレスまで。
kitapprovals@worldathletics.org

3. 総則

3.1 競技会会場でのマーケティングはすべて、WA競技規則と規程、本規程、WAによって発行された適用可能なガイドライン、およびすべての適用法に準拠する必要がある。

3.2 (a)競技者 (b)大会スポンサーによる、またはこれらに関連するマーケティング (c)フォトグラファー（スチールカメラマン）とカメラクルー (d)本規程に記載されているプロバイダーのスタッフおよびその他の人物、または彼らに関連するマーケティングは、すべて競技会会場で、本規程に従っている必要がある。また、競技の技術的運営（競技場を含む）に悪影響を与えてはならない。

3.3 本規程で明示的に許可されているか、大会主催者によって承認されている場合を除き、広告、ロゴ、またはその他のブランド表示が付いたアイテムは、競技者、競技役員、大会スポンサー、フォトグラファー（スチールカメラマン）、カメラクルー、プロバイダー、または本規程に記載されているその他の人物、または大会を支援している人物によって、競技会会場に表示、持ち込み、着用、または配置することはできない。

3.4 大会ロゴと大会マスコットは、アスリートキットや競技役員に表示することはできないが、第11項に従って、大会ロゴはフォトグラファー（スチールカメラマン）とカメラクルーのビブスに表示できる。

3.5 TR5.1 に従って、競技者は清潔で、不快に思われないようにデザインされ仕立てられた衣類（アスリートキット）を着用しなければならない。その布地は濡れても透き通らないものでなければならない。

3.6 許可と禁止

3.6.1 本規程は、マーケティングおよび広告規程の 1.7 に定められた許可および禁止が常に適用される。

4. アスリートスポンサー

4.1 競技者がアスリートキットにアスリートスポンサーのロゴを表示することを希望する場合、競技者は、本規則に定められた要件が遵守される場合に限り、表示することができる。誤解を避けるために付記するが、アスリートスポンサーと大会主催者の間にスポンサーカテゴリーの競合がある場合、競技者のイベントへの参加を管理する商業上の取り決めを考慮し、競技者と主催者が解決するものとする。大会主催者は、競技者の認定された競技者代表と事前に連絡を取り、そのようなカテゴリーの競合を解決する必要がある。このような問題はWAが解決するものではないが、スポーツメーカーのスポンサーカテゴリーにおける紛争は、陸上競技のスポーツにおいて受け入れられた習慣および慣行であるとみなされるため、WAによって禁止されているわけではない。

［国内］ アスリートスポンサー名/ロゴと、所属団体名/ロゴを、アスリートキット、および許可されている場合は個人の所有物やアクセサリーに表示することができる。個人の所有物やアクセサリーに表示する場合は、いずれも同じスポンサー名/ロゴ（所属団体名/ロゴ）でなければならない。

4.2 誤解を避けるために記すが：

4.2.1 製造会社およびアスリートスポンサーは、本規程に従って、アスリートキットまたはその他のアパレル（規則5.5項 参照）および個人の所有物またはアクセサリー（規則6項参照）のアイテムに1つのブランド名/ロゴを1回のみ表示できる。

4.2.2 アスリートキットの製造会社は、アスリートキット、その他のアパレル、個人の所有物、またはアクセサリーに1つのブランド名/ロゴを入れ、アスリートキット、その他のアパレル、個人の所有物、またはアクセサリーに別のブランド名/ロゴを入れることはできない。また、アスリートキットやその他のアパレル、個人の所有物、アクセサリーのアイテムに複数回、同じ名前/ロゴを表示することもできない。

4.3 競技会会場で着用するアスリートキット

4.3.1 競技者は本規程に準拠したアスリートキットを常に競技会会場で着用しなければならない（ウォームアップエリアやウォームアップトラックでのウォームアップセッション中、および式典中の競技者も含む）。誤解を避けるために記すが、競技者は、WAによって書面で承認されている場合、競技会会場で加盟国のチームキットを着用できる。

5. アスリートキット

5.1　キット

5.1.1　本規程で明示的に許可されていないアスリートキットのマーケティングまたはその他の識別は固く禁じられており、本規程の違反となる。

5.1.2　以下の名前/ロゴは、（WAによって別段の指定がない限り）さらなるガイダンスで示された配置に従ってアスリートキットに表示してもよい：

- 製造会社名/ロゴ；
- アスリートスポンサー（非製造会社）名/ロゴ；
- 競技者/クラブ名/ロゴ；

5.1.3　競技者が所属クラブのアスレチックキットを着用する場合、本規程に準拠する必要があり、クラブ名/ロゴが営利団体の名前を表示している場合、許可されている場合でもアスリートスポンサー名/ロゴの数は1つ減じられる。

5.2　トップス、ベスト、シャツを含むアスリートキット

5.2.1　規則5.1.3に従って、競技用トップスに次の表示を行うことが許可される：

（以下のオプションAまたはBのいずれか）

競技用トップス（上衣） （ベスト、Tシャツ、レオタード上半身、セレモニーキット、トラックスーツ（ジャージ）、スウェットスーツ、レインジャケットなど）				
	オプションA 製造会社名/ロゴ　あり		オプションB 製造会社名/ロゴ　なし	
名称/ロゴ/エンブレム	数（最大）	大きさ（最大）	数（最大）	大きさ（最大）
スポーツメーカー-スポンサー/サポーター/サプライヤー （フロントのみ）	1つだけ	高さ5㎝ 長さ10㎝− 40㎠	×	×
スポンサー（非スポーツメーカー）（前面か背面のどちらか）	2社 異なるスポンサー		3社 異なるナショナルスポンサー（非スポーツメーカー）−国内スポンサーごとに1つの配置	高さ5㎝ 長さ10㎝− 40㎠

クラブロゴ（非営利、クラブロゴに商業名がある場合は規則 5.1.3 を参照）またはアスリート名（該当する場合）を前面または背面に	1 個	高さ 10㎝	1 個	高さ 10㎝
合計	計4		計4	

5.2.2　規則 5.1.3 に従って、ショーツ（パンツ）、タイツ、またはレギンス（オプション A または B）に次の表示を行うことが許可される：

競技用ボトムス（下衣） ショーツ（パンツ）、タイツ、レギンス、レオタード下半身、セレモニーキットボトムス、トラックスーツ（ジャージ）ボトムス、スウェットパンツなど				
	オプション A 製造会社名 / ロゴ　あり		オプション B 製造会社名 / ロゴ　なし	
名称 / ロゴ / エンブレム	数（最大）	大きさ（最大）	数（最大）	大きさ（最大）
スポーツメーカー - スポンサー / サポーター / サプライヤー （フロントのみ）	1 つ	高さ 5㎝ 長さ 10㎝ー 40㎠	×	×
スポンサー（非スポーツメーカー）（前面か背面のどちらか）― 上衣と同じスポンサー（最大 2 社）	2 社 異なるスポンサー		3 社 異なるスポンサー（非スポーツメーカー） – 1 社ごと 1 つの配置	高さ 5㎝ 長さ 10㎝ー 40㎠
クラブロゴ（非営利、クラブロゴに商業名がある場合は規則 5.1.3 を参照）またはアスリート名（該当する場合）を前面または背面に	1 個	高さ 5㎝	1 個	高さ 5㎝
合計	計4		計4	

5.2.3　レオタード（ワンピースを含む）の場合、上半身（つまり腰より上）の表示は規則5.2.1 に準拠し、下半身（つまり腰から下）の表示は規則 5.2.2 に準拠する必要がある。

5.2.4　競技者が着用するセレモニーキット、トラックスーツ（ジャージ）、スウェットシャツ、レインジャケットを含むその他のアスリートキットの上半身アイテム（つまり、腰より上 / 上衣）では、表示は規則 5.2.1 に準拠する必要がある。

〔例示1　WA規程　国際大会〕:〔国際招待大会、サーキットとラベルロードレース〕用
営利（企業）名／商品名 を 所属団体名／ロゴ に含まない場合・学校名
（ユニフォーム、ジャージ等のその他の衣類全て同様）

〔例示2　WA規程　国際大会〕:〔国際招待大会、サーキットとラベルロードレース〕用
（実業団 等）企業名・商品名を含む所属団体名／ロゴの場合
（ユニフォーム、ジャージ等のその他の衣類全て同様）

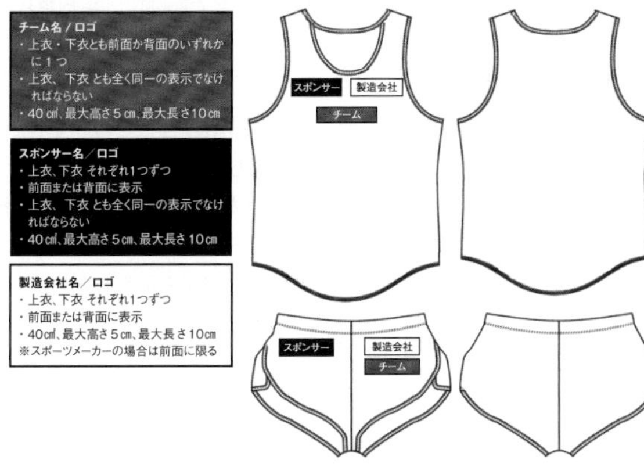

〔例示３　JAAF国内規程　国内大会〕：一般・クラブ（所属団体）名／ロゴ、個人　表示用
（ユニフォーム、ジャージ等のその他の衣類全て同様）

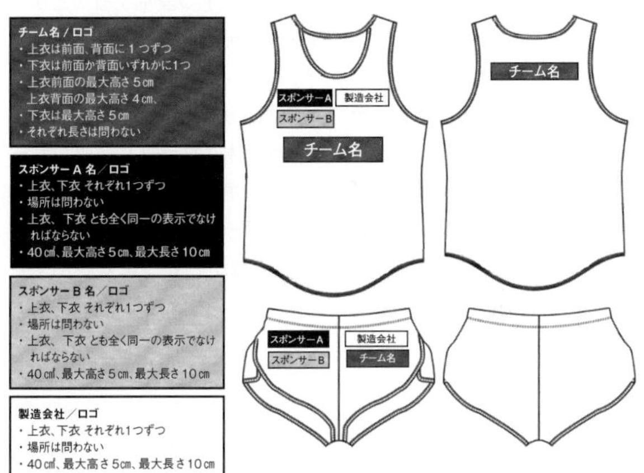

［国内］　所属団体（クラブ）名/ロゴ、所属団体（クラブ）スポンサー名/ロゴや競技者スポンサー名/ロゴを以下の形式

でベスト、パンツまたはレオタード（上・下）にそれぞれ、表示することができる。

(i) 所属団体（クラブ）名/ロゴ、所属団体（クラブ）名＋所属団体（クラブ）ロゴの組み合わせのいずれか1つ（名前とロゴを切り離して表示することはできず並列して表示しなければならない）。上衣の前面の文字およびロゴの高さは5㎝以内とするが長さの制限は設けない。ただし、文字が表示されたワッペンをつける場合はワッペンの高さは5㎝以内とし、長さの制限は設けない。所属団体（クラブ）名/ロゴまたは、所属団体（クラブ）名＋所属団体（クラブ）ロゴの組み合わせは、ベストまたはレオタードの背面にも表示することができる。その文字の高さは4㎝以内とし、長さの制限は設けない。

(ii) 所属団体（クラブ）名/ロゴまたは、所属団体（クラブ）名＋所属団体（クラブ）ロゴの組み合わせは、下衣（パンツまたはレオタード下）に1つ表示することができる。その文字の高さは5㎝以内とし、長さの制限は設けない。

(iii) 所属団体（クラブ）スポンサー名/ロゴや競技者スポンサー名/ロゴ、所属団体（クラブ）スポンサー名＋所属団体（クラブ）スポンサーロゴの組み合わせあるいは競技者スポンサー名＋競技者スポンサーロゴの組み合わせのいずれかを2つまで表示できる。文字およびロゴの最大の大きさは40㎠、最大の高さは5㎝、最大の長さは10㎝までとする。

〔例示４　JAAF国内規程　国内大会〕:　学校用
（ユニフォーム、ジャージ等のその他の衣類全て同様）

［国内］　日本学生陸上競技連合、全国高等学校体育連盟、日本中学校体育連盟に加盟している学校教育法第1条、第124条および第134条に規定する学校の学校名/マークはベストまたはレオタードの上衣の前面および背面にそれぞれ1つずつ、下衣にも１つ表示できるものとし、大きさに制限は設けない。また、スポンサー名/ロゴ、スポンサー名＋スポンサーロゴの組み合わせあるいは競技者個人スポンサー名/ロゴ、競技者個人スポンサー名＋競技者個人スポンサーロゴの組み合わせのいずれか２つを表示できる（名前とロゴを切り離して表示することはできず並列して表示しなければならない）。文字およびロゴの最大の大きさは40㎠、最大の高さは5㎝、最大の長さは10㎝までとする。

〔注意〕　スポンサー名/ロゴが製造会社名/ロゴと同一であってはならない。また、スポンサー名/ロゴを表示する場合は、各アスリートキットに同じものを表示する。

［国内］ 都道府県名 / ロゴ

(i) 都道府県対抗競技会においては、所属する都道府県名 / ロゴをベストまたはレオタードの前面および背面にそれぞれ1つずつ表示することができる。また、パンツまたはレオタード（下半身）にも 1 つ表示することができる。

(ii) 加入団体の所在地を示す場合は、クラブ名とは切り離した形で各アスリートキットに1つ表示できる。最大の高さは4㎝とし、長さの制限は設けない。

5.2.5 競技者が着用するセレモニーキットのボトムス、トラックスーツ（ジャージ）のボトムス、スウェットパンツなどを含むその他のアスリートキットの下半身アイテム（つまり腰より下 / 下衣）では、表示は規則 5.2.2 に準拠する必要がある。

5.3 アスリートキットに製造会社のグラフィック、または象徴的なロゴ（名前や文字を含まない）は、「装飾的なデザインマーク」として、以下の箇所に、1 回または幅 10 ㎝以内の帯状で繰り返して表示できる。ただし、そのような使用が、WA の意見や裁量により、衣服の外観を支配したり、過度に損なったりしない場合に限る：

- ショーツ（パンツ）またはレオタードの両袖、両裾の先端；
- 両袖の外側の縫い目沿い（T シャツ、トラックスーツ（ジャージ）上衣 他）；
- 両脚の外側の縫い目沿い（レオタード、レギンス 他）；

誤解を避けるために付記するが、装飾的デザインマークは、以下の規則 5.5 に記載されている、その他のキットまたはアパレルに使用することはできない。また、アスリートキットの生地、布地、素材等のデザインに、アスリートキットのスポーツメーカーの名称、ロゴ、装飾的なデザインマーク等を使用（プリント、縫製、織り等）することはできない。

〔参照〕

製造会社の「装飾的なデザインマーク」を表示してよい箇所

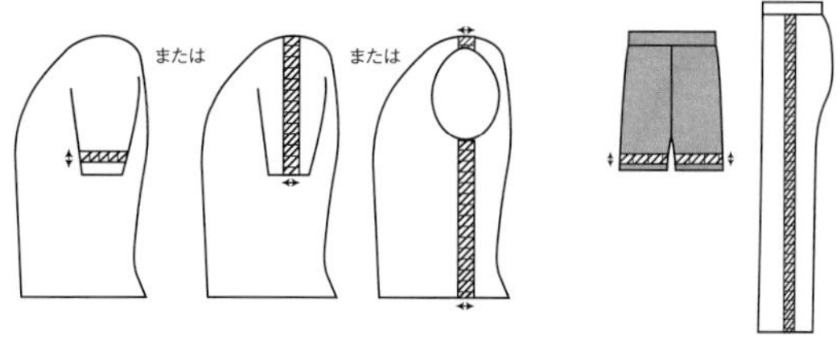

1回または幅10cm以内の帯状で繰り返しの使用が認められている「装飾的なデザインマーク」の例

文字を含むため、帯状での使用が認められない「装飾的なデザインマーク」の例

5.4　シューズ

競技者が使用する靴の製造会社名/ロゴのサイズに制限はない。競技者の名前、競技者個人のソーシャルメディアのハッシュタグ（すなわち商業的な意味合いのないハッシュタグ）も同様に、サイズや配置の制限なしに表示できる（これには、競技者自身の靴のブランドが含まれる）。

5.5　その他のアパレル

競技中に競技者が使用するその他のキットまたはアパレル（靴下（膝丈ソックスおよびレッグスリーブを含む）、ヘッドギア、帽子、ヘッドバンド、手袋、メガネ、サングラス、リストバンド、アームスリーブ（前腕バンド）など）については、以下の表示が許可される：

その他のアパレル / アクセサリー その他のキットまたはアパレル（靴下（膝丈の靴下およびレッグスリーブを含む）、ヘッドギア、帽子、ヘッドバンド、手袋、メガネ、サングラス、リストバンド、アームスリーブなど）		
	その他のアパレル / アクセサリー	
名称 / ロゴ / エンブレム	数（最大）	大きさ（最大）
スポーツメーカー スポンサー / サポーター / サプライヤー	1個	高さ4㎝ あるいは長さ4㎝ー 10㎠
スポンサー （非スポーツメーカー）	許可されていない	
競技者名	1個	高さ5㎝
合計	計2	

［国内］ 所属団体名 / ロゴについては、1つ表示することができる。面積は10㎠以内とする。ただし都道府県名 / ロゴ、学校名 / ロゴ（学校教育法第1条、第124条および第134条に規定する学校名 / ロゴ）の大きさに制限は設けない。

6. 個人の所有物およびアクセサリー

6.1 すべてのタオル（ビーチタオル、バスタオル、ハンドタオル、フェイスタオルなど）、およびブランケット（毛布）、バッグには以下の表示ができる：

個人の所有物とチームのアクセサリー （例：ビーチタオル、バスタオル、ハンドタオル、フェイスタオルなど）およびブランケット（毛布）とバッグ				
	タオル（ビーチタオル、バスタオル、ハンドタオル、フェイスタオルなど）およびブランケット		バッグ （タグやラベルも含む）	
名称 / ロゴ / エンブレム	数（最大）	大きさ（最大）	数（最大）	大きさ（最大）
スポーツメーカー スポンサー / サポーター / サプライヤー	1個	高さ5㎝ 長さ10㎝ー 40㎠	1個	高さ5㎝ 長さ10㎝ー 40㎠
スポンサー （非スポーツメーカー）	2個		2個	
アスリートの名前；または 個人的なソーシャルメディア ハッシュタグ	1個		1個	
合計	計4		計4	

［国内］ アスリートスポンサー名 / ロゴのうち1つを、あるいは、競技者名または個人的なソーシャルメディアハッシュタグを、所属団体名 / ロゴまたは学校名 / ロゴにすること

ができる。高さは最大5㎝とし、長さの制限は設けない。学校名/ロゴの大きさに制限は設けない。

6.2 ドリンクの提供者、製造業者および（または）アスリートスポンサー名/ロゴは、競技者の個人の飲料ボトルに2つ表示できる。その名/ロゴのサイズは、ボトル上で最大 40㎝ ²、最大の高さ5㎝までとする。競技者は個人のドリンクボトルを競技場エリアに持ち込むことができる。

6.3 フィールド競技および混成競技（円盤投、砲丸投、ハンマー投、やり投、棒高跳用のポールなど）で競技者が使用する道具に表示されるマーケティングに関する規程は、マーケティングおよび広告規程−イベントブランディング：ダイヤモンドリーグおよびコンチネンタルツアーゴールドに規程されている（参照 Book C、C1.3 付録 1 および C1.4 付録 1）。

6.4 競技者は、ビデオレコーダー、ラジオ、CDプレーヤー、無線送信機、携帯電話、ヘッドフォン、カメラ、ボディカメラを競技場エリアに持ち込むことはできない。さらに、競技規則で明示的に許可されていない限り、その他のアイテムを競技場エリアに持ち込むことはできない。誤解を避けるために記すが、競技者はウォームアップエリアと競技エリアで時計を着用することはできる。

6.5 競技者が使用する医療用テープまたは一般的なテープは、無地でも、テープに競技者の名前が付いていても構わない。医療用テープまたは一般的なテープに記載される商品名/ロゴは、大会主催者の書面での承認が必要である。

〔国内〕 C7.1 1.1.1〔国内〕の競技会では、競技者が競技規則に反しない限り、医療用テープまたは、一般的なテープを使用することができる。表示できる製造会社名/ロゴは、1枚につき最大の大きさは、10㎠とする。

6.6 誤解を避けるために記すが、競技者に付き添うメンバー（家族、コーチ、競技者代理人など）は、禁止されているアイテム（本規程に準拠していないアイテムを含む）を競技場エリアの競技者に渡すことはできない。競技者が競技会会場にいる限り、第6項に従わなければならない。

7. ネイル、ボディーアート、ヘアデザイン＆ジュエリー

7.1　アスリートスポンサー名／ロゴは、以下では表示できない；

7.1.1　タトゥー（恒久的または一時的かを問わず、ヘナまたは同様の製品の使用を含む）；

7.1.2　ヘアデザイン；

7.1.3　コンタクトレンズ；または

7.1.4　ネイルアート

誤解を避けるために記すが、競技者はタトゥーをしてもよいし、ヘアデザインをしてもよいし、コンタクトレンズを着用してもよい。

7.2　競技者はジュエリーを身に付けることができる（ボディーピアスおよび本規程の第6.4項の対象となる時計を含む）。ジュエリー（デザインにジュエリーブランドの名前またはロゴのデザインが含まれているものを含む）の着用は認められている。

8　アスリートビブス

8.1　ビブスの最大の大きさは高さ16㎝×幅24㎝とする：

	アスリートビブス			
	オプションA		オプションB	
名称／ロゴ	数（最大）	大きさ（最大）	数（最大）	大きさ（最大）
大会スポンサー	1社	高さ6㎝ー ビブス上部	2社	高さ6㎝ー ビブス上部
競技者名／番号	1つ	高さ6㎝ー ビブス中央部	1つ	高さ6㎝ー ビブス中央部
大会スポンサーおよび（または）開催地・都市	1つ（開催地・都市）+1社（ビブスの上に大会スポンサーが1社だけの場合はイベントスポンサー）	高さ4㎝ー ビブス下部	1つ（開催地・都市）	高さ4㎝ー ビブス下部
合計	計　4	ビブスの合計サイズ－高さ16㎝＆幅24㎝	計　4	ビブスの合計サイズ－高さ16㎝＆幅24㎝

［国内］　競技者識別表示より下の表示の最大の高さは4㎝とする。そのような表示には、大会主催者によって事前に承認されていれば、(a)大会名／ロゴ、(b)加盟団体名、(c)大会スポンサー名／ロゴまたはマーケティングデバイス、(d)大会が開催されている都市または地域のいずれかを表示できる。

［国内］

i　上部の広告は、高さ6㎝以内とする。

ii　下部の広告や大会名等は、高さ4㎝以内とする。

iii　広告を表示しない場合は、空いている余白を競技者識別表示に使用してもよい。

8.2　ビブスは、競技役員が競技者の識別情報（名前または番号）を最大限かつ容易に視認できるように印刷されなければならない。

8.3　ビブスとビブス上の競技者の識別情報（名前または番号）は、大会中、競技場エリアで競技を行っている間は、常に見えるようにしなければならない（つまり、折り畳んだり、見えないように隠したりしない（ビブの提供者によってミシン目、ピアスまたは穴が開いているように設計されている場合を除く））。競技者は競技場エリアではビブスをアスリートキットから外してはならない。

8.4　種目ごとに異なる大会スポンサーをビブスに表示することができる（例：女子100mと男子やり投など）。

［国内］駅伝競走においては、アスリートビブスに番号数字の代わりにチーム名（都道府県名、学校名等）、区間を表す文字もしくは競技者の大会登録番号をバランスよく表示することができる。ただし、会社名（チーム名）は表示できないものとする。

9.　プレゼンテーションビブス

9.1　プレゼンテーションビブスは、表彰台に上る競技者がセレモニーキットに付けるものである。プレゼンテーションビブスの最大の大きさは高さ20㎝×幅24㎝とする：

	プレゼンテーションビブス	
名称/ロゴ	数（最大）	大きさ（最大）
大会スポンサー	1社	高さ6㎝－ビブス上部
大会ロゴ	1個	高さ14㎝－ビブスの残り
合計	計　2	大きさは高さ20㎝×幅24㎝

10　競技役員の服装

10.1　競技役員の服装（上半身と下半身）には次のものが表示できる：

	競技役員の服装			
	オプションA		オプションB	
名称/ロゴ/エンブレム	数（最大）	大きさ（最大）	数（最大）	大きさ（最大）
スポーツメーカースポンサー/サポーター/サプライヤー	1社（個）	高さ5㎝ 長さ10㎝－40㎠	1社（個）	高さ5㎝ 長さ10㎝－40㎠
大会スポンサー（非スポーツメーカー）	0社－スポーツメーカーが大会タイトルスポンサーの場合		1社－スポーツメーカーが大会のタイトルスポンサーでない場合	
大会名称と、あるいは/WAS　大会ロゴ	1個	高さ5㎝	1個	高さ5㎝
合計	計　2		計　3	

10.2　製造会社のグラフィック、または象徴的なロゴ（名前や文字を含まない）は、「装飾的なデザインマーク」として、以下に、幅10㎝以内の1回あるいは帯状で繰り返して表示できる。ただし、そのような使用が、WAの意見や裁量により、衣服の外観を支配したり、過度に損ねたりしない場合に限る：

- 両袖、両裾の先端；
- 両袖の外側の縫い目沿い；
- 両脚の外側の縫い目沿い；

誤解を避けるために付記するが、装飾的デザインマークは、規則5.5で言及されているその他のキットまたはアパレルに使用することはできない。

10.3　大会にスポンサーがいる場合は、完全な大会タイトル名を衣服に表示する必要がある（タイトルスポンサー名に限定した表示をすることはできない）。

［国内］　大会名/ロゴを表示できる。大きさに制限は設けない。タイトルスポンサーがついている大会で大会名を表示する場合は、完全な大会名を表示しなければならない（タイトルスポンサー名/ロゴに限定した表示をすることはできない）。

［国内］　本連盟、地域陸協、加盟団体の名称/ロゴは1つ表示することができる。

10.4 該当する場合、競技役員に提供されるその他の衣類（靴下（膝丈の靴下およびレッグスリーブを含む）、ヘッドギア、帽子、ヘッドバンド、手袋、メガネ、サングラス、リストバンド、アームスリーブなど）については、本規程のサイズ要件に従う必要がある。製造会社が大会スポンサーであり、そのサイズが大会主催者によって承認される場合はこの限りではない。

11 フォトグラファー／カメラクルー着用のビブス

11.1 競技エリア（FOP）にアクセスできるフォトグラファー（スチールカメラマン）またはテレビのカメラクルーのメンバーは、大会主催者が提供する公式のビブスを着用する必要がある。大会主催者と別段の合意がない限り、公式フィールド内ビブスには以下が表示される場合がある：

	フォトグラファー		テレビカメラクルー	
名称/ロゴ	数（最大）	大きさ（最大）	数（最大）	大きさ（最大）
ホスト放送局	N/A	N/A	2個（大会スポンサーまたはホスト放送局のいずれかを選択）（前面×1、背面×1））	高さ10㎝
大会スポンサー	2個（前面×1、背面×1）	高さ10㎝		
大会タイトル/ロゴ	1個（前面）		1個（前面）	
合計	計 3		計 3	

12 競技会会場内の大会スポンサーの衣服

12.1 大会開催中に商品やサービスを提供する大会スポンサーのスタッフの服装には、以下の表示ができる：

	商品やサービスを提供する大会スポンサーの衣服（大会中の商品やサービスの提供）	
名称/ロゴ/エンブレム	数（最大）	大きさ（最大）
大会スポンサー	1個	高さ5㎝ 長さ10㎝ ー 40㎠
その衣類品の製造会社	1個	
大会タイトルとWAS大会ロゴ（大会スポンサーの場合は、完全なタイトルである必要あり）	1個	高さ4㎝
合計	計 3	

13. 競技会会場内のその他の役員

13.1 競技会会場内のその他のすべての役員（ボランティア、プロバイダーの要員、組織委員会の職員、スタジアムの要員など）は、大会主催者が提供する公式の大会用衣服を着用するか、ブランドのない衣服を着用しなければならない。

14. 指名代表者

大会主催者は大会での本規程の規制の遵守、管理、解釈、監督を行う権限と任務を持つ代表者を指名するものとする。

15. 一般的な執行

大会主催者の命令に従わなかったり、競技役員が大会主催者に指定された代表者の見解で必要とされた措置の命令を拒否した場合、その人物または競技役員は、規則および（または）本規程およびその他の該当する規則または規制に従って制裁の対象となる場合がある。

16. 大会での実施

招集所（コールルーム）

16.1 競技規則に従い、すべての競技者が本規程の第5条、6条、7条、8条を遵守し、競技前に招集所（コールルーム）でチェックし確認することが競技者係の責任である。

具体的には、競技者係は、競技者が承認されたアスリートキットを着用し、ビブスが適切に着用されていること、該当する場合、競技者の衣類（アパレル）、アクセサリー、個人の所有物、ネイル、ボディーアート、ヘア、およびジュエリーのマーケティングが規則と本規程を遵守し、許可されていない物品が競技場エリアに持ち込まれないように確認する。競技者係は、未解決の問題または発生した問題（招集所での抗議や異議を含む）を招集所審判長に照会する。

16.2 アスリートキットに表示されるマーケティングまたはその他の識別表示のサイズ、および許可されている場合、衣類や個人の所有物（競技場エリアに持ち込まれる場合）は、大会主催者が指定の代表者を通じて着用中または使用できる状態で測定される。

16.3 大会主催者による指定代表者の任命は、規則および本規則に基づく招集所審判長および競技者係の権限および権力を妨げたり損なわれたりすることはない。

競技エリア（FOP）

16.4 競技者は、競技のために競技エリアにいる間、本規程を遵守しなければならない。一旦競技場エリアに入ったら、競技者は、本規程を適用する権限を持つ担当の審判長の責任に帰する。

16.5 審判長は、必要に応じて、競技エリアでの本規程の適用に関連する問題やあらゆる事項を決定する際に、大会主催者の指名した代表者と協力して取り組むものとする。

17. 競技者に対する違反と救済

17.1.1 **取り外し、隠蔽、または広告のない衣類の着用**

アスリートキットに該当する、衣類（アパレル）、アクセサリー、個人の所有物、ネイル、ボディーアート、ヘア、およびジュエリーが本規程に準拠していない場合、競技者は、違反しているアイテムを取り除く、隠す、または広告のない衣類を着用するように指示される場合がある。

17.1.2 **指示の拒否**

競技者が招集所審判長、競技者係、または大会主催者の指定代表者（該当する場合）の指示に従うことを拒否した場合、競技者は本規程に基づく制裁の対象となる。

17.1.3 **準拠アスリートキットから非準拠アスリートキットへの変更**

招集所でのチェックと確認後に、準拠しているアスリートキット、および該当する場合、衣類、アクセサリー、個人の所有物、ネイル、ボディーアート、ヘア、およびジュエリーを非準拠のアスリートキットに変更した競技者は、本規程に基づく制裁の対象となる。

17.1.4 **非準拠のアスリートキットでの競技エリアへの参加**

審判長や大会主催者の指名代表者によって本規程に準拠していないと判断されたアスリートキット、および該当する場合、衣類、アクセサリー、個人の所有物、ネイル、ボディーアート、ヘア、ジュエリーで競技に参加する競技者は、本規程に基づく制裁の対象となる。

18. 競技者に対する制裁

18.1 本規程に違反している、または遵守するように要求されているが、遵守していない競技者は、以下の制裁の対象となる場合がある：

18.1.1 警告を与えられる；

18.1.2 競技エリアへの立ち入りを拒否または退去を要求される；

18.1.3 競技会での失格；

18.1.4 競技結果の無効；または

18.1.5 罰金の宣言、または競技者の場合、出場料が、関連する大会主催者から競技者へ支払われない。

18.2 18.1で言及されている制裁は、関連する審判長によって本規程に準拠していない競技者に科せられる場合がある。

18.3 競技者に罰金が科せられた場合、罰金は、判決に従い本規程に違反した競技者が直接支払うものとする。

19. 上訴

19.1 大会での提出

招集所または競技エリアでの本規程に従って行われた決定（課された制裁を含む）は、競技者から上訴できる。このような上訴は、ジュリー(「上訴機関」)に提出されるものとする。この形式の紛争解決手続きは緊急措置であることを意図しているため、最初の決定についての上訴機関による再調査の要求は、不服のある最初の決定の受領後、24時間以内に行うものとする。

競技場に関する規程、細則

公認陸上競技場および長距離競走路
ならびに競歩路規程

第1条　公認制度を設けるのは、陸上競技の練習ならびに公認競技会の運営が支障なく行われ、かつその競技場で樹立された諸記録が十分信頼し得るように各競技場の建設、整備、維持を指導し、日本陸上競技連盟（以下「本連盟」という。）定款第2章第3条の目的を達成することにある。

第2条　公認陸上競技場および公認長距離競走路ならびに公認競歩路（以下「公認競技場」、「公認競走路」、「公認競歩路」という。）とは、本連盟競技規則に従い、公認競技会を開催し得る十分な精度のある、適切な施設であることを本連盟が認定したものである。

第3条　公認競技場はつぎの5種類とする。

		第1種	第2種	第3種	第4種	第4種L（ライト）
1周の距離		400m	400m	400m	400m	200m,250m, 300m,400m
距離の公差		+1/10,000以内	+1/10,000以内	+1/10,000以内	+各40㎜以内	+各40㎜以内
走路	直走路	1レーンの幅は1m220で8レーン又は9レーンとする 長さ115m以上	1レーンの幅は1m220で8レーン又は9レーンとする 長さ115m以上	1レーンの幅は1m220で8レーンとする 長さ114m以上	1レーンの幅は1m220で6レーン以上とする 長さ114m以上	1レーンの幅は1m220で6レーン以上とする 長さ114m以上
	曲走路	1レーンの幅は1m220で8レーン又は9レーンとする	1レーンの幅は1m220で8レーン又は9レーンとする	1レーンの幅は1m220で6レーン以上とする	1レーンの幅は1m220で4レーン以上とする	1レーンの幅は1m220で4レーン以上とする
障害物競走設備		必要	必要	無くても可	無くても可	無くても可
補助競技場		全天候舗装400m第3種公認陸上競技場	全天候舗装の競技場があることが望ましい	無くても可	無くても可	無くても可
跳躍場		仕様・細則に示す数	仕様・細則に示す数	細則に示す数	細則に示す数	細則に示す数
投てき場		仕様・細則に示す数	仕様・細則に示す数	細則に示す数	細則に示す数	細則に示す数
		ただし、円盤投とハンマー投サークルは兼用してもよい				
収容人員		15,000人以上（芝生席を含む）	5,000人以上（芝生席を含む）	相当数	相当数	相当数
更衣室		300人以上収容し得ること	100人以上収容し得ること	利用できる設備があることが望ましい	無くても可	無くても可
トレーニング場		第1種公認競技場ではウエイト・トレーニング場を必要とする				

雨天走路	メインかバックスタンド側にあることが必要。 舗装材は競技場と同一にする	設備することが望ましい	無くても可	無くても可	無くても可
トラックとフィールドの舗装材	全天候舗装の施設を要する	全天候舗装の施設を要する	全天候舗装の施設を要する	土質でも可	土質でも可
インフィールド	天然芝・投てき実施可能な人工芝とする	天然芝・投てき実施可能な人工芝とする	天然芝・投てき実施可能な人工芝とする	天然芝・投てき実施可能な人工芝・土質とする	天然芝・投てき実施可能な人工芝・人工芝・土質とする
電気機器等の配管	設備を要する	設備を要する	設備があることが望ましい	無くても可	無くても可
用器具庫	2カ所以上で、合計500㎡以上必要	第2種〜第4種Lではそれぞれの種別に示す用器具を収納できるようにする			
浴場またはシャワー室	男女各2カ所以上	男女各2カ所以上	利用できる設備があることが望ましい	無くても可	無くても可
競技場の撤排水設備	降雨直後の使用が可能なこと砂場、芝生等の管理に必要な数	降雨直後の使用が可能なこと砂場、芝生等の管理に必要な数	降雨直後の使用が可能なこと砂場、芝生等の管理に必要な数	無くても可	無くても可
競技場と場外との境界	競技場の荒廃毀損を防ぎ競技会の際の混雑を防止し得る程度の堅牢な境界が必要	競技場の荒廃毀損を防ぎ競技会の際の混雑を防止し得る程度の堅牢な境界が必要	無くても可	無くても可	無くても可
観覧席とトラックとの間の境界	観覧席からみだりに競技場内に出入りできないように設備する	観覧席からみだりに競技場内に出入りできないように設備する	無くても可	無くても可	無くても可
競技場にて開催できる競技会の種別の標準	本連盟が主催する日本陸上競技選手権大会、国民体育大会等の全国規模競技会及び国際的な競技会	加盟団体等が主催する選手権大会及び主要な競技会並びに本連盟が承認し主催する競技会	加盟団体等が主催する競技会	加盟団体等が主催する競技会・記録会	加盟団体が主催する記録会、加入団体等の競技会・記録会

【注】自転車競技走路を併設したものは第何種乙とする。

2. 前項にかかわらず、オリンピック競技大会を開催した陸上競技場は、補助競技場を欠く場合であっても、第1種公認陸上競技場とすることができる。

3. 室内競技場、屋外における競技場以外での競技会の陸上施設（以下「屋外種目別施設」という。）は、公認競技場として扱う。

4. 天然芝に人工芝を埋め込んだものを使用する場合は混入率

5％以下とする。

第4条　第1種公認競技場には、管理者をおくことが望ましい。

2. 第1種公認競技場の付帯設備として、投てき場（以下「付帯投てき場」という。）を公認することができる。

第5条　公認競走路ならびに公認競歩路は、道路または適当な幅員をもった道に設置する。

2. スタートラインならびにフィニッシュラインは、競技場内におくことができる。ただし、場外に設ける場合は、競技会の開催に支障のない場所であることとする。

第6条　第1種・第2種公認陸上競技場の基本仕様及び公認競技場、公認競走路、公認競歩路、室内競技場、付帯投てき場、屋外種目別施設の細則については、別に定める。

第7条　公認競技場、公認競走路および公認競歩路として認定を受けようとするときは、陸上競技場、競走路または競歩路の設計図もしくは案内図等に、公認競技場または公認長距離競走路・競歩路認定申請書を添えて、その所在地の都道府県陸上競技協会を経て本連盟施設用器具委員会に提出しなければならない。

2. 公認競技場、競走路および競歩路の計画時には、都道府県陸上競技協会および本連盟と協議すること。

第8条　公認の継続を必要とする場合は、期間満了の2～3カ月前に認定申請をしなければならない。

第9条　前条の申請があった場合、本連盟は原則として2人以上の検定員または区域技術役員および自転車計測員を派遣し、検定を行う。

2. 種別による派遣基準は別に定める。

3. 派遣費用は、本連盟の旅費規程に基づいて申請者が負担する。

第10条　派遣された検定員、区域技術役員および自転車計測員の検定報告に基づき本連盟施設用器具委員会で審査のうえ適格と認めたときは、専務理事の承認を経て公認証を交付する。

2. 公認の有効期間は5カ年とする。ただし、期間中に改造または改修したときおよび公認競走路または公認競歩路で一部変更したときは、その都度認定申請をしなければならない。

3. 公認を廃止する時には、事前に廃止届を提出しなければならない。

4. 有効期間満了後、2カ月を経過して連絡のない場合、公認は自動的に抹消される。

第11条 公認競技場、公認競走路、公認競歩路が公認の要件に合致しない事実が生じたときは、公認を取り消すものとする。

第12条 公認料（消費税込）は、つぎのとおりとする。

公　認　料

種　　　別	新　設	継　続
第　1　種	880,000円	440,000円
第　2　種	495,000円	247,500円
第　3　種	165,000円	82,500円
第　4　種	55,000円	27,500円
第　4　種　L	55,000円	27,500円
付帯投てき場	55,000円	
長距離競走路ならびに競歩路	220,000円	110,000円
同上　ハーフマラソン以下	110,000円	55,000円
室内競技場（恒久的な施設）	55,000円	
室内競技場（暫定的な施設）	11,000円	
屋外種目別施設（施設毎）	11,000円	

【注】1. 公認料は2カ年ごとに改定することができる。

2. 消費税の率に変更が生じた場合にはその都度改定する。

第13条 認定の承認通知をうけたときは、ただちに公認料を納付しなければならない。

2. 公認料は、その有効期間中に変動があっても返戻しない。

3. 競技場の公認有効期間中にその種別を昇格する場合は、新たに承認した種別に該当する公認料の差額を納付すれば、当該有効期間満了まで引き続き公認とする。

4. 新たに昇格した種別に該当する公認料の全額を納付した場合は、新たに公認期間を5カ年とすることができる。

付則 1 競技場、長距離競走路、競歩路、室内競技場、屋外種目別陸上競技施設を世界陸連（以下「WA」という。）認証を取得するときには、本連盟が申請をする。

2 WA認証のクラス1、クラス2競技場の資格を取得するための申請は、国内の第1種公認競技場でなければならない。ただし、公認競技会において世界記録およびエリア記録が樹立した場合は、第1種公認競技場以外でもWA認証のクラス2競技場の資格を取得するための申請をすることができる。

1948年8月改正	1949年1月修正	1950年1月改正
1953年1月修正	1954年1月改正	1955年1月修正
1957年6月改訂	1960年1月改訂	1963年3月改訂
1964年3月修正	1965年3月修正	1965年5月修正
1966年5月改訂	1967年3月修正	1969年5月改訂
1974年3月修正	1975年3月改正	1977年3月修正
1979年3月修正	1982年3月修正	1985年3月改正
1988年3月改正	1991年3月改正	1992年3月改正
1993年3月改正	1994年3月改正	1995年3月改正
1996年3月修正	1997年3月修正	1998年3月修正
1999年3月修正	2001年3月修正	2004年4月修正
2007年4月1日施行	2010年4月1日修正	2010年12月3日改正
2014年4月1日修正	2015年4月1日修正	2016年4月1日修正
2017年4月1日修正	2018年4月1日改正	2019年4月1日改正
2020年4月1日改正	2021年4月1日修正	2021年12月16日 改正

第1種・第2種公認陸上競技場の基本仕様

この基本仕様は、世界陸連の示すTRACK AND FIELD FACILITIES MANUALの内容を準用し、公認陸上競技場および長距離競走路ならびに競歩路規程のほか関連する規則の規程による。

第1種公認陸上競技場

1　トラックは8レーンまたは9レーンとし、1レーンの幅は1m220とする。走路の厚さは13㎜以上とする。直走路のスタートライン付近の厚さは18㎜以上とする。

2　障害物競走の水濠は、レーンの内側または外側に設置する。水濠の部分の走路の厚さは25㎜以上とする。水濠を内側に設置するときには、トラックの直走路84m390以上を推奨する。

3　トラック内のマーキングは、必要最小限とする。

跳躍場

4　第1曲走路側の半円部分をAゾーン、第2曲走路側の半円部分をBゾーンと称し、トラックの半径の2つの中心点を結んだ線の延長上の全天候舗装部分の長さは、原則としていずれかを25m以上とする。走高跳はAゾーン、Bゾーンのいずれかに3か所以上、いずれかのゾーンで同時に2面競技が出来るように設置する。助走路の厚さは15㎜以上とする。全天候舗装に直接踏切る部分の厚さは18㎜以上とする。

5　走幅跳、三段跳の助走路ならびに砂場は、メインスタンド側またはバックスタンド側（インフィールドでもよい）に6カ所以上設置する。助走路の厚さは15㎜以上とする。全天候舗装に直接踏切る部分の厚さは18㎜以上とする。

6　棒高跳の助走路ならびにボックスはAゾーン、Bゾーンのいずれかに2カ所または4カ所、アウトフィールドのバックスタンド側に2カ所または4カ所の合計6カ所以上を設置する。助走路の厚さは15㎜以上とする。全天候舗装に直接踏切る部分の厚さは18㎜以上とする。

投てき場

7 投てき用芝生は、投てき距離が十分であるようスペースを確保するものとし、最大106m×73mとする。

ただし、以下に定める条件に適合する競技場のみ、最大107m×73mまで認める。延長を認める競技場の数は全国47カ所以内とし、検定時に以下の条件を充たすことを要する。

【条件】

① 本連盟が多目的使用の競技場として認める第1種公認陸上競技場。

② 全投てき種目における決勝の実施が可能であること。

8 砲丸投は、芝生に投てきするサークルを2カ所以上設置する。その他Aゾーンまたは Bゾーンのいずれかに、扇形の投てきエリアをつくることができる。

9 円盤投、ハンマー投のサークルは兼用型でもよいが、2カ所設置する。砲丸投のサークルと兼ねてはならない。

10 ハンマー投の囲いの可動パネルと最前部の2mの部分のパネルの高さは9m以上、囲いの後部のパネルか網掛け部分は7m以上とする。円盤投の囲いは従来通りであるが、ハンマー投の囲いで円盤投の囲いを兼ねることができる。

11 やり投の助走路の末端は、やりが構造物と接触しないようにする。助走路の厚さは15㎜以上とする。全天候舗装に直接踏切る部分の厚さは18㎜以上とする。半円より外側の助走路の厚さは13㎜でもよい。

構造物

12 レーンの外側からスタンドまでは極力近づける。ただし、スタンドから競技全体が見わたせ、死角が生じないよう配慮する。

13 メインスタンド側のダッグアウトの幅は2m程度が望ましく、また床のレベルはグランドレベルとする。やむをえない場合は50㎝まで下げることができる。

14 ダッグアウトの天井の高さは最低2m300以上が望ましい。

15 メインスタンドの中央廊下の幅は3m以上が望ましい。

16 高齢者、身障者に配慮し、車いす席を設置する。またその動線を確保する。車いす席の席数については、条例その他の法令等の規定に従うものとする。

17 用器具庫は2カ所以上とし、合計面積は500㎡以上でマット等が完全に収容できるものとする。用器具庫の出入口の高さ、間口はマット等の出し入れに支障のないようにする。床はグランドレベルにする。ただし、他の競技の用器具等も収納する場合は、この基準を充足するほかにその必要な広さを確保するものでなければならない。

18 夜間照明設備を必要とし、1m220の高さで平均照度が1000Lx程度とする。また、フィニッシュラインは1500Lx以上を確保する。

19 電光掲示盤を設置することが望ましい。日本選手権大会、国民体育大会、その他国際競技会等の全国大会規模（以下、大規模競技会）の会場では、仮設でもよい。常設にあたっては本連盟と事前に協議されたい。

20 スタンドの上層部には放送室、指令室、電光掲示盤操作室等を設け、同一レベルに隣り合わせて写真判定室ならびに装置を設置する。また、下層部には、情報処理室、コピー室、医務室、ドーピング検査室、ウエイト・トレーニング室等を競技会運営上、最も使用しやすい場所に設ける。

21 大規模競技会では、記者席はフィニッシュライン上方の観覧席に設置し、通信機器の設置が可能な施設とする。ただし、1994年以前から継続して公認されている第1種競技場及び多目的な利用を予定する競技場においては記者席、通信機器は仮設でもよい。

22 大規模競技会では、監視カメラ（12カ所）を必要とする。

23 観客の収容数は15,000人以上（芝生を含む）とする。少なくともメインスタンドは、7,000人以上かつ屋根付きとする。1994年以前からの第1種競技場のメインスタンドの収容数は、スタンド改修時に対応することに努めるものとする。

24 メインスタンドまたはバックスタンド側に雨天走路を必要とする。

25　役員、補助員等の休憩の場を確保する。

その他の施設

26　補助競技場は、第3種公認陸上競技場とする。1周の距離が400mの全天候舗装で6レーンまたはそれ以上とし、直走路は8レーンとする。また、舗装材は主競技場と同等とし、表面仕上げおよび硬度は同一とする。立地条件等やむを得ない事情により、2011年4月1日現在、補助競技場の1周の距離が300mの全天候舗装で6レーンまたはそれ以上であり、直走路が8レーンの第4種公認陸上競技場である場合に限りこれを認める。

27　大規模競技会では、投てき練習場は主競技場の至近に設置する。

28　主競技場と補助競技場との動線を簡単かつ明快な関係にあるようにしなければならない。また、陸上競技場の設置にあたっては主競技場と補助競技場の相対関係（動線）を十分考慮し、特に招集所とその付近の仮設トイレ等を含めた施設づくりをする。

その他

29　陸上競技場の設置についての計画、公認陸上競技場としての認定に必要とされる申請は、その所在地の加盟団体を経て本連盟に提出しなければならない。

30　走路および助走路の全天候舗装の厚さが規定に合致しているかを、本連盟検定員が確認する。

31　派遣費用は、申請者が負担する。旅費は、本連盟の定める旅費規程に準ずる。

第2種公認陸上競技場

1　トラックは8レーンまたは9レーンとし、1レーンの幅は1m220とする。走路の厚さは13㎜以上とする。直走路のスタートライン付近の厚さは18㎜以上とする。

2　障害物競走の水濠は、レーンの内側または外側に設置する。水濠の部分の走路の厚さは25㎜以上とする。水濠を内側に設置するときには、トラックの直走路84m390以上を推奨する。

3　トラック内のマーキングは、必要最小限とする。

跳躍場

4　第1曲走路側の半円部分をAゾーン、第2曲走路側の半円部分をBゾーンと称し、トラックの半径の2つの中心点を結んだ線の延長上の全天候舗装部分は、原則として長さはいずれかを25m以上とする。走高跳はAゾーン、Bゾーンのいずれかに3か所以上、いずれかのゾーンで同時に2面競技が出来るように設置する。助走路の厚さは15㎜以上とする。全天候舗装に直接踏切る部分の厚さは18㎜以上とする。

5　走幅跳、三段跳の助走路ならびに砂場は、メインスタンド側またはバックスタンド側（インフィールドでもよい）に6カ所以上設置する。助走路の厚さは15㎜以上とする。全天候舗装に直接踏切る部分の厚さは18㎜以上とする。

6　棒高跳の助走路ならびにボックスは4カ所以上設置する。助走路の厚さは15㎜以上とする。全天候舗装に直接踏切る部分の厚さは18㎜以上とする。

投てき場

7　投てき用芝生は、投てき距離が十分であるようスペースを確保するものとし、最大106m×73mとする。ただし、トラックの直線が84m390以上でAゾーン、Bゾーンのいずれも25m以上とするときには、最大107m×73mまで認める。

8　砲丸投は、AゾーンまたはBゾーンのいずれかに扇形の投てきエリアを設置する。その他、芝生に投てきするサークルを1カ所以上つくることができる。

9　円盤投、ハンマー投のサークルは兼用型でもよいが、2カ所設置する。砲丸投のサークルと兼ねてはならない。

10　ハンマー投の囲いの可動パネルと最前部の2mの部分のパネルの高さは9m以上、囲いの後部のパネルか網掛け部分は7m以上とする。円盤投の囲いは従来通りであるが、ハンマー投の囲いで円盤投の囲いを兼ねることができる。

11　やり投の助走路の末端は、やりが構造物と接触しないようにする。助走路の厚さは15㎜以上とする。全天候舗装に直接踏切る部分の厚さは18㎜以上とする。半円より外側の助走路の厚さは13㎜でもよい。

構造物

12　レーンの外側からスタンドまでは極力近づける。ただし、スタンドから競技全体が見わたせ、死角が生じないよう配慮する。

13　メインスタンド側のダッグアウトの幅は2m程度が望ましく、また床のレベルはグランドレベルが望ましい。やむをえない場合は50㎝まで下げることができる。

14　ダッグアウトの天井の高さは最低2m300以上が望ましい。

15　メインスタンドの中央廊下の幅は3m以上が望ましい。

16　高齢者、身障者に配慮し、車いす席を設置する。またその動線を確保する。車いす席の席数については、条例その他の法令等の規定に従うものとする。

17　第2種公認陸上競技場に必要な器材が完全に収容できる用器具庫を設置する。用器具庫の出入口の、高さ、間口はマット等の出し入れに支障のないようにする。床はグランドレベルにする。ただし、他の競技の用器具等も収納する場合は、この基準を充足するほかにその必要な広さを確保するものでなければならない。

18　夜間照明設備があることが望ましい。また移動式でもよいが、フィニッシュラインの付近は写真判定に支障のない明るさを必要とする。

19　電光掲示盤があることが望ましい。第2種公認陸上競技場で開催し得る競技会の条件として電光掲示盤を必要とするときは、仮設でもよい。常設にあたっては本連盟と事前に協議されたい。

20　スタンドの上層部には放送室、指令室、電光掲示盤があるときは操作室等を設け、同一レベルに隣り合わせて写真判定室ならびに装置を設置する。また、下層部には、情報処理室、コピー室、医務室、ドーピング検査室等、競技会運営上、最も使用しやすい場所に設ける。1994年以前から継続して公認されている第2種競技場では、少なくとも、写真判定室と審判長との間には通信機器を必要とする。

21　記者席は仮設でもよいが、フィニッシュライン上方の観覧席に設置し、通信機器の設置が可能な施設とする。

22　大規模競技会では、監視カメラ（12カ所）を必要に応じて用意する。

23 観客の収容数は5,000人以上（芝生を含む）とする。少なくともメインスタンドは、1,000人以上とし、屋根付きを希望する。多目的競技場として必要な収容数は、別に定めればよい。

24 メインスタンドまたはバックスタンド側に雨天走路を設置することが望ましい。

25 役員、補助員等の休憩の場を確保することが望ましい。

その他の施設

26 全天候舗装の補助競技場があることが望ましい。

27 投てき練習場が主競技場の近くにあることが望ましい。

28 主競技場と補助競技場の相対関係（動線）を十分考慮し、とくに招集所とその付近の仮設トイレ等を含めた施設づくりをする。

その他

29 陸上競技場の設置についての計画、公認陸上競技場としての認定に必要とされる申請は、その所在地の加盟団体を経て本連盟に提出しなければならない。

30 走路および助走路の全天候舗装の厚さが規定に合致しているかを、本連盟検定員が確認する。

31 派遣費用は、申請者が負担する。旅費は、本連盟の定める旅費規程に準ずる。

付則 1 「第1種・第2種公認陸上競技場の基本仕様」を2010年12月3日に改正し、2011年4月1日以降に適用する。

2 「第1種・第2種公認陸上競技場の基本仕様」における規程に不合致の競技場は「B競技場」とし、改善を指導するが、善処されない場合は降格の対象とする。

3 第1種・第2種公認陸上競技場の基本仕様を適正に運用するため、2017年4月以降は、「B競技場」の扱いは解消する。

現在「B競技場」該当で基本仕様に合致していないところは、2017年3月末日までに基本仕様に合致させる。合致していない場合は降格とする。

◆B競技場とする項目◆

【第1種公認陸上競技場】

基本仕様　5・6・7・8・9・10・23・24・26

【第2種公認陸上競技場】

基本仕様　5・6・7・8・9・10・23

その他の項目については、検定時に基本仕様への合致を指導するものとする。

1994年11月 制定　1995年4月1日 施行　1996年3月 修正
1998年3月 修正　1998年10月1日 修正　2001年3月 修正
2003年3月 修正　2003年12月2日 改正　2004年4月 修正
2007年4月 修正　2010年4月1日 修正　2010年12月3日 改正
2012年12月13日 改正　2014年4月1日 修正　2020年4月1日 修正
2021年4月1日 改正

陸上競技場公認に関する細則

（総　則）

第1条　陸上競技場を公認しようとするときには、競技規則、公認陸上競技場および長距離競走路ならびに競歩路規程（以下「規程」という）のほかこの細則によるものとする。

（全天候陸上競技場の定義）

第2条　競走路、助走路のすべてが全天候舗装材で舗装されている競技場を全天候陸上競技場と称す。

（距離計測）

第3条　陸上競技場の距離計測は、つぎのとおりとする。

(1) 計測の基準は、礎石および角石に刻まれた線を基準とする。従ってこれらは正確に設置されなければならない。

(2) 計測器具は、少なくとも20 秒読みのトランシット、レベルの計測器ならびに本連盟指定の50m 鋼製巻尺およびスプリング・バランス（バネばかり）を用いる。

(3) 計測方法は、巻尺を同一レベルの状態に置き、巻尺の一端に100N の張力を加え、㎜の単位まで計測する。曲走路においては、礎石から曲走路の内側の縁（走路との境界線）まで20 箇所を計測する。

(4) 実長の算出は、使用した巻尺の恒差および測定時の温度による伸縮を補正する。距離測定の標準温度は摂氏20 度とし、つぎの式により求める。

$L20^\circ = L + L\alpha \pm Lt$

L20　　：20℃における実長

L　　　：計測された長さ

$L\alpha$　　：20℃との温度差による伸縮長

$L\alpha = Lx\ (t^\circ - 20℃)$

Lx　　：1℃の膨張係数　$Lx = L \times \alpha$

t°　　：計測時における巻尺の温度

α　　：巻尺の線膨張率

Lt　　：巻尺の目盛の恒差

それぞれ㎜未満2位まで以下切り捨て

⑸ 曲走路の計算法は、前号の方法によって算出した実長の平均（実測半径という）に300㎜を加えて（計算半径という）円周率（3.1416）を掛けて計算する。

2. 規程に定められた1周の距離の許容誤差のマイナス（−）は、認めない。

（礎石の設置）

第4条 礎石は曲走路の円の中心に設置する。

2. 礎石は、約150㎜×150㎜の平面である石又はコンクリート等を用い、下部は基礎地盤に固着させる。

3. 頂部には、できる限り金属板に十文字の刻線をしたものを固着させるか、点できざむ。

4. 礎石の高さは、頂部が設置する地表より50㎜以上下げることが望ましい。

5. 全天候舗装の上に設置する場合は、30㎜〜50㎜の正方形で厚さ3㎜〜5㎜の金属板を用い、固着する。

（角石の設置）

第5条 角石は、曲走路と直走路との境界点あるいは半径を異にする円弧の境界点で走路の両側に縁と同一レベルで設置する。

2. 角石は、約150㎜×150㎜の平面である石またはコンクリート等を用い、下部は基礎地盤に固着させる。

3. 頂部には、できる限り金属板に縦に一文字の刻線をしたものを固着させるか、点できざむ。

4. 全天候舗装の上に設置する場合は、30㎜〜50㎜の正方形で厚さ3㎜〜5㎜の金属板を用い、固着する。

（縁　石）

第6条 トラックの内縁は、鉄製又は他の適当な材料を使い、下部は表面排水を良好にするような構造で、基礎地盤に固着する（以下「縁石」という）。

2. 縁石は、可能な限り白色とし高さ50㎜、幅50㎜とする。

3. 縁石を抜き差しできるようにしてもよい。縁石が外される場合、縁石直下の場所に幅50㎜の白線を引く。

（投てき実施可能な人工芝）

第7条　投てき実施可能な人工芝は、排水状況が良好で痕跡が残り、修復が容易なものとする。

2. インフィールドに投てき実施可能な人工芝を敷設する時には、つぎのとおりとする。

(1) 製品検査（ラボテスト）に合格した人工芝と同一製品を敷設しなければならない。

(2) 人工芝敷設後、現地検査（フィールドテスト）を受け基準に合格しなくてはならない。

3. 人工芝において投てき競技を実施する時には、ネットを張るなど安全対策を講じなければならない。

4. フィールドに敷設された後は、人工芝の品質が保持されるよう維持管理に努めなければならない。

5. 補修をするときには、敷設した人工芝と同一製品とし、フィールドテストを受け基準に合格しなくてはならない。

6. 競技場の公認を継続しようとするときには、敷設した人工芝のフィールドテストを受け基準に合格しなくてはならない。

7. 投てき実施可能な人工芝敷設の検査の具体的な手続き及び基準（「投てき実施可能な人工芝敷設ガイドライン」）は別に定める。

（走路、助走路の舗装）

第8条　走路および助走路は、排水状況が良好で硬すぎず、しかも弾力性を帯びた全天候舗装とする。

2. 走路および跳躍場、投てき場の助走路は、つぎのとおりとする。

(1) 路面はトッピング（粒径5㎜前後）仕上げ、エンボス状の仕上げまたはこれに準ずるものとする。

(2) 硬度はJIS規格40～60とする。ただし、施設により75以下も認める。

(3) 激しい使用に耐える摩耗および亀裂しにくいものとする。

(4) 下層の下地材（コンクリート、アスファルト混合物）に密着するものとする。

(5) 走路、助走路及び半円部分の舗装はすべて単一の色とする。ただし、走路と半円部分の舗装は異なる色としてもよい。

(6) 走路、助走路及び半円部分の舗装材は、すべて同等のものとし、表面仕上げおよび硬度は、すべて同一とする。また、舗装を一部改修するときにも、舗装材は、既存の舗装材と同等のものとし、表面仕上げおよび硬度は、既存の舗装と同一とする。

3. 走路および助走路の厚さは、つぎのとおりとする。

(1) 走路の厚さは、13㎜以上とする。

(2) 障害物競走の水濠の走路面は1m500までおよび水面下の斜面の部分の厚さは、25㎜以上とする。ただし、水面下は約2m500の長さとするが、全面としてもよい。水濠の深さを500㎜としたときは全面とする。

(3) 助走路の厚さは、15㎜以上とする。

(4) 直走路スタートライン付近の全天候舗装の厚さおよび跳躍場、投てき場の助走路の全天候舗装に直接踏切る部分の厚さは、磨耗度や競技者の保護を含め18㎜以上でよい。

(5) 18㎜以上とする部分はつぎのとおりとする。

ア 直走路では、100mのスタートライン前方5mから110mのスタートライン後方5mまでとする。ただし、100mのみの場合はスタートライン前後5mとする。

イ 走高跳では、計測基準台を中心に幅14m、長さ8mとする。

ウ 棒高跳では、ボックス後方8mとする。

エ 走幅跳、三段跳では、踏切板の後方8mとする。

オ やり投では、スターティングラインの円弧より後方8mとする。

4. 競技会の主催者は、全天候舗装材の厚さを要項およびプログラム等に明示しなければならない。

(許容傾斜度)

第9条 走路および跳躍場、投てき場の助走路の許容傾斜度は、排水を良好とするためつぎのとおりとする。

(1) 走路の最大許容傾斜度は、幅で内側へ100分の1を超えないようにし、走る方向への下りの傾斜は1,000分の1を超えてはならない。

⑵ 跳躍場、投てき場の助走路の最大許容傾斜度は、幅で100分の1。走る方向で1,000分の1を超えてはならない。

⑶ フィールドおよび投てき場の許容傾斜度は、前号の規定に準ずる。ただし、半円部分の傾斜度は250分の1を超えないものとする。

（標識）

第10条 走路上の各種スタートライン、リレーのテーク・オーバー・ゾーン、ハードル等の位置に標識タイルを埋設し、路面に直接塗布して明示する。

2. 前項の規定にかかわらず、つぎの種目については、当該種目の競技を行うことが可能な競技場とする場合のみ、標識の設置をするものとする。標識の設置を行う場合には、第1項の規定にかわらず、3項及び4項の規定に従うものとする。ただし、標識の設置を行っていない種目については、競技を行うことができない。

50m・55m・60m・150m・500m・600m・1マイル・2マイル、50mH・55mH・60mH、300mH

3. 第1項の規定にかかわらず、つぎの種目の以下の標識については、マーキングを行わず、標識タイルの埋設のみ行うものとする。

⑴ 50m・55m・60m・500m・600m・1マイル・2マイルのスタートライン

⑵ 50mH・55mH・60mHのスタートライン及びハードル位置

⑶ メイン側100m逆走のスタートライン及びフィニッシュライン

⑷ メイン側100mH・110mH 逆走のスタートライン、フィニッシュライン及びハードル位置

⑸ バック側100mH・110mHのハードル位置

⑹ 4×200mリレー、100m＋200m＋300m＋400mリレーのスタートライン及びテーク・オーバー・ゾーン

ただし、600mのスタートラインは、100m＋200m＋300m＋400mリレーのスタートの標識タイルを利用するものとする。

4. 300mHのハードル位置の標識は別途定める方式によるものとし、150mのスタートラインは、別途定めるところに従い、300mHのハードル位置についての標識を利用する。
5. 曲走路上にある標識は、角度で計算する。
6. 標識は走路の両側の縁に明瞭で、耐久性のあるものを固定する。
7. 走路、助走路の幅は1m220とする。なお、走路または助走路の幅が1m250で公認を継続している競技場については、公認満了が2021年4月1日以降の継続検定よりこの規定を適用する。但し、走路または助走路を全面改修した場合には、即時適用する。
8. 跳躍場、投てき場の助走路は、路面に直接塗布して明示する。
9. 塗布する色彩および形状は、全天候舗装用レーンマーキング色分け標準表（別表1）による。ただし、舗装がレンガ色以外の場合は、見やすい色に変更してもよい。なお、別表1の青色のマーキングは、ブルートラックの場合には赤色とすることが望ましい。

（スタートラインの後方の空地）

第11条 各スタートラインの後方には、つぎの空地を設ける。

種　別	スタートラインの後方
第　1　種	5 m以上
第　2　種	5 m以上
第　3　種	4 m以上
第　4　種	4 m以上

（審判施設）

第12条 写真判定施設のカメラは、専用な堅固なものに固着させる。

2. フィニッシュポストは、フィニッシュラインの延長線上で走路から少なくとも300㎜離して設置する。

（障害物競走）

第13条　障害物競走の設備はつぎのとおりとする。

(1) 障害物競走の水濠は、第3と第4のコーナーの間の一般走路の内側または外側の縁石に近接して設置し、さらに水濠に接して固定した障害物（以下「固定障害物」という）を設ける。

(2) 水濠は注水、排水が迅速に行われ、競技中は常に満水状態を保つ。

(3) 水濠までの間に走路の縁石が埋設できないところは、幅50㎜および高さ50㎜の適当な長さの白色の縁石を置く。

(4) 水濠の大きさは、3m660（±20㎜）×3m660（±20㎜）とする。

(5) 障害物に接する側の水濠の深さは500㎜（±50㎜）とし、他の側でフィールドの地表と同一レベルとなるように12.4°（±1°）均一に上向きに傾斜させる。水濠の走路全面をt＝25㎜の全天候舗装とする。水深700㎜の施設は改修時に解消する。

(6) 固定障害物のバーは、127㎜×127㎜の正方形の木材を使用し、現場検定とする。水濠の水面からバーの上部の高さは、男子では914㎜（±3㎜）、女子では762㎜（±3㎜）、長さが3m660になるようにする。

7　固定障害物の高さは、バーの調整も含め、男女の使用が速やかに行えるような構造とする。

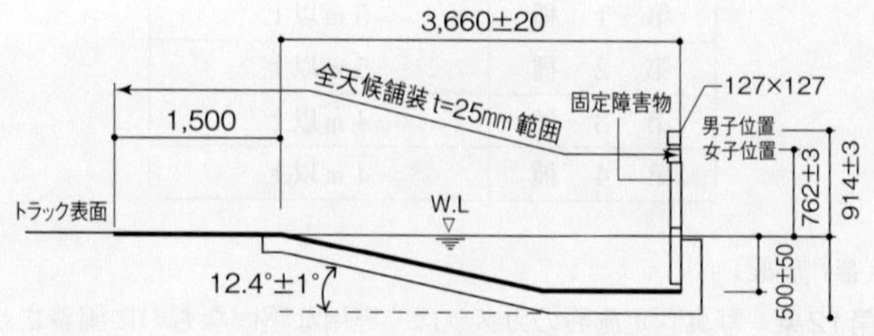

（走高跳）

第14条　走高跳の施設は、つぎのとおりとする。

	施設数	助走路		マット			支柱台 計測基準台
		長さ（m）	幅（m）	幅（m）	奥行(m)	高さ（m）	
第1・2種	3以上いずれかのゾーンに2	半円部分は全面全天候舗装としA、Bゾーンのいずれかを25m以上	16 m以上	6以上	3以上	0.7以上	支柱の間隔が許容される範囲内で移動可能となるよう支柱台を定める。 計測基準台は支柱台の間の中央に着地場所の縁の外側に接して設ける。
第3・4種	1以上	計測基準台に向かって15m以上	16 m以上	6以上	3以上	0.7以上	

注 1 助走路の許容傾斜度は、バーの中心部へ向かうものとする。
2 着地場所はマットにする。
3 支柱台は、少なくとも径800㎜とする。ただし、全天候舗装面に設置するときには、径80㎜～150㎜とする。
4 計測基準台の大きさは、40㎜×150㎜とする。
5 支柱台および計測基準台は、全天候舗装面にマーキングするか、深さ300㎜以上の石造りまたはコンクリート、その他硬質のものでつくり、下部は基礎地盤に固着する。
6 助走路、支柱台および計測基準台は、同一レベルとする。
7 第1・2種においては、施設数が2あるゾーンにおいて、2面同時に競技ができるようにする。
8 扇形の助走路は、改修時に解消すること。

（棒高跳）

第15条 棒高跳の施設は、つぎのとおりとする。

	施設数	助走路		マット			支柱台
		長さ（m）	幅（m）	幅（m）	奥行（m）	高さ（m）	
第1種	6以上	45以上	1.22	6以上	7.3以上	0.8以上	バー止の間隔が許容される範囲内で移動可能となるように定め（TR28.1参照）別に示した規格によりボックス先端のストップボード内側上縁から着地場所に向って800㎜まで移動ができるように設備する
第2種	4以上						
第3種	1以上	40以上	1.22	5以上	6.3以上	0.8以上	
第4種	1以上	40以上	1.22	5以上	6.3以上	0.8以上	

注　1　助走路の長さは、ボックスの前面（ストップボードの上面）からを基準とする。

2　助走路の横断面は、山型が望ましい。

3　着地場所はマットとする。ただし、第1種では、奥行8.0mを推奨する。

4　支柱台は、支柱の台座の大きさに応じて幅が600㎜以上、長さが1m800以上のコンクリート造りあるいはマーキングとする。

5　支柱台の全長1m800のうち1m100は、着地場所の側に設置する。このとき支柱がレールの上で移動できる装置にしてもよい。

6　ボックスは、取り外しができるようにする。このとき競技規則に規定されているボックス前面の200㎜の30度の折曲げ部分は、不要とする。

7　ボックスの上縁、支柱台、踏切場所は、同一レベルとする。

（走幅跳、三段跳）

第16条　走幅跳・三段跳の施設はつぎのとおりとする。（　）内は女子。

	施設数	助走路		砂　場			踏切板から砂場までの距離	
		長さ（m）	幅（m）	幅（m）	長さ（m）	深さ（m）	走幅（m）	三段（m）
第1·2種	6以上	45以上	1.22	2.75～3.00	8以上	0.50以上	2	13 (10)
第3種	1以上	40以上	1.22	2.75～3.00	8以上	0.50以上	2	11以上 (7以上)
第4種	1以上	40以上	1.22	2.75～3.00	7以上	0.50以上	2	11以上 (7以上)

〔注〕1　助走路の長さは踏切板からとする。

2　助走路の横断面は山型が望ましい。

3　施設数は砂場の数とする。助走路の両側に砂場があるときは2施設とカウントする。5.55m以上の一つの砂場に同時に競技が出来る助走路があるときは2施設とカウントする。

4　走幅跳と三段跳の設備は、それぞれ併用してもさしつかえない。

5　走幅跳、三段跳の助走路は、踏切板ならびに砂場の上縁と同一レベルとする。

6　走幅跳の踏切板は、施設数以上を設置する。

7　三段跳の踏切板から砂場までの距離の最大は13 mとする。踏切板から砂場までの距離は、開催する競技会及び地域のレベルに応じて上記と異なる距離の踏切板を追加して設置することができる。第1種、第2種の踏切板から砂場までの距離女子10 m、男子13 mは、6か所以上が基本であるが、少なくとも4箇所以上とし、同時に競技が出来るように設置する。第3種、第4種の踏切板から砂場までの距離女子7 m以上、男子11 m以上は、開催する競技会及び地域のレベルに応じて踏切板を設置する。国際大会では、女子三段跳の踏切板から砂場までの距離は11mより短くしない。設置する踏切板が不足する競技場は、公認満了が2026年4月1日以降の継続検定までに対応する。

（砲丸投、円盤投、ハンマー投）

第17条　砲丸投、円盤投、ハンマー投の施設は、つぎのとおりとする。

		施設数	サークル			サークル内の材質	投てき角度	計測基準点
			材質	厚さ×幅（mm）	内側の直径（m）			
砲丸	第1種	2以上	帯状の鉄又は鋼又は他の適当な材質	6×70以上	2.135	コンクリート、アスファルト又は他の堅固で滑りにくい材質	34.92度	サークル内の中心に鋲を埋める
	第2種	1以上						
	第3・4種	1以上						
円盤	第1・2種	2	同上	6×70以上	2.500	同上		
	第3・4種	1以上						
ハンマー	第1・2種	2	同上	6×70以上	2.135	同上		
	第3・4種	1以上						

注　1　第1種の砲丸投は、芝生に投てきするサークルを2カ所以上設置する。その他Aゾーンまたは Bゾーンのいずれかに扇形の投てきエリアをつくることができる。第2種は、Aゾーンまたは Bゾーンのいずれかに扇形の投てきエリアを設置する。その他、芝生に投てきするサークルを1カ所以上つくることができる。

2　円盤投とハンマー投の設備はそれぞれ併用しても差し支えない。

3　サークルの上縁は、フィールドと同一レベルとする。

4　サークルおよび円盤投、ハンマー投の囲いの規格は、競技規則による。

5　複数の円盤投及びハンマー投の施設がある場合においても、移動式の円盤投、ハンマー投兼用囲いを使用する時の囲いの数は、すべての円盤投及びハンマー投の施設について囲いが使用可能であることを条件として、1以上とする。

（やり投）

第18条　やり投の施設は、つぎのとおりとする。

	施設数	助走路		投てき角度	スターティングライン ならびに計測求心点
		長さ（m）	幅（m）		
第1・2種	2	33.5以上 36.5以上が望ましい	4	約28.96度	スターティングラインは規定された規格を正確に設置する。スターティングラインの円弧計測の中心点に標識を設ける。
第3・4種	1以上	30以上	4		

注　1　助走路がトラックの縁石を越える場合は、縁石の取りはずしができるようにする。

2　助走路の末端では、やりの末尾が壁等へ触れないようする。

3　スターティングラインの円弧は、助走路の幅に半径8.0m、円弧の両端に長さ750㎜、幅70㎜で白色とする。

4　スターティングラインから4m後方の助走路外側に白色の長さ50㎜、幅50㎜のマーキングをする。

5　スターティングラインおよび前面のフィールドの地表

は、同一レベルとする。

（第4種陸上競技場の特例）

第19条 第4種陸上競技場に限り、つぎのとおりにしてもよい。

⑴ 縁石の高さは、走路と同一レベルにすることができる。このときの曲走路の計算は、その実測半径に200㎜を加えたものとし、縁石はコンクリート、石造、煉瓦、その他硬質のものを使い、下部はコンクリートで基礎地盤に固着させ、表面排水を良好にするように設置する。ただし、縁石部分が全天候舗装の時には、マーキングで表示することができる。

⑵ 走路、助走路の舗装は、土質とすることができる。このときの土質は、排水状況が良好で硬すぎず、しかも弾力性を帯びた適度の湿粘性を有するものとする。

⑶ 土質のときの走路、助走路、フィールドおよび投てき場の許容傾斜度は、第8条1、2に準ずる。

⑷ 第4種L（ライト）の競技場のインフィールドは、投てき実施可能な人工芝に該当しない人工芝とすることができる。この場合、競技場に砲丸投以外の投てき種目の施設を設置することはできないものとする。この時、人工芝に投げる投てき種目の施設は設置できない。

⑸ 第4種Lの跳躍場、投てき場は、走高跳、走幅跳、砲丸投施設以外の施設を欠くことが出来る。設置する施設は4種に規定された施設とする。ただし、施設を欠いた競技場では、欠いた施設を設置することはできない。

（用器具）

第20条 競技場に備える用器具は、用器具一覧（別表2）のとおりである。このほか大会運営上必要な用器具、工具類および消耗品等は、必要に応じて備えるものとする。

2. 第1種公認陸上競技場の補助競技場では、その種別の用器具を完備することが望ましいが、一部用器具を欠くことができる。この場合においても用器具庫は、それぞれの競技場に設置しなければならない。

3. 公認施設のある用器具は備えるものとする。

（公認申請）

第21条 改造とは、競技場の現状を変更すること。改修とは、競技場の傷んだところや不具合のところを直すことをいう。

2. 改造または改修に着手した場合は、認定申請を行い、認定を受けるまで競技会の開催はできない。

（添付書類）

第22条 申請書に添付する設計図または案内図等は、最新の状況を表した競技場の平面図とする。

2. 継続あるいは改造する場合の競技場の平面図は、整備した個所を明記したものとする。

付則 1 第19条(5)の改正は公認日が2020年4月1日以降の競技場より適用する。公認日が2020年3月31日までの競技場は従前の例とする。

1952年5月修正	1953年1月修正	1954年4月改正
1957年6月改正	1963年3月改訂	1964年3月改正
1967年3月修正	1968年3月修正	1969年5月改訂
1973年3月修正	1974年3月修正	1975年3月修正
1977年3月修正	1979年3月修正	1981年3月修正
1982年3月修正	1983年3月修正	1984年3月修正
1985年3月修正	1987年3月修正	1988年3月修正
1989年3月修正	1990年3月修正	1994年3月修正
1995年3月修正	1996年3月修正	1997年3月修正
1998年3月修正	1999年3月修正	2002年3月修正
2003年3月修正	2004年3月修正	2005年3月修正
2006年3月修正	2010年3月修正	2011年4月1日改正
2013年4月1日修正	2014年4月1日修正	2015年4月1日修正
2016年4月1日修正	2017年4月1日修正	2018年4月1日改正
2019年4月1日修正	2020年4月1日改正	2021年4月1日改正
2022年4月1日改正	2024年4月1日改正	

別表１　全天候舗装用レーンマーキング色分け標準表

番号	項　　目	色分
1	トラック各レーン 100m、110mH スタート付近の破線 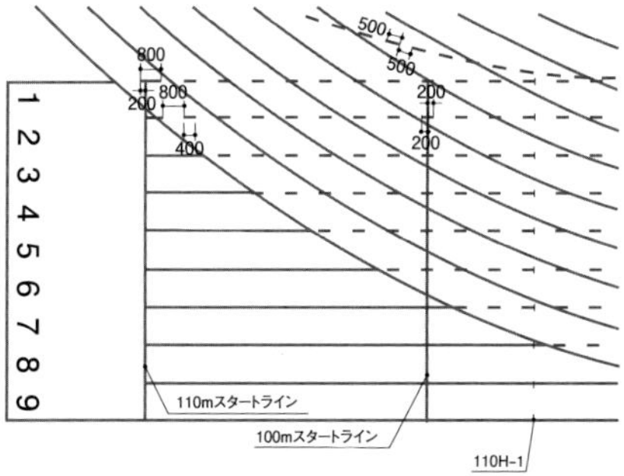	白
2	100m、200m、300m、400m、1500m、110mH、の 各スタートラインとフィニッシュライン	白
3	3000mSC のスタートライン	白
4	800m のスタートライン	青
5	800m のブレイクライン（B 点）	緑
6	3000m、5000m、10000m のスタートライン並びに グループスタートライン	白
7	4 × 400m リレーのスタートライン	緑
8	3000m、5000m のグループスタートの末端（合流点になる所）（ただし L ＝ 80m、R ＝ 37.898m の場合） 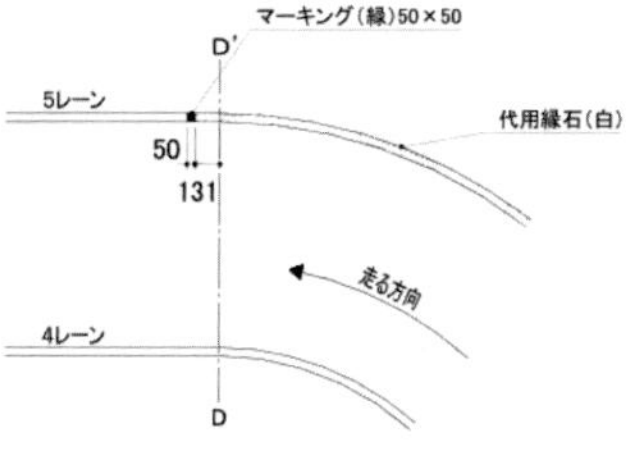	緑

9	集合位置マーク（集合線）（800m 以下の競走）削除 黄緑のマークは、競技場のマーキング塗り直し時に消去する	
10	フィニッシュライン フィニッシュライン手前のナンバーを塗布する 写真判定装置の使用のためにフィニッシュラインとレーンが交差部分のスタートラインに近い方の端をそれぞれ黒で塗る 	黒 白
11	ハードルの位置 	ポイント 100mH （中学女子） 黒 100mH （女子） 黄緑 110mH 青 400mH 黄
12	2000mSC　3000mSC の各ラップタイム用の位置 正三角形マーク（一辺の長さ 100mm）とする	白

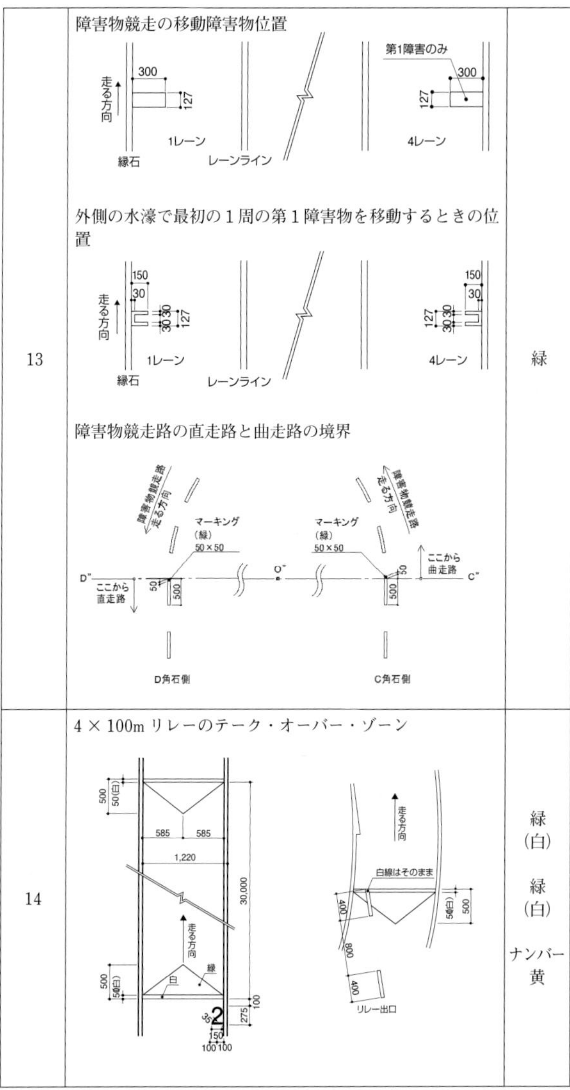
13
障害物競走の移動障害物位置
走る方向
300
127
1レーン
緑石
レーンライン
第1障害のみ
300
127
4レーン
外側の水濠で最初の１周の第１障害物を移動するときの位置
150
30
30 30
127
1レーン
緑石
レーンライン
4レーン
障害物競走路の直走路と曲走路の境界
障害物競走路 走る方向
マーキング
（緑）
50×50
D"
ここから
直走路
50
500
O"
C"
ここから
曲走路
D角石側
C角石側
緑
14
4×100m リレーのテーク・オーバー・ゾーン
500
50(白)
585
1,220
30,000
走る方向
白
緑
100
275
150
100 100
白線はそのまま
400
800
リレー出口
緑
(白)
緑
(白)
ナンバー
黄

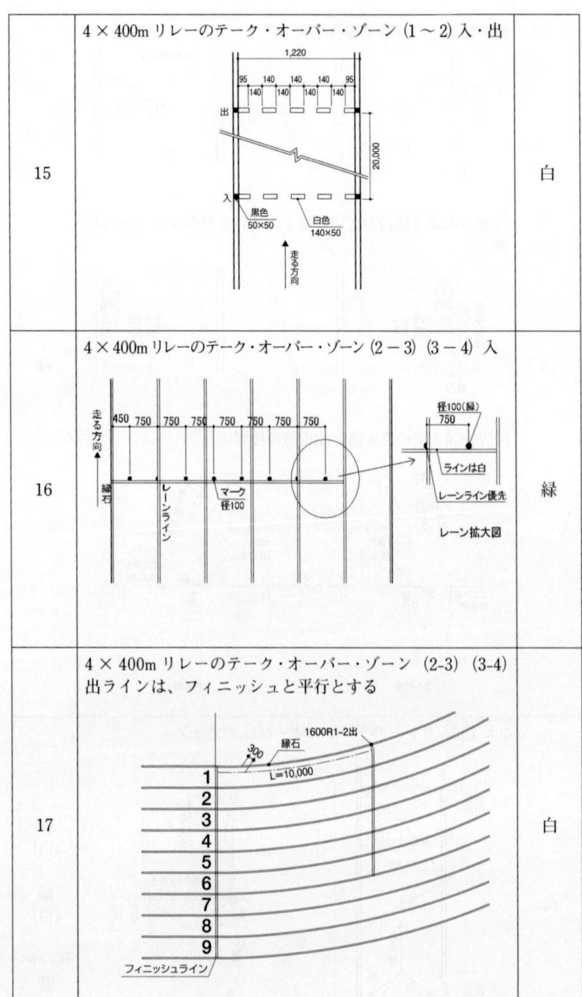

15	4 × 400m リレーのテーク・オーバー・ゾーン (1～2) 入・出	白
16	4 × 400m リレーのテーク・オーバー・ゾーン (2－3) (3－4) 入	緑
17	4 × 400m リレーのテーク・オーバー・ゾーン (2-3) (3-4) 出ラインは、フィニッシュと平行とする	白

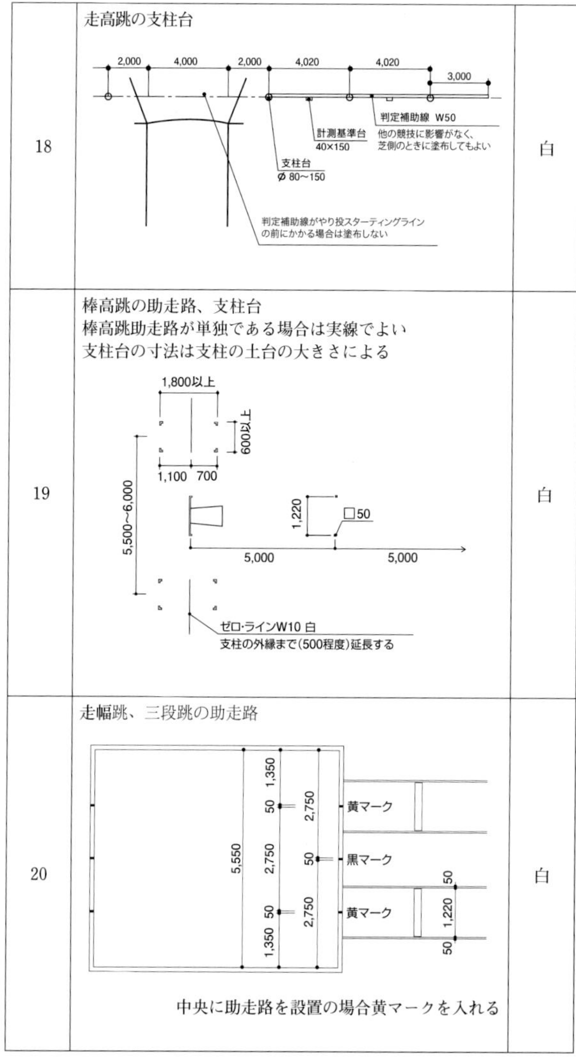

18	走高跳の支柱台	白
19	棒高跳の助走路、支柱台 棒高跳助走路が単独である場合は実線でよい 支柱台の寸法は支柱の土台の大きさによる	白
20	走幅跳、三段跳の助走路 中央に助走路を設置の場合黄マークを入れる	白

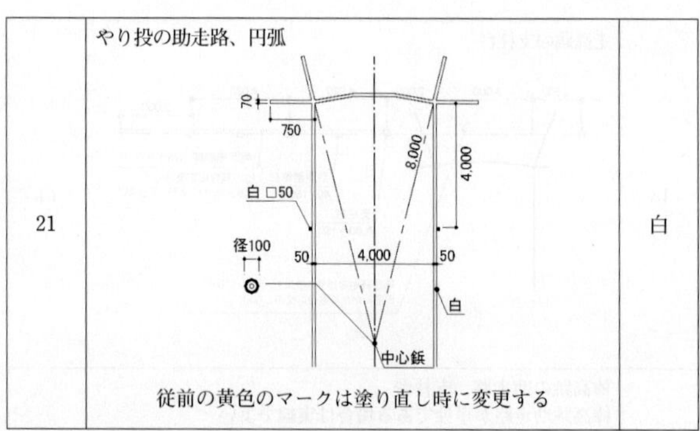

21	やり投の助走路、円弧 従前の黄色のマークは塗り直し時に変更する	白

別表２　用器具一覧

必備用具

用器具名称		区別	1種	2種	3種	4種	4種L	摘　　要
鋼鉄製巻尺	20 m又は30 m		4個	3	2	1	1	鋼材ナイロンコーティング可
	50 m		2個	2	1	1	1	鋼材ナイロンコーティング可
	100 m		2個	1	1	1	1	鋼材ナイロンコーティング可
合成樹脂製巻尺	30m		2個	1	1	1	1	ファイバー製可
	50m		3個	2	2	1	1	ファイバー製可
	100m		2個	1	1	(1)	((1))	ファイバー製可
止金具（フィールド用コの字型金具）			200個	100	100	30	((30))	(幅60mm×長さ70mm)
走高跳用高度計			2本	2	1	1	1	1種2種では1本は2 m 300以上計測できるもの
棒高跳用高度計			2本	2	1	1	((1))	1種2種では1本は5 m 800以上計測できるもの
ストップウォッチ		×	18個	18	18	(レーン数×2)＋2	(レーン数×2)＋2	1/100デジタル式原則として1年に1回検査すること
赤・白手旗		×	20組	20	15	10	10	判定用
黄手旗		×	40本	40	30	20	20	監察員用
監察マーカー		×	25個	25	15	10	10	直径70mmの黄色の円板（全天候のみ必要）
ブレイクラインマーカー			1式	1	1	1	1	ブレイクライン、レーンラインと違う色の角柱（50mm×50mm）か150mm以下のコーンをレーン数分備える
バトン		○	3組	2	2	1	1	色は9色までとし1組はレーン数に合わせた数
スタート信号器			2丁	2	3	2	2	
写真判定装置用スタート信号器			3丁	3	(3)	0	0	原則として1年に1回検査すること
ノギス			1個	1	0	0	0	長さ150mmが計測できるものデジタル表示が望ましい
抽せん器		×	2組	2	1	1	1	
スタート合図用黒板			(1本)	(1)	(2)	1	1	写真判定装置がある場合は不要

地（砂）均器			6本	6	4	2	2	トンボ、木製、金属製いずれも可
ほうき			6本	6	4	2	2	
スコップ			6本	6	6	4	4	
レーキ			2本	2	2	2	2	
整備用ブラシ			0	0	0	5	5	全天候の場合は不要
ライン引器			2台	2	2	2	2	
ハンドマイク			10台	8	4	2	2	電池式
砲丸	7kg 260	○	12個	8	4	2	2	
	6kg 000	○	12個	8	4	2	2	U20規格
	5kg 000	○	12個	8	4	2	2	U18規格
	4kg 000	○	12個	8	4	2	2	
	2kg 721	○	12個	8	4	2	2	鋳鉄製のみ
円盤	2kg 000	○	12枚	8	4	2	((2))	
	1kg 750	○	12枚	8	4	2	((2))	U20規格
	1kg 500	○	12枚	8	4	2	((2))	U18規格
	1kg 000	○	12枚	8	4	2	((2))	
ハンマー	7kg 260	○	12個	8	4	2	((2))	タングステン製品を含む
	6kg 000	○	12個	8	4	2	((2))	U20規格 タングステン製品を含む
	4kg 000	○	12個	8	4	2	((2))	
やり	800g	○	12本	8	4	2	((2))	外国製を含む
	600g	○	12本	8	4	2	((2))	外国製を含む
競歩用イエローパドル		×	10組	10	5	0	0	直径120㎜以上柄の全長210㎜以上、プラスチック又は軽金属表裏同一マークとする。イエローパドルは2種類、レッドパドルは無地
競歩用レッドパドル		×	2枚	2	2	0	0	
審判長用警告カード		×	5組	4	2	2	2	赤・黄色1組
スタート用警告カード		×	4組	4	2	2	2	赤/黒・黄/黒・緑1組 210㎜×297㎜

必備器具

写真判定装置	◎	1式	1	(1)	0	0	機器に合わせた写真判定室 原則として1年に1回検査すること 地元陸協と協議のうえ、連動する記録処理システムを有することが望ましい
スタート・インフォメーション・システム	◎	(1式)	0	0	0	0	全国規模大会では備える
表彰台		1組	1	(1)	0	0	
決勝審判台		(1台)	(1)	1	1	1	写真判定装置がある場合は不要
スターター台	×	3組	3	2	1	1	高さ 800㎜、400㎜
スターター用拡声器		1式	1	1	1	1	1組3台波長を考慮
スターティングブロック	○	レーン数×3＋3台	レーン数×2＋3	レーン数×2＋3	レーン数＋3	レーン数＋3	予備3台を備える
フィニッシュポスト	○	(1組)	(1)	1	1	1	1組2本無垢材又は軽金属　写真判定装置がある場合は不要
周回表示器（鐘付）	×	1組	1	1	1	1	20000m までの周回を数えられるもの
ハードル	○	レーン数× 10 ＋ 5 台					予備5台を備える
障害物競走用移動障害物	○	4台	4	((4))	((4))	((4))	内1台は長さ約 5m とする　男女兼用型
代用縁石	◇	1式	1	1	(1)	(1)	障害物競走及びグループスタートに使用 使用する全延長分
超音波風速計	◎	5台	4	4	2	2	全国規模大会では備える 1台は気象観測用とする 原則として1年に1回検査すること
デジタル風速計	×						
温湿度計	×	2個	2	1	1	1	
10kgはかり	×	1台	1	1	1	1	上皿天秤、デジタル可
やり検定器		1台	1	(1)	(1)	((1))	
ラップ用旗	◇	5本	5	5	3	3	ビニール、プラスチック又は軽金属(400㎜× 500㎜)
コーナートップ用旗	×						
吹流し		10本	10	8	6	6	
ハードル運搬車		10台	10	10	(10)	(10)	
レーンナンバー標識	×	3組	2	2	1	1	レーン数に合わせたもの1組

トラック競技速報表示器	×	1台	1	(1)	0	0	
競歩用掲示板	×	1台	1	1	0	0	縦1000㎜×横800㎜
風力速報表示器	×	3台	2	1	0	0	
白色粘着テープ		必要量	必要量	必要量	必要量	必要量	全天候の場合ビニールテープ、ガムテープ、養生テープ等
走幅跳、三段跳用距離標識	×	2組	2	1	0	0	
踏切板	○	8個	8	4	2	2	材質は堅木（檜、松、ひば等）とし、5枚以内で合わせてもよい
粘土板	◇	8個	8	4	2	2	競技会で使用する粘土板は溝付とする
粘土		必要量	必要量	必要量	必要量	必要量	
踏切板標識		3組	2	1	1	1	1組2枚
踏切板取替用工具		1式	1	1	1	1	全天候の場合フィールド競技者用
距離表示マーカー		200個	200	100	0	0	一般用・全天候用兼用のもの
走高跳用支柱及びバー止	○	2組	2	1	1	1	1種・2種は2m500以上
棒高跳用支柱及びバー止	○	2組	2	1	1	((1))	1種・2種は5m800以上
棒高跳支柱用保護カバー		2組	2	1	1	((1))	
棒高跳用バーあげ器		2組	2	1	1	((1))	1組2本
走高跳用マット	◇	2組	2	1	1	1	
棒高跳用マット	◇	2組	2	1	1	((1))	
走高跳用バー	○	6本	6	3	2	2	白黒黄赤等の色彩の組合わせ可
棒高跳用バー	○	6本	6	3	2	((2))	白黒黄赤等の色彩の組合わせ可
記録標識		2組	1	0	0	0	世界、日本、県、高校、大会、国体記録等1組6本
足留材	○	2個	2	1	1	1	
円盤投・ハンマー投兼用サークル	○	2個	2	1	(1)	((1))	白以外の色
フィールド順位表示器		4台	2	0	0	0	記録、ナンバー等が表示できるもの
円盤投、やり投、ハンマー投用ペグ	×	40本	30	30	20	((20))	
砲丸投用ペグ	×	40本	30	30	20	20	
フィールド用ビニールテープ		500m	400	400	0	0	白色（幅50㎜）

フィールド用ビニールテープ		200m	100	100	0	0	色もの（幅 50㎜）赤、黄、青など
フィールド成績表示器	×	6台	4	2	0	0	
フィールド競技用制限時間告知器		6台	4	3	0	0	タイマー付
投てき用足ふきマット		4枚	4	2	1	1	600㎜× 900㎜以上
投てき距離標識		1式	1	1	(1)	(1)	砲丸投用と円盤投・ハンマー投・やり投用で1式
炭酸マグネシウム入台		3台	3	3	2	2	
炭酸マグネシウム		必要量	必要量	必要量	必要量	必要量	
マット運搬車		2台	2	1	(1)	(1)	走高跳、棒高跳用マット運搬用台車
小型ローラー		0	0	0	1台	1台	全天候では不要
撒水具		1式	1	1	1	1	
機動掃除機又は高圧洗浄機	×	1台	1	1	(1)	(1)	全天候の場合手動可
水取りブラシ		10本	10	10	3	3	全天候の場合
吸水器		2台	2	1	1	1	全天候の場合機動付が望ましい
石灰		必要量	必要量	必要量	必要量	必要量	
役員席用机		50台	25	10	5	5	
役員席用椅子		100脚	50	20	10	10	
フィールド競技記録員用小机		20台	20	5	3	3	コンピューター端末器机も含む
フィールド競技記録員用腰掛	×	10脚	10	5	3	3	
監察員用腰掛	×	50脚	25	25	25	25	折りたたみ式
マラソン用器具		1式	1	0	0	0	付設コースのある場合
競技者用長椅子		100脚	50	30	20	20	
テント		8張	6	4	2	2	2間×3間を標準とする
コーン（小）		10本	10	5	5	5	高さ最低 150㎜以上のもの

施設

円盤・ハンマー投用囲い		1組	1	1	1	((1))	円盤投、ハンマー投施設兼用
円盤投用囲い		0	0	0	0	((1))	円盤投施設用

付帯施設

拡声装置		1式	1	1	0	0	
旗掲揚柱		3本	3	1	1	1	

常備を希望する用器具（全国大会、国際大会等の場合は必備とする）

情報関連機器			(1式)	(1)	0	0	0	コンピューター、インカム、有線・無線など通信環境、電光掲示等
インサイドカメラ			(1式)	0	0	0	0	
雨天記録装置覆い			6個	6	4	0	0	コンピューター、光波距離測定装置雨天用ハウス
ビーチパラソル			15本	10	5	0	0	
走幅跳、三段跳用距離測定器			2組	2	1	0	0	投眼方式メジャー付（国際大会使用不可）又は光波測距儀
投てき距離測定装置		◎	1式	1	0	0	0	光波測距儀原則として1年に1回検査すること
リボンロッド	30 m		2個	1	1	1	1	合成樹脂製巻尺で代用可
	50 m		3個	2	2	1	1	合成樹脂製巻尺で代用可
	100 m		2個	1	1	(1)	((1))	合成樹脂製巻尺で代用可
止金具			200個	100	100	50	50	平かすがい（全天候用）
フィールド競技位置表示器			3組	2	0	0	0	ABで1組
ハンマー検定器			1台	1	(1)	0	0	
次回投てき順序表示器			2台	1	0	0	0	
ビニールテープ巻取器			5台	2	2	0	0	
ポール			(4本)	(3)	(2)	(1)	((1))	グラスファイバーで長さの違うもの
ポール置台			2台	1	1	0	0	
砲丸置台			2台	1	1	0	0	
円盤置台			2台	1	1	0	0	
ハンマー吊台			2台	1	1	0	0	
やり立て台			2台	1	1	0	0	
取材エリア表示具			1式	1	0	0	0	
芝刈器			2台	1	0	0	0	借用可
携帯用無線			2式	2	0	0	0	1式5台で波長の違うもの
担架			1架	1	1	1	1	
救護室用ベッド			3床	2	0	0	0	救急箱を含む
救護室用消毒用手洗器			2個	1	0	0	0	

演台		1台	1	(1)	(1)	(1)	
複写器		2台	1	1	0	0	
黒（白）板		3台	2	1	1	1	900mm x1800mm
競技者用脱衣籠		80個	40	40	0	0	
組合わせ掲示板		2台	1	0	0	0	
防護網		1式	(1)	(1)	(1)	(1)	投てき用。投てき実施可能な人工芝の場合は必備
ライン引き用ロープ		1式	1	1	1	1	径3mm位のもの
巻尺整備用油		1缶	1	1	1	1	
砂場防塵カバー		1式	1	1	0	0	各砂場全部とする
跳躍用マット雨天カバー		1式	1	1	0	0	
砲丸投扇形用カバー		1式	1	1	0	0	

〔区　別〕1：○は検定を要するもの。
2：◇は規則に標準規格のあるもの。
3：◎は陸連承認品とする。
4：( ) は備付を希望するもの。投てき用具、障害物競走用具は競技施設があるときは備え付ける。
5：(( )) は施設があるときは備え付ける。第4種Lについては「陸上競技場公認に関する細則」第19条（5）参照。
6：×は第1種競技場の補助競技場において欠くことができる。（兼用可）
7：全国大会、国際大会等の用器具については、その都度本連盟と協議すること。

第１種公認陸上競技場付帯による投てき場公認に関する細則

（総　則）

第１条　公認陸上競技場および長距離競走路ならびに競歩路規程（以下「規程」という）第４条に規定する第１種公認陸上競技場の付帯設備の投てき場（以下「付帯投てき場」という）の公認については、陸上競技場公認に関する細則によるほか、この細則に定めるところによる。

（目　的）

第２条　付帯投てき場は、全国大会では国民体育大会など大会期間が４〜５日間規模で参加者が多く、競技会の運営に支障がある場合に、ハンマー投の予選や投てき競技の練習場を別会場で実施できるようにするために設置するものである。

（設置の基準）

第３条　付帯投てき場は、つぎに掲げる基準によるものとする。

⑴　陸上競技場公認に関する細則に規定するつぎの施設を設置する。

①砲丸投　②円盤投　③ハンマー投　④やり投

⑵　観衆、役員、競技者に対して、安全に対する施設（境界設備のフェンス柵、鉄柵など）を配慮する。

⑶　投てき場の面積は、7,000㎡以上とする。

⑷　競技種目のもつ特質（競技規則など）を十分考慮したうえで、敷地の形状、地形、方位などの条件を考慮して決める。

⑸　着地場所は競技規則の規定による。

⑹　やり投の助走路は全天候舗装とし、勾配は陸上競技場公認に関する細則による。

（公認の手続き）

第４条　公認に関する手続きは、規程の定めのとおりとする。

2.　公認番号は当該第１種公認競技場の枝番号とする。（○○○号―投）

3.　公認期間は、当該第１種公認競技場と同時期が望ましい。

（公認の取扱）

第5条　当該第1種公認競技場の種別の変更あるいは廃止になった時点で、投てき場の公認を取り消す。

2. 既設の投てき場は、次回付帯投てき場の公認継続時に当該細則の要件を満たさなければ公認を取り消す。

付則

1998年11月13日施行　2006年4月修正　2010年4月修正
2011年4月1日改正　2013年4月1日修正

競技用器具検定規程

（目的）

第1条　日本陸上競技連盟定款第2章第3条の目的を達成するために、競技会に使われる用器具が、十分信頼できるよう検定を行う。

（検定を要する用器具）

第2条　本連盟が主催、共催あるいは所管する競技会に使用するもので、原則として第6条の表に記載されたものとする。

2.　投てき器具を修理したときには、再検定を要する。

（検定申請）

第3条　用器具の検定を受けようとする者は、事前に申請書を本連盟施設用器具委員会に提出しなければならない。

（検定の委嘱）

第4条　前条の申請があった場合、検定員あるいは特に任命された者を派遣する。

2.　派遣費用は、本連盟旅費規程により申請者が負担する。

（検定方法）

第5条　検定に合格した用器具には、本連盟所定の検定合格証を貼付し、可能なものには所定の検定印（焼き鏝、ポンチ）を打つ。

（検定料）

第6条　検定料（消費税込）はつぎのとおりとする。

2.　納入については指定の方法による。

検　定　料

品　　　名	単位	検定料	品　　　名	単位	検定料
バトン	1本	77円	ハンマー	1個	440円
砲丸	1個	220円	やり	1本	440円
円盤	1枚	220円	サークル	1個	550円
フィニッシュポスト	1本	242円	棒高跳バー止金具	1個	550円
バー	1本	242円	棒高跳用ボックス	1個	550円
スターティングブロック	1台	550円	兼用サークル	1個	770円
走高跳バー止金具	1個	330円	ハードル	1台	1100円
足留材	1個	385円	固定障害物（バー）	1台	1100円
踏切板	1個	385円	移動障害物	1台	2750円
			やり投用円弧	1個	2750円

【注】1. 公認料は2カ年ごとに改定することができる。
　　2. 消費税の率に変更が生じた場合にはその都度改定する。

付則

1948年8月改正　1951年1月修正　1952年5月修正
1953年1月修正　1957年6月修正　1963年3月修正
1964年3月修正　1965年3月修正　1966年5月改正
1973年3月改正　1975年3月改正　1977年3月改正
1978年3月修正　1980年3月修正　1981年3月修正
1982年3月修正　1984年3月修正　1985年3月改正
1991年4月修正　1994年4月改正　2000年4月改正
2001年3月修正　2004年4月修正　2006年4月修正
2007年4月修正　2014年4月1日修正　2017年4月1日修正
2018年4月1日改正　2019年4月1日改正　2021年4月1日修正

長距離競走路ならびに競歩路公認に関する細則

（総則）

第1条　長距離競走路または競歩路（以下「競走（歩）路」という。）を公認しようとするときには、競技規則、公認陸上競技場および公認長距離競走路ならびに公認競歩路規程（以下「規程」という。）のほかこの細則によるものとする。

（競走（歩）路）

第2条　公認する競走（歩）路は、公認競技会を開催するものでなければならない。世界陸連（以下「WA」という。）／国際マラソン・ロードレース協会（以下「AIMS」という。）認証コースも同様とする。

2. 公認する距離は次のとおりとする。

⑴　長距離競走路　1マイル、5㎞、10㎞、15㎞、10マイル、20㎞、ハーフマラソン、25㎞、30㎞、マラソン、50㎞、100㎞、ロードリレー（マラソンの距離のみ）

⑵　競歩路　5㎞、10㎞、15㎞、20㎞、30㎞、35㎞、50㎞、男女混合競歩リレー（マラソンの距離のみ）　‖

3. 公認競技会では、公認されたコースを変更してはならない。

（距離計測）

第3条　競走（歩）路の計測は、自転車計測およびワイヤー計測によるものとする。

⑴　ワイヤー計測

ワイヤーに真の50mを移設し、50mごとに計測する。

⑵　自転車計測

自転車に専用のカウンターを取付け、基準の距離（概ね400m）をカウンター数に換算して、自転車で計測する。距離の減少を防止するため0.1％を加えて計測する。

2. WA／AIMS認証コースでは、自転車計測としなければならない。

3. コースを計測する点は次のとおりとする。

(1) 競技場内にスタートラインおよびフィニッシュラインを設けるときは、トラックの内側の縁石の外側300㎜の地点を計測し、円周を離れまたは入るときも、ともに300㎜の地点を分岐点とする。

(2) 道路に歩道、車道の区別のないところは、競技者が使用を許される道路として区分されている個所の区画より300㎜の地点とする。

(3) 道路に歩道、車道の区別のあるところは、競技者が使用を許される道路の端より300㎜離れた地点とする。

(4) 歩道と車道の間に溝またはL字溝がある所は、溝またはL字溝の車道側の端より車道内の300㎜の地点とする。

(5) 彎曲した道路や曲折した道路では、その彎曲部分または曲折部分の頂点から300㎜離れた地点を結んだ最短とする。

(6) ロータリーまたは道路に花壇、樹木の根、その他の突起物等の存在するところは、前各号に準じる。

(7) 公園等の歩道もしくはサイクリング道路、堤防の道路等をコースとする場合も前各号に準じる。

(8) すべて競技者に有利にならないようにコースの最短距離を計測する。

4. 競走（歩）路の距離における許容誤差はプラス（＋）0.1％以下とし、マイナス（－）は認めない。

5. スタートとフィニッシュ地点、中間点、折返点およびスタート地点より5㎞ごとに距離標識を設ける。可能であれば大会運営のため1㎞ごとの距離標識を設けることが望ましい。距離標識のポイント図面の作成にあたっては、近くの固定物とポイント間の距離を少なくとも2ヵ所以上計測して記載する。

6. 計測にあたり、申請者は事前に道路使用許可を得て、計測者の傷害保険へ加入するとともに計測における安全を確保しなければならない。

（コースの設置）

第4条　スタートとフィニッシュ地点は、異なる場所においてもよい。スタートとフィニッシュ地点の2点間の理論上の直線距離（セパレーション）は、そのレースの全距離の50％以下とする。

2. スタートとフィニッシュ地点の2点間の標高差（エレベーション）は1,000分の1以内とする。即ち1㎞あたり1mを超えてはならない。

3. 規程第5条の「道」とは、通常の車・路面電車等が走る公道でなく、公園等の舗道もしくはサイクリングコース、堤防等でアスファルトやコンクリート等で舗装された所とする。

4. 競走（歩）路の選定には、次のことに留意する。

⑴ 初めての競技者にもわかりやすいコースのこと。

⑵ 競技運営が確保できる十分な幅員のこと。

⑶ 芝生その他の未舗装部分は最小限にとどめること。

⑷ 交通量など交通状況が競技会開催に支障ないこと。

⑸ 勾配の変化、急な屈曲部があまり多くないこと。

⑹ スタートとフィニッシュ地点及び折返点に十分な広さがあること。

⑺ 競歩路の折返点の半径は4m以上あることが望ましい。

（公認申請）

第5条　競走（歩）路は、公認競技会を開催する場合に申請できる。公認競技会を開催しない競走（歩）路は、公認の継続申請はできない。

2. 競走（歩）路の名前は、簡単明瞭なものとすること。

3. 所有者は、公認の競走（歩）路でなければ、WA／AIMS認証コースの申請をWAにすることができない。

4. コースを一部変更するときは、申請距離の3分の1を超える場合は新設となる。申請距離の3分の1以内のコースを変更する場合は一部変更とする。

（添付書類）

第6条　申請書に添付する設計図または案内図等は、コースの所在を示す5,000分の1〜30,000分の1の地図に競走（歩）路の経路、主要地点の距離を朱書したものとする。コースを一部変更する場合は、変更する経路を明記すること。

2. 計測報告書に申請者が作成して添付する書類は、次のとおりとする。

⑴ コースが道路のどの部分を計測したのかを示すコース経路図

⑵ 主要地点のポイント図

⑶ エレベーションを明記した全コースの高低測量図（縦断図）

⑷ 自転車計測の場合は、カリブレーション図

付則

1948年1月改正	1949年1月修正	1950年1月改正
1953年1月改正	1954年1月増補	1955年1月修正
1957年6月補正	1960年1月改訂	1963年3月改訂
1964年3月改正	1965年3月修正	1965年5月修正
1966年5月改訂	1967年3月修正	1969年5月改訂
1974年3月改正	1975年3月修正	1977年3月改正
1979年3月改正	1985年3月修正	1988年3月修正
1989年3月修正	1991年3月修正	1993年3月修正
1994年3月修正	1998年3月修正	2001年3月修正
2007年4月修正	2015年4月1日修正	2017年4月1日修正
2019年4月1日修正	2020年4月1日修正	2022年4月1日改正
2024年4月1日改正		

クロスカントリー競走コース設定基準

クロスカントリー競走コースを設定する場合には、競技規則第8部クロスカントリー競走に定めるほか、つぎに掲げる基準によるものとする。

1. スタートおよびフィニッシュ地点は、混乱を起こさないよう十分な広さをもつ場所を選定する。
2. コースは、非常に困難な箇所を使用しないことが望ましいが、特に坂の勾配は約10度程度とし、危険のないような場所を選定する。
3. コースは、可能なら両側を塀や柵で明確に示さなければならない。塀や柵が不可能ならば、少なくとも連続的にテープを使用する。コースの幅はスタート地点では少なくとも20m以上とし、順次狭め最小約5m程度とすることが望ましい。
4. 塀や柵や連続的なテープは、急カーブ等実情に応じて明確に設置する。
5. 距離の計測は、本連盟指定の50m鋼製巻尺より転記したワイヤーをもって計測する。鋼製巻尺は、陸上競技場公認に関する細則第３条に準じて計測、実長の算出を行う。できるだけトランシットならびにポールを使用し、路面の高低に従って、その最短距離を計測する。また、長距離競走路ならびに競歩路公認に関する細則第4条に準じて走る方向の塀や柵（ロープ等を含む）より、コース内300 ㎜の地点とする。
6. 計測は、主催加盟団体が大会開催ごとに実施する。

付則

1990年4月 制定	1994年4月 修正	2001年3月 修正
2010年4月 修正	2014年4月1日修正	2022年4月1日修正

室内陸上競技場公認に関する細則

（総　則）

第1条　室内陸上競技場の公認については、競技規則第5部室内競技、公認陸上競技場および長距離競走路ならびに競歩路規程（以下「規程」という。）および陸上競技場公認に関する細則（以下「競技場細則」という。）によるほか、この細則に定めるところによる。

（距離計測）

第2条　陸上競技場の距離計測は、つぎのとおりとする。

⑴　計測の基準は、床にマーキングまたは鋲で印された中心点（礎石に該当）と線（角石に該当）を基準とする。従って、これらの設置は十分な正確さを必要とする。

⑵　計測器具、計測方法、実長の算出、曲走路の計算法については、競技場細則を適用する。

⑶　曲走路においては、巻尺を勾配に沿った状態に置き、中心点から曲走路内側の縁（走路との境界線）まで20箇所を計測する。

⑷　1周の距離（L）の許容誤差0.0002×L以下、マイナス（−）は、認められない。

⑸　直走路の許容誤差は規程を適用する。

（曲走路の移動）

第3条　直走路の長さを確保するために、曲走路の一部分を移動式にしてもよいが、速やかに撤収、組立が行われるよう工夫されなければならない。

（縁石）

第4条　縁石の高さは走路と同一レベルでもよいが、設置する場合は確実に固定され、収納時を考慮してとりはずし式でもよい。曲走路部分は正しい円弧となるようにする。

（室内陸上競技会）

第5条　本連盟が主催、共催、後援するトラックのある競技会は、世界陸連（WA）認証を取得しなければならない。

2. 室内陸上競技会は、すべて写真判定装置を使用しなくてはならない。

3. 競技会の主催者は、すべての走路、助走路の合成物質または木製の厚さを要項およびプログラム等により明示しなければならない。

4. 種目ごとの施設を設置する時には、競技を支障なく行うため、競技エリアとの離隔、競技者の待機場所、審判エリアは十分な空地を確保するものとする。また、観衆および役員ならびに競技者に対して、安全（境界設備のフェンス柵、鉄柵など）に配慮するものとする。

競技エリアとの離隔

直走路　走路外側より1.5 m以上

フィニッシュ前方15 m以上競技者が安全に停止できるためのクッション付き保護パッドを設置する。できれば30 m以上が望ましい。

スターターのエリア、フィニッシュの計測エリアを確保する。

走高跳　マット横側より2.0 m以上、後方より1.5 m以上、助走路外側1.5 m以上

棒高跳　マット横側より1.5 m以上（助走路含む）、マット・助走路後方より1.5 m以上

走幅跳・三段跳　砂場外側より1.5 m以上（助走路含む）、砂場・助走路後方5.0m以上

砲丸投　サークル・角度線外側より3.0 m以上

5. 種目ごとの施設が重複している時には、同時に競技会は開催できない。

（公認競技場）

第6条　室内競技会を行う公認競技場は、20 Aか16 Bのトラックに走高跳、棒高跳、走幅跳、三段跳、砲丸投の施設を含まなければならない。

2. 室内の種目別施設は、直走路種目、走高跳、棒高跳、走幅跳、三段跳、砲丸投施設を公認競技場として扱う。

<table>
<tr><td colspan="3">種　類</td><td>20A</td><td>16B</td></tr>
<tr><td colspan="3">1周の距離 (L)</td><td>200m</td><td>160m</td></tr>
<tr><td colspan="3">距離の公差</td><td colspan="2">0.0002 × L 以下, マイナス (-) は認めない。</td></tr>
<tr><td rowspan="5">直線トラック</td><td rowspan="2">レーン</td><td>数</td><td>8</td><td>6 ～ 8</td></tr>
<tr><td>幅</td><td>1m220</td><td>1m220</td></tr>
<tr><td rowspan="2">空地</td><td>スタートライン後方</td><td>3m 以上</td><td>2m 以上</td></tr>
<tr><td>フィニッシュライン前方</td><td colspan="2">10 ～ 15m 以上 、競技者が安全に停止できるためのクッション付き保護パッドを使用した壁を設ける。</td></tr>
<tr><td colspan="2">傾　斜　度</td><td colspan="2">幅 1/100 以下, 走る方向 1/1000 以下,
全体 1/250 以下</td></tr>
<tr><td rowspan="4">楕円形トラック</td><td rowspan="2">レーン</td><td>数</td><td>6</td><td>4 ～ 6</td></tr>
<tr><td>幅</td><td colspan="2">900mm～ 1m100</td></tr>
<tr><td colspan="2">半　　径</td><td>15m ～ 19m</td><td>13m 以上</td></tr>
<tr><td colspan="2">傾　斜　度</td><td>15 度以下</td><td>①直線の終りから 5m までなだらかな傾斜度をとる。
②第 1 レーンと外側のレーンとの傾斜高は、800 mm以下もしくは傾斜部分の最も高い個所の1/2 以下。</td></tr>
<tr><td colspan="3">電気機器等の配管</td><td colspan="2">コンピューター端末器、その他電源を要する機器について、配線が埋設できる設備を要する。</td></tr>
<tr><td colspan="3">練習場</td><td colspan="2">幅 5m 長さ 50m 以上の走路があることが望ましい。ただし、ウレタンマット敷でもよい。また仮設でもよいが、走幅跳、三段跳、棒高跳の設備があることが望ましい。</td></tr>
<tr><td colspan="3">トレーニング場</td><td colspan="2">大会時には臨時施設でもよいが、筋力トレーニングができる広さおよびウエイト・トレーニングの機器があることが望ましい。</td></tr>
<tr><td colspan="3">更　衣　室</td><td colspan="2">利用できる設備があること</td></tr>
<tr><td colspan="3">浴場またはシャワー</td><td colspan="2">利用できる設備があること</td></tr>
</table>

国際大会では20Aが望ましい。

（直走路）

第7条　直走路の競技の施設は、室内日本記録として公認される競技種目を行うことができる施設でなければならない。かつ100ｍ、100ｍハードル、110ｍハードルを行う施設とすることができる。

2. トラックのない直走路のレーン数は、4レーン以上とする。

（走高跳）

第8条　走高跳の助走路はつぎのとおりとする。

長　さ	15m 以上	IAAF 競技会規則第 1 条 (a) (b) (c) は 20m
傾斜度	最後の助走距離 5m は水平面とする	楕円形のトラックの傾斜面から助走した場合を含む
天井の高さ	概ね 6 m以上	競技に支障のない高さを確保する

（棒高跳）

第9条　棒高跳の助走路はつぎのとおりとする。

長　さ	40 m以上	できる限り 45 mを確保する
幅	1m220	
傾斜度	最後の助走距離 40 mは水平面とする	楕円形のトラックの傾斜面から助走した場合を含む
天井の高さ	概ね 10 m以上	競技に支障のない高さを確保する

（走幅跳、三段跳）

第10条　走幅跳、三段跳の施設はつぎのとおりとする。

助走路	長　さ	40 m以上	できる限り 45 mを確保する
	幅	1 m 220	
	傾斜度	最後の助走距離 40 mは水平面とする	楕円形のトラックの傾斜面から助走した場合を含む
踏切板	走幅跳	砂場から 2 m	
	三段跳	砂場から男子 13 m、女子 11m	競技会のレベルに応じて踏切板の距離を追加して設置することができる
砂場	長　さ	8m 以上	
	幅	2m750 以上	
	深　さ	300mm以上	

（砲丸投）

第11条　砲丸投の施設はつぎのとおりとする。

サークル	表面は水平、縁枠より20mm低くする。
着地場所	砲丸の痕跡がつき、そのはずみを最小にするような材質とする
投てき角度	34.92度の角度線をできない場合は、34.92度の扇形の中心線を平行にする。扇形ラインが平行である所では、ラインの最小距離は9mとする
防止柵	男女の世界記録より500mm以上離して設置する

（公認の手続き）

第12条　公認に関する手続きは、規程の定めのとおりとする。

2. 認定申請書には、建物の配置図と設計図を添えなければならない。同一の敷地内に複数の施設を認定申請するときは、1つの認定申請書とする。
3. 暫定的な施設で実測調査の結果、競技規則および各細則に適合している場合は合格証を交付する。公認証は後日送付する。
4. 暫定的な施設の公認の有効期間は、競技会期間中とする。
5. 恒久的な施設（直走路、走高跳、棒高跳、走幅跳・三段跳、砲丸投）の公認の有効期間は、5カ年とする。再組み立てする施設および第1種陸上競技場雨天走路で行う場合は暫定的な施設とする。
6. 恒久的な施設の改造または改修に着手した場合は、認定申請を行い、認定を受けるまで競技会の開催はできない。改造とは、競技場の現状を変更すること。改修とは、競技場の傷んだところや不具合のところを直すことをいう。
7. 公認番号は、認定申請書ごととし、「室内—○○」とする。
8. 公認料は同一建物ごととする。従って、同一の敷地内の複数の建物に施設を設置する場合は、建物ごとに競技場の公認料が必要となる。

（用器具）

第13条　競技会には、競技場細則第20条に定めるものに準じ、必要な用器具を準備するものとする。

付則　1　2017年3月31日までに公認された室内棒高跳競技場は残存の公認期間までは従前の例とする。施設を撤去して再組み立てをしている施設の公認期間は大会期間中となり、再組立の都度に認定申請することになる。

1990年1月 制定	1994年3月 修正	1996年3月 修正
1999年3月 修正	2001年3月 修正	2003年3月 修正
2006年3月 修正	2007年4月 修正	2010年4月 修正
2014年4月1日修正	2017年4月1日修正	2019年4月1日修正
2020年4月1日修正	2022年4月1日修正	

屋外種目別陸上競技施設公認に関する細則

（総　則）

第1条　日本陸上競技連盟競技規則（以下「規則」という。）TR11.2に規定する競技場以外で競技会（以下「競技会」という。）を行う屋外の種目別陸上競技施設（以下「屋外種目別施設」という。）の公認については、公認陸上競技場および長距離競走路ならびに競歩路規程（以下「規程」という。）、陸上競技場公認に関する細則（以下「競技場細則」という。）、室内陸上競技場公認に関する細則（以下「室内細則」という。）によるほか、この細則に定めるところによる。

（目　的）

第2条　屋外種目別施設の目的は、街角の広場、他のスポーツ施設等に設置された施設で競技会を陸上競技場以外で開催し、より多くの人々が身近な場所で陸上競技を観覧・体験する機会を提供することで陸上競技の普及と発展のために設置するものである。

（屋外種目別施設の定義）

第3条　屋外種目別施設は、競技会を開催する種目の競技施設とする。

（公認する種目）

第4条　競技施設は、直走路の競技、走高跳、棒高跳、走幅跳・三段跳、砲丸投、円盤投・ハンマー投、やり投とする。

2. 直走路の競技の施設は、日本記録として公認される競技種目のうち開催する競技会で実施する種目とする。

（設置の基準）

第5条　屋外種目別施設は、つぎに掲げる基準によるものとする。

⑴　競技施設は、規則および競技場細則（第3種以上、施設数を除く）に規定するものとする。ただし、走高跳の助走路の長さは20m以上とする。

⑵　設置場所は、競技種目のもつ特質（規則など）を十分考慮

したうえで、敷地の形状、地形、方位などの条件を考慮して決めるものとする。

⑶ 走路および助走路は、全天候舗装で弾力性の衰退や摩耗などにより競技に支障がないものとし、レーンおよび助走路の幅は1m220とするものとする。

⑷ 舗装材の基礎は、堅固なものあるいは懸架構造とする。懸架構造の場合は室内細則に準じ、競技者に特別な助力を与えないものとする。

⑸ 直走路の競技施設のレーン数は4レーン以上とし、縁石に替えて幅50㎜の白線でも良く、縁石のないトラックの縁は幅50㎜のラインで示してもよい。

⑹ 競技を支障なく行うため、競技エリアとの離隔（直走路・助走路の外側、フィニッシュ前方、砂場の前方など）は、競技者の待機場所、審判エリアは十分な空地を確保するものとする。

競技エリアとの離隔

直走路　走路外側より1.5m以上
フィニッシュ前方15m以上競技者が安全に停止できるためのクッション付き保護パッドを設置する。できれば30m以上が望ましい。
スターターのエリア、フィニッシュの計測エリアを確保する。

走高跳　マット横側より2.0m以上、後方より1.5m以上、助走路外側1.5m以上

棒高跳　マット横側より1.5m以上（助走路含む)、マット・助走路後方より1.5m以上

走幅跳、三段跳　砂場外側より1.5m以上（助走路含む)、砂場・助走路後方5.0m以上

砲丸投　サークル・角度線外側より3.0m以上

円盤投、ハンマー投　角度線外側より20m以上

やり投　角度線より20m以上、助走路外側より5.0m以上

⑺ 観衆および役員ならびに競技者に対して、安全（境界設備のフェンス柵、鉄柵など）に配慮するものとする。

(8) 競技会で開催する種目の施設は、同時に複数設置してもよい。

（公認の手続き）

第6条 公認に関する手続きは、規程の定めのとおりとする。

2. 競技会の計画時には、都道府県陸上競技協会および本連盟と協議するものとする。
3. 認定申請は、競技会毎にするものとする。従って、恒久的な施設であっても競技会の都度、認定申請手続を必要とする。
4. 認定申請書には、周囲の施設配置図と設計図を添えなければならない。複数の施設を認定申請するときは、1つの認定申請書とする。
5. 実測調査の結果、規則および各細則に適合している場合は合格証を交付する。公認証は後日送付する。
6. 公認の有効期間は、競技会期間中とする。
7. 公認番号は、認定申請書ごととし、「施設―○○」とする。
8. 公認料は設置する施設ごととする。ただし、走幅跳・三段跳と円盤投・ハンマー投はそれぞれ1つの施設とする。

（用器具）

第7条 競技会には、競技場細則第20条に定めるものに準じ、必要な用器具を準備するものとする。

付則　2017年4月1日施行　2019年4月1日修正
2022年4月1日修正

競技場一覧

都道府県別公認陸上競技場一覧表

（2024年2月21日現在）

No.	都道府県名	第1種	第2種	第3種	第4種			計			合計
					全天候	一部全天候	土質	全天候	一部全天候	土質	
1	北海道	1	6	9		1 (2)	1	16	3	1	20
2	青　森	1	2	2	1 (2)			8			8
3	岩　手	1	2	3	(1)			7			7
4	宮　城	1		6		(1)		7	1		8
5	秋　田	1	2	6			(1)	9	1		10
6	山　形	1	1	5	1		1	8	1		9
7	福　島	1	1	7	1 (1)			11			11
8	茨　城	1	1	7				9			9
9	栃　木	1	2	2	3			8			8
10	群　馬	1	1	5	(2)			9			9
11	埼　玉	1	1	5	2 (3)			12			12
12	千　葉	1	3	10	3 (4)			21			21
13	東　京	1	3	12	8 (3)			27			27
14	神奈川	2	6	7	3 (1)			19			19
15	山　梨	1	2	3	1			7			7
16	新　潟	1	6	3	1 (3)			14			14
17	長　野		4	3		(1)	(1)	7	1	1	9
18	富　山	1	2	3				6			6
19	石　川	1	4	4	1 (1)			11			11
20	福　井	1	2	4				7			7
21	静　岡	2	3	6	1		1	12	1		13
22	愛　知		1	10	(1)	(1)		12	1		13
23	三　重	1	1	2	(1)			5			5
24	岐　阜	1	1	4	2 (1)			9			9
25	滋　賀	1	1	4	3 (1)			10			10
26	京　都	1	2	3	1	1	(1)	7	1	1	9
27	大　阪	1	2	5	(1)	(1)		9	1		10
28	兵　庫	3	2	4	2 (1)	3	1	12	3	1	16
29	奈　良	1	1	1				3			3
30	和歌山	1		1	2		(1)	4	1		5
31	鳥　取	1	1	2	(1)		1	5	1		6
32	島　根	1	2	3		1 (2)	(2)	6	3	2	11
33	岡　山	1	3	3	1			8			8
34	広　島	1	4	4	1	1	1	10	1	1	12
35	山　口	1	1	1	1 (1)		(2)	5	2		7
36	香　川	1	1	2	(1)			5			5
37	徳　島	1	1	2				4			4
38	愛　媛	1	1	2	1	(1)	(1)	5	1	1	7
39	高　知	1	1	3				5			5
40	福　岡	1	4	5	2			12			12
41	佐　賀	1		4		(1)		5	1		6
42	長　崎	1	2	2	(1)			6			6
43	熊　本	1	1	3	3	(1)		8	1		9
44	大　分	1	2	2	(1)			6			6
45	宮　崎	1	1	5		(1)		7	1		8
46	鹿児島	1		6	(3)	(1)		10	1		11
47	沖　縄	1		5	(1)			7			7
合計		49	90	200	45 (36)	7 (13)	6 (9)	420	20	15	455

※第4種の（　）は第4種L競技場の数

都道府県別公認長距離競走路・競歩路一覧表

(2024 年 2 月 21 日現在)

No.	都道府県名	競走路									競歩路				計	
		100km	マラソン	30km	ハーフ	20km	10 哩	10km	5km	1 哩	50km	マラソン	35km	20km	競走路	競歩路
1	北海道	1	5		8			2			1				16	1
2	青　森	1	1		1										3	0
3	岩　手		2	1	4		1				1			1	8	2
4	宮　城		1		4										5	0
5	秋　田		2		1										3	0
6	山　形		1		4								1		5	1
7	福　島		1		3										4	0
8	茨　城		5		4		1								10	0
9	栃　木		1		1										2	0
10	群　馬		2		1			1							4	0
11	埼　玉		1		3			1							5	0
12	千　葉	1	1		2										4	0
13	東　京	2	8	2	15			1	2	1				1	31	1
14	神奈川				4										4	0
15	山　梨		1												1	0
16	新　潟		3		4			1							8	0
17	長　野		2		4										6	0
18	富　山		2		3										5	0
19	石　川		2		3			1					1	1	6	2
20	福　井		1												1	0
21	静　岡		2		2										4	0
22	愛　知		1		2									1	3	1
23	三　重		1		1										2	0
24	岐　阜				2										2	0
25	滋　賀		3												3	0
26	京　都		2		2										4	0
27	大　阪		6	1	1			2				1			10	1
28	兵　庫		4		2	1		1						1	8	1
29	奈　良		1												1	0
30	和歌山		1		1										2	0
31	鳥　取		1		3										4	0
32	島　根		1		4										5	0
33	岡　山		1		6										7	0
34	広　島				2										2	0
35	山　口		2		2										4	0
36	香　川				1										1	0
37	徳　島		1		1										2	0
38	愛　媛		1												1	0
39	高　知	1	1												2	0
40	福　岡		4		2			2	1						9	0
41	佐　賀		1		2		1	2							6	0
42	長　崎		2												2	0
43	熊　本		1		2		2								5	0
44	大　分		2		1										3	0
45	宮　崎		3		2										5	0
46	鹿児島		2		2										4	0
47	沖　縄		2												2	0
合計		6	88	4	112	1	5	14	3	1	2	1	2	5	234	10

公認陸上競技場・競走路・競歩路

【略号】

(陸)……………………陸上競技場
(競)……………………競技場
(運)……………………運動公園
(総)……………………総合運動場
(グ)……………………グラウンド
(多)……………………多目的競技場
(投)……………………投てき場
(投芝)…………………投てき実施可能な人工芝敷設
(人芝)…………………人工芝敷設
(WA－クラス)……WA認証陸上競技場
(100㎞)………………100㎞コース
(マ)……………………マラソンコース
(30㎞)………………30㎞コース
(ハ)……………………ハーフマラソンコース
(20㎞)………………20㎞コース
(10哩)………………10哩コース
(10㎞)………………10㎞コース
(5㎞)…………………5㎞コース
(1哩)…………………1哩コース
(歩)……………………競歩路コース
-延-　…………………検定延期中
新…………………………新設
継…………………………継続
◎…………………………全天候型
○…………………………一部全天候型

【自転車計測コース】

▽…………………………国内公認
◆…………………………WA認証

区分	名称		所在地	電話番号	公認番号	コード番号	種別	距離	区別	公認期間
	【北海道】									
◎	札幌市厚別公園	(競)	札幌市厚別区上野幌3条1の2の1	011-894-1144	9827	011010	1	400	継	2019.11.25～2024.11.24
							WA－クラス2			2014.12.18～2023.12.31
◎	札幌市円山	(競)	札幌市中央区宮ケ丘3	011-641-3015	10017	012010	2	400	継	2021.11.07～2026.11.06
◎	函館市千代台公園	(陸)	函館市千代台町22の24	0138-55-1900	9646	012040	2	400	継	2019.04.25～2024.04.24
◎	花咲スポーツ公園	(陸)	旭川市花咲町4丁目	0166-51-7590	10145	012080	2	400	継	2022.09.05～2027.09.04
◎	帯広の森	(陸)	帯広市南町南7線56の7	0155-47-1188	10235	012100	2	400	継	2023.05.02～2028.05.01
◎	釧路市民	(陸)	釧路市広里13大規模運動公園内	0154-37-7722	10101	012110	2	400	継	2022.06.01～2027.05.31
◎	室蘭市入江（運）	(陸) - 延 -	室蘭市入江町1	0143-24-3443	9523	012120	2	400	継	2018.06.01～2023.05.31
◎	北見市東陵公園	(陸)	北見市東陵町27	0157-24-9800	9841	013020	3	400	継	2020.06.10～2025.06.09
◎	千歳市青葉	(陸)	千歳市真野176の1	0123-23-8236	9730	013080	3	400	継	2019.11.30～2024.11.29
◎	士別市	(陸)	士別市南士別町1612の3	0165-23-1195	9881	013130	3	400 - 条件付 -	継	2020.10.17～2025.10.16
◎	網走市（運）	(陸)	網走市駒場南1の115	0152-43-3647	9999	013170	3	400	継	2021.08.01～2026.07.31
◎	深川市	(陸)	深川市6条21の3	0164-22-1144	9882	013360	3	400	継	2020.10.07～2025.10.06
◎	岩見沢市東山公園	(陸)	岩見沢市総合公園4	0126-23-8611	10013	013380	3	400	継	2021.10.31～2026.10.30
◎	小樽手宮公園	(競)	小樽市手宮2の5の1		9708	013420	3	400	継	2019.09.18～2024.09.17
◎	札幌市厚別公園補助	(競)	札幌市厚別区上野幌3条1の2の1	011-894-1144	9749	013440	3	400	継	2019.11.25～2024.11.24
◎	ヤクルト緑が丘	(陸)	苫小牧市清水町3の3の26	0144-33-5533	9814	013450	3	400	継	2020.04.30～2025.04.29
○	浜中（運）	(陸)	留萌市浜中町	0164-42-8109	10312	014149	4L	400	継	2023.10.05～2028.10.04
	白老桜ヶ丘公園	(陸)	白老郡白老町緑丘4の636	0144-85-2020	9741	014210	4	400 - 条件付 -	継	2019.06.01～2024.05.31
○	美幌町柏ケ丘（運）	(陸)	網走郡美幌町字西2条南5丁目	0152-73-4117	9712	014220	4	400 - 条件付 -	継	2019.09.15～2024.09.14
○	厚真中学校	(陸)	勇払郡厚真町京町120	0145-27-2322	10256	014319	4L	300	新	2023.06.01～2028.05.31

▽	美唄市	(ハ)	美唄市総合体育館		10008	017200	往復	21km0975 10km	継	2021.06.01～2026.05.31
▽	別海町パイロット	(マ)	別海町営（陸）		10124	017220	往復	42km195	継	2022.09.01～2027.08.31
▽	士別	(ハ)	西教寺駐車場前～中央公園前		10257	017270	周回	21km0975 10km	継	2023.07.13～2028.07.12
◆	サロマ湖ウルトラ	(100km)	湧別総合体育館前～北見市常呂町スポーツセンター前		10258	017350	片道	100km -条件付-	継	2023.06.26～2028.06.25 (WA～2027.12.31)
▽	札幌	(ハ)	五輪通～真駒内セキスイハイムスタジアム		10264	017360	片道	21km0975 10km	継	2023.08.18～2028.08.17
▽	日刊スポーツ	(ハ)	真駒内セキスイハイムスタジアム		9885	017400	往復 (一部循環)	21km0975 10km	継	2020.11.01～2025.10.31
◆	北海道	(マ)	札幌駅前通大通公園西4		10106	017420	循環 (一部往復)	42km195	継	2022.07.01～2027.06.30 (WA～2026.12.31)
▽	旭川	(ハ)	花咲スポーツ公園（陸）		9867	017500	循環 (一部往復)	21km0975	継	2020.06.01～2025.05.31
▽	はまなす車いす	(ハ)	札幌駅前通大通公園西4～新川通新川西の1		10107	017510	片道	21km0975	継	2022.07.01～2027.06.30
◆	函館	(マ)	千代台公園（陸）		9869	017520	循環 (一部往復)	42km195 21km0975	継	2020.10.01～2025.09.30 (WA～2025.12.31)
▽	旭川	(10km)	花咲スポーツ公園（陸）		9868	017530	往復	10km	継	2020.10.01～2025.09.30
▽	フードバレーとかち	(ハ)	藤丸百貨店付近～中央公園付近		9709	017540	周回	21km0975	新	2019.09.01～2024.08.31
◆	東京2020 オリンピック	(マ)	大通公園北大通～札幌駅前通		9878	017550	周回	42km195	新	2021.01.11～2026.01.10 (WA～2025.12.31)
◆	東京2020 オリンピック（50km）	(歩)	大通公園札幌駅前通		9879	017560	周回	50km 20km	新	2021.01.11～2026.01.10 (WA～2025.12.31)

区分	名称		所在地	電話番号	公認番号	コード番号	種別	距離	区別	公認期間
◆	サッポロランウォーク	(ハ)	大通公園北大通～北区北7条西		9880	017570	片道	21㎞0975	新	2021.01.11～2026.01.10（WA～2025.12.31）
◆	札幌チャレンジ	(10㎞)	大通公園南大通～札幌駅前通		9958	017580	片道	10㎞	新	2021.04.30～2026.04.29（WA～2025.12.31）
▽	洞爺湖湖畔	(マ)	洞爺湖温泉大通り～洞爺湖湖畔通り		10236	017590	循環（一部往復）	42㎞195	新	2023.05.01～2028.04.30
	【青森県】									
◎	新青森県総合（運）	(陸)	青森市大字宮田字高瀬22の2	017-752-0641	9695	021020	1	400	新	2019.09.01～2024.08.31
							WA－クラス2			2019.07.24～2024.07
◎	弘前市（運）	(陸)	弘前市大字豊田2の3の1	0172-27-6411	9828	022010	2	400	継	2020.04.21～2025.04.20
◎	むつ（運）	(陸)	むつ市山田町43の1	0175-24-1895	9884	022040	2	400	継	2020.10.01～2025.09.30
◎	八戸市東（運）	(陸)	八戸市湊高台8の1の1	0178-31-3355	10030	023110	3	400	継	2021.10.10～2026.10.09
◎	新青森県総合（運）補助	(陸)	青森市大字宮田字高瀬22の2	017-752-0641	9696	023210	3	400	新	2019.09.01～2024.08.31
◎	六ケ所村大石総合（運）	(陸)	上北郡六ケ所村大字尾駮字野附521の1	0175-72-6116	9893	024070	4	400	継	2020.05.01～2025.04.30
◎	平川市	(陸)	平川市町居南田252の1	0172-43-0660	10018	024119	4L	400	継	2021.12.01～2026.11.30
◎	南部町ふるさと（運）	(陸)	三戸郡南部町大字上名久井字長尾下55	0178-76-2111	10157	024129	4L	400	新	2022.12.01～2027.11.30
	八戸うみねこ	(ハ)	八戸市新湊3丁目		9742	027050	往復	21㎞0975 10㎞	継	2019.12.01～2024.11.30

区分	名称		所在地	電話番号	公認番号	コード番号	種別	距離	区別	公認期間
▽	あおもり桜	(マ)	野木和公園～青い海公園		9818	027060	片道（一部往復）	42 km 195 21 km 0975	新	2020.04.01～2025.03.31
	弘前市（運）周回路	(100 km)	弘前市（運）（陸）		10164	027070	周回	100 km 10 km 5 km	新	2022.12.25～2027.12.24
	新青森県総合（運）（陸）付帯	(投)	青森市太字宮田字高瀬22の2	017-737-0600	9695-投	02102T	投てき場		新	2019.09.01～2024.08.31

区分	名称		所在地	電話番号	公認番号	コード番号	種別	距離	区別	公認期間
	【岩手県】									
◎	北上	(陸)	北上市相去町高前檀地内	0197-67-6720	10237	031020	1	400	継	2023.04.01～2028.03.31
◎	一関（運）	(陸)	一関市萩荘字箱清水4の2	0191-21-2137	9864	032010	2	400	継	2020.08.01～2025.07.31
◎	岩手県営（運）	(陸)	盛岡市みたけ1の10の1	019-641-1127	9788	032020	2	400	継	2020.04.22～2025.04.21
◎	森山総合公園	(陸)-延-	胆沢郡金ケ崎町西根森山32の1	0197-44-5600	9590	033170	3	400	継	2018.11.10～2023.11.09
◎	北上陸上補助	(競)	北上市相去町高前檀地内	0197-67-6723	10021	033190	3	400	継	2021.11.30～2026.11.29
◎	宮古（運）	(陸)	宮古市赤前第8地割地内	0193-67-9811	10116	033220	3	400	継	2022.07.12～2027.07.11
◎	日居城野	(陸)	花巻市松園町613	0198-23-6150	10014	034089	4L	400	継	2021.11.26～2026.11.25
▽	西和賀町営	(30 km)	西和賀町役場湯田庁舎前		9975	037070	往復	30 km 21 km 0975 10 km	継	2021.06.01～2026.05.31
▽	大船渡市	(10 哩)	大船渡市民体育館前～市民体育館駐車場		9697	037200	周回	10 哩 10 km 5 km	継	2019.08.28～2024.08.27
▽	金ケ崎	(ハ)	森山総合公園（陸）		9822	037220	往復	21 km 0975	継	2020.05.03～2025.05.02

区分	名称	所在地	電話番号	公認番号	コード番号	種別	距離	区別	公認期間
	金ケ崎（20km） （歩）	森山総合公園（陸）		9894	037230	周回（2km）	20km 10km 5km	継	2020.12.01～2025.11.30
	北上総合（運）（50km） （歩）	北上総合（運）内東屋前		9997	037250	周回（2km）	50km 30km 20km 15km 10km 5km	継	2021.08.20～2026.08.19
▽	一関市公認 （ハ）	一関市総合体育館前		10102	037300	往復	21km0975 10km	継	2022.05.31～2027.05.30
▽	イーハトーブ花巻 （ハ）	日居城野（陸）		10137	037320	往復	21km0975 10km	継	2022.10.01～2027.09.30
◆	奥州きらめき （マ）	江刺西大通～奥州市役所江刺総合支所内		10002	037330	循環	42km195 10km	継	2021.11.01～2026.10.31 （WA～2026.12.31）
◆	いわて盛岡シティ （マ）	岩手大学構内～盛岡市中央公園広場		9684	037350	片道（一部往復）	42km195	新	2019.06.14～2024.06.13 （WA～2023.12.31）
▽	宮古市 （ハ）	宮古（運）（陸）～宮古地区合同庁舎		10108	037360	片道	21km0975 10km	新	2022.08.01～2027.07.31

区分	名称	所在地	電話番号	公認番号	コード番号	種別	距離	区別	公認期間
	【宮城県】								
◎	宮城スタジアム	宮城郡利府町菅谷字舘40の1	022-356-1122	9777	041020	1（多）	400	継	2020.03.21～2025.03.20
◎	仙台大学 （陸）	柴田郡柴田町船岡南2の2の18	0224-55-1121	9685	043050	3	400	継	2019.06.20～2024.06.19

◎	栗原市築館	(陸)	栗原市築館字荒田沢41の241	0228-22-4840	9933	043090	3	400	継	2021.04.01～2026.03.31
◎	角田市	(陸)	角田市枝野字青木155の7	0224-63-3771	10037	043110	3	400	継	2021.12.01～2026.11.30
◎	宮城スタジアム補助	(競)	宮城郡利府町菅谷字舘40の1	022-356-1122	9778	043140	3	400-条件付-	継	2020.03.21～2025.03.20
◎	仙台市	(陸)	仙台市宮城野区宮城野2の11の6	022-256-2488	9973	043150	3	400	継	2021.06.15～2026.06.14
◎	加美町陶芸の里スポーツ公園	(陸)	加美郡加美町宮崎字新土手浦1	0229-69-6555	9840	043160	3	400	継	2020.05.05～2025.05.04
○	白石川緑地	(陸)	白石市字中河原地内	0224-22-1325	10285	044119	4L	400	継	2023.10.01～2028.09.30
▽	カッパ	(ハ)	登米市登米綜合体育館前		9664	047060	往復	21km0975 10km 5km	継	2019.03.29～2024.03.28
▽	栗原市	(ハ)	栗原市役所若柳総合支所前		9796	047130	往復 (一部循環)	21km0975 10km	継	2020.04.01～2025.03.31
◆	仙台国際	(ハ)	弘進ゴムアスリートパーク仙台東側路上～弘進ゴムアスリートパーク仙台		10290	047160	往復	21km0975	継	2023.11.01～2028.10.31 (WA～2028.12.31)
▽	亘理町	(ハ)	亘理町荒浜字築港通		9829	047180	往復	21km0975 10km	新	2020.09.30～2025.09.29
◆	東北・みやぎ復興	(マ)	弘進ゴムアスリートパーク仙台東～名取文化会館東		10265	047190	片道	42km195	新	2023.07.20～2028.07.19 (WA～2027.12.31)
◎	宮城スタジアム付帯	(投)	宮城郡利府町菅谷字舘40の1	022-356-1122	9777-投	04102T	投てき場		継	2020.03.21～2025.03.20

区分	名称	所在地	電話番号	公認番号	コード番号	種別	距離	区別	公認期間
	【秋田県】								
◎	秋田県営 (陸)	秋田市雄和椿川字駒坂台4の1	018-886-3131	9745	051020	1	400	継	2019.12.01～2024.11.30
						WA－クラス2			2019.12.19～2024.12
◎	大館市長根山（運） (陸)	大館市東台地内	0186-49-6298	10146	052020	2	400	継	2022.09.01～2027.08.31
◎	八橋（運） (陸)	秋田市八橋運動公園1の10	018-823-1472	9870	052030	2	400	継	2020.10.01～2025.09.30
◎	本荘由利総合（運）水林 (陸)	由利本荘市水林地内	0184-24-2410	9845	053060	3	400	継	2020.05.05～2025.05.04
◎	秋田県営補助 (陸)	秋田市雄和椿川字駒坂台4の1	018-886-3131	9746	053150	3	400	継	2019.12.01～2024.11.30
◎	横手市十文字 (陸)	横手市十文字町十五野新田字坊主沢20の1	0182-42-2067	9830	053160	3	400	継	2020.05.02～2025.05.01
◎	鹿角市総合（運）総合 (競)	鹿角市花輪字赤坂160	0186-23-8000	10305	053170	3	400	継	2023.06.25～2028.06.24
◎	能代市 (陸)	能代市末広町66の1	0815-52-1085	10158	053180	3	400	継	2022.07.15～2027.07.14
◎	北秋田市鷹巣 (陸)	北秋田市坊沢上野2	0186-62-0830	9844	053190	3	400	継	2020.05.25～2025.05.24
	湯沢市稲川 (陸)	湯沢市三梨字間明田140	0183-55-8286	9895	054029	4L	400	継	2020.11.15～2025.11.14
▽	田沢湖 (マ)	春山三叉路～しらはまイベント広場		9846	057060	循環	42km195 21km0975 20km	継	2020.04.01～2025.03.31
	県都一周 (マ)	八橋（運）(陸)		9715	057070	周回	42km195 21km0975	継	2019.10.10～2024.10.09
▽	大館ハチ公 (ハ)	ニプロハチ公ドーム		10163	057100	循環	21km0975 10km	新	2022.12.11～2027.12.10

区分	名称	所在地	電話番号	公認番号	コード番号	種別	距離	区別	公認期間
	【山形県】								
◎	NDソフトスタジアム山形	天童市山王1の1	023-655-5900	9962	061030	1（多）	400	継	2020.12.01～2025.11.30
						WA－クラス2			2021.07.20～2026.07
◎	鶴岡市小真木原 （陸）	鶴岡市小真木原町2の1	0235-25-8131	9957	062030	2	400	継	2021.05.01～2026.04.30
◎	山形県総合（運）補助 （陸）	天童市山王1の1	023-655-5900	9963	063050	3	400	継	2020.12.01～2025.11.30
◎	米沢市営 （陸）	米沢市通町6の14の5	0238-21-0142	10147	063070	3	400	継	2022.09.26～2027.09.25
◎	ネッツえがおフィールド	山形市あかねケ丘2の4の1	023-644-4850	10073	063080	3	400	継	2021.04.28～2026.04.27
◎	酒田市光ケ丘 （陸）	酒田市光ヶ丘3の5の6	0234-35-2365	9842	063090	3	400	継	2020.07.31～2025.07.30
◎	光洋精機アスリートフィールド長井 （陸）	長井市九野本1235の1	0238-84-6900	10228	063110	3	400	新	2022.12.10～2027.12.09
	山形県立寒河江高等学校運動場	寒河江市大字寒河江字鷹ノ巣地内	0237-86-2195	9752	064100	4	400-条件付-	継	2019.12.01～2024.11.30
◎	新庄市 （陸）	新庄市金沢3070の4	0233-22-0681	10015	064140	4	400	継	2021.10.30～2026.10.29
▽	白鷹若鮎 （ハ）	白鷹町立蚕桑小学校		10115	067040	往復	21km0975 10km	継	2022.08.01～2027.07.31
▽	高畠 （ハ）	高畠町役場		9698	067120	往復	21km0975 10km	継	2019.09.01～2024.08.31
▽	ながい黒獅子 （ハ）	光洋精機アスリートフィールド長井		9721	067130	循環	21km0975	継	2019.10.06～2024.10.05
▽	酒田シティ （ハ）	酒田市光ヶ丘（陸）		10138	067150	往復	21km0975 10km	継	2022.09.30～2027.09.29

区分	名称	所在地	電話番号	公認番号	コード番号	種別	距離	区別	公認期間
◆	ながい山の港町 (マ)	光洋精機アスリートフィールド長井南側道路～光洋精機アスリートフィールド長井		10294	067160	循環	42km195 21km0975	継	2023.09.30～2028.09.29 (WA～2027.12.31)
◆	高畠まほろば（35km） (歩)	高畠町総合交流プラザ前		10266	067170	周回 (1km)	35km 20km 10km 5km	新	2023.10.01～2028.09.30 (WA～2027.12.31)

区分	名称	所在地	電話番号	公認番号	コード番号	種別	距離	区別	公認期間
	【福島県】								
◎	とうほう・みんなのスタジアム	福島市佐原字神事場	024-593-1111	9647	071040	1(多)	400	継	2019.03.26～2024.03.25
◎	いわき (陸)	いわき市平下荒川字南作86	0246-28-2577	9913	072020	2	400	継	2021.03.10～2026.03.09
◎	雲雀ヶ原 (陸)	南相馬市原町区中太田天狗田96	0244-22-8951	9995	073020	3	400	継	2021.08.06～2026.08.05
◎	白河市総合（運） (陸)	白河市北中川原地内	0248-22-8971	10224	073030	3	400	継	2022.11.26～2027.11.25
◎	県営あづま（陸）補助 (陸)	福島市佐原字神事場	024-593-1111	9648	073090	3	400	継	2019.03.26～2024.03.25
◎	福島市信夫ケ丘 (競)	福島市古川14の1	024-533-2267	10074	073100	3	400	継	2021.09.01～2026.08.31
◎	田村市 (陸)	田村市船引町船引字遠表400	0247-82-0039	10317	073110	3	400	継	2023.02.19～2028.02.18
◎	猪苗代町（運） (陸)	耶麻郡猪苗代町字向川原1507	0242-62-4481	10300	073140	3	400	継	2022.11.04～2027.11.03
◎	あいづ (陸)-延-	会津若松市門田町大字御山字村上164	0242-28-4440	10154	073150	3	400	継	2022.12.01～2027.11.30
◎	いわき（陸）補助 (競)	いわき市平下荒川字南作86	0246-28-2577	9914	074029	4L	300	継	2021.03.10～2026.03.09
◎	福島大学 (陸)-延-	福島市金谷川1	024-548-8054	9614	074130	4	400	継	2018.06.01～2023.05.31

区分	名称		所在地	電話番号	公認番号	コード番号	種別	距離	区別	公認期間
▽	円谷幸吉メモリアル公認	(ハ)	須賀川市文化センター南側影沼橋～須賀川アリーナ		9683	077130	往復	21㎞0975 10㎞ 5㎞	継	2019.06.28～2024.06.27
▽	いわき	(マ)	いわき（陸）～小名浜多目的広場		9689	077140	片道 (一部往復)	42㎞195	継	2019.08.08～2024.08.07
▽	会津若松市鶴ヶ城	(ハ)	会津総合（運）前～あいづ（陸）		10238	077220	往復 (一部循環)	21㎞0975	継	2023.04.20～2028.04.19
▽	ふくしまシティ	(ハ)	福島市信夫ヶ丘（競）		10151	077230	循環	21㎞0975	新	2022.11.07～2027.11.06

区分	名称		所在地	電話番号	公認番号	コード番号	種別	距離	区別	公認期間
	【茨城県】									
◎	笠松（運）	(陸)	ひたちなか市佐和2197の28	029-202-0808	9934	081010	1	400	継	2021.03.21～2026.03.20
◎	ケーズデンキスタジアム水戸		水戸市小吹町2058の1	029-241-8484	9915	082020	2	400	継	2021.04.01～2026.03.31
◎	石岡市（運）	(陸)-延-	石岡市南台3の34の1	0299-26-7210	9568	083070	3	400	継	2018.10.01～2023.09.30
◎	笠松（運）補助	(陸)	那珂市向山1274の9	029-202-0808	9769	083080	3	400	継	2020.03.27～2025.03.26
◎	日立市市民（運）	(陸)	日立市東成沢町2の15の1	0294-36-6661	10216	083090	3	400	継	2023.01.01～2027.12.31
◎	龍ケ崎市	(陸)	龍ヶ崎市中里2の1の7	0297-64-8674	10060	083100	3	400	継	2022.03.05～2027.03.04
◎	筑波大学	(陸)	つくば市天王台1の1の1	029-853-2870	10239	083110	3	400	継	2023.04.01～2028.03.31
◎	ひたちなか市	(陸)	ひたちなか市新光町49	029-273-9370	10053	083120	3	400	継	2022.04.01～2027.03.31
◎	古河市中央（運）	(陸)	古河市下大野2528	0280-92-5555	10215	083130	3	400	継	2023.04.01～2028.03.31
▽	勝田全国	(マ)	ひたちなか市表町商店街～石川運動ひろば		10340	087010	循環	42㎞195 10㎞	継	2024.02.11～2029.02.10
◆	かすみがうら	(マ)	川口（運）前道路～川口（運）(陸)		9779	087070	循環	42㎞195	継	2020.01.01～2024.12.31 (WA～2024.12.31)

区分	名称	所在地	電話番号	公認番号	コード番号	種別	距離	区別	公認期間
▽	坂東市将門 (ハ)	岩井公民館東側道路～坂東市八坂総合公園（陸）		9886	087080	循環	21km0975 10km	継	2020.11.01～2025.10.31
▽	守谷 (ハ)	市川歯科クリニック前～守谷市役所前		10130	087130	循環 (一部往復)	21km0975	継	2021.10.01～2026.09.30
▽	霞ヶ浦 (10哩)	川口（運）前道路～川口（運）(陸)		9780	087170	循環	10哩	継	2020.01.01～2024.12.31
◆	つくば (マ)	筑波大学周回道路天久保池西～筑波大学（陸）		9871	087180	循環 (一部往復)	42km195 10km	継	2020.10.01～2025.09.30 (WA～2024.12.31)
◆	水戸 (マ)	水戸市南町2丁目交差点～茨城県三の丸庁舎広場		10009	087190	循環	42km195	継	2021.01.01～2025.12.31 (WA～2026.12.31)
▽	龍ヶ崎たつのこ (ハ)	さんさん館前交差点～龍ヶ崎市（陸）		9959	087200	往復	21km0975	新	2021.04.04～2026.04.03
▽	かさま陶芸の里 (ハ)	笠間市芸術の森公園北ゲート入口～笠間市芸術の森公園内		10259	087220	往復	21km0975	新	2023.07.01～2028.06.30
▽	ひたちシーサイド (マ)	日立市民（運）出入口～日立市民（運）(陸)		10334	087230	循環	42km195	新	2024.02.04～2029.02.03
	笠松（運）(陸) 付帯 (投)	ひたちなか市佐和2197の28	029-202-0808	9934 -投	08101T	投てき場		継	2021.03.21～2026.03.20

区分	名称	所在地	電話番号	公認番号	コード番号	種別	距離	区別	公認期間
	【栃木県】								
◎	栃木県総合（運） (陸)	宇都宮市西川田4の1の1	028-615-0580	9823	091020	1	400	新	2020.04.15～2025.04.14
						WA－クラス2			2020.08.31～2025.08
◎	栃木市総合（運） (陸)-延-	栃木市川原田町760	0282-23-2523	9569	092020	2	400	継	2018.09.03～2023.09.02

区分	名称		所在地	電話番号	公認番号	コード番号	種別	距離	区別	公認期間
◎	佐野市（運）	（陸）	佐野市赤見町2130の2	0283-25-0403	9650	092030	2	400	継	2019.03.30～2024.03.29
◎	小山（運）	（陸）	小山市大字向野187	0285-49-3523	10075	093070	3	400	継	2021.03.26～2026.03.25
◎	栃木県総合（運）第2	（陸）	宇都宮市西川田4の1の1	028-658-0128	9649	093080	3	400	新	2019.04.01～2024.03.31
◎	真岡市総合（運）	（陸）	真岡市小林1900		9651	094050	4	400	継	2019.03.31～2024.03.30
◎	足利市総合（運）	（陸）	足利市田所町1123	0284-41-3963	9792	094060	4	400	継	2019.04.01～2024.03.31
◎	下野市大松山（運）	（陸）	下野市大松山1の7の1	0285-32-8920	10322	094070	4	400	継	2024.01.01～2028.12.31
▽	高根沢町元気あっぷ	（ハ）	高根沢町町民広場（陸）		9713	097020	循環	21km0975	継	2019.11.01～2024.10.31
▽	大田原	（マ）	美原公園（陸）		10248	097090	循環	42km195 10km	新	2023.05.14～2028.05.13
	栃木県総合（運） 多目的広場	（投）	宇都宮市西川田4の1の1	028-615-0581	9823 -投	09102T	投てき場		新	2022.04.28～2027.04.27

区分	名称		所在地	電話番号	公認番号	コード番号	種別	距離	区別	公認期間
	【群馬県】									
◎	正田醤油スタジアム 群馬		前橋市敷島町66	027-234-9338	10061	101010	1	400	継	2022.03.15～2027.03.14
◎	高崎市浜川	（競）	高崎市浜川町1486	027-344-1855	10090	102020	2	400	継	2022.04.30～2027.04.29
◎	群馬県営補助	（陸）	前橋市敷島町66	027-234-9338	10326	103080	3	400	継	2024.01.10～2029.01.09
◎	桐生市	（陸）	桐生市元宿町17の33	0277-44-7436	9935	103100	3	400	継	2021.04.30～2026.04.29
◎	渋川市総合公園	（陸）	渋川市渋川4272	0279-24-0535	10293	103130	3	400	継	2023.09.30～2028.09.29
◎	太田市（運）	（陸）	太田市飯塚町1059	0276-45-8118	9899	103140	3	400	新	2020.11.01～2025.10.31
◎	伊勢崎市	（陸）	伊勢崎市堤西町121	0270-23-7015	10195	103150	3	400	継	2023.04.27～2028.04.26
◎	富岡市北部（運）	（陸）	富岡市上黒岩1337の1	0274-63-6392	10040	104029	4L	400	継	2022.03.23～2027.03.22
◎	前橋総合（運）	（陸）	前橋市荒口町437の2	027-268-1911	9898	104059	4L	400	継	2020.10.01～2025.09.30

区分	名称	所在地	電話番号	公認番号	コード番号	種別	距離	区別	公認期間
	群馬敷島 (10km)	正田醤油スタジアム群馬		10268	107010	往復	10km 5km	継	2023.07.01～2028.06.30
	高崎市榛名湖畔 (マ)	榛名山ロープウエイ榛名高原駅先～県立榛名公園ビジターセンター先		10159	107110	周回	42km195	継	2023.02.01～2028.01.31
▽	ぐんま (マ)	前橋市上小出町1丁目、2丁目インターハイ道路上～正田醤油スタジアム群馬		9770	107140	循環	42km195 10km	継	2020.03.15～2025.03.14
	伊勢崎市（陸）付設 (ハ)	伊勢崎市（陸）		9682	107150	周回	21km0975 10km	新	2019.06.30～2024.06.29
	ベル・アスレティクスジャパン室内棒高跳場	北群馬郡吉岡町漆原1555の2	0279-55-0082	室内-106		恒久	PV	継	2024.02.01～2029.01.31

区分	名称	所在地	電話番号	公認番号	コード番号	種別	距離	区別	公認期間
	【埼玉県】								
◎	熊谷スポーツ文化公園 (陸)	熊谷市上川上300	048-526-2004	10233	111020	1	400	継	2023.05.01～2028.04.30
						WA－クラス2			2024.02.05～2027.02
◎	上尾（運） (陸)	上尾市愛宕3の28の30	048-771-4245	9936	112040	2	400	継	2021.04.21～2026.04.20
◎	東松山 (陸)	東松山市大字松山1481	0493-24-0160	10323	113090	3	400	継	2024.01.01～2028.12.31
◎	越谷市立しらこばと（運） (競)	越谷市大字小曽川729の1	048-971-3230	特例措置	11312X	3	400		～2024.03.31（申請中）
◎	熊谷スポーツ文化公園補助 (陸)	熊谷市上川上300	048-526-2004	10197	113130	3	400	継	2023.05.01～2028.04.30

◎	川口市青木町公園（総）	（陸）	川口市西青木4の8の1	048-251-6893	10214	113150	3	400	継	2022.10.01～2027.09.30
◎	セナリオハウスフィールド三郷		三郷市泉3の4	048-954-2720	10172	113160	3-投芝-	400	新	2023.02.01～2028.01.31
◎	大東文化大学東松山キャンパス総合	（グ）	東松山市岩殿560	0493-31-1560	10291	114049	4L-人芝-	400	継	2023.08.13～2028.08.12
◎	自衛隊体育学校	（陸）	朝霞市溝沼	048-460-1711	9927	114069	4L	400	継	2020.09.01～2025.08.31
◎	セントポールズフィールド		新座市北野1の2の25	048-471-2323	9760	114070	4-人芝-	400	継	2019.07.23～2024.07.22
◎	早稲田大学織田幹雄記念	（陸）	所沢市三ケ島2の579の15	042-947-6849	9743	114080	4	400	継	2019.11.11～2024.11.10
◎	さいたま市駒場（運）	（競）	さいたま市浦和区駒場2の1の1	048-882-8149	10076	114109	4L	400	継	2022.04.01～2027.03.31
◆	上尾シティ	（ハ）	上尾（運）（陸）		9771	117030	往復	21km0975	継	2020.03.08～2025.03.07 （WA～2024.12.31）
▽	ふかやシティ	（ハ）	深谷市総合体育館前～深谷市仙元山公園（陸）		9960	117050	循環	21km0975 10km	継	2021.03.21～2026.03.20
◆	小江戸川越	（ハ）	川越水上公園		9883	117080	往復 （一部循環）	21km0975 10km	新	2020.12.10～2025.12.09 （WA～2025.12.31）
▽	さいたま	（マ）	さいたまスーパーアリーナ		10327	117090	往復	42km195	新	2024.01.01～2028.12.31
◆	早稲田大学（陸）外周	（10km）	早稲田大学（陸）外周		10331	117100	周回	10km 5km 1哩	新	2024.04.01～2029.03.31 （WA～2028.12.31）
	熊谷スポーツ文化公園	（投）	熊谷市大字上川上300	048-526-2004	10233-投	11102T	投てき場		継	2023.05.01～2028.04.30

区分	名称	所在地	電話番号	公認番号	コード番号	種別	距離	区別	公認期間
	【千葉県】								
◎	千葉県総合スポーツセンター (陸)	千葉市稲毛区天台町323	043-290-8501	9824	121010	1	400-条件付-	継	2020.06.08～2025.06.07
◎	船橋市（運） (陸)	船橋市夏見台6の4の1	047-438-4461	9804	122010	2	400	継	2020.04.01～2025.03.31
◎	千葉県立柏の葉公園総合 (競)	柏市柏の葉4の1	047-134-5012	9663	122060	2	400	継	2019.04.20～2024.04.19
◎	千葉県総合スポーツセンター東総運動場 (陸)	旭市清和乙621	0479-68-1061	9919	122070	2	400	継	2021.04.01～2026.03.31
◎	松戸市（運） (陸)	松戸市上本郷4434	047-363-9241	9839	123040	3-投芝-	400	継	2019.10.01～2024.09.30
◎	国際武道大学 (陸)	勝浦市新官字物見塚841	0470-73-4111	9735	123060	3	400	継	2019.09.30～2024.09.29
◎	順天堂大学さくらキャンパス (陸)	印西市平賀学園台1の1	0476-98-1001	10199	123080	3	400	継	2023.02.01～2028.01.31
◎	千葉県総合スポーツセンター第2 (陸) -延-	千葉市稲毛区天台町323	043-290-8501	特例措置	12316X	3	400	継	2018.04.01～2023.03.31
◎	野田市総合公園 (陸)	野田市清水501	047-124-8464	9782	123220	3	400	継	2020.04.01～2025.03.31
◎	鴨川市 (陸)	鴨川市太尾字下畠64	047-093-5111	9781	123230	3	400	継	2020.03.23～2025.03.22
◎	ゼットエーオリプリスタジアム	市原市岩崎536	0436-21-4441	10191	123250	3	400	継	2023.03.31～2028.03.30
◎	県立青葉の森公園 (陸)	千葉市中央区青葉町654	043-262-8899	9965	123260	3	400	継	2021.07.01～2026.06.30
◎	成田市中台（運） (陸)	成田市中台5の2	0476-26-7259	10196	123270	3	400	継	2023.05.20～2028.05.19
◎	木更津市営江川（総） (陸)	木更津市江川959の1	0438-41-9641	9686	123280	3	400	新	2019.06.10～2024.06.09
◎	国府台公園 (陸)	市川市国府台1の6の4	047-373-3111	10062	124089	4L-人芝-	400	継	2022.04.01～2027.03.31
◎	八千代市総合（グ） (陸)	八千代市村上2413	047-484-4222	9691	124090	4-人芝-	400-条件付-	継	2019.09.07～2024.09.06

区分	名称	所在地	電話番号	公認番号	コード番号	種別	距離	区別	公認期間
◎	浦安市（運） （陸）	浦安市舞浜2の27	047-350-9830	9807	124109	4L-人芝-	400	継	2020.04.01～2025.03.31
◎	印西市松山下公園 （陸）	印西市浦部沖田274の1	0476-42-5111	9920	124119	4L	400	継	2021.04.01～2026.03.31
◎	富津市臨海 （陸）-延-	富津市新富146の2	0439-87-4205	9652	124120	4	400-条件付-	継	2018.08.01～2023.07.31
◎	鎌ケ谷市市営 （陸）	鎌ケ谷市初富924の283	047-445-8585	9714	124130	4-人芝-	400	新	2019.06.25～2024.06.24
◎	東金アリーナ （陸）	東金市堀上1361の1	0475-50-1715	10295	124149	4L	400	継	2022.10.01～2027.09.30
▽	幕張メッセ （ハ）	海浜大通りメッセ側～マリンスタジアム園路		10173	127090	往復（一部循環）	21km0975	継	2023.02.01～2028.01.31
▽	佐倉市公認 （マ）	岩名（運）小出義雄記念（陸）		10328	127110	循環	42km195 10km	継	2023.12.01～2028.11.30
▽	手賀沼エコ （ハ）	北柏ふるさと公園北～柏ふるさと公園		9987	127120	循環	21km0975	継	2021.09.01～2026.08.31
◆	袖ヶ浦フォレストレースウェイ （100km）	袖ヶ浦フォレストレースウェイ走行路～ピット		9904	127180	周回	100km	新	2021.01.06～2026.01.05 （WA～2025.12.31）
	【東京都】								
◎	国立 （競）	新宿区霞ヶ丘町10の1	03-5410-9124	9736	131040	1（多）	400	新	2019.11.04～2024.11.03
						WA－クラス1			2019.11.25～2024.11
◎	江東区夢の島 （競）	江東区夢の島1の1の2	03-3522-0846	9722	132070	2	400	継	2019.10.10～2024.10.09
◎	八王子市上柚木公園 （陸）	八王子市上柚木2の40の1	042-675-0227	10175	132080	2	400	継	2022.03.01～2027.02.28
◎	駒沢オリンピック公園（総） （陸）	世田谷区駒沢公園1の1	03-3421-6199	9808	132090	2	400	継	2020.04.01～2025.03.31
◎	代々木公園 （陸）	渋谷区神南2の3	03-3469-6081	10047	133040	3	400	継	2021.04.07～2026.04.06
◎	世田谷区立（総） （陸）	世田谷区大蔵4の6の1	03-3417-4276	9753	133060	3	400	継	2020.01.10～2025.01.09

◎	中央大学多摩校地運動施設	(陸)	八王子市東中野742の1	042-674-3931	10205	133070	3	400	継	2022.09.01～2027.08.31
◎	都立大井ふ頭中央海浜公園	(陸)	品川区八潮4の1の19	03-3790-2378	9665	133080	3	400	継	2019.03.31～2024.03.30
◎	法政大学多摩校地	(陸)	町田市相原町4342	042-783-2076	9666	133150	3	400	継	2019.04.30～2024.04.29
◎	国士舘大学多摩	(陸)	多摩市永山7の3の1	042-339-7200	10024	133160	3	400	継	2021.12.20～2026.12.19
◎	舎人公園	(陸) - 延 -	足立区舎人公園1の1	03-3857-2308	9583	133170	3	400	継	2018.10.10～2023.10.09
◎	武蔵野市立武蔵野	(陸)	武蔵野市吉祥寺北町5の11の20	0422-56-2200	9653	133180	3	400	継	2019.04.01～2024.03.31
◎	秋留台公園	(陸)	あきる野市二宮673の1	042-559-6910	9783	133190	3	400	継	2020.04.01～2025.03.31
◎	味の素スタジアム西	(競)	調布市西町290の11	042-440-0555	10048	133230	3	400	継	2022.03.01～2027.02.28
◎	町田市立	(陸)	町田市野津田町2035	042-735-4511	10186	133240	3	400	継	2023.03.07～2028.03.06
◎	江戸川区	(陸)	江戸川区清新町2の1の1	03-3878-3388	9678	133250	3	400	継	2019.05.24～2024.05.23
◎	葛飾区奥戸総合スポーツセンター	(陸)	葛飾区奥戸7の17の1	03-3691-7111	10260	134179	4L-人芝-	400	継	2023.06.29～2028.06.28
◎	東京都板橋区立新河岸	(陸) - 延 -	板橋区新河岸3の1の3	03-3939-7910	9570	134180	4	250	継	2018.09.01～2023.08.31
◎	東京学芸大学	(陸)	小金井市貫井北町4の1の1	042-329-7163	9673	134190	4-人芝-	400	継	2019.04.22～2024.04.21
◎	府中市民	(陸)	府中市寿町2の20	042-368-1686	9699	134200	4	300-条件付-	継	2019.08.01～2024.07.31
◎	日本大学	(陸) - 延 -	世田谷区桜上水3の24の22	03-3329-1151	9731	134230	4	400	継	2019.03.01～2024.02.29
◎	一橋大学	(陸)	国立市中2の1	042-580-8116	9667	134240	4	400	継	2019.04.30～2024.04.29
◎	東京大学	(陸)	目黒区駒場3の8の1	03-5454-6036	9672	134250	4	400	継	2019.05.01～2024.04.30
◎	帝京大学八王子キャンパス	(陸)	多摩市和田1361の1		9989	134269	4L-人芝-	400-条件付-	継	2021.04.01～2026.03.31
◎	東京女子体育大学	(陸)	国立市富士見台4の30の1	042-572-4131	10023	134289	4L	300	継	2021.12.20～2026.12.19

◎	練馬区立練馬（総）公園	（陸）	練馬区練馬2の29の10	03-3994-3086	9628	134300	4-人芝-	400	新	2019.03.13～2024.03.12
◎	八王子市富士森公園	（陸）	八王子市台町2の2	042-628-5558	9784	134310	4-人芝-	400	新	2020.03.01～2025.02.28
◆	青梅	（30 km）	青梅市東青梅4丁目～青梅市総合体育館前		9831	137040	往復	30 km 10 km	継	2020.08.12～2025.08.11 （WA～2025.12.31）
▽	府中市郷土の森	（ハ）	府中市郷土の森第1野球場		9858	137060	往復	21 km 0975 10 km 5 km	継	2020.04.01～2025.03.31
◆	板橋 City	（マ）	荒川河川敷～板橋区戸田橋野球場前		10165	137220	往復	42 km 195	継	2023.01.01～2027.12.31 （WA～2027.12.31）
◆	神宮外苑絵画館（20 km）	（歩）	神宮外苑車道周回路～聖徳記念絵画館西側交差点		10179	137230	周回	20 km 10 km 5 km	継	2023.03.10～2028.03.09 （WA～2028.12.31）
▽	江東シーサイド	（ハ）	江東区夢の島（競）		9728	137260	循環（一部往復）	21 km 0975 10 km	継	2019.10.10～2024.10.09
◆	世田谷246	（ハ）	駒沢オリンピック公園（陸）		10299	137360	循環	21 km 0975	継	2023.10.01～2028.09.30 （WA～2027.12.31）
▽	ハイテク	（ハ）	新荒川大橋野球場前		9887	137440	往復	21 km 0975 10 km	継	2020.12.01～2025.11.30
◆	立川シティ	（ハ）	陸上自衛隊立川駐屯地滑走路南側～国営昭和記念公園みんなの原っぱ脇東側		10297	137450	循環（一部周回）	21 km 0975 10 km 1 哩	継	2023.11.21～2028.11.20 （WA～2028.12.31）
◆	東京・柴又	（100 km）	江戸川区堤緊急用河川敷～柴又公園内		10245	137470	往復	100 km	継	2023.05.14～2028.05.13 （WA～2027.12.31）
▽	東京・赤羽（上流）	（ハ）	北区営新荒川大橋野球場前		10148	137490	往復	21 km 0975 10 km	継	2022.11.04～2027.11.03

▽	足立フレンドリー	(ハ)	荒川河川敷千住新橋左岸「高砂野球場前」		9710	137500	往復	21㎞0975 10㎞ 5㎞	継	2019.10.01～2024.09.30
◆	東京	(マ)	東京都庁第一庁舎前～東京駅前・行幸通り		9981	137520	片道	42㎞195	継	2021.06.30～2026.06.29 (WA～2025.12.31)
◆	国営昭和記念公園	(ハ)	陸上自衛隊立川駐屯地滑走路南側～国営昭和記念公園みんなの原っぱ脇東側		10286	137570	循環 (一部周回)	21㎞0975	継	2023.09.01～2028.08.31 (WA～2027.12.31)
◆	東京2020 パラリンピック	(マ)	国立競技場		9763	137610	往復	42㎞195	新	2020.04.19～2025.04.18 (WA～2024.12.31)
◆	立川シティ 自衛隊駐屯地	(マ)	陸上自衛隊立川駐屯地滑走路南側～滑走路北側		9916	137630	周回	42㎞195 21㎞0975	新	2021.03.01～2026.02.28 (WA～2025.12.31)
▽	江戸川河川敷往復	(100㎞)	江戸川緊急河川敷道路～柴又公園内		9974	137640	往復	100㎞	新	2021.05.17～2026.05.16
◆	板橋区・高島平	(ハ)	旧板橋区立高島第七小学校前		9982	137650	周回	21㎞0975 10㎞	新	2021.06.30～2026.06.29 (WA～2025.12.31)
▽	MINATOシティ	(ハ)	港区芝公園前～東京タワー敷地内駐車場		9988	137660	循環 (一部往復)	21㎞0975	新	2021.07.18～2026.07.17
▽	国営昭和記念公園 チャレンジ	(マ)	国営昭和記念公園うんどう広場前		10025	137670	循環	42㎞195 21㎞0975	新	2022.02.01～2027.01.31
◆	東京レガシー	(ハ)	国立(競)		10044	137680	往復	21㎞0975	新	2022.05.01～2027.04.30 (WA～2027.12.31)
▽	板橋チャレンジ	(マ)	荒川戸田橋(陸)前		10063	137690	周回	42㎞195 21㎞0975	新	2022.03.15～2027.03.14
◆	国立競技場・ 神宮外苑周回	(ハ)	国立(競)		10095	137700	周回	21㎞0975	新	2022.04.28～2027.04.27 (WA～2026.12.31)

◆	新宿シティ	(ハ)	国立（競）		10096	137710	往復	21 km 0975 10 km	新	2022.07.07～2027.07.06 (WA 2027.12.31～)
▽	昭和記念公園	(30 km)	国営昭和記念公園内うんどう広場西側		10134	137720	周回	30 km 21 km 0975 10 km	新	2022.10.23～2027.10.22
▽	荒川河川敷	(マ)	荒川戸田橋緑地（陸）前		10167	137740	周回	42 km 195 21 km 0975 10 km 5 km 1 哩	新	2023.01.11～2028.01.10
◆	明治神宮外苑	(10 km)	明治神宮外苑車道周回路～いちょう並木道路		10180	137750	周回	10 km 5 km 1 哩	新	2023.03.10～2028.03.09 (WA ～2027.12.31)
◆	グランド チャンピオンシップ	(マ)	国立（競）		10243	137760	往復	42 km 195	新	2023.07.01～2028.06.30 (WA ～2027.12.31)
◆	東京レガシー車いす	(ハ)	国立（競）～共立女子大学前交差点		10244	137770	片道	21 km 0975	新	2023.07.01～2028.06.30 (WA ～2027.12.31)
◆	味の素スタジアム	(1 哩)	味の素スタジアム		10275	137780	循環	1 哩	新	2023.09.01～2028.08.31 (WA ～2027.12.31)
▽	国営昭和記念公園 東京マスターズ	(5 km)	国営昭和記念公園銀杏並木		10296	137790	往復	5 km 1 哩	新	2023.11.01～2028.10.31
▽	葛飾	(ハ)	葛飾区立堀切水辺公園		10335	137800	往復	21 km 0975 10 km 5 km	新	2024.02.10～2029.02.09
◆	明治神宮外苑周回	(5 km)	明治神宮外苑車道周回路～絵画館前		10329	137810	周回	5 km	新	2024.02.01～2029.01.31 (WA ～2028.12.31)

区分	名称	所在地	電話番号	公認番号	コード番号	種別	距離	区別	公認期間
	【神奈川県】								
◎	日産スタジアム	横浜市港北区小机町3300	045-477-5000	10198	141020	1(多)	400	継	2022.12.12～2027.12.11
						WA－クラス2			2023.04.26～2028.2
◎	川崎市等々力 (陸)	川崎市中原区等々力1の1	044-722-0303	9815	141050	1(多)	400	新	2020.04.01～2025.03.31
◎	神奈川県立 スポーツセンター (陸)	藤沢市善行7の1の2	0466-81-2570	9785	142010	2	400	継	2020.04.01～2025.03.31
◎	城山 (陸)	小田原市城山2の29の1	0465-22-3549	9806	142020	2	400	継	2020.04.01～2025.03.31
◎	レモンガス スタジアム平塚	平塚市大原1の1	0463-35-2233	10077	142040	2	400	継	2022.03.15～2027.03.14
◎	厚木市荻野（運） (競)	厚木市中荻野1500	046-225-2900	10332	142050	2	400	継	2024.02.28～2029.02.27
◎	三ツ沢公園 (陸)	横浜市神奈川区三ツ沢西町3の1	045-548-5147	9922	142070	2	400	継	2020.10.27～2025.10.26
◎	相模原ギオン スタジアム	相模原市南区下溝4169	042-777-6088	9654	142080	2	400	継	2019.04.01～2024.03.31
◎	不入斗公園 (陸)	横須賀市不入斗町1の2	046-822-9360	9639	143030	3	400	継	2019.04.30～2024.04.29
◎	日本体育大学横浜 健志台キャンパス (陸)	横浜市青葉区鴨志田町1221の1	045-963-7900	9873	143050	3	400	継	2020.11.13～2025.11.12
◎	東海大学湘南校舎 (陸)	平塚市北金目4の1の1	0463-58-1211	10149	143060	3	400	継	2022.11.01～2027.10.31
◎	日産フィールド小机 (競)-延-	横浜市港北区小机町3300	045-477-5000	9631	143130	3	400	継	2018.06.15～2023.06.14
◎	秦野市 カルチャーパーク (陸)	秦野市平沢148	0463-82-1324	10194	143170	3	400	継	2023.04.05～2028.04.04
◎	大和市営大和 スポーツセンター (陸)	大和市上草柳1の1の1	046-261-6200	9791	143180	3	400	継	2020.03.15～2025.03.14

区分	名称		所在地	電話番号	公認番号	コード番号	種別	距離	区別	公認期間
◎	川崎市等々力第二	(陸)	川崎市中原区等々力1の1	044-722-0303	9816	143190	3-投芝-	400	新	2020.04.01～2025.03.31
◎	慶應義塾大学日吉	(陸)-延-	横浜市港北区日吉4の1の1	045-563-1111	9584	144020	4-投芝-	400	継	2018.09.20～2023.09.19
◎	相模原ギオン フィールド		相模原市南区下溝4169番地内	042-777-6088	10330	144030	4-投芝-	400	継	2023.12.20～2028.12.19
◎	柳島スポーツ公園 総合	(競)	茅ヶ崎市柳島1300		10230	144059	4L-人芝-	400	継	2023.03.01～2028.02.29
◎	綾瀬市民スポーツ センター屋外運動場	(陸)	綾瀬市深谷上3の6の1	0467-76-9292	10301	144060	4	400	継	2023.10.01～2028.09.30
▽	よこすかシーサイド	(ハ)	横須賀市救急医療センター入口		10118	147010	往復	21km0975 10km	継	2022.04.01～2027.03.31
▽	丹沢湖	(ハ)	三保郵便局前～旧山北町立三保中学校（グ）		9843	147080	周回	21km0975	継	2020.08.01～2025.07.31
▽	女子美術大学周回	(ハ)	相模原ギオンスタジアム		10246	147210	周回	21km0975	継	2023.05.01～2028.04.30
▽	神奈川	(ハ)	日清オイリオグループ磯子事業所内		10320	147220	周回	21km0975 10km	新	2024.02.04～2029.02.03
	日産スタジアム付帯	(投)	横浜市港北区小机町3300	045-477-5000	10198-投	14102T	投てき場		継	2021.03.18～2026.03.17

区分	名称		所在地	電話番号	公認番号	コード番号	種別	距離	区別	公認期間
	【山梨県】									
◎	山梨県小瀬 スポーツ公園	(陸)	甲府市小瀬町840	055-243-3111	9640	151010	1	400	継	2019.04.02～2024.04.01
◎	甲府市緑が丘 スポーツ公園	(競)	甲府市緑が丘2の8の2	055-223-7325	10200	152010	2	400	継	2023.04.01～2028.03.31

区分	名称		所在地	電話番号	公認番号	コード番号	種別	距離	区別	公認期間
◎	山梨県富士北麓公園	(陸)	富士吉田市上吉田立石5000	0555-24-3651	10103	152020	2	400	継	2022.06.01～2027.05.31
◎	山梨県小瀬 スポーツ公園補助	(陸)	甲府市小瀬町840	055-243-3111	9641	153010	3	400	継	2019.04.02～2024.04.01
◎	櫛形総合公園	(陸)	南アルプス市桃園1600	055-284-5151	9655	153030	3	400	継	2019.04.01～2024.03.31
◎	都留市総合（運） やまびこ	(競)	都留市上谷細工橋2111	0554-20-3877	10064	153040	3	400	継	2022.04.29～2027.04.28
◎	山梨学院川田 「未来の森」（運）	(陸)	甲府市川田町176	055-224-1955	特例措置	15401X	4	400		～2024.03.31（申請中）
◆	富士山	(マ)	山梨県営船津浜駐車場～		10117	157040	循環	42㎞195	継	2022.10.10～2027.10.09 (WA～2027.12.31)
	【新潟県】									
◎	デンカビッグスワン スタジアム		新潟市中央区清五郎67の12	025-287-8811	10131	161020	1(多)	400	継	2022.09.30～2027.09.29
							WA－クラス2			2022.10.11～2027.10
◎	柏崎市	(陸)	柏崎市学校町1の40	0257-24-7280	10003	162010	2	400	継	2021.11.01～2026.10.31
◎	高田城址公園	(陸)	上越市本城町46の1	025-524-1260	9964	162020	2	400	継	2021.04.01～2026.03.31
◎	長岡市営	(陸)	長岡市緑町1の5の1	0258-27-6300	9976	162030	2	400	継	2021.05.20～2026.05.19
◎	十日町市	(陸)	十日町市中条乙2563	025-757-2090	10010	162050	2	400	継	2021.11.20～2026.11.19
◎	新発田市五十公野 公園	(陸)	新発田市五十公野5724	0254-22-5244	9905	162070	2	400	継	2020.10.01～2025.09.30
◎	新潟市	(陸)	新潟市中央区一番堀通町3の1	025-266-8111	9939	162080	2	400	継	2020.11.01～2025.10.31
◎	デンカスワン フィールド		新潟市中央区清五郎67の12	025-287-8811	10249	163120	3	400	継	2023.06.14～2028.06.13

◎	佐渡市	(陸)	佐渡市名古屋146の1	0259-67-7645	10000	163130	3	400	継	2021.11.28～2026.11.27
◎	胎内市総合（グ）	(陸)	胎内市西条666	0254-43-3570	9717	163140	3	400-条件付-	継	2019.09.20～2024.09.19
◎	三条燕総合	(グ)	三条市上須頃	0256-34-5586	9832	164209	4L	400	継	2020.06.01～2025.05.31
◎	新潟医療福祉大学	(陸)	新潟市北区島見町字浜原2番101外44筆	025-257-4467	10263	164230	4	400	継	2023.05.26～2028.05.25
◎	新井総合公園	(陸)	妙高市大字新井2200	0255-73-7500	10150	164249	4L	400	継	2022.10.17～2027.10.16
◎	美山	(陸)	糸魚川市大字大野65の1	025-552-8290	10324	164259	4L	400	継	2023.08.01～2028.07.31
▽	新発田市五十公野公園（陸）付属	(マ)	新発田市五十公野公園（陸）		10272	167030	往復	42 km 195	継	2023.08.01～2028.07.31
◆	柏崎	(マ)	柏崎市（陸）		9847	167120	往復	42 km 195 21 km 0975 10 km	継	2020.07.01～2025.06.30 （WA～2025.12.31）
	弥彦	(10 km)	弥彦村麓		9729	167140	往復	10 km	継	2019.05.12～2024.05.11
	新潟市南区白根	(ハ)	白根カルチャーセンター		10097	167170	循環	21 km 0975 10 km	継	2022.04.01～2027.03.31
◆	新潟ビッグスワン	(ハ)	新潟県スポーツ公園～デンカビックスワンスタジアム		10318	167190	循環	21 km 0975	継	2023.12.31～2028.12.30 （WA～2028.12.31）
◆	新潟シティ	(マ)	デンカビッグスワンスタジアム前～新潟市（陸）		10119	167200	片道	42 km 195	継	2022.09.01～2027.08.31 （WA～2026.12.31）
	デンカビッグスワンパーク	(ハ)	デンカビッグスワンスタジアム		9917	167220	周回	21 km 0975	新	2021.03.10～2026.03.09
▽	燕さくら	(ハ)	大河津分水さくら公園		10136	167230	往復	21 km 0975	新	2022.10.01～2027.09.30

区分	名称	所在地	電話番号	公認番号	コード番号	種別	距離	区別	公認期間
	【長野県】								
◎	伊那市 （陸）	伊那市西町5810	0265-73-6345	10032	172030	2	400	継	2021.01.01～2025.12.31
◎	飯田市 （総）	飯田市松尾明7445	0265-23-0002	9724	172050	2	400	継	2019.10.10～2024.10.09
◎	佐久総合（運） （陸）	佐久市平賀字後家山及び東久保並びに瀬戸字宮田地内		10174	172060	2	400	継	2023.02.22～2028.02.21
◎	長野市営 （陸）	長野市大字東和田632	026-244-0111	9937	172070	2	400	継	2021.04.22～2026.04.21
◎	菅平高原スポーツランド （陸）	上田市菅平高原1278の244	0268-61-7090	10313	173080	3	400	継	2023.10.10～2028.10.09
◎	長野県松本平広域公園補助 （競）	松本市大字今井3443	0263-85-0500	9833	173090	3	400	継	2020.04.01～2025.03.31
◎	茅野市（運） （陸）	茅野市玉川500	0266-72-8399	10155	173100	3	400	継	2021.12.01～2026.11.30
○	長野市営補助 （競）	長野市大字石渡485	026-244-0111	9938	174029	4L	300	継	2021.04.22～2026.04.21
	下諏訪町（総） （陸）	諏訪郡下諏訪町西鷹野町字五三枚4562	0266-27-1455	9852	174059	4L	250	継	2020.10.10～2025.10.09
▽	大町市（運）（陸）付属 （マ）	大町（運）（陸）		10273	177150	往復	42km195 21km0975 10km	継	2023.08.01～2028.07.31
▽	木曽やぶはら高原 （ハ）	やぶはら高原こだまの森多目的広場		9977	177160	往復 （一部循環）	21km0975 10km	継	2021.06.01～2026.05.31
◆	長野 （マ）	長野（運）前～長野オリンピックスタジアム		10306	177170	片道	42km195	継	2023.11.01～2028.10.31 （WA～2028.12.31）
▽	長野車いす （ハ）	長野赤十字病院前交差点～長野オリンピックスタジアム前		10307	177190	片道	21km0975	継	2023.11.01～2028.10.31

区分	名称		所在地	電話番号	公認番号	コード番号	種別	距離	区別	公認期間
▽	諏訪湖	(ハ)	ポレスターレイクシティ諏訪壱番館前〜ヨットハーバーグラウンド内		10269	177210	循環	21 km 0975	継	2023.04.12〜2028.04.11
▽	上田古戦場	(ハ)	県営上田野球場		9687	177250	往復	21 km 0975 10 km	新	2019.07.01〜2024.06.30

区分	名称		所在地	電話番号	公認番号	コード番号	種別	距離	区別	公認期間
	【富山県】									
◎	富山県総合（運）	(陸)	富山市南中田368	076-429-8835	10240	181020	1	400	継	2023.05.01〜2028.04.30
◎	魚津市桃山（運）桃山	(陸)	魚津市出字桃山36	0765-22-8282	9834	182030	2	400	継	2020.05.07〜2025.05.06
◎	五福	(陸)	富山市五福五区1942	076-432-5073	10123	182040	2	400	継	2022.08.01〜2027.07.31
◎	富山県総合（運）補助	(競)	富山市南中田368	076-429-8835	10203	183060	3	400	継	2023.05.01〜2028.04.30
◎	高岡市営城光寺	(陸)	高岡市城光寺登立137	0766-44-6785	10241	183080	3	400	継	2023.05.01〜2028.04.30
◎	小矢部	(陸)	小矢部市平桜字岡山200	0766-69-8507	10079	183090	3	400	継	2022.04.20〜2027.04.19
▽	扇状地	(ハ)	入善町中央公園（陸）		9853	187030	往復	21 km 0975 10 km	継	2020.09.01〜2025.08.31
	魚津市しんきろう	(ハ)	魚津テクノスポーツドーム		9747	187040	往復	21 km 0975 10 km	継	2019.12.01〜2024.11.30
▽	黒部名水	(マ)	黒部市総合公園		10247	187050	循環	42 km 195	継	2023.05.01〜2028.04.30
◆	富山	(マ)	高岡市役所前〜富岩運河環水公園前		9848	187060	片道	42 km 195	継	2020.07.24〜2025.07.23 （WA〜2025.12.31）
▽	滑川ほたるいか	(ハ)	滑川市スポーツ・健康の森公園		10270	187080	循環 （一部往復）	21 km 0975 10 km	新	2023.09.01〜2028.08.31

区分	名称	所在地	電話番号	公認番号	コード番号	種別	距離	区別	公認期間
	【石川県】								
◎	石川県西部緑地公園 （陸）-延-	金沢市袋畠町南136	076-267-2411	9642	191010	1	400	継	2019.03.31～2024.03.30
◎	小松（運）末広 （陸）	小松市末広町2	0761-24-1473	10162	192020	2	400	継	2022.08.01～2027.07.31
◎	能美市物見山 （陸）	能美市来丸町ワ50	0761-51-3946	10098	192050	2	400	継	2021.10.01～2026.09.30
◎	松任総合（運） （陸）	白山市倉光町4の22	076-274-9574	10234	192060	2	400	継	2023.04.30～2028.04.29
◎	金沢市営 （陸）	金沢市弥生3の5の1	076-241-0049	9874	192070	2	400	継	2020.09.03～2025.09.02
◎	七尾市城山 （陸）-延-	七尾市後畠町後畠山部4の5	0767-52-6419	9605	193010	3	400	継	2018.11.03～2023.11.02
◎	かほく市うのけ 総合公園 （陸）	かほく市下山田ヲ85	076-283-2835	9998	193060	3	400	継	2021.09.01～2026.08.31
◎	石川県西部緑地公園 （陸）補助 （競）	金沢市袋畠町南170	076-267-2411	9643	193090	3	400	継	2019.03.31～2024.03.30
◎	加賀市 （陸）	加賀市山田町り245の2	0761-73-3267	9941	193120	3	400-条件付-	継	2021.04.10～2026.04.09
◎	津幡（運） （陸）	河北郡津幡町字竹橋ヲ90	076-288-7201	9677	194070	4	400-条件付-	新	2019.05.10～2024.05.09
◎	志賀町 （陸）	羽咋郡志賀町への1の1	0767-32-3777	9921	194089	4L	400	新	2021.01.10～2026.01.09
▽	松任 （ハ）	松任市総合（運）（陸）		10250	197040	往復	21km0975 10km	継	2022.08.01～2027.07.31
▽	金沢百万石 （ハ）	西部緑地公園（陸）		10120	197160	循環	21km0975 10km	継	2022.04.01～2027.03.31
▽	猿鬼 （ハ）	柳田（運）		9990	197180	往復	21km0975 10km 5km	継	2021.07.01～2026.06.30
▽	能登和倉万葉の里 （マ）	湯っ足りパーク前～和倉温泉 お祭り会館前		10281	197220	循環	42km195	継	2023.08.01～2028.07.31

区分	名称		所在地	電話番号	公認番号	コード番号	種別	距離	区別	公認期間
◆	金沢	(マ)	しいのき迎賓館前～石川県西部緑地公園(陸)		9813	197240	片道	42km195	継	2019.11.20～2024.11.19 (WA～2027.12.31)
◆	能美市営(20km)	(歩)	根上総合文化会館前		9750	197280	周回 (1km)	20km 10km 5km	新	2020.01.01～2024.12.31 (WA～2024.12.31)
▽	野々市 じょんからの里	(10km)	野々市市民体育館前		10022	197290	周回	10km 5km	新	2021.12.01～2026.11.30
◆	輪島(35km)	(歩)	輪島ふらっと訪夢前		10080	197300	周回 (1km)	35km 30km 20km 15km 10km 5km	新	2022.04.01～2027.03.31 (WA～2026.12.31)
	石川県西部緑地公園(陸)付帯	(投)	金沢市袋畠町西285	076-267-2411	9642-投	19101T	投てき場		継	2019.03.31～2024.03.30
	【福井県】									
◎	福井県福井(運)	(陸)	福井市福町3の20	0776-36-1542	9810	201010	1	400	継	2020.04.01～2025.03.31
◎	三国(運)	(陸)	坂井市三国町運動公園1の4の1	0776-82-5580	9923	202020	2	400	継	2021.03.19～2026.03.18
◎	奥越ふれあい公園	(陸)	大野市篠座70の46	0779-65-8614	10251	202050	2	400	継	2023.06.01～2028.05.31
◎	鯖江市東公園	(陸)	鯖江市東鯖江3の6の10	0778-51-3176	9966	203010	3	400	継	2021.06.11～2026.06.10
◎	福井県福井(運)補助	(競)	福井市福町3の20	0776-36-1542	9811	203040	3	400	継	2020.04.01～2025.03.31

区分	名称		所在地	電話番号	公認番号	コード番号	種別	距離	区別	公認期間
◎	越前市武生東（運）	（陸）	越前市西尾町35字20	0778-27-1922	10099	203050	3	400	継	2021.08.01～2026.07.31
◎	敦賀市総合（運）	（陸）	敦賀市沓見148	0770-23-6638	9862	203060	3-投芝-	400	新	2020.10.01～2025.09.30
◆	ふくい桜	（マ）	大名町交差点～片町入口交差点		10267	207350	循環（一部往復）	42km195 5km	新	2023.09.26～2028.09.25（WA～2028.12.31）

区分	名称		所在地	電話番号	公認番号	コード番号	種別	距離	区別	公認期間
	【静岡県】									
◎	静岡県草薙（総）	（陸）	静岡市駿河区栗原19の1	054-261-9265	9793	211010	1	400-条件付-	継	2020.05.01～2025.04.30
◎	小笠山総合（運） 静岡スタジアム		袋井市愛野2300の1	0538-41-1800	9942	211030	1（多） WA－クラス2	400	継	2021.04.01～2026.03.31 2024.01.22～2027.02.
◎	浜松市四ツ池公園	（陸）	浜松市中区上島6の19の2	053-474-9709	9910	212010	2	400	継	2021.04.29～2026.04.28
◎	富士総合（運）	（陸）	富士市中野671	0545-35-0151	9786	212020	2	400	継	2020.04.15～2025.04.14
◎	愛鷹広域公園多目的	（競）	沼津市足高202	0559-24-8878	9924	212050	2	400	継	2021.04.15～2026.04.14
◎	静岡市清水（総）	（陸）	静岡市清水区清開2の1の1	054-334-5049	9909	213040	3	400	継	2021.02.24～2026.02.23
◎	静岡市西ケ谷（総）	（陸）	静岡市葵区西ケ谷8の1	054-296-1900	9944	213060	3	400	継	2021.04.01～2026.03.31
◎	小笠山総合（運）補助	（競）	袋井市愛野2300の1	0538-41-1800	9943	213100	3	400	継	2021.04.01～2026.03.31
◎	静岡県草薙（総）補助	（競）	静岡市駿河区栗原19の1	054-261-9265	9794	213120	3	400	継	2020.05.01～2025.04.30
◎	裾野市（運）	（陸）	裾野市今里1616の1	055-997-7277	9950	213130	3	400-条件付-	継	2021.03.24～2026.03.23
◎	御殿場市	（陸）	御殿場市ぐみ沢658の4	0550-89-5555	10202	213140	3	400	継	2022.09.15～2027.09.14
◎	藤枝総合（運）	（陸）	藤枝市原100	054-646-6100	10050	214010	4	400	継	2022.03.05～2027.03.04
	焼津市総合（グ）	（陸）	焼津市保福島950の1	054-629-3221	9644	214020	4	400-条件付-	継	2019.03.22～2024.03.21
▽	焼津みなと	（ハ）	焼津市新屋～焼津市城之腰		10081	217110	循環（一部往復）	21km0975	継	2022.04.01～2027.03.31

区分	名称		所在地	電話番号	公認番号	コード番号	種別	距離	区別	公認期間
▽	浜松シティ	(ハ)	浜松市役所〜四ツ池公園（陸）		10033	217180	往復	21km0975	継	2022.01.15〜2027.01.14
▽	大井川リバティ	(マ)	島田市（陸）		10121	217200	周回	42km195	新	2022.10.24〜2027.10.23
◆	静岡	(マ)	静岡市役所静岡庁舎前〜清水テルサ前		10298	217210	片道	42km195	新	2023.11.01〜2028.10.31（WA〜2028.12.31）
	小笠山総合（運）静岡スタジアム付帯	(投)	袋井市愛野2300の1	0538-41-1800	9942-投	21103T	投てき場		継	2021.04.01〜2026.03.31

区分	名称		所在地	電話番号	公認番号	コード番号	種別	距離	区別	公認期間
	【愛知県】									
◎	物産フードサイエンス1969知多スタジアム		知多市緑町8	0562-33-3626	10078	222010	2	400	継	2022.04.01〜2027.03.31
◎	豊橋市営	(陸)	豊橋市今橋町4	0532-51-2865	9955	223030	3	400	継	2021.03.16〜2026.03.15
◎	愛知県一宮（総）	(陸)	一宮市千秋町佐野向農756	0586-77-0500	9629	223040	3	400	継	2019.04.01〜2024.03.31
◎	中京大学梅村	(陸)	豊田市貝津町床立101	0565-46-1211	10093	223060	3	400	継	2021.10.01〜2026.09.30
◎	パロマ瑞穂北	(陸)	名古屋市瑞穂区萩山町3の68の1	052-836-8200	10219	223090	3	400	継	2023.06.01〜2028.05.31
◎	ウェーブスタジアム刈谷		刈谷市築地町荒田1	0566-27-8295	9668	223130	3	400	継	2019.04.01〜2024.03.31
◎	半田ぴよログスポーツパーク	(陸)	半田市池田町3の1の1	0569-27-6663	9971	223140	3	400	継	2021.04.22〜2026.04.21
◎	豊川市	(陸)	豊川市諏訪1の80	0533-88-8036	10052	223150	3	400	継	2022.04.01〜2027.03.31
◎	マルヤス岡崎龍北スタジアム		岡崎市真伝町亀山12の2	0564-46-3261	9835	223160	3	400	新	2020.07.05〜2025.07.04
◎	春日井市朝宮公園	(陸)	春日井市朝宮町4の1の2	0568-84-4991	9985	223170	3-投芝-	400	新	2021.07.14〜2026.07.13

区分	名称	所在地	電話番号	公認番号	コード番号	種別	距離	区別	公認期間
◎	豊田市（運）（陸）	豊田市高町東山4の97	0565-45-4855	10046	223180	3	400	継	2022.04.01～2027.03.31
○	蒲郡市公園（グ）（陸）	蒲郡市形原町桶沢27	0533-57-2711	10177	224069	4L	400	継	2022.09.01～2027.08.31
◎	安城市（陸）	安城市新田町池田上1	0566-75-3535	9996	224079	4L-人芝-	400	継	2020.12.28～2025.12.27
▽	犬山（ハ）	内田防災公園		9759	227070	循環	21km0975 10km	継	2020.01.15～2025.01.14
◆	名古屋ウイメンズ（マ）	ナゴヤドーム南交差点～ナゴヤドーム内		10034	227110	往復	42km195 21km0975	継	2021.09.01～2026.08.31 （WA～2026.12.31）
▽	穂の国・豊橋（ハ）	豊橋市営（陸）		10166	227130	循環	21km0975	継	2023.01.24～2028.01.23
▽	物産フードサイエンス1969知多スタジアム付設（20km）（歩）	物産フードサイエンス1969知多スタジアム		9751	227140	周回（1km）	20km 10km 5km	新	2020.01.01～2024.12.31
	中京大学梅村室内直走路	豊田市貝津町床立101	0565-46-1211	室内-94		恒久	50m 60m 100m	新	2020.12.01～2025.11.30
	【三重県】								
◎	三重交通Gスポーツの杜伊勢（陸）	伊勢市宇治館町510	0596-22-0188	10065	231010	1	400	継	2022.04.01～2027.03.31
						WA－クラス2			2024.02.01～2027.10
◎	四日市市中央（陸）	四日市市日永東1の3の21	059-345-4111	9859	232020	2	400	新	2020.08.29～2025.08.28
◎	AGF鈴鹿（陸）	鈴鹿市桜島町7の1の3	059-383-9010	10204	233080	3	400	継	2023.03.31～2028.03.30
◎	三重交通Gスポーツの杜伊勢（陸）補助（競）	伊勢市宇治館町510	0596-22-0188	9925	233100	3	400	継	2021.04.11～2026.04.10
◎	メイハンフィールド	名張市夏見2778	0595-63-5339	10218	234069	4L-人芝-	400	継	2022.04.01～2027.03.31

▽	お伊勢さん	(ハ)	サンアリーナ～		9812	237080	往復	21km0975 10km 5km	継	2020.06.01～2025.05.31
◆	みえ松阪	(マ)	クラギ文化ホール前～松阪市総合（運）		9819	237090	片道	42km195	新	2020.05.01～2025.04.30 （WA～2024.12.31）
	三重交通Gスポーツの杜伊勢（陸）付帯	(投)	伊勢市宇治館町510	0596-22-0188	10065-投	23101T	投てき場		継	2021.04.11～2026.04.10

区分	名称		所在地	電話番号	公認番号	コード番号	種別	距離	区別	公認期間
	【岐阜県】									
◎	岐阜メモリアルセンター長良川	(競)	岐阜市長良福光大野2675の28	058-233-8822	10091	241020	1	400	継	2022.04.04～2027.04.03
							WA－クラス2			2022.08.01～2027.08
◎	多治見市星ケ台	(競)	多治見市星ケ台3の19	0572-23-5544	9991	242020	2	400	継	2021.08.01～2026.07.31
◎	中津川公園	(競)	中津川市茄子川1683の1031	0573-68-8005	10208	243060	3	400	継	2023.03.24～2028.03.23
◎	高山市中山公園	(陸)	高山市山田町690	0577-32-3333	9674	243070	3	400	継	2019.05.01～2024.04.30
◎	大垣市浅中公園総合（グ）	(陸)	大垣市浅中2の11の1	0584-89-7744	9772	243090	3	400	継	2020.03.25～2025.03.24
◎	岐阜メモリアルセンター長良川補助	(競)	岐阜市長良福光大野2675の28	058-233-8822	10207	243100	3	400	継	2023.03.20～2028.03.19
◎	岐阜協立大学	(陸)	安八郡神戸町柳瀬字西河原2117	0584-77-3511	9732	244020	4	400	継	2019.11.25～2024.11.24
◎	土岐市総合活動センター	(陸)	土岐市泉町定林寺958の14	0572-54-9228	9679	244030	4	400-条件付-	継	2019.06.01～2024.05.31
◎	各務原市総合（運）	(陸)	各務原市下中屋町974	090-4197-4567	9951	244049	4L	400	継	2020.08.01～2025.07.31

◆	ぎふ清流 (ハ)	岐阜メモリアルセンター北バス停前～岐阜メモリアルセンター長良川（競）		9863	247110	循環	21㎞0975	継	2020.06.01～2025.05.31（WA～2025.12.31）
▽	いびがわ (ハ)	揖斐警察署前～揖斐川町役場前		10142	247130	往復	21㎞0975	新	2022.10.14～2027.10.13

区分	名称	所在地	電話番号	公認番号	コード番号	種別	距離	区別	公認期間
	【滋賀県】								
◎	平和堂ＨＡＴＯスタジアム (陸)	彦根市松原町3028	0749-23-4911	10182	251020	1	400	新	2023.03.24～2028.03.23
						WA－クラス2			2023.02.28～～2028.12
◎	皇子山総合（運） (陸)	大津市御陵町4の1	077-522-7065	9980	252020	2	400	継	2021.06.01～2026.05.31
◎	東近江市総合（運）布引 (陸)	東近江市芝原町1503	0748-20-1230	9875	253040	3	400	継	2020.10.10～2025.10.09
◎	甲賀市 (陸)	甲賀市水口町北内貴230	0748-62-7529	10019	253050	3	400	継	2021.10.01～2026.09.30
◎	びわこ成蹊スポーツ大学陸上フィールド	大津市北比良山1204	077-596-8410	10187	253060	3	400	継	2023.03.18～2028.03.17
◎	平和堂げんきっこフィールド	彦根市松原町3028	0749-23-4911	10183	253070	3	400	新	2023.03.24～2028.03.23
◎	栗東市野洲川（運） (競)	栗東市出庭地先野洲川河川敷		10276	254020	4	400	継	2023.09.01～2028.08.31
◎	立命館大学BKCクインススタジアム	草津市野路東1の1の1	077-561-2617	10141	254050	4	400	継	2022.10.01～2027.09.30
◎	SGホールディングスグループ (陸)	守山市水保町北川2891の41	077-585-4567	9900	254060	4	400	新	2020.12.21～2025.12.20
◎	希望が丘文化公園 (陸)	野洲市北櫻978	077-588-3251	10026	254079	4L	400	新	2021.12.15～2026.12.14

区分	名称	所在地	電話番号	公認番号	コード番号	種別	距離	区別	公認期間
◆	びわ湖毎日 (マ)	皇子山総合（運）（陸）		9621	257030	往復	42km195	継	2019.03.02～2024.03.01 （WA～2023.12.31）
▽	あいの土山 (マ)	甲賀市土山町北土山～土山町体育館前		10112	257040	循環 (一部往復)	42km195 21km0975	継	2022.08.01～2027.07.31
◆	びわ湖 (マ)	皇子山総合（運）（陸）～琵琶湖博物館駐車場		10135	257070	片道	42km195	新	2022.10.01～2027.09.30 （WA～2027.12.31）
	【京都府】								
◎	たけびしスタジアム京都	京都市右京区西京極新明町32	075-313-9131	9906	261010	1	400	継	2020.07.01～2025.06.30
						WA－クラス2			2021.01.15～2026.01
◎	京都府立山城総合（運） (陸)	宇治市広野町八軒屋谷1	0774-24-1313	10085	262020	2-投芝-	400	継	2022.03.05～2027.03.04
◎	京都府立丹波自然（運） (陸)	船井郡京丹波町曽根崩下代110の7	0771-82-0560	10066	262030	2	400	継	2022.03.31～2027.03.30
◎	亀岡（運） (競)	亀岡市曽我部町穴太地内	0771-25-2063	10161	263060	3	400	継	2022.10.18～2027.10.17
◎	東寺ハウジングフィールド西京極	京都市右京区西京極新明町32	075-313-9134	10110	263070	3	400	継	2022.05.31～2027.05.30
◎	京丹後はごろも (陸)	京丹後市峰山町長岡876	0772-62-7470	9865	263080	3	400	新	2020.09.24～2025.09.23
○	福知山市立桃映中学校運動場	福知山市字堀1691	0773-22-3220	9720	264020	4	300-条件付-	継	2019.07.26～2024.07.25
◎	京都産業大学総合（グ） (陸)	京都市北区上賀茂神山1	075-711-3030	10139	264040	4	400	継	2021.11.01～2026.10.31

区分	名称	所在地	電話番号	公認番号	コード番号	種別	距離	区別	公認期間
	京都府立山城総合（運）第2 （競）	宇治市広野町八軒屋谷1	0774-24-1313	9945	264059	4L	400	継	2021.04.01～2026.03.31
▽	福知山 （マ）	三段池公園		10308	267080	往復	42km195	継	2023.10.01～2028.09.30
◆	京都 （マ）	たけびしスタジアム京都～平安神宮前		9773	267130	片道	42km195	継	2020.03.15～2025.03.14（WA～2025.12.31）
▽	亀岡（運）（競）付設 （ハ）	亀岡（運）（競）		9706	267150	往復	21km0975 10km	継	2019.10.01～2024.09.30
▽	舞鶴赤れんが （ハ）	舞鶴東体育館～舞鶴赤れんがパーク		10126	267170	往復	21km0975	新	2022.09.30～2027.09.29

区分	名称	所在地	電話番号	公認番号	コード番号	種別	距離	区別	公認期間
	【大阪府】								
◎	ヤンマーフィールド長居	大阪市東住吉区長居公園1の1	06-6691-2500	特例措置	27104X	1	400		～2024.03.31（申請中）
◎	堺市金岡公園 （陸）	堺市北区長曽根町1179の18	072-254-6601	9680	272010	2	400	継	2019.05.31～2024.05.30
◎	万博記念 （競）	吹田市千里万博公園5の2	06-6877-3351	10049	272040	2	400	継	2022.03.10～2027.03.09
◎	浪商学園 （陸）	泉南郡熊取町朝代台1の1	072-453-7017	10084	273050	3	400	継	2022.05.18～2027.05.17
◎	大阪府服部緑地 （陸）	豊中市服部緑地1の1	06-6862-4945	10152	273090	3	400	継	2022.11.13～2027.11.12
◎	東大阪市花園中央公園 （多）	東大阪市吉田7丁目地内	072-960-3426	10094	273110	3	400	継	2022.02.20～2027.02.19
◎	枚方市立 （陸）	枚方市中宮大池4の10の1	072-848-4899	9795	273120	3	400-条件付-	継	2020.03.31～2025.03.30
◎	ヤンマースタジアム長居	大阪市東住吉区長居公園1の1	06-6691-2500	10188	273130	3	400	新	2023.04.01～2028.03.31
						WA－クラス2			2023.04.27～2028.02

○	高槻市立	（陸）	高槻市芝生町4の1の1地内	072-677-8200	9918	274069	4L	400	継	2021.01.31～2026.01.30
◎	吹田市立	（総）	吹田竹谷町37の1	06-6386-5635	9764	274079	4L-人芝-	400	新	2020.04.01～2025.03.31
	ヤンマースタジアム長居付設	（30km）	ヤンマースタジアム長居		9692	277010	周回（2.81km）	30km 21km0975 10哩 10km	継	2019.07.08～2024.07.07
◆	KIX泉州国際	（マ）-延-	浜寺公園～泉佐野市りんくう公園内		9632	277100	片道	42km195	継	2019.03.01～2024.02.29 （WA～2024.12.31）
	ヤンマーフィールド長居付設	（マ）	ヤンマーフィールド長居		9978	277110	周回（2.81km）	42km195 30km 21km0975 20km 10哩 15km 10km	継	2021.03.15～2026.03.14
◆	大阪	（ハ）	大阪城公園東側～ヤンマースタジアム長居		9892	277170	片道	21km0975	継	2020.11.14～2025.11.13 （WA～2025.12.31）
	ヤンマースタジアム長居付設	（10km）	ヤンマースタジアム		10282	277190	周回	10km	継	2023.03.30～2028.03.29
◆	大阪	（マ）	大阪府庁前～大阪城公園内		10252	277200	循環（一部往復）	42km195	継	2023.07.01～2028.06.30 （WA～2028.12.31）
▽	淀川左岸太子橋・佐太西	（10km）	淀川河川公園外島地区		9901	277220	往復	10km	新	2021.01.01～2025.12.31
◆	大阪国際女子（マ）予備コース		ヤンマースタジアム長居		10028	277230	周回	42km195	新	2022.01.01～2026.12.31

▽	淀川右岸・西中島 (マ)	淀川河川公園西中島地区野球場前		10038	277240	循環	42km195 30km 25km 21km0975 15km 10km	新	2022.02.01～2027.01.31
◆	大阪国際女子 (マ)	ヤンマースタジアム長居		10127	277250	往復(一部循環)	42km195	新	2022.12.01～2027.11.30 (WA～2027.12.31)
◆	中之島 (歩)	大阪府立図書館北側～東洋陶磁美術館南側		10277	277260	周回	42km195	新	2023.09.01～2028.08.31 (WA～2027.12.31)

区分	名称	所在地	電話番号	公認番号	コード番号	種別	距離	区別	公認期間
	【兵庫県】								
◎	加古川(運) (陸)	加古川市西神吉町鼎1050	079-433-2662	10189	281060	1	400	継	2023.03.01～2028.02.29
						WAークラス2			2024.01.22～2027.03.
◎	兵庫県立三木総合防災公園 (陸)	三木市志染町三津田1708	0794-85-8408	9838	281070	1	400	継	2020.09.01～2025.08.31
◎	神戸総合(運)ユニバー記念 (陸)	神戸市須磨区緑台	078-795-5151	9836	281080	1	400	新	2019.06.15～2024.06.14
						WAークラス2			2015.08.04～2023.12.31
◎	姫路市立 (陸)	姫路市中地377の1	079-293-8571	10041	282040	2	400	継	2022.03.31～2027.03.30
◎	尼崎市記念公園 (陸)	尼崎市西長州町1の4の1	06-6489-2027	10217	282060	2	400	継	2023.03.25～2028.03.24
◎	太子町総合公園 (陸)	揖保郡太子町佐用岡246の1	0792-77-2296	9946	283130	3	400-条件付-	継	2021.03.30～2026.03.29
◎	兵庫県立三木総合防災公園第二 (陸)	三木市志染町三津田1708	0794-85-8409	9908	283150	3	400-条件付-	継	2020.09.01～2025.08.31

◎	兵庫県立明石公園	(陸) - 延 -	明石市明石公園1の27	078-912-7600	特例措置	28316X	3	400	継	～2024.03.31（申請中）
◎	神戸総合（運）補助	(競)	神戸市須磨区緑台	078-795-5151	9837	283170	3	400-条件付-	新	2020.09.01～2025.08.31
	伊丹市立伊丹 スポーツセンター	(陸)	伊丹市鴻池字1の1の1	072-783-5613	10283	284070	4	400	継	2023.10.01～2028.09.30
○	赤穂城南緑地 運動施設	(陸)	赤穂市加里屋1264	0791-45-2091	9657	284090	4	400-条件付-	継	2019.05.30～2024.05.29
◎	加古川（運）（陸） 補助	(競)	加古川市西神吉町鼎1050	079-433-2662	9626	284100	4	300	継	2019.03.01～2024.02.29
○	洲本市 市民交流センター	(陸)	洲本市宇原1807	0799-24-4450	9774	284140	4	400	継	2020.03.01～2025.02.28
○	豊岡市立豊岡総合 スポーツセンター	(陸)	豊岡市戸牧349	0796-22-7511	9860	284170	4	400-条件付-	継	2020.09.24～2025.09.23
◎	住友総合（グ）	(陸)	伊丹市瑞ヶ丘2の4	072-781-0496	10111	284189	4L	400	継	2022.08.01～2027.07.31
◎	小野希望の丘	(陸)	小野市浄谷町2233の1	0794-64-7776	9739	284200	4-人芝-	400	新	2019.12.01～2024.11.30
	神戸しあわせの村 周回	(20km)	しあわせの村外周道路		9700	287160	周回 (2.66km)	20km 10km	継	2019.08.02～2024.08.01
▽	兵庫県立加古川 河川敷	(マ)	加古川市加古川町友沢		10210	287290	往復	42km195	継	2023.04.01～2028.03.31
▽	篠山城跡	(マ)	丹波篠山市役所東側～篠山城跡三の丸広場		9718	287310	往復 (一部循環)	42km195	継	2019.11.28～2024.11.27
▽	北はりま田園	(ハ)	西脇アピカ北棟前		9762	287320	往復	21km0975	継	2020.01.01～2024.12.31
▽	"日本のへそ" 西脇子午線	(ハ)	緯度橋上～日本のへそ公園駐車場		9738	287340	往復 (一部循環)	21km0975 10km	継	2019.11.01～2024.10.31
◆	神戸	(マ)	神戸市役所前～市民広場北側		9952	287350	往復	42km195	継	2021.01.01～2025.12.31 (WA～2025.12.31)

区分	名称	所在地	電話番号	公認番号	コード番号	種別	距離	区別	公認期間
▽	六甲アイランド (10km) -延-	六甲アイランド高等学校南～六甲アイランドマリンパーク駐車場前		9559	287390	循環	10km	新	2018.09.30～2023.09.29
◆	六甲アイランド甲南大学西側（20km） (歩)	甲南大学（グ）北		9755	287400	周回 (1km)	20km 10m 5km	新	2019.12.27～2024.12.26 (WA～2024.12.31)
▽	世界遺産姫路城 (マ)	大手前通り大手前公園～姫路城三の丸広場		10035	287410	循環	42km195	新	2021.02.01～2026.01.31

区分	名称	所在地	電話番号	公認番号	コード番号	種別	距離	区別	公認期間
	【奈良県】								
◎	奈良市鴻ノ池 (陸)	奈良市法蓮佐保山4の5の1	0742-22-0001	10231	291010	1(多)	400	継	2023.03.31～2028.03.30
◎	奈良県立橿原公苑 (陸)	橿原市畝傍町52	0744-22-2462	10072	292010	2	400	継	2022.04.01～2027.03.31
◎	奈良市鴻ノ池（陸）補助 (競) -延-	奈良市法蓮佐保山4の5の1	0742-22-0001	9453	293030	3	400	継	2018.03.31～2023.03.30
◆	奈良 (マ)	奈良市鴻ノ池（陸）		9761	297050	往復 (一部循環)	42km195	継	2020.01.01～2024.12.31 (WA～2024.12.31)

区分	名称	所在地	電話番号	公認番号	コード番号	種別	距離	区別	公認期間
	【和歌山県】								
◎	紀三井寺公園 (陸)	和歌山市毛見200	073-444-7565	10227	301010	1	400	継	2023.04.07～2028.04.06
						WA－クラス2			2023.05.31～2028.03
◎	紀三井寺公園補助 (競)	和歌山市毛見200	073-444-7565	10007	303080	3	400	継	2021.11.01～2026.10.31

区分	名称	所在地	電話番号	公認番号	コード番号	種別	距離	区別	公認期間
◎	南山スポーツ公園 （陸）	日高郡日高川町大字和佐1030の1	0738-22-8816	9633	304010	4-投芝-	400	継	2019.04.01～2024.03.31
	新宮市民運動 （競）	新宮市佐野1501	0735-23-3366	9855	304029	4L	200	継	2020.10.01～2025.09.30
◎	南紀田辺スポーツセンター	田辺市上の山1の23の1	0739-25-2531	9733	304030	4-投芝-	400	継	2019.11.01～2024.10.31
▽	和歌浦ジャズ （ハ）	和歌山城ホール南側道路～和歌山マリーナシティ内		9983	307130	片道（一部往復）	21km0975 10km	新	2021.09.26～2026.09.25
▽	紀州口熊野 （マ）	上富田町役場庁舎横～上富田文化会館前		10309	307140	循環	42km195 21km0975	新	2023.11.01～2028.10.31

区分	名称	所在地	電話番号	公認番号	コード番号	種別	距離	区別	公認期間
	【鳥取県】								
◎	鳥取県立布勢総合（運） （陸）	鳥取市布勢146の1	0857-28-7221	10221	311010	1	400	継	2023.04.08～2028.04.07
						WA－クラス2			2023.04.26～2028.02
◎	米子市営東山 （陸）	米子市東山町97の1	0859-37-3108	10043	312030	2	400	継	2022.04.28～2027.04.27
◎	倉吉市営 （陸）	倉吉市葵町698	0858-22-5674	10128	313070	3	400	継	2022.06.01～2027.05.31
◎	鳥取県立布勢総合（運）補助 （競）	鳥取市布勢146の1	0857-28-7221	10319	313080	3	400	継	2023.12.23～2028.12.22
	境港市営竜ケ山 （陸）	境港市三軒屋町4043		9797	314010	4	400	継	2020.03.24～2025.03.23
◎	大山町名和総合（運） （陸）	西伯郡大山町名和1247の1	0859-54-2035	10253	314029	4L	400	継	2023.06.01～2028.05.31
▽	船岡 （ハ）	船岡中学校校庭		9707	317030	往復	21km0975 10km	継	2019.09.20～2024.09.19
▽	鳥取砂丘山陰海岸・因幡万葉の里 （マ）	鳥取砂丘オアシス広場前～鳥取県立布勢総合（運）（陸）		10254	317150	片道	42km195	継	2023.06.01～2028.05.31

区分	名称	所在地	電話番号	公認番号	コード番号	種別	距離	区別	公認期間
▽	さわやか湖山池 (ハ)	鳥取県立布勢総合（運）（陸）		10278	317160	往復	21km0975 10km	継	2023.09.01～2028.08.31
▽	鹿野 (ハ)	鹿野学園流沙川学舎前		10092	317170	往復	21km0975	新	2022.06.01～2027.05.31
	鳥取県立布勢総合（運）（陸）付帯 (投)	鳥取市布勢146の1	0857-28-7221	10221-投	31101T	投てき場		継	2021.04.10～2026.04.09

区分	名称	所在地	電話番号	公認番号	コード番号	種別	距離	区別	公認期間
	【島根県】								
◎	島根県立浜山公園 (陸)	出雲市大社町北荒木1868の10	0853-53-4533	10082	321010	1	400	継	2022.04.20～2027.04.19
◎	益田 (陸)	益田市乙吉町	0856-23-5300	10220	322010	2	400	継	2023.04.30～2028.04.29
◎	松江市営 (陸)	松江市上乃木10の4の1	0852-21-3500	9947	322030	2	400	継	2021.04.13～2026.04.12
◎	奥出雲町三成公園 (陸)	仁多郡奥出雲町三成188の1	0854-54-1126	9670	323060	3	400	継	2019.03.30～2024.03.29
◎	島根県立浜山公園補助 (競)	出雲市大社町北荒木1868の10	0853-53-4533	10083	323090	3	400	継	2022.04.20～2027.04.19
◎	大東ふれあい運動場 (陸)	雲南市大東町養賀967	0854-43-2107	10292	323110	3	400	新	2023.09.01～2028.08.31
○	島根県立隠岐高等学校屋外運動場	隠岐郡隠岐の島町有木字尼寺原1	08512-2-1181	10057	324029	4L	400	継	2021.10.10～2026.10.09
	邑智郡公認 (陸)	邑智郡川本町大字川下1112	0855-72-0408	9979	324099	4L	250	継	2021.05.23～2026.05.22
	江津市中央公園多目的広場	江津市嘉久志町イ450	0855-52-2501	9854	324109	4L	400	継	2020.04.01～2025.03.31
○	安来（運） (陸)	安来市吉岡町450	0854-22-5911	10261	324119	4L	400	継	2023.07.05～2028.07.04
○	浜田市 (陸)	浜田市黒川町3739	0855-22-2310	10338	324130	4	400	継	2024.03.25～2029.03.24
◆	まつえレディース (ハ)	島根ふるさと館前～松江城大手前駐車場		10310	327050	循環	21km0975 10km	継	2023.10.01～2028.09.30 （WA～2028.12.31）

区分	名称		所在地	電話番号	公認番号	コード番号	種別	距離	区別	公認期間
▽	出雲くにびき	(ハ)	島根県立浜山公園（陸）～浜山公園体育館前		9888	327150	往復	21km0975 10km	継	2020.11.30～2025.11.29
▽	国宝松江城	(マ)	松江市総合体育館前		10284	327160	循環	42km195	継	2023.11.01～2028.10.31
▽	萩・石見空港	(ハ)	県立万葉公園太陽の広場		9984	327170	循環	21km0975	新	2021.08.20～2026.08.19
▽	よしか・夢・花	(ハ)	吉賀町六日市防災センター前～吉賀町役場六日市庁舎横		10212	327180	往復	21km0975	新	2023.04.01～2028.03.31
	【岡山県】									
◎	岡山県総合（グ）	(陸)	岡山市北区いずみ町2の1の11	086-252-5201	9926	331010	1	400	継	2021.04.08～2026.04.07
◎	倉敷（運）	(陸)	倉敷市四十瀬4	086-425-0856	10311	332010	2	400	継	2023.04.01～2028.03.31
◎	岡山県津山	(陸)	津山市志戸部245	0868-24-3773	9658	332020	2	400	継	2019.03.25～2024.03.24
◎	岡山県笠岡	(陸)	笠岡市平成町63の2	0865-69-6622	9775	332030	2	400	継	2020.01.01～2024.12.31
◎	備前市総合（運）	(陸)	備前市久々井747	0869-63-3811	9994	333050	3	400	継	2021.09.01～2026.08.31
◎	岡山県（陸）補助	(陸)	岡山市いずみ町2の1の7	086-252-5201	10206	333080	3	400	継	2023.04.12～2028.04.11
◎	神崎山公園	(競)	岡山市東区神崎町744	086-946-2010	10042	333100	3	400	新	2022.04.01～2027.03.31
◎	環太平洋大学	(陸)-延-	岡山市瀬戸町観音寺721	086-908-0200	9604	334040	4-投芝-	300	継	2018.10.22～2023.10.21
▽	新見市しんごう湖畔	(ハ)	神郷温泉		10020	337050	往復	21km0975 10km 5km	継	2021.09.01～2026.08.31
	井原公認	(ハ)	井原（運）（陸）		10011	337090	往復	21km0975	継	2021.11.01～2026.10.31
	べいふあーむ笠岡	(ハ)	岡山県笠岡（陸）		9876	337120	循環	21km0975	継	2020.11.01～2025.10.31
	岡山吉備高原車いすふれあい	(ハ)	県教育センター前～吉備職業リハビリセンター		10067	337130	循環	21km0975 10km	継	2022.04.01～2027.03.31

◆	山陽女子 (ハ)	岡山県総合（グ）(陸)		10001	337140	循環	21km0975 10km	継	2021.10.04～2026.10.03 （WA～2025.12.31）
▽	そうじゃ吉備路 (ハ)	総社商工会館東～総社市スポーツセンター		10143	337150	循環	21km0975 10km	継	2022.11.14～2027.11.13
▽	おかやま (マ)	岡山県総合（グ）体育館前～岡山県（陸）		9748	337170	循環	42km195	継	2019.12.01～2024.11.30

区分	名称	所在地	電話番号	公認番号	コード番号	種別	距離	区別	公認期間
	【広島県】								
◎	広島広域公園 (陸)	広島市安佐南区大塚西5の1の1	082-848-8484	10170	341020	1(多)	400	継	2022.12.02～2027.12.01
						WA－クラス2			2019.04.30～2024.04
◎	福山市竹ケ端（運） (陸)	福山市水呑町4748	084-956-4563	10029	342010	2	400	継	2022.01.01～2026.12.31
◎	広島県立びんご（運） (陸)	尾道市栗原町997	0848-48-5446	10100	342040	2	400	継	2022.04.27～2027.04.26
◎	東広島（運） (陸)	東広島市西条町田口67の1	082-425-2525	9825	342050	2	400	継	2020.06.01～2025.05.31
◎	広島県総合（グ）メインスタジアム	広島市西区観音新町2の11の124	082-231-3077	9992	342060	2	400	継	2020.10.26～2025.10.25
◎	広島広域公園補助 (競)	広島市安佐南区大塚西5の1の1	082-848-8484	10171	343080	3	400	継	2022.12.02～2027.12.01
◎	上野総合公園 (陸)	庄原市新庄町394	0824-72-7201	9911	343100	3	400	継	2021.02.28～2026.02.27
◎	呉市総合スポーツセンター (陸)	呉市郷原町ワラヒノ山地内	0823-33-0608	10337	343110	3	400	継	2024.03.01～2029.02.28
◎	みよし（運） (陸)	三次市東酒屋町10493	0824-62-1994	10181	343120	3	400	継	2023.03.31～2028.03.30
○	広島県総合（グ）補助 (競)	広島市西区観音新町2の11の124	082-231-3077	9798	344110	4	300	継	2019.04.29～2024.04.28

区分	名称	所在地	電話番号	公認番号	コード番号	種別	距離	区別	公認期間
◎	広島経済大学 (陸)	広島市安佐南区祇園5の37の1	082-871-1000	9725	344120	4-人芝-	400	継	2019.10.18～2024.10.17
	広島県立 西条農業高等学校 (陸)	東広島市鏡山3の16の1	082-423-2921	9889	344130	4	400	継	2020.10.31～2025.10.30
▽	土師ダム湖畔 (ハ)	土師ダムサイクリングターミナル東側道路～北側道路		10122	347060	循環 (一部往復)	21km0975 10km	継	2022.09.09～2027.09.08
▽	ヒロシマ MIKAN (ハ)	大柿老人福祉センター前～県立大柿高等学校(グ)		9993	347110	往復	21km0975 10km	継	2021.08.01～2026.07.31

区分	名称	所在地	電話番号	公認番号	コード番号	種別	距離	区別	公認期間
	【山口県】								
◎	維新百年記念公園 (陸)	山口市維新公園4丁目	083-922-2788	9766	351020	1(多)	400	継	2020.02.08～2025.02.07
						WA－クラス2			2018.05.23～2023.12.31
◎	下関市営下関 (陸)-延-	下関市向洋町1の10の1	083-231-2724	9688	352010	2	400	継	2018.06.28～2023.06.27
◎	維新百年記念公園 補助 (陸)	山口市維新公園4の1の1	083-922-2754	10054	353070	3	400	継	2022.03.01～2027.02.28
	山口県立光高等学校 (陸)	光市光井6の10の1	0833-72-0340	9861	354079	4L	400	継	2020.10.31～2025.10.30
	宇部市恩田(運) (陸)	宇部市恩田町4の1の2	0836-31-1507	10169	354089	4L	400	継	2022.07.01～2027.06.30
◎	55フィールド	岩国市愛宕町2丁目	0827-59-5103	10201	354109	4L-人芝-	400	継	2023.04.30～2028.04.29
◎	防府市 スポーツセンター (陸)	防府市大字浜方94の2	0835-25-7555	9817	354110	4	400	継	2020.03.31～2025.03.30
◆	山口循環 (ハ)	山口維新百年記念公園(陸)		9903	357020	循環 (一部往復)	21km0975 10km	継	2021.02.01～2026.01.31 (WA～2025.12.31)
◆	防府読売 (マ)-延-	防府市スポーツセンターソルトアリーナ南側県道～防府市スポーツセンター(陸)		9659	357040	循環 (一部往復)	42km195	継	2019.03.28～2024.03.27 (WA～2023.12.31)

区分	名称	所在地	電話番号	公認番号	コード番号	種別	距離	区別	公認期間
▽	周防大島町公認 (ハ)	周防大島町（陸）		10255	357050	往復	21㎞0975 10㎞	継	2023.06.07～2028.06.06
▽	下関海響 (マ)	海峡メッセしものせき前		10242	357060	往復	42㎞195	継	2023.06.01～2028.05.31

区分	名称	所在地	電話番号	公認番号	コード番号	種別	距離	区別	公認期間
	【香川県】								
◎	香川県立丸亀（競）主 (競)	丸亀市金倉町830	0877-21-5800	10113	361020	1	400	継	2022.03.31～2027.03.30
						WA－クラス2			2022.10.01～2027.10
◎	高松市屋島 (競)	高松市屋島中町374の1	087-802-7350	10051	362030	2	400	継	2022.03.31～2027.03.30
◎	香川県立丸亀（競）補助 (競)	丸亀市金倉町830	0877-21-5800	10114	363050	3	400	継	2022.03.31～2027.03.30
◎	観音寺市総合（運） (陸)	観音寺市池之尻町1071の3	0875-27-6157	10086	363060	3	400	継	2022.04.20～2027.04.19
◎	綾川町総合（運） (陸)	綾歌郡綾川町陶1536の1		9954	364059	4L	400	継	2021.04.01～2026.03.31
◆	香川県立丸亀（競）付属 (ハ)	香川県丸亀（競）南・国道11号～香川県立丸亀（競）		9902	367010	往復	21㎞0975	継	2021.01.01～2025.12.31 （WA～2026.12.31）
	高松市屋島（競）室内棒高跳場	高松市屋島中町374の1		室内-98		恒久	PV	継	2022.03.31～2027.03.30

区分	名称	所在地	電話番号	公認番号	コード番号	種別	距離	区別	公認期間
	【徳島県】								
◎	鳴門・大塚スポーツパークポカリスエットスタジアム	鳴門市撫養町立岩字四枚61	088-685-3131	10058	371010	1	400	継	2021.05.01～2026.04.30
						WA－クラス2			2022.05.01～2027.05

区分	名称		所在地	電話番号	公認番号	コード番号	種別	距離	区別	公認期間
◎	徳島市	(陸)	徳島市南田宮2の116の2	088-621-1477	9757	372010	2	400	新	2020.02.01～2025.01.31
◎	徳島県鳴門総合（運）第二	(陸)	鳴門市撫養町立岩字四枚61	088-685-3131	9801	373020	3	400	継	2020.03.31～2025.03.30
◎	徳島県南部健康（運）	(陸)	阿南市桑野町桑野谷34の1	0884-26-1885	9929	373030	3	400	新	2021.03.31～2026.03.30
◆	とくしま	(マ)	徳島県庁前～徳島市（陸）		9787	377060	片道	42㎞195	継	2019.06.01～2024.05.31 （WA～2024.12.31）
▽	阿波シティ	(ハ)	阿波市役所		10176	377070	往復	21㎞0975	継	2023.01.31～2028.01.30

区分	名称		所在地	電話番号	公認番号	コード番号	種別	距離	区別	公認期間
	【愛媛県】									
◎	愛媛県総合（運）	(陸)	松山市上野町乙46	089-963-3211	9802	381010	1(多)	400	継	2020.04.01～2025.03.31
							WA－クラス2			2023.11.16～2026.03
◎	西条市ひうち	(陸)	西条市ひうち1の2	0897-56-0017	9928	382010	2	400	継	2021.05.01～2026.04.30
◎	愛媛県総合（運）補助	(競)	松山市上野町乙の46	089-963-3211	9803	383050	3	400	継	2019.10.01～2024.09.30
◎	丸山公園	(陸)	宇和島市和霊町555の1	0895-24-1295	10055	383060	3	400	継	2022.03.15～2027.03.14
	今治市営桜井スポーツランド	(陸)	今治市桜井甲1054の3	0898-48-1117	9972	384029	4L	300	継	2021.04.20～2026.04.19
◎	新居浜市東雲	(陸)	新居浜市東雲町3丁目地先	0897-34-1888	9719	384040	4	300-条件付-	継	2019.09.23～2024.09.22
○	弓削商船高等専門学校	(陸)	越智郡上島町弓削下弓削1000	0897-77-4606	9856	384069	4L	400	継	2020.07.01～2025.06.30
◆	愛媛マラソン松山	(マ)	愛媛県庁前～松山市堀之内公園		9660	387060	往復（一部循環）	42㎞195	継	2019.04.01～2024.03.31 （WA～2024.12.31）

区分	名称	所在地	電話番号	公認番号	コード番号	種別	距離	区別	公認期間
	【高知県】								
◎	高知県立春野総合（運）（陸）	高知市春野町芳原2485	088-841-3105	9756	391010	1	400	継	2020.01.01～2024.12.31
						WA－クラス2			2024.02.05～2026.12
◎	高知市（陸）	高知市大原町158	088-833-4061	9799	392010	2乙	400	継	2020.05.01～2025.04.30
◎	高知県立春野総合（運）（陸）補助（競）	高知市春野町芳原2485	088-841-3105	10193	393030	3	400	継	2023.03.08～2028.03.07
◎	宿毛市総合（運）（陸）-延-	宿毛市山奈町芳奈4024	0880-66-1467	9612	393040	3	400-条件付-	継	2018.12.07～2023.12.07
◎	高知県立青少年センター（陸）	香南市野市町西野303の1	0887-56-0621	9693	393050	3	400	新	2019.05.18～2024.05.17
▽	四万十川ウルトラ（100 ㎞）	四万十市蕨岡中学校前～県立中村高等学校（グ）		10012	397040	片道	100㎞	継	2021.11.04～2026.11.03
◆	高知龍馬（マ）	県庁前交差点～高知県立春野総合（運）（陸）		10104	397060	片道	42㎞195	継	2022.06.03～2027.06.02（WA～2027.12.31）
	高知県立春野総合（運）（陸）付帯（投）	高知市春野町芳原2485	0888-41-3105	9756-投	39101T	投てき場		継	2023.07.31～2028.07.30

区分	名称	所在地	電話番号	公認番号	コード番号	種別	距離	区別	公認期間
	【福岡県】								
◎	福岡市博多の森（陸）	福岡市博多区東平尾公園2の1の2	092-611-1515	10211	401060	1	400	継	2023.04.01～2028.03.31
						WA－クラス2			2024.01.31～2027.02
◎	御大典記念（グ）	大牟田市黄金町1の123	0944-53-0321	9930	402010	2	400	継	2021.04.01～2026.03.31
◎	小郡市（陸）	小郡市大保444	0942-75-8856	9636	402030	2	400	継	2019.02.28～2024.02.27

◎	福岡県立久留米 スポーツセンター	(陸)	久留米市東櫛原町173	0942-39-6666	10271	402040	2	400-条件付-	継	2023.07.30～2028.07.29
◎	北九州市立本城	(陸)	北九州市八幡西区御開4の16の1	093-692-0886	10192	402050	2	400	継	2023.04.01～2028.03.31
◎	福岡大学	(陸)	福岡市城南区七隈7の45の1	092-871-6631	10056	403120	3	400	継	2022.04.01～2027.03.31
◎	北九州市立鞘ケ谷	(競)	北九州市戸畑区西鞘ケ谷町20	093-881-2556	10068	403140	3	400	継	2022.03.31～2027.03.30
◎	九州共立大学	(陸)	北九州市八幡西区自由ヶ丘1の8	093-693-3005	9949	403150	3	400	継	2020.12.01～2025.11.30
◎	福岡市博多の森補助	(陸)	福岡市博多区東平尾公園2の1	092-611-1515	9931	403160	3	400	継	2021.05.01～2026.04.30
◎	福岡市平和台	(陸)	福岡市中央区城内1の4	092-781-2153	10153	403170	3	400	継	2022.11.06～2027.11.05
◎	豊津	(陸)	京都郡みやこ町国分1205	0930-33-3899	9800	404020	4	400-条件付-	継	2020.02.01～2025.01.31
◎	嘉麻市嘉穂総合（運） 嘉穂	(陸)	嘉麻市上西郷1482の1	0948-57-4850	9956	404030	4	400	継	2021.03.31～2026.03.30
◆	福岡国際	(マ)	平和台（陸）・大濠公園		9907	407070	循環 (一部往復)	42km195	継	2020.12.31～2025.12.30 (WA～2025.12.31)
▽	嘉穂	(マ)	嘉穂（陸）		10302	407170	周回	42km195 21km0975	継	2023.11.01～2028.10.31
▽	久留米	(10km)	久留米補助（競）~久留米百年公園		9744	407200	片道	10km	継	2020.01.20～2025.01.19
▽	天拝山	(10km)	筑紫野市総合公園管理棟前道路～総合公園駐車場		10279	407220	周回 (2.5km)	10km 5km	継	2023.09.01～2028.08.31
▽	福岡小郡	(ハ)	小郡市（陸）		9758	407230	循環 (一部往復)	21km0975 10km	継	2020.01.01～2024.12.31
◆	北九州	(マ)	北九州市役所前～北九州国際会議場前		9789	407250	循環 (一部往復)	42km195	継	2020.03.01～2025.02.28 (WA～2025.12.31)

区分	名称	所在地	電話番号	公認番号	コード番号	種別	距離	区別	公認期間
▽	福岡 (マ)	天神交差点付近～糸島市交流プラザ志摩館前		10314	407260	片道	42km195	継	2023.12.01～2028.11.30
▽	行橋 (ハ)	行橋総合公園		9850	407270	往復（一部循環）	21km0975	継	2020.10.01～2025.09.30
◆	大濠公園オーバル (5km)	大濠公園内		10133	407290	周回	5km1哩	新	2022.11.01～2027.10.31（WA～2026.12.31）
	【佐賀県】								
◎	SAGAスタジアム (競)-延-	佐賀市日の出2の1の10	0952-30-5311	10105	411020	1	400	新	2022.05.25～2027.05.24
						WA－クラス2			2022.08.01～2027.07
◎	伊万里市国見台 (陸)	伊万里市二里町大里甲2153の1	0955-23-2632	10132	413010	3	400	継	2022.09.20～2027.09.19
◎	唐津市 (陸)	唐津市和多田大土井1の1	0955-73-7971	9851	413030	3	400	継	2020.03.20～2025.03.19
◎	鹿島市 (陸)	鹿島市大字納富分5900	0954-63-1520	9897	413040	3	400-条件付-	継	2020.12.01～2025.11.30
◎	SAGAスタジアム第2 (競)-延-	佐賀市日の出2の1の10	0952-30-5311	9529	413050	3	400	新	2018.06.01～2023.05.31
○	鳥栖市 (陸)	鳥栖市蔵上町148の1	0942-85-3545	10339	414019	4L	400	継	2023.03.26～2028.03.25
◆	唐津 (10哩)	唐津市（陸）		10036	417010	往復	10哩 10km 5km	継	2022.02.01～2027.01.31（WA～2026.12.31）
▽	鳥栖 (10km)	鳥栖スタジアム南ゲート		9726	417070	循環	10km	継	2019.11.01～2024.10.31
▽	さが桜 (マ)	佐賀市文化会館前～SAGAスタジアム		10109	417080	循環	42km195	継	2022.09.04～2027.09.03

▽	伊万里	(ハ)	伊万里市市民センター前～エスポワール伊万里前		9702	417090	循環(一部往復)	21km0975	継	2019.09.01～2024.08.31
▽	歌垣の郷	(10km)	白石中央公園多目的広場(グ)東側道路～南側道路		10031	417110	往復	10km 5km	新	2022.01.01～2026.12.31
▽	公認祐徳	(ハ)	鹿島市林業体育館前～祐徳運動広場		10321	417120	往復	21km0975	新	2024.01.01～2028.12.31

区分	名称		所在地	電話番号	公認番号	コード番号	種別	距離	区別	公認期間
	【長崎県】									
◎	長崎県立総合(運)	(陸)	諫早市宇都町27の1	0957-22-0129	10178	421030	1(多)	400	継	2023.03.06～2028.03.05
◎	佐世保市総合(グ)	(陸)	佐世保市椎木町	0956-47-3125	9961	422020	2	400	継	2021.05.07～2026.05.06
◎	長崎市総合(運)かきどまり	(陸)	長崎市柿泊町2002	095-843-8100	10168	422040	2	400	継	2023.01.25～2028.01.24
◎	長崎県立総合(運)補助	(競)	諫早市宇都町27の1	0957-22-0129	9932	423060	3	400	継	2021.01.04～2026.01.03
◎	島原市営	(陸)	島原市上の原3の5643の7	0957-64-6256	10225	423070	3	400	継	2023.04.01～2028.03.31
◎	峰総合(運)	(陸)	対馬市峰町三根328の11	0920-83-0151	10069	424019	4L	300	継	2023.03.15～2028.03.14
▽	雲仙小浜	(マ)	小浜産業(株)セルフおばまSS側～雲仙市小浜体育館前		10045	427010	往復	42km195 21km0975 10km 5km	継	2022.03.10～2027.03.09
▽	長崎平和	(マ)	長崎市(陸)		9765	427070	循環(一部往復)	42km195	新	2021.11.16～2026.11.15

区分	名称	所在地	電話番号	公認番号	コード番号	種別	距離	区別	公認期間
	【熊本県】								
◎	えがお健康スタジアム	熊本市東区平山町2776	096-380-0782	10223	431020	1(多)	400	継	2023.03.31～2028.03.30
◎	熊本市水前寺 (競)	熊本市中央区水前寺5の23の3	096-381-9323	10262	432010	2	400	継	2023.06.20～2028.06.19
◎	熊本県営八代（運） (陸)	八代市新港町4の1	0965-37-0006	10004	433060	3	400	継	2021.10.20～2026.10.19
◎	熊本県民総合（運）補助 (競)	熊本市東区平山町2776	096-381-0782	10222	433080	3	400	継	2023.03.31～2028.03.30
◎	天草市 (陸)	天草市本渡町広瀬5の113		10185	433090	3	400	新	2023.03.15～2028.03.14
○	多良木町多目的総合（グ） (陸)	球磨郡多良木町大字多良木1652の1	0966-42-6111	10229	434039	4L	300	継	2023.03.30～2028.03.29
◎	九州学院 (陸)-延-	熊本市中央区大江5の2の1	096-364-6134	9561	434040	4-人芝-	300	継	2018.09.01～2023.08.31
◎	益城町総合（運） (陸)	上益城郡益城町木山236	096-287-4330	9645	434100	4-人芝-	400	継	2019.04.01～2024.03.31
◎	本渡（運） (陸)	天草市太田町2	0969-24-2026	9694	434110	4	300	継	2019.09.01～2024.08.31
▽	金栗杯玉名公認 (ハ)	玉名市役所新庁舎前		9675	437010	往復	21km0975 10km	継	2019.05.07～2024.05.06
▽	熊本甲佐 (10哩)	甲佐町役場前		10274	437040	往復	10哩 10km 5km	継	2023.09.01～2028.08.31
◆	熊本城 (マ)	下通りアーケード街入口～熊本城二の丸		10016	437120	循環	42km195 30km	継	2021.12.01～2026.11.30 （WA～2027.12.31）
▽	奥球磨 (ハ)	水上中学校前～水上村役場前		9740	437140	往復	21km0975 10km	継	2019.11.15～2024.11.14

区分	名称		所在地	電話番号	公認番号	コード番号	種別	距離	区別	公認期間
▽	益城町	(10哩)	益城町総合（運）(陸)		10125	437150	往復	10哩 10km 5km	新	2022.09.01～2027.08.31
	熊本県民総合（運） (陸) 付帯	(投)	熊本市東区平山町2276	096-380-0782	10223 -投	43102T	投てき場		継	2023.03.31～2028.03.30

区分	名称		所在地	電話番号	公認番号	コード番号	種別	距離	区別	公認期間
	【大分県】									
◎	大分スポーツ公園 レゾナックドーム 大分		大分市大字横尾1351	097-528-7700	9968	441020	1 (多)	400	継	2021.02.01～2026.01.31
◎	日田市	(陸)	日田市大字田島613の2	0973-24-6930	10209	442020	2	400	継	2023.03.20～2028.03.19
◎	ジェイリース スタジアム		大分市西浜1の1	097-558-0613	10333	442040	2	400	継	2023.03.01～2028.02.29
◎	大分スポーツ公園 レゾナック	(グ)	大分市大字横尾1351	097-528-7700	9969	443040	3	400	継	2021.02.01～2026.01.31
◎	佐伯市	(陸)	佐伯市大字長谷字生ケ迫7418	0972-23-4486	10140	443050	3	400	継	2022.01.10～2027.01.09
◎	宇佐市平成令和の森 スポーツ公園	(陸)	宇佐市院内町原口146の1	0978-42-5894	10190	444029	4L	400	継	2023.04.01～2028.03.31
◆	別府大分毎日	(マ)	大分市高崎山うみたまご～ ジェイリーススタジアム		10336	447050	往復 (一部循環)	42km195	継	2024.03.01～2029.02.28 (WA～2029.12.31)
▽	おおいた	(ハ)	大分市営（陸）		9603	447060	往復	21km0975 10km	継	2019.01.01～2023.12.31

区分	名称		所在地	電話番号	公認番号	コード番号	種別	距離	区別	公認期間
◆	大分国際車いす	(マ)	大分県庁前～ジェイリーススタジアム前		9986	447080	周回 (一部片道)	42㎞195 21㎞0975	新	2021.07.01～2026.06.30 (WA～2027.12.31)
◎	大分スポーツ公園 レゾナック フィールド		大分市大字横尾1351	097-528-7700	9968 -投	44102T	投てき場		継	2020.01.14～2025.01.13
	【宮崎県】									
◎	宮崎県総合(運)	(陸)	宮崎市大字熊野1443の12	0985-58-0096	10288	451010	1	400	継	2023.10.01～2028.09.30
◎	延岡市西階	(陸)	延岡市西階町1の3800	0982-32-5832	10087	452020	2	400	継	2022.03.28～2027.03.27
◎	日南総合(運)	(陸)	日南市大字殿所字山下2200	0987-31-1175	10226	453030	3	400	継	2022.10.02～2027.10.01
◎	宮崎県総合(運) 第三	(競)	宮崎市大字熊野1443の12	0985-58-0096	10315	453040	3	400	継	2023.09.01～2028.08.31
◎	小林総合(運)市営	(陸)	小林市南西方2085	0984-24-0556	9948	453050	3	400-条件付-	継	2020.10.01～2025.09.30
◎	串間市営	(陸)	串間市大字西方9080の1	0987-78-0115	10088	453080	3	400-条件付-	継	2022.03.25～2027.03.24
◎	宮崎市生目の杜(運)	(陸)	宮崎市大字跡江4461の1	0985-47-6222	9877	453090	3	400	継	2020.10.10～2025.10.09
○	都城(運)	(陸)	都城市妻ケ丘町42街区	0986-23-7502	10232	454039	4L	400	継	2023.04.01～2028.03.31
	宮崎県西都公認	(マ)	西都市聖陵町		9734	457020	往復	42㎞195	継	2019.10.20～2024.10.19
	都農尾鈴	(ハ)	都農一宮神社前		9768	457030	往復	21㎞0975 10㎞ 5㎞	継	2020.02.11～2025.02.10
◆	延岡西日本	(マ)	延岡市役所前		10156	457090	往復	42㎞195	継	2022.12.23～2027.12.22 (WA～2027.12.31)

区分	名称	所在地	電話番号	公認番号	コード番号	種別	距離	区別	公認期間
▽	日南つわぶき (ハ)	日南総合（運）入口〜日南総合（運）(陸)		10303	457150	循環	21㎞0975	継	2023.11.11〜2028.11.10
▽	青島太平洋 (マ)	宮崎県総合（運）サンマリンスタジアム外周路		10287	457160	往復	42㎞195	継	2023.09.10〜2028.09.09
	宮崎県総合（運）(陸) 付帯 (投)	宮崎市大字熊野1443の12	0985-58-5588	10288-投	45101T	投てき場		継	2021.03.16〜2026.03.15
	【鹿児島県】								
◎	鹿児島県立鴨池 (陸)	鹿児島市与次郎2の2の2	099-255-0146	9669	461010	1 (多)	400	継	2019.04.01〜2024.03.31
						WA－クラス2			2019.04.16〜2024.04
◎	日置市伊集院総合（運）(陸)	日置市伊集院町野田1792	099-272-2525	9727	463050	3	400	継	2019.10.01〜2024.09.30
◎	薩摩川内市総合（運）(陸)	薩摩川内市運動公園町3030	0996-25-8282	10184	463080	3	400	継	2023.03.01〜2028.02.29
◎	国分（運）(陸)	霧島市国分清水309	0995-46-4398	10071	463090	3	400	継	2022.04.01〜2027.03.31
◎	鹿屋体育大学 (陸)	鹿屋市白水町1	0994-46-4111	9821	463100	3	400	継	2020.06.01〜2025.05.31
◎	鹿児島県立鴨池補助 (競)	鹿児島市与次郎2の2の2	099-255-0146	9805	463120	3	400	継	2020.04.30〜2025.04.29
◎	ジャパンアスリートトレーニングセンター大隅 (陸)	曽於郡大崎町菱田1441	099-477-1102	9661	463130	3	400	新	2019.04.01〜2024.03.31
◎	加世田（運）(陸)	南さつま市加世田武田18100	0993-52-2436	10280	464179	4L	400	継	2023.09.01〜2028.08.31
○	出水市 (陸)	出水市文化町24	0996-63-6858	10070	464189	4L	400	継	2022.03.31〜2027.03.30

区分	名称	所在地	電話番号	公認番号	コード番号	種別	距離	区別	公認期間
◎	指宿市営 (陸)	指宿市東方12000	0993-27-0203	10089	464199	4L	400	継	2022.04.01～2027.03.31
◎	名瀬（運） (陸)	奄美市名瀬小宿字砂田	0997-54-8687	10213	464209	4L	400	継	2023.04.01～2028.03.31
▽	いぶすき菜の花 (マ)	ふれあいプラザなのはな館前～市営（陸）		10304	467070	循環	42km195	継	2023.09.19～2028.09.18
▽	ランニング桜島 (ハ)	レインボー桜島前～桜島多目的広場		10325	467130	往復	21km0975 10km	継	2023.12.17～2028.12.16
▽	鹿児島 (マ)	ドルフィンポート～鹿児島市役所		9857	467190	往復	42km195	継	2020.08.31～2025.08.30
▽	甑 (ハ)	薩摩川内市上甑町太田の浜海浜公園前～上甑（グ）内		10005	467200	往復	21km0975	新	2021.10.31～2026.10.30
	ジャパンアスリートトレーニングセンター大隅室内 (競)	曽於郡大崎町菱田1441	099-477-1102	室内-88		恒久	50m 60m 100m 110m HJ PV LJ TJ	新	2019.04.01～2024.03.31
	【沖縄県】								
◎	沖縄県総合（運） (陸)	沖縄市比屋根672	098-932-5114	9970	471030	1	400	継	2021.03.19～2026.03.18
◎	石垣市中央（運） (陸)	石垣市登野城1409の1	0980-83-5412	10289	473030	3	400	継	2022.10.01～2027.09.30
◎	宮古島市 (陸)	宮古島市平良字東仲宗根935の1	0980-73-4469	10006	473040	3	400	継	2021.10.01～2026.09.30
◎	国頭 (陸)	国頭郡国頭村字浜502	0980-41-5774	10129	473130	3	400	継	2022.03.12～2027.03.11
◎	沖縄県総合（運）補助 (競)	沖縄市比尾根672	098-932-5114	9776	473150	3	400-条件付-	継	2019.09.30～2024.09.29

◎	糸満市西崎	(陸)	糸満市西崎町3の1	098-995-0424	9912	473160	3	400	継	2020.04.15～2025.04.14
◎	名桜大学多目的	(グ)	名護市為又1220の1	0980-51-1100	10039	474049	4L-人芝-	400	継	2022.02.22～2027.02.21
▽	NAHAマラソン 平和祈念公園	(マ)	国道58号線明治橋交差点～奥武山（陸）		10316	477070	循環	42km195	継	2023.12.20～2028.12.19
▽	おきなわ	(マ)	沖縄県総合（運）～沖縄県総合（運）（陸）		10144	477140	循環	42km195 10km	継	2022.11.13～2027.11.12

陸上競技ルールブック 2024 年度版

2024 年 4 月 1 日　第 1 版第 1 刷発行

発　　行　公益財団法人日本陸上競技連盟

〒 160-0013　東京都新宿区霞ヶ丘町 4-2
JAPAN SPORT OLYMPIC SQUARE 9 階
電話　050-1746-8410

制作・販売　株式会社ベースボール・マガジン社

〒 103-8482　東京都中央区日本橋浜町 2-61-9
TIE 浜町ビル
電話　03-5643-3930（販売）

振 替 口 座　00180-6-46620

印刷／製本　大日本印刷株式会社

ISBN978-4-583-11665-5 C2075　　Printed in Japan